제정러시아 시기 연해주 이주 한인의 한국어 2

Korean language of Korean immigrants at Russian Far-east during the period of the Russian Empire

Корейский язык корейских иммигрантов на русском Дальнем Во стоке в период Российской империи

곽충구

충남 아산에서 태어나 서울대학교 사범대학 국어교육과와 같은 대학 대학원 국어국문학과를 졸업했다(문학 석사, 박사). 한국정신문화연구원(현, 한국학중앙연구원) 어문연구실 방언조사연구원을 거쳐 충북대, 동덕여대, 서강대 교수를 역임했다. 현재 서강대학교 명예교수이다. 3 · 4대 한국방언학회 회장을 지냈고 일석국어학학술상(2018년), 학범 박승빈국어학상(저술 부분, 2020)을 수상했다. 국어음운사, 국어방언학에 관심을 두고 100여 편의 논문을 발표해 왔으며 주로 국어 방언의 음운 및 분화, 동북 및 육진방언, 중앙아시아 고려말에 관한 논문을 썼다. 논문으로 「계합 내에서의 단일화에 의한 어간 재구조화」, 「구개음화 규칙의 발생과 그 확산」, 「현대국어의 모음체계와 그 변화의 방향」, 「중앙아시아 고려말의 역사와 그 언어적 성격」, 「동북방언의 만주퉁구스어와 몽골어 차용어」, 「한자어(방언) 속의 특이 한자음」, 「북부방언의 어제와 오늘」 등이 있다. 저서로는 『함북 육진방언의 음운론』, 『한국 언어 지도집, *Language Atlas of Korea*』(공편), 『방언학 사전』(편집 책임 및 집필), 『두만강 유역의 조선어 방언 사전』, 『중국 이주 한민족의 언어와 생활–중국 길림성』, 『중앙아시아 이주 한민족의 언어와 생활–카자흐스탄 알마티』 등 10여 권이 있다.

서강학술총서
138

제정러시아 시기 연해주 이주 한인의 한국어 2

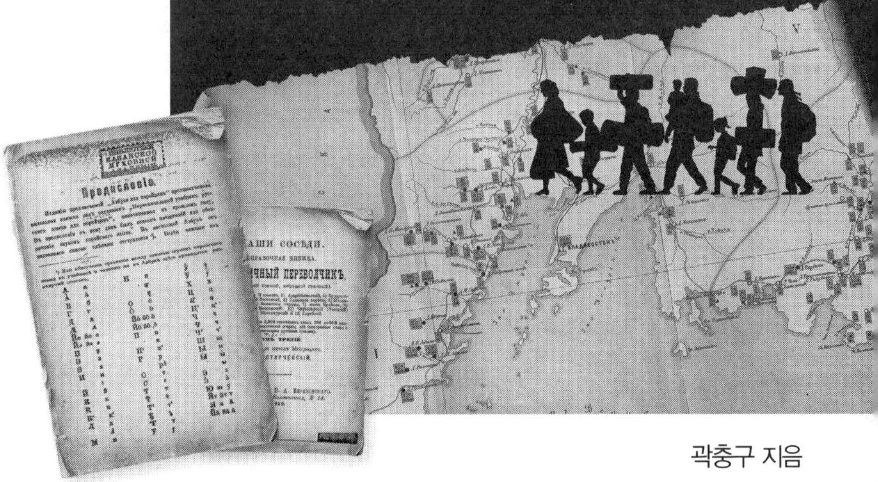

곽충구 지음

서강대학교출판부

서강학술총서 138

제정러시아 시기 연해주 이주 한인의 한국어 2

초판 1쇄 발행 | 2022년 12월 19일

지 은 이 | 곽충구
발 행 인 | 심종혁
편 집 인 | 주세형
발 행 처 | 서강대학교출판부
등록 번호 | 제2002-000170호

주 소 | 서울특별시 마포구 백범로 35(신수동)
전 화 | (02) 705-8212
팩 스 | (02) 705-8612

ISBN 978-89-7273-382-9 94700
ISBN 978-89-7273-139-9 (세트)

값 32,000원

* '서강학술총서'는 SK SUPEX 기금의 후원으로 제작됩니다.

머리말

19세기 후기 三政의 문란과 연이은 자연재해로 북관의 한인들이 러시아 극동 연해주(Primorskij Kraj)로 이주하기 시작하였다. 한인들은 민족 특유의 성실과 근면으로 연해주의 황무지를 개척하여 새 삶의 터전을 일구었고 국권상실 후에는 항일 독립운동을 전개하기도 하였다. 그러다가 구소련 당국의 강제 이주 정책으로 1937년 중앙아시아로 재이주하는 수난을 겪는다. 이 한인들은 자신을 '고려사람'이라 부르고 그들의 모국어를 '고려말'이라 부른다.

160여 년의 역사를 가진 고려말은 러시아 이주 한인의 민족사와 더불어 변화해 왔고 이제는 소멸 위기에 놓여 있다. 이 고려말의 역사는 다섯 시기로 나누어 볼 수 있다.

제1기는 1863년부터 19세기 말까지의 개척기(또는 전통유지기)로 고국의 전통과 관습을 유지하며 살아가던 시기. 한인공동체 내 지역 변종 간의 수평화가 진행되던 시기다.

제2기는 국권상실을 전후한 때로부터 러시아 혁명 전까지로 애국계몽운동이 전개되던 시기. 신문 잡지가 간행되고 민족학교가 다수 설립되어 내지의 중앙어가 영향을 주기 시작하였다.

제3기는 러시아 혁명과 내전이 끝난 후부터 1937년 강제 이주 전까지의 시기. 사회주의 사상과 혁명화, 농촌 집단화, 고려말 표준화와 교과서 간행 등으로 연해주 한국어 전반에 큰 변화가 초래되었다.

제4기는 강제 이주로부터 1960년대 초까지의 시기. 한국어 교육의 폐지로 한국어는 정체의 늪에 빠지고 지배언어인 러시아어를 본격적으로 습득하는 시기다.

제5기는 1960년대에 들어서서 도시로 이주하는 한인이 증가하면서 한국어는 가정방언(family dialect) 형태로 잔존. 모국어를 점차 상실하는 시기다.

이 책은 제1기로부터 제3기까지의 연해주 한국어를 기술한다. 주로 제정러시아 시기 연해주 한인들의 한국어를 수록한 문헌을 해제하고 그 한국어의 음성전사, 음운, 어휘, 문법적 특징과 그 변화를 기술한다.

집필은 Ⅰ, Ⅱ, Ⅲ부로 나뉘어 이루어졌는데 Ⅰ, Ⅱ부는 권 1에, Ⅲ부는 권 2에 수록하였다. 기술 내용은 아래와 같다.

Ⅰ부(권 1)는 이주 시기와 첫 이주 정착지인 지신허 마을을 살펴본다. 연해주 한국어의 형성 및 변화와 관련된 이주 한인의 역사, 사회 문화적 배경을 이해하기 위한 것이다.

Ⅱ부(권 1)는 이주 한인의 한국어가 수록된 러시아 문헌을 유형별로 나누어 서지적인 검토를 하고 이어 그들 문헌에 실려 있는 한국어를 분석·정리한 다음 그 언어적 특징을 기술하고자 한다. M. Putsillo의 『시편 노한사전』(1874)으로부터 20세기 초까지 간행된 노한 대역사전, 회화서, 교과서, 보고서, 여행기, 신문 기사 등이 기술 대상이 된다. 이들 가

운데 당시 동방학의 중심지 카잔(Kazan')에서 러시아정교선교회의 주도로 간행된 일련의 한국어 관련 문헌은 사료적 가치가 크다. 이들 문헌은 역사언어학과 러시아 영내에 거주하는 소수 이민족의 언어를 조사·연구한 전통 하에서 편찬된 것으로 문헌에는 당시 연해주 한인의 한국어가 정밀하게 전사되어 있다. 그러나 러시아어로 되어 있어 접근하기가 쉽지 않다. 이 때문에 Ⅱ부는 각 문헌을 해제하고 한국어 전사 및 수록 한국어의 언어적 특징을 간략히 기술한다.

Ⅲ부(권 2)는 3장으로 구성된다.

1장은 Ⅱ부의 문헌 자료를 통해 제1기에 해당하는 20세기 초까지의 연해주 한국어를 음성과 음운, 어휘, 문법으로 나누어 간략히 기술한다.

2장은 제2기(20세기 초~러시아 혁명)의 한국어를 기술한다. 이 시기에는 이주민이 급증하고 내지의 중앙어가 보급된다. 또 한국어 방언 간의 접촉은 물론 민족어 간의 접촉도 증가한다.

3장은 제3기(1923년~1937년 이주)의 연해주 한국어를 다룬다. 제정러시아가 막을 내리고 사회주의 체제에 돌입하면서 사회주의 사상의 보급, 사회 체제 개편, 교육 기회의 균등과 확대, 선전 선동 매체의 증가로 연해주 한국어는 이때 큰 변화를 겪었을 것으로 생각된다.

Ⅲ부는 Ⅱ부의 문헌 자료를 바탕으로 하므로 내용이 다소 중복될 수 있다.

저자가 이 책에서 중점적으로 다루고자 하는 바는 제정러시아 시기에 간행된 한국어 관련 문헌의 해제와 그들 문헌이 보여 주는 제1기 연해주 한국어의 특징이다. 즉, 제1기에 연해주에서 한인들이 실제 사용하던 한국어만을 대상으로 한다. 따라서 당시 중앙어나 전통적인 서사어를 번영하고 있는 교과서의 한국어 또는 대학에서의 한국어 연구 등은 기술 대상에서 제외한다.

Ⅱ부의 문헌 가운데 최초의 한국어 대역사전인 M. Putsillo(1874)의 『시편 노한사전』과 러시아정교선교회에서 펴낸 『시편 노한소사전』은 일찍이 G.J. Ramstedt가 그의 연구에 이용한 바 있다. 또 『시편 노한사전』은 小倉進平(1931), 최학근(1976), 곽충구(1988)에서 그 서지 및 언어적 특징이 논의된 바 있다. 그러다가 제정러시아의 한국어 문헌에 대한 본격적인 연구는 저자와 Ross King 교수(U.B.C.)에 의해 시작되었다. 저자는 주로 곽충구(1986a, b, 1987)을 필두로 카잔의 러시아정교선교회에서 간행한 한국어 문헌을 해제하고 또 그 자료의 음운면을 연구하여 1991년에 박사학위 논문으로 제출한 바 있다. Ross King(1987)은 구소련권의 한국어 자료(현지조사 및 문헌자료)를 소개하고 그 언어적 특징을 서설적으로 다룬 글이다. 그 후 Ross King 교수는 19세기에 제정러시아에서 간행된 한국어 관련 문헌 자료를 대부분 수습하고 문헌의 서지와 언어적 특징을 논의하여 1991년에 하버드대학의 박사 학위 논문으로 제출한 바 있다.

저자는 가능한 여러 문헌에 수록된 한국어를 전면적으로 다루어 당시 연해주 한인들의 한국어를 체계적으로 밝히고자 한다. 또 민족사의 일부를 좀 더 미시적으로 살펴본다는 측면에서 N.A. Nasekin(1895) 등 러시아인들의 조사 보고서에 보이는 한국어 어휘를 분석 정리하고 그를 통해 당시 한인들의 생활 문화도 들여다보고자 한다. Ⅱ부에서 다룬 문헌 외에 함경도 방언의 고저 악센트가 전사에 반영된 M. Xlynovskii(1904), Kim−Pen−Ok(1904)과 같은 문헌이 더 있으나 수록 한국어가 전형적인 연해주 한국어라 보기 어려워 이 책에서는 다루지 않았다.

Ⅱ부의 문헌은 그 일부가 서울대 도서관에 소장되어 있지만 대부분 외국에 소장되어 있다. 문헌을 제공해 주신 이기문 선생님, 고송무 교수, Ross King 교수께 감사 드린다. N.M. Przheval'skij(1870), N.A. Nasekin(1895) 등 몇몇 문헌은 인터넷을 통해 열람하였다.

Ⅱ부의 문헌에 수록된 한국어 어휘는 모두 한글자모로 재전사하여 목록으로 만들어 두었으나 책의 부피가 두꺼워져 전형적인 연해주 한국어를 정밀전사한 카잔 문헌의 한국어 어휘만을 권 2의【부록 1】(고저 악센트가 표시된 문헌)과【부록 2】(고저 악센트가 표시되지 않은 문헌)으로 나누어 제시하였다.

필자는 약 75년간 연해주에 거주했던 한인들의 한국어를 문헌과 자료를 중심으로 소략하게 기술하였다. 앞으로 더 많은 자료가 발굴되고 또 연구가 심화되기를 기대한다. 그리고 이 연해주 한국어를 계승한 중앙아시아 한인들의 고려말에 대한 연구도 활발하게 이루어지기를 기대한다.

마지막으로 이 책의 집필과 출판이 가능하도록 도움을 주신 서강학술총서 관계자 여러분께 심심한 감사의 말씀을 드린다. 그리고 이 책의 편집을 맡아 수고하신 서강하우 편집팀 여러분들께도 감사 드린다.

2022. 6.
저자 씀.

목 차

지도 및 사진 자료

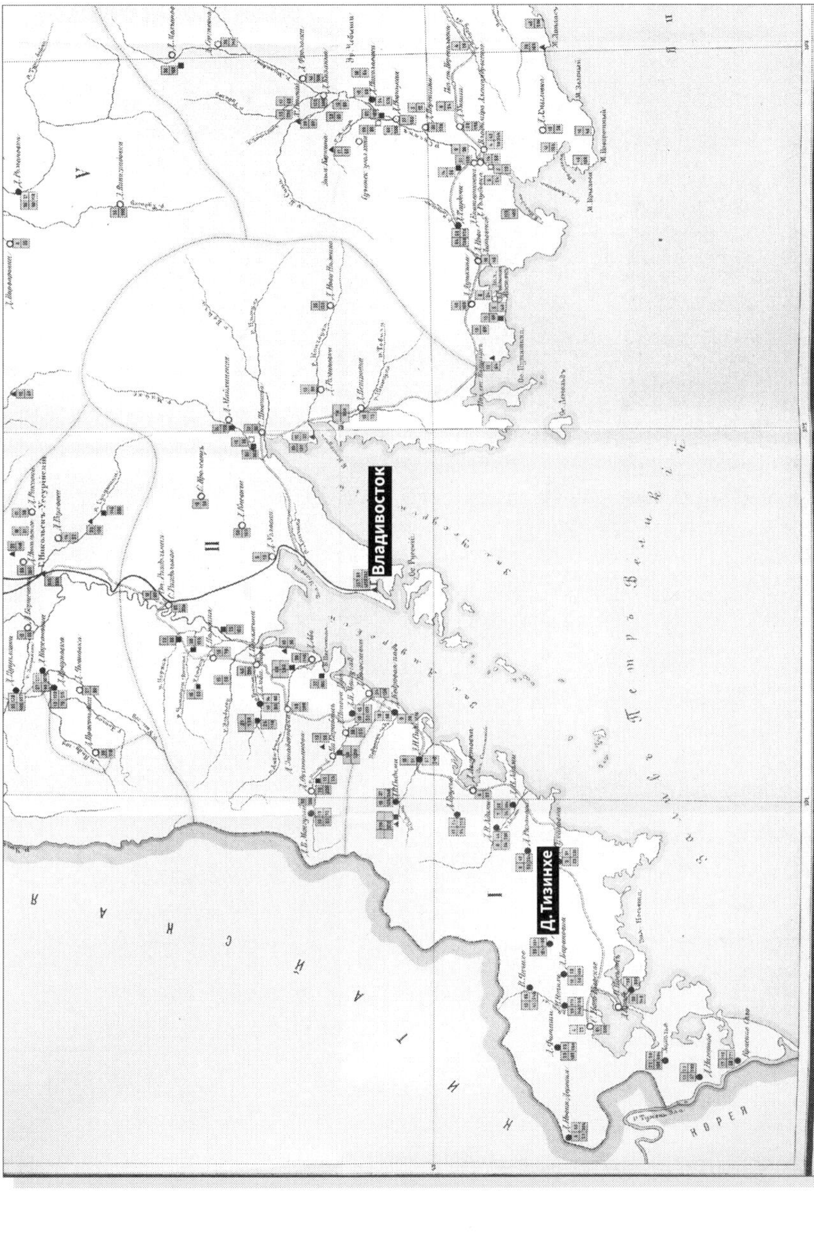

| 지도 1 | 1908년 연해주 한인 거주지 및 인구

| 사진 1 | 푸칠로(M. Putsillo, 1845~1889)

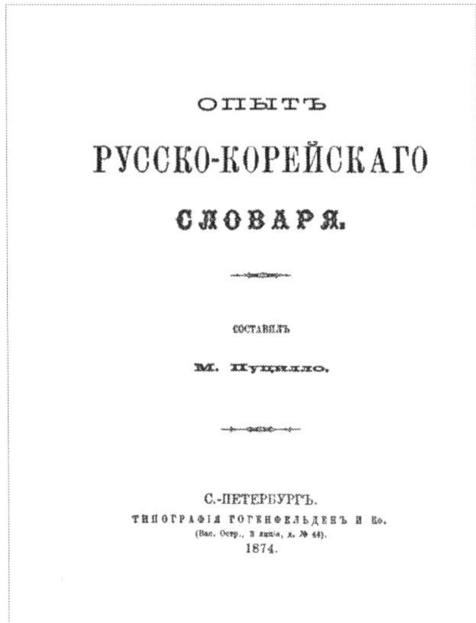

ОПЫТЪ
РУССКО-КОРЕЙСКАГО
СЛОВАРЯ.

СОСТАВИЛЪ
М. Пуцилло.

С.-ПЕТЕРБУРГЪ.
ТИПОГРАФІЯ ГОГЕНФЕЛЬДЕНЪ И Ко.
(Вас. Остр., 3 линія, д. № 44).
1874.

| 사진 2 | 『시편 노한사전』(1874) 속표지

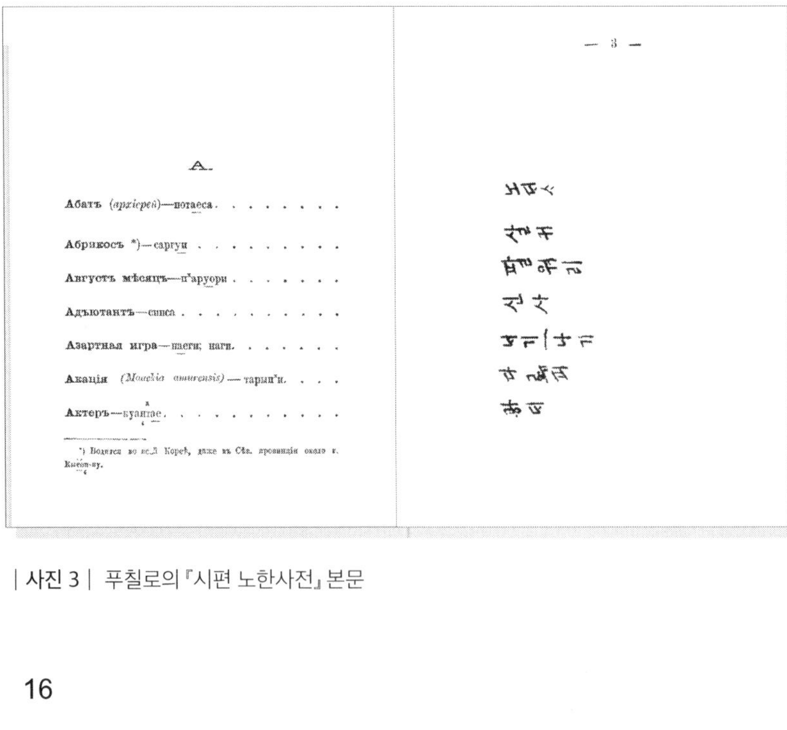

— 3 —

А.

Абатъ (архіерей)—потаеса . . . .
Абрикосъ *)—саргуи . . . .
Августъ мѣсяцъ—п'аруори . . . .
Адъютантъ—синса . . . .
Азартная игра—наеги; наги. . . . . . .
Акація (Maackia amurensis)—тарып'и. . . .
Актеръ—куантае. . . . .

*) Водится во всей Кореѣ, даже въ Сѣв. провинціи около г. Кнёон-ну.

| 사진 3 | 푸칠로의『시편 노한사전』본문

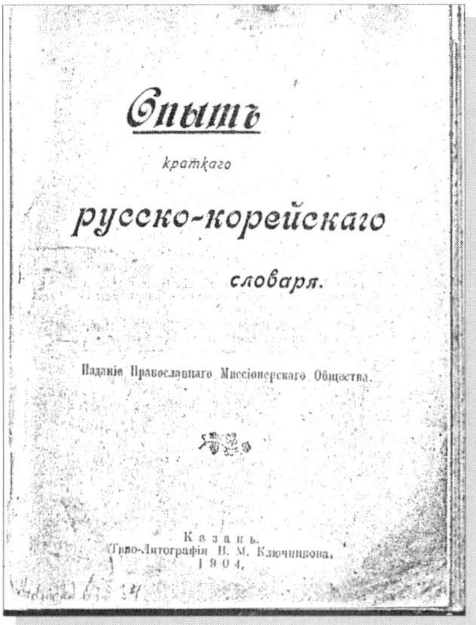

Опытъ
краткаго
русско-корейскаго
словаря.

Изданіе Православнаго Миссіонерскаго Общества.

Казань.
Типо-Литографія И. М. Ключникова.
1904.

| 사진 4 | 『시편 노한소사전』(1904) 표지

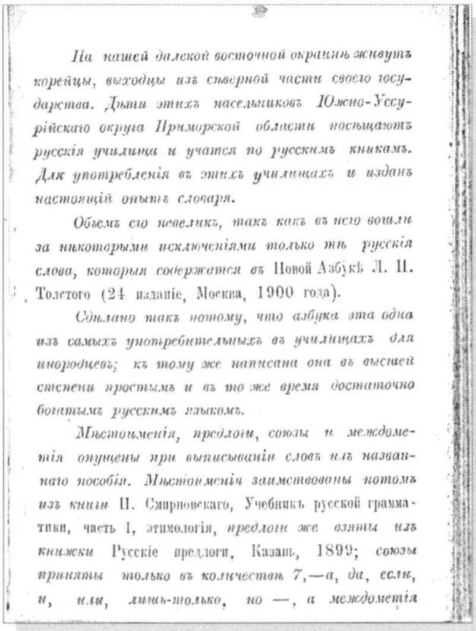

На нашей далекой восточной окраинѣ живутъ корейцы, выходцы изъ сѣверной части своего государства. Дѣти этихъ насельниковъ Южно-Уссурійскаго округа Приморской области посѣщаютъ русскія училища и учатся по русскимъ книгамъ. Для употребленія въ этихъ училищахъ и изданъ настоящій опытъ словаря.

Объемъ его невеликъ, такъ какъ въ него вошли за нѣкоторыми исключеніями только тѣ русскія слова, которыя содержатся въ Новой Азбукѣ Л. Н. Толстого (24 изданіе, Москва, 1900 года).

Сдѣлано такъ потому, что азбука эта одна изъ самыхъ употребительныхъ въ училищахъ для инородцевъ; къ тому же написана она въ высшей степени простымъ и въ то же время достаточно богатымъ русскимъ языкомъ.

Мѣстоименія, предлоги, союзы и междометія опущены при выписываніи словъ изъ названнаго пособія. Мѣстоименія заимствованы потомъ изъ книги Н. Смирновскаго, Учебникъ русской грамматики, часть I, этимологія, *предлоги же взяты изъ книжки* Русскіе предлоги, Казань, 1899; *союзы приняты только въ количествѣ 7,—а, да, если, и, или, лишь-только, но —, а междометія*

| 사진 5 | 『시편 노한소사전』 간행사

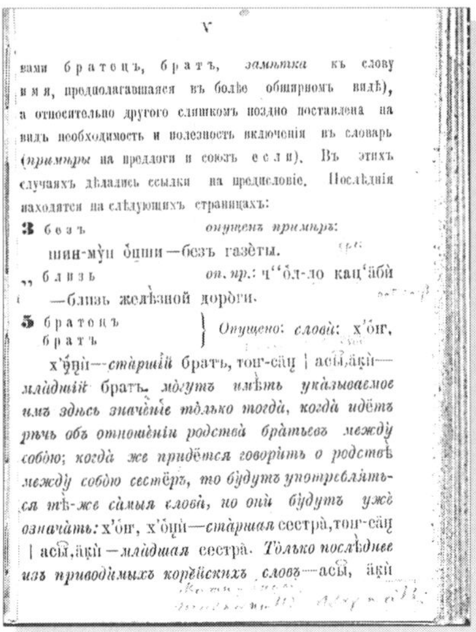

V

вами братецъ, братъ, *замѣтка* къ слову имя, предполагавшаяся въ болѣе обширномъ видѣ), а относительно другого слишкомъ поздно поставлена на видъ необходимость и полезность включенія въ словарь (*примѣры* на предлоги и союзъ если). Въ этихъ случаяхъ дѣлались ссылки на предисловіе. Послѣднія находятся на слѣдующихъ страницахъ:

3 безъ *опущенъ примѣръ:*
шин-мун бпши—безъ газеты.
" близъ *оп. пр.:* ч''ŏл-ло кац'аби —близъ желѣзной дороги.
5 братецъ, братъ } *Опущено: слова:* х'ŏн, х'ŏнi—*старшій* братъ, тон-сäн | асы,äкi—*младшій* братъ. *могутъ имѣть указываемое имъ здѣсь значеніе только тогда, когда идётъ рѣчь объ отношеніи родства братьевъ между собою; когда же придётся говорить о родствѣ между собою сестёръ, то будутъ употребляться тѣ-же самыя слова, но онѣ будутъ уже означать:* х'ŏн, х'ŏнi—*старшая* сестра, тон-сäн | асы,äкi—*младшая* сестра. *Только послѣднее изъ приводимыхъ корейскихъ словъ*—асы, äкi

| 사진 6 | 『시편 노한소사전』 서문 일부

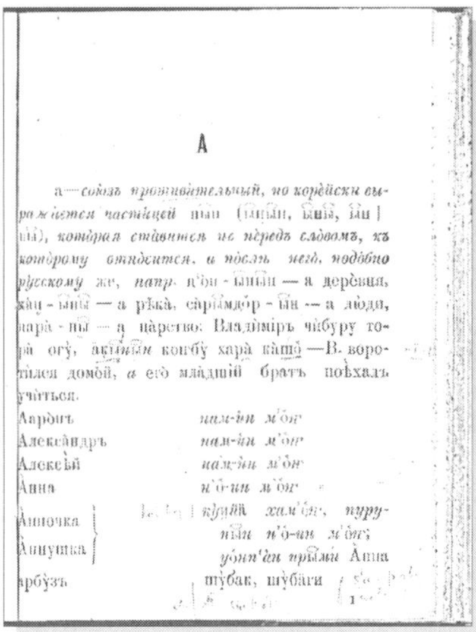

А

а—*союзъ противительный, но корейски выражается частицей* ыи (ыныи, ыни, ыи | ни), *которая ставится не передъ словомъ, къ которому относится, а послѣ него, подобно русскому же, напр.* н'ŏи - ыныи — а деревня, кäн - ыны — а рѣка, сäрäмдŏр - ын — а люди, нарä - ны — а царство: Владиміръ чибуру торä огу, äкiныи конбу харä кäшŏ —В. воротился домой, а его младшій братъ поѣхалъ учиться.

Ааронъ	*ним-ин м'ŏн*
Александръ	*нам-ин м'ŏн*
Алексѣй	*нам-ин м'ŏн*
Анна	*н'ŏ-ин м'ŏн*
Аннушка, Аннушка	*кунӓ хам'ŏн, пуруныи н'ŏ-ин м'ŏн; уонп'ан ирыми* Анна
арбузъ	шубак, шубäги

1

| 사진 7 | 『시편 노한소사전』 본문

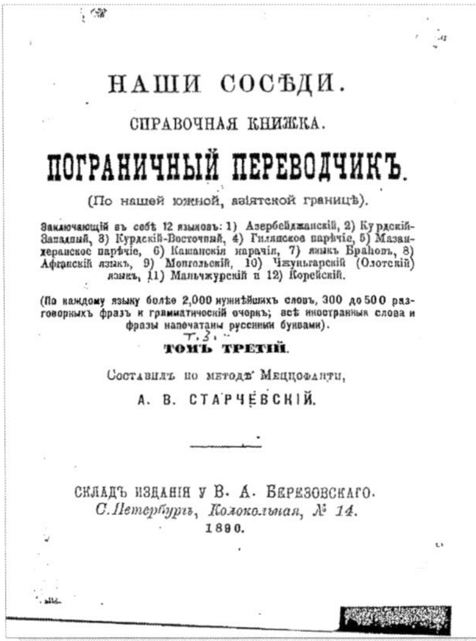
НАШИ СОСѢДИ.
СПРАВОЧНАЯ КНИЖКА.
ПОГРАНИЧНЫЙ ПЕРЕВОДЧИКЪ.
(По нашей южной, азіятской границѣ).
Заключающій въ себѣ 12 языковъ: 1) Азербейджанскій, 2) Курдскій-Западный, 3) Курдскій-Восточный, 4) Гилянское нарѣчіе, 5) Мазандеранское нарѣчіе, 6) Кашанскія нарѣчія, 7) языкъ Браhовъ, 8) Афганскій языкъ, 9) Монгольскій, 10) Чжунъгарскій (Олотскій) языкъ, 11) Маньчжурскій и 12) Корейскій.
(По каждому языку болѣе 2,000 нужнѣйшихъ словъ, 300 до 500 разговорныхъ фразъ и грамматическій очеркъ; всѣ иностранныя слова и фразы напечатаны русскими буквами).
ТОМЪ ТРЕТІЙ.
Составилъ по методѣ Меццофанти,
А. В. СТАРЧЕВСКІЙ.
СКЛАДЪ ИЗДАНІЯ У В. А. БЕРЕЗОВСКАГО.
С.-Петербургъ, Колокольная, № 14.
1890.

| 사진 8 | Starchevskij(1890)『국경 통역』표지

X.
КОРЕЙСКІЙ ЯЗЫКЪ.
I. САМОНУЖНѢЙШІЯ СЛОВА.

А. Глаголы:
Безпокоить—*Коронкеи hата.*
Безчестить—*Екhата.*
Бить—*Чита.*
Благодарить—*Сяръhата.*
Блуждать—*Тэотота.*
Бояться—*Комнаета.*
Бранить—*Памурата.*
Брать—*Цинта, кацита.*
Брать взятки—*Капсыманыта.*
Брать въ займы—*Скуита.*
Бродить—*Турунамhата.*
Бросать — *Парита,*
Бросить—*Томита.* [*та.*
Будить—*Кканта, ккаитат-*
Быть—*Итта.*
Бѣжать—*Татта.*
Взглянуть—*hырыита.*
Взять въ даръ—*Пита.*
Велѣть дѣлать *Осыта.*
Велѣть прійти—*Opahата.*
Велѣть спрятать—*Сумкіита.*
Велѣть схватить—*Цяпhита.*
Вести—*Мота.*
Видѣть—*Пота.*
Возвратить—*Камныта.*
Возвращаться—*Тората.*
Возить—*Синыта.*
Воровать—*Тоцэкцильhата.*
Воспитывать — *Кирата, цита.*

| 사진 9 |『국경 통역』본문

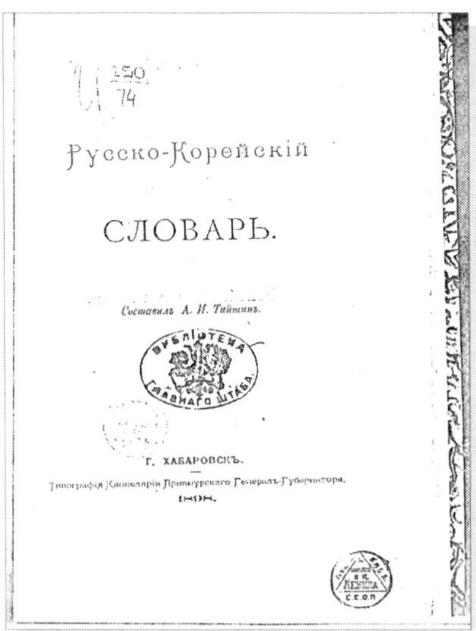
Русско-Корейскій
СЛОВАРЬ.
Составилъ А. И. Тайшинъ.
Г. ХАБАРОВСКЪ.
Типографія Канцеляріи Приамурскаго Генералъ-Губернатора.
1898.

| 사진 10 | Tajshin"(1898)『노한사전』표지

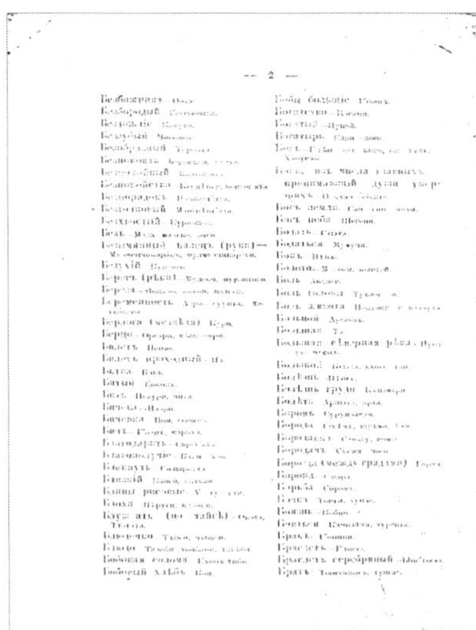
— 2 —

| 사진 11 | Tajshin"(1898)『노한사전』본문

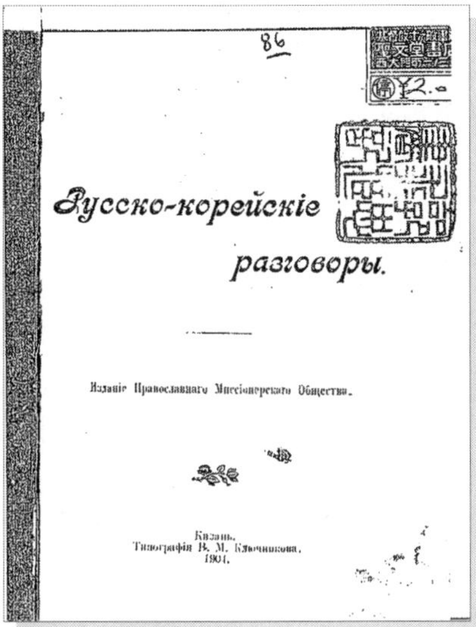

Русско-корейскіе разговоры.

Изданіе Православнаго Миссіонерскаго Общества.

Казань.
Типографія В. М. Ключникова.
1904.

| 사진 12 | 『노한회화』(1904) 표지

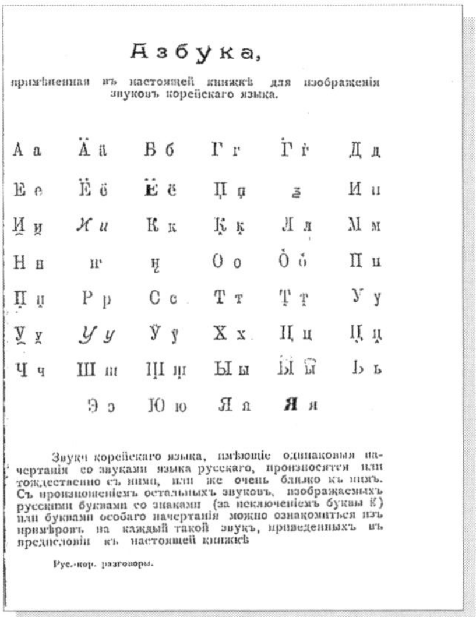

Азбука,

примѣненная въ настоящей книжкѣ для изображенія звуковъ корейскаго языка.

А а	Ӓ ӓ	Б б	Г г	Ġ ġ	Д д
Е е	Ё ё	Ё ё	Ц ц	з	И и
И и	И и	К к	Ҡ ҡ	Л л	М м
Н н	нг	ң	О о	Ȯ ȯ	П п
П п	Р р	С с	Т т	Т т	У у
У у	У у	Ў ў	Х х	Ц ц	Ц ц
Ч ч	Ш ш	Щ щ	Ы ы	Ы ы	Ь ь
	Э э	Ю ю	Я я	Я я	

Звуки корейскаго языка, имѣющіе одинаковыя начертанія со звуками языка русскаго, произносятся или тождественно съ ними, или же очень близко къ нимъ. Съ произношеніемъ остальныхъ звуковъ, изображаемыхъ русскими буквами со знаками (за исключеніемъ буквы К) или буквами особаго начертанія можно ознакомиться изъ примѣровъ на каждый такой звукъ, приведенныхъ въ предисловіи къ настоящей книжкѣ

Рус.-кор. разговоры.

| 사진 13 | 『노한회화』 한국어 전사 문자

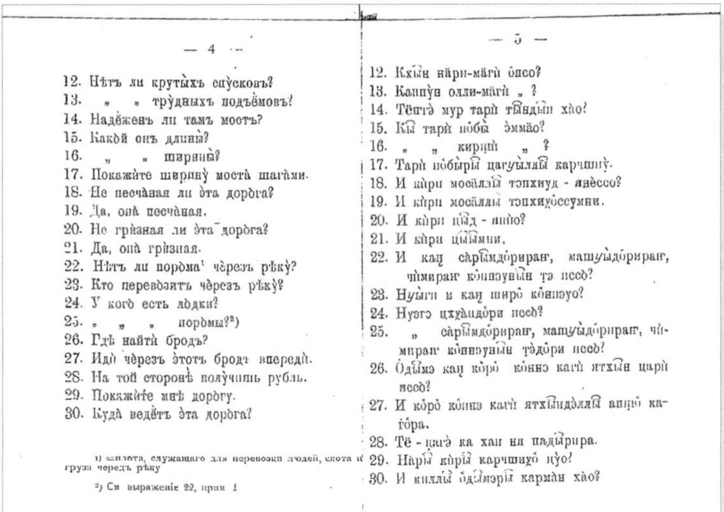

— 4 —

12. Нѣтъ ли крутыхъ спусковъ?
13. „ „ трудныхъ подъёмовъ?
14. Надёженъ ли тамъ мостъ?
15. Какой онъ длины?
16. „ „ ширины?
17. Покажите ширину моста шагами.
18. Не песчаная ли эта дорога?
19. Да, она песчаная.
20. Не грязная ли эта дорога?
21. Да, она грязная.
22. Нѣтъ ли пордма[1] черезъ рѣку?
23. Кто перевозитъ черезъ рѣку?
24. У кого есть лодки?
25. „ „ „ пордмы?[2])
26. Гдѣ найти бродъ?
27. Иди черезъ этотъ бродъ впереди.
28. На той сторонѣ получишь рубль.
29. Покажите мнѣ дорогу.
30. Куда ведётъ эта дорога?

1) плота, служащаго для перевозки людей, скота и груза черезъ рѣку

2) См выраженіе 22, прим 1

— 5 —

12. Кхын нäри-мäги öпсо?
13. Каппун олли-мäги „ ?
14. Тёнтэ мур тари тындын хäо?
15. Кы тари нобы эммäо?
16. „ „ кирци „ ?
17. Тари нобыры цагуылявы карчиниу.
18. И кöри мосäлль тэпхиуд - янэссо?
19. И кöри мосäллы тэпхиуöссумни.
20. И кöри цыд - янйо?
21. И кöри цыымни.
22. И кан сарымдöрираг, машуыдöрираг, чимираг кöпнэуныи тэ нсоб?
23. Нуыги и кан широ кöпнэуо?
24. Нуэго цхуандöри исоб?
25. „ сарымдöрираг, машуыдöрираг, чимираг кöпнэуныи тэдöри исоб?
26. Одыимэ кан кöро кöпнэ каги ятхын цари исоб?
27. И кöро кöпнэ каги ятхындэлль анци кагöра.
28. Тё - цагэ ка хан ня падырира.
29. Нары кöры карчиниуö цуо?
30. И киллы одимэры карман хäо?

| 사진 14 | 『노한회화』 본문('러시아어 : 한국어' 대역)

АЗБУКА
ДЛЯ
КОРЕЙЦЕВЪ.
Изданіе Православнаго Миссіонерскаго Общества.
КАЗАНЬ
1902.

| 사진 15 | 『철자 교과서』(1902) 속표지

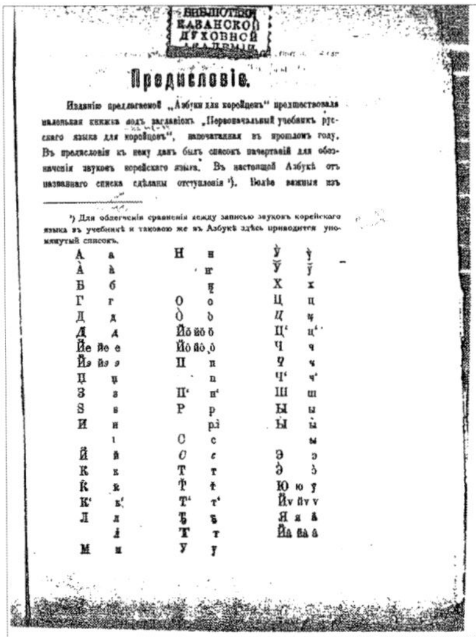

Предисловіе.

| 사진 16 | 『철자 교과서』 서문

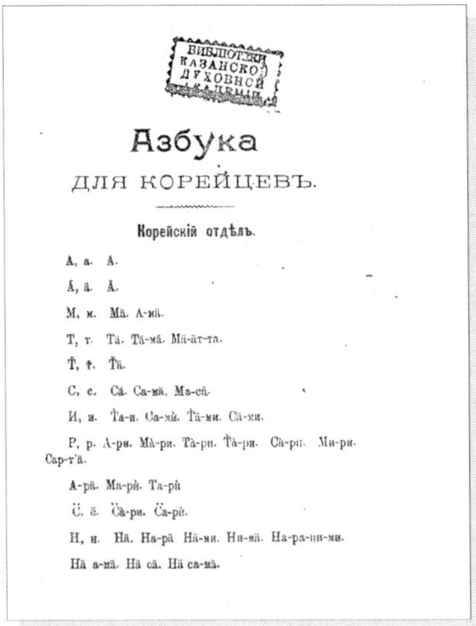

Азбука
ДЛЯ КОРЕЙЦЕВЪ.
Корейскій отдѣлъ.

| 사진 17 | 『철자 교과서』 첫 페이지

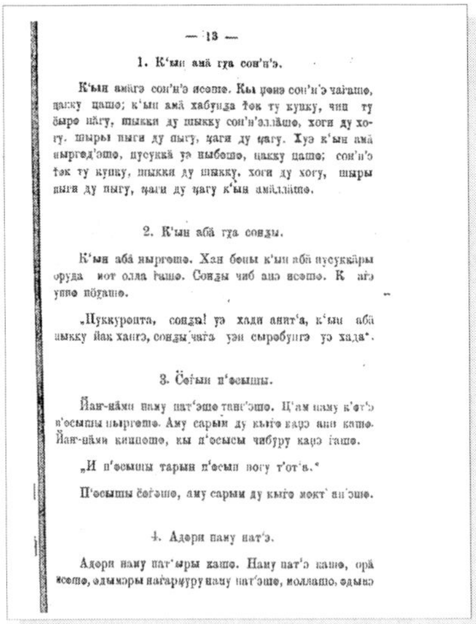

— 13 —

| 사진 18 | 『철자 교과서』 본문

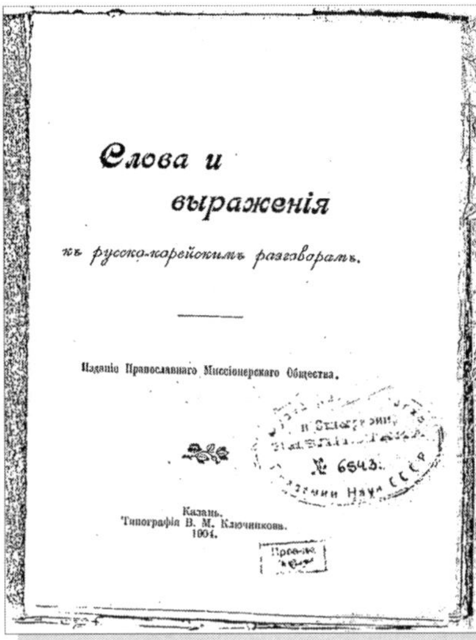

Слова и выраженія къ русско-корейскимъ разговорамъ.

Изданіе Православнаго Миссіонерскаго Общества.

Казань.
Типографія В. М. Ключникова.
1904.

| 사진 19 | 『노한회화에 대한 단어와 표현』(1904) 속표지

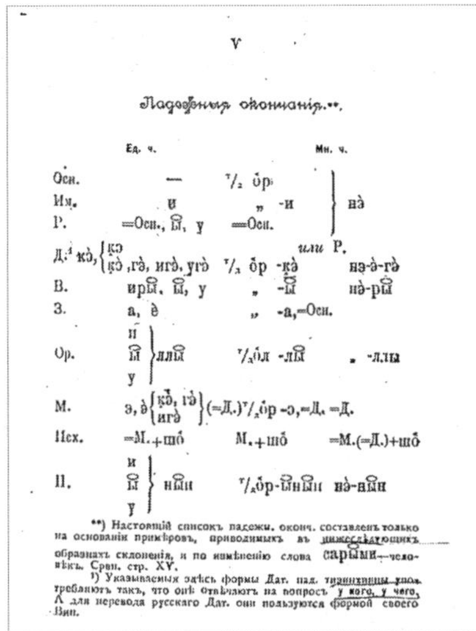

V

Падежныя окончанія.**

| 사진 20 | 『노한회화에 대한 단어와 표현』 한국어 격조사 목록

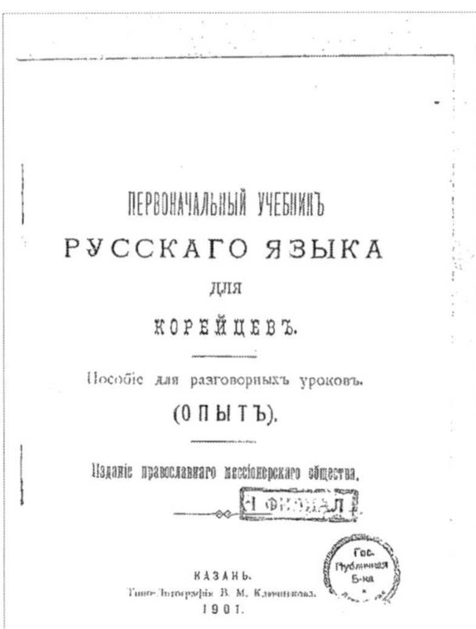

ПЕРВОНАЧАЛЬНЫЙ УЧЕБНИКЪ
РУССКАГО ЯЗЫКА
ДЛЯ
КОРЕЙЦЕВЪ.

Пособіе для разговорныхъ уроковъ.

(ОПЫТЪ).

Изданіе православнаго миссіонерскаго общества.

КАЗАНЬ.
Типо-Литографія В. М. Ключникова.
1901.

| 사진 21 | 『초급 교과서』(1901) 속표지

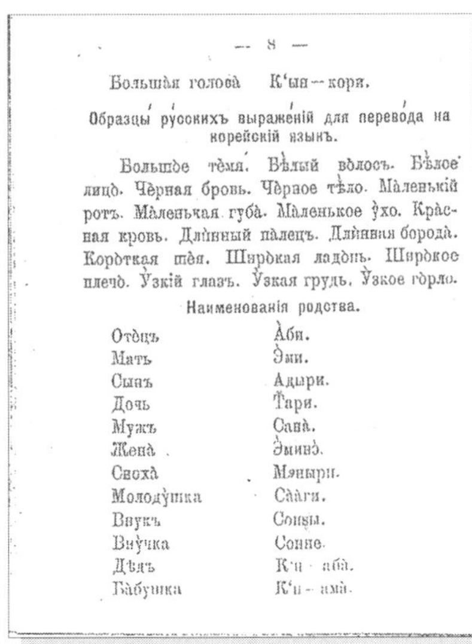

— 8 —

Большая голова К'ын-коря.

Образцы русскихъ выраженій для перевода на корейскій языкъ.

Большое тѣмя. Бѣлый волосъ. Бѣлое лицо. Чёрная бровь. Чёрное тѣло. Маленькій ротъ. Маленькая губа. Маленькое ухо. Красная кровь. Длинный палецъ. Длинная борода. Короткая шея. Широкая ладонь. Широкое плечо. Узкій глазъ. Узкая грудь. Узкое горло.

Наименованія родства.

Отецъ	Аби.
Мать	Эми.
Сынъ	Адыри.
Дочь	Тари.
Мужъ	Сана.
Жена	Эмино.
Сноха	Мэныри.
Молодушка	Саяги.
Внукъ	Сонџы.
Внучка	Сонне.
Дѣдъ	К'н-аба.
Бабушка	К'н-ама.

| 사진 22 | 『초급 교과서』 본문

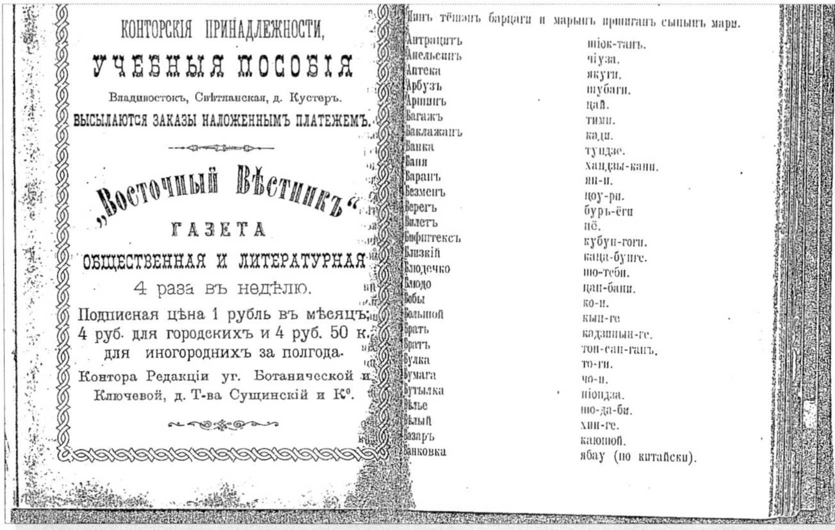

| 사진 23 | Matveev(1900)「노한소사전」

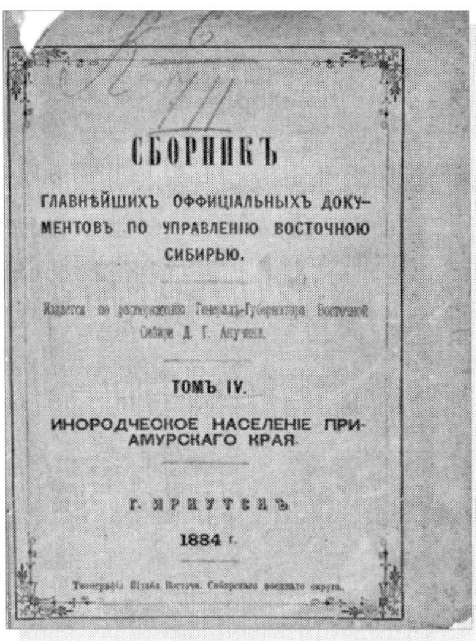

| 사진 24 | Anuchin(1884)
우수리 지역의 한인과 외국인

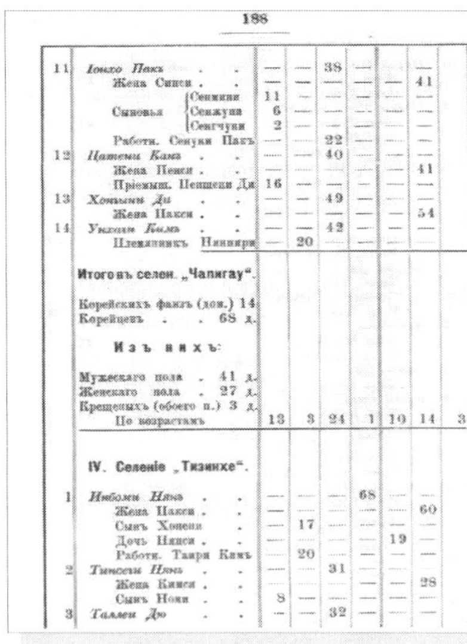

| 사진 25 | 지신허 호적부의 첫 면

키릴문자의 로마자 표기

키릴	로마자		키릴	로마자
А а	A a		С с	S s
Б б	B b		Т т	T t
В в	V v		У у	U u
Г г	G g		Ф ф	F f
Д д	D d		Х х	X x
Е е	E e/ye		Ц ц	Ts ts
Ё ё	Yo yo		Ч ч	Ch ch
Ж ж	Zh zh		Ш ш	Sh sh
З з	Z z		Щ щ	Shch shch
И и	I i		Ъ ъ	"
Й й	J j		Ы ы	y
К к	K k		Ь ь	'
Л л	L l		Э э	e
М м	M m		Ю ю	Yu yu
Н н	N n		Я я	Ya ya
О о	O o		Ѣ ѣ	Ě ě
П п	P p		І і	I i
Р р	R r			

약호

* Putsillo(1874) : 『시편 노한사전』 → 『노한사전』, (푸)

* Starchevskij(1890) : 『국경 통역』, (스)

* Tajshin"(1898) : 「소사전」, (M, Mat)

* 러시아정교선교회(1904) : 『시편 노한소사전』 → 『노한소사전』, (사)

〃 (1901) : 『초급 러시아어 교과서』 → 『초급 교과서』, (초)

〃 (1902) : 『한인을 위한 철자 교과서』 → 『철자 교과서』, (교)

〃 (1904) : 『노한회화에 대한 단어와 표현』 → 『단어와 표현』, (표)

III부

제정러시아 시기
연해주 한국어의 시기별 특징

Ⅲ부.
제정러시아 시기 연해주 한국어의 시기별 특징

1. 제1기의 한국어(이주 초기~20세기 初)

Ⅱ부의 문헌에 수록된 한국어는 크게 함북 육진방언, 비육진방언, 근대 중앙어로 나뉜다. Putsillo(1874)의 사전은 이 세 변종을 모두 포괄하고 있으며 카잔(Kazan')에서 간행된 『한인을 위한 철자 교과서』(1902), 『시편 노한소사전』(1904), 『노한회화』(1904), 『노한회화에 대한 단어와 표현』(1904)는 전형적인 함북 육진방언을 보여 준다. 그러나 카잔에서 맨 처음 간행된 『초급 러시아어 교과서』(1901)와 Tajshin"(1898)은 함경도의 여러 지역 방언은 물론 중부방언의 특징도 일부 보인다. Matveev (1900)은 함북의 여러 지역 변종이 수록되어 있다. 따라서 제1기의 연해주 한국어는 육진방언과 비육진방언으로 나누어 기술해야 하나 후자는 그 자료가 체계적으로 갖추어져 있지 않다. 따라서 제1기의 한국어의 음운은 육진방언을 중심으로 기술하되 비육진방언은 필요한 경우 언급하기로 한다. 어휘, 문법은 전 문헌을 아울러 기술한다.

카잔 자료를 중심으로 한 육진방언의 음운은 이미 곽충구(1991/1994)에서 다룬 바 있고 또 『시편 노한소사전』은 Ross King(1987)에서 언급한

바 있으므로 간략하게 기술한다.[1]

1.1. 음운

1.1.1. 음운 체계

Ⅱ부의 解題에서 밝힌 바와 같이 Putsillo(1874) 사전의 서문(predisloviye)과 카잔 문헌의 서문에는 한국어 음성의 조음 특징, 분포 등을 기술하고 이들 음성을 키릴문자(Kirillitsa, the Cyrillic alphabet) 및 키릴문자를 가공(diacritic mark를 가미하거나 변형)한 문자로 전사하였다. 한국어 문헌은 러시아어를 배우는 이주 한인 자녀나 한국어를 배우고자 하는 러시아인을 위해 간행된 것이므로 학습 효과를 높이기 위해 키릴문자 계통의 전사문자를 사용한 것이다. 또한 19세기 러시아의 카잔(Kazan')은 동방학 연구의 중심지였고 또 카잔대학을 중심으로 한 카잔학파의 음운 연구도 주목을 받았다. 그러한 학문적 바탕 위에서 한국어의 조음 특징을 관찰하고 전사문자를 고안한 것이다. 그리고 그를 이용하여 한국어를 정밀하게 전사할 수 있었던 것이다.

전사문자는 Ⅱ부에서 본 바와 같이 문헌마다 조금씩 다르다. 그 이유는 시간이 지남에 따라 조음방법, 조음위치 등을 고려하여 전사문자들을 體系化하려 하였고 또 한국어의 음성에 대한 관찰이 정밀해지면서 그것을 전사에 반영하였기 때문이다. 제보자 개인의 음성 특징을 전사에 반영하고자 한 것도 그 한 원인이다.[2] 그리고 한국어에 악센트(udarniye)가

1 곽충구(2005)는 카잔 문헌 자료와 현대의 육진방언을 대조하여 그 변화를 기술한 것이다.

있음을 언급하고 이 악센트가 示差的 기능이 있음을 보이기 위하여 고저 악센트에 의한 最小對立雙을 제시하기도 하였다. 이 같은 사실을 바탕으로 19세기 후기 연해주 한국어 방언의 자음체계, 모음체계, 운소체계를 간단히 기술한다.

1) 자음체계

제1기의 문헌에 보이는 한국어 자음 음성 목록은 아래와 같다.

〈표 7〉 한국어 전사에 보이는 음성의 목록

*평: 평음, 경: 경음, 기: 유기음, 유: 유성음

	양순음				치조음				경구개음				연구개음				후음
	평	경	기	유	평	경	기	유	평	경	기	유	평	경	기	유	
파열음	p	p'	p^h	b	t	t'	t^h	d					k	k'	k^h	g	h
마찰음					s	s'		z	ʃ	ʃ'						ɣ	
파찰음					ʦ	ʦ'	$ʦ^h$	dz	ʧ		$ʧ^h$	ʤ					
유음					l r				ʎ								
비음	m				n				ɲ				ŋ				

여기서 주목할 점은 아래와 같다.

첫째, 한국어 'ㅈ, ㅊ, ㅅ, ㄴ'을 경구개음과 치조음으로 전사한 점.

둘째, 유음 l, r, ʎ의 분포.

셋째, 유성음 b, d, g, ʣ, ʤ의 존재와 그 분포 및 변이를 기술하고 ŋ이 특정 환경에서 약화된다는 사실을 언급한 점.

2 Ⅱ부 각 문헌의 한국어 전사문자의 목록과 문헌 간의 차이 및 각 전사문자가 지시하는 한국어의 음성 특징은 곽충구(1991/1994)에서 논의하였으므로 여기서는 다루지 않는다.

치조음과 경구개음은 그 분포가 다르다. 경구개음 'ʧ, ɲ, ʃ'는 'ㅣ' 모음 또는 활음 /y/ 앞에 분포하고 치조음은 그 밖의 모음 앞에 분포하니 출현 환경이 배타적이다. 따라서 경구개음과 치조음은 상보적 분포를 보이는 한 음소의 이음이다. 그리고 치조음은 형태소 경계가 있는 'ㅣ' 앞에서 경구개음으로 변동한다. 이는 아래와 같은 변이음 규칙에 의한 것이다.

ʦ, n, l, s → ʧ, ɲ, ʎ, ʃ / ___i, y

경구개음([ʧ], [ɲ], [ʃ] …)은 치조음([ʦ], [n], [s])이 i, y 앞에서 실현된 변이음일 뿐 음소가 아니다.[3] 형태소 내부의 'ʧa, ʧə, ʧo, ʧu'는 음소적으로는 /ʦya, ʦyə, ʦyo, ʦyu/가 된다. 따라서 위 변이음 규칙에서 'ʦ→ʧ'는 /i/, /y/ 앞에서 이루어진다고 해야 한다.[4]

여기서 주목할 점은 경구개파찰음의 된소리(경음) [ʧ']가 형태소 내부에서는 존재하지 않는다는 사실이다. 이는 우연한 공백이다.[5] 15세기 국어에서도 'ㅉㅑ, ㅉㅕ …', 'ㅉ갸, ㅆㅕ …'와 같은 음의 연쇄는 발견되지 않는다.

한편 한국어 유음은 [l], [r], [ʎ]로 전사되었는데 특이하게도 [r]은 자음과 휴지 앞에서도 출현한다. [l]은 단독으로는 실현되지 않고 [ll]로 출현

---

3 이는 중세국어 'ㅈ'의 음가에 대한 김주필(1985)의 견해와 일치한다.

4 이는 카잔 문헌이 보여 주는 육진방언을 대상으로 한 기술이다. Putsillo(1874) 등에는 ㄷ구개음화가 완료된 비육진방언이 섞여 있다, 이러한 비육진방언은 'ㅈ'가 구개음으로 再音素化(/ʦ/>/ʧ/)되었을 것이다. 小倉進平(1927: 7)에는 육진 지역은 'ㅈ'가 [ʦ]로 조음되고, 청진 · 鏡城 이남에서는 서울에서처럼 ch[=ʧ]로 조음된다고 하였다.

5 『철자 교과서』의 서문에서 편자들은 형태소의 결합 과정에서는 [ʧ']가 존재한다고 하고 그러한 경우는 't+ʧ'으로 전사하였다고 하였다. 예: utʧa(웃[笑]-쟈). 이로 보면 『철자 교과서』의 편찬자들은 [ʧ']가 語頭 위치에서 다른 음성과 대립되지 않고 오직 음성의 계기적인 연결 과정에서만 이 음이 일시적으로 존재한다는, 바꾸어 말하면 [ʧ']를 音韻 單位가 아닌 音聲 單位로만 인식한 것으로 생각된다(곽충구: 1991/1994).

하며 이 [ll]은 /i/, /y/ 앞에서 구개음 [ʎʎ]로 실현된다. 이는 한국어 유음의 통시적 변화를 재구할 수 있는 한 근거가 된다.[6]

유성음 b, d, g, ʣ, ʤ는 유성음 사이에 분포하고 p, t, k, ʦ, ʧ는 어두 위치에 분포하여 상보적이고 또 두 음성군은 비변별적이므로 b, d, g, ʣ, ʤ는 각각 /p/, /t/, /k/, /ʦ/의 이음이 된다.

한편 마찰음에는 치조유성마찰음 [z], 연구개유성마찰음 [ɣ]가 있다. [z]는 모음 사이의 'ㅅ'이 유성화한 음으로 나타나기도 하고(Putsillo: 1874)[7], Matveev(1900)에서는 'dz→z'의 수의적 변이음으로 나타나기도 한다. 『노한회화』(1904)의 서문(vii)에서는 특별히 "[dz]가 이따금 [z]로 들리는 경우가 있다."고 언급하기도 하였다. [ɣ]는 『철자 교과서』와 『노한회화』에 보인다. [g]의 수의적 변이음이다.

지금까지 논의한 내용을 바탕으로 하면 자음체계는 아래와 같다.

〈표 8〉 한국어의 자음 음소 목록

	양순음			치조음			연구개음			후음
	평	경	기	평	경	기	평	경	기	
파열음	p	p'	p^h	t	t'	t^h	k	k'	k^h	h
마찰음				s	s'					
파찰음				ʦ	ʦ'	$ʦ^h$				
유음					r					
비음		m			n			ŋ		

6 이에 대해서는 Ⅱ부에서 각 문헌의 한국어 전사문자를 논의하면서 언급하였다. 또 곽충구(1986b, 1991/1994), Ross King(1987, 1991) 등에서 언급한 바 있다. 자음이나 휴지 앞에서 [r]로 조음되는 현상은 현대의 육진방언(중국)과 중앙아시아 고려말에도 있다. 이에 대한 전반적인 기술과 국어 유음의 통시적 변화는 소신애(2008)을 참고할 것. 한편 차재은 · 홍종선(2016)은 20세기 초 육진방언 화자의 어말 'ㄹ'은 영어의 /r/과 유사한 접근음 [ɹ]로 실현된다고 하였다. 이는 20세기 초에 녹음된 육진방언 음성 자료를 실험음성학적으로 분석하여 얻은 결과이다.

7 kasɨmi→kazɨmi(가슴[胸])(푸28, 124, 326).

2) 모음체계

① 單母音

모음과 그 전사는 Ⅱ부의 문헌 해제와 곽충구(1991/1994)에서 기술한 바 있으므로 생략한다. 다만, 전설원순모음 [ü], [ö]에 대해서 언급하기로 한다.

첫째, [ü]는 『시편 노한소사전』(1904)에서 문자 'ÿ'로 전사하였다. 예: ärг'ÿ̀u(ɛgyǜ^{y}=애귀<아교(阿膠)+-이)[8], шÿu(ʃü^{y}=쉬<슈(方法)-이). 그 밖의 카잔 문헌 자료에도 아래 (1)과 같은 예가 보인다.

(1) ʃ'üyʃigi(쒸시기, =쑤시-기), t^{h}ò-ʤüyna[9](토쥐나, =土酒-이나), ʧinʤü^{y}(진쥐, =眞珠), wənʃürɨ(원슈-르(怨讎-를), wənʃü^{y}(원쉬(怨讐-이), yeʃüni(<여쉰-이), 예순, 회xii), ʃüni(쉰(50), 초36), nürye(이레[七日]), ümiri(위밀이<유밀-이, =나맥(裸麥)), üyri(유리(琉璃)).
cf. yeʃwini(예순, 회15), sùyni(쉰(50), 회15, 표8, 10).

이렇게 전설원순고모음 [ü]는 대체로 전설성([+frontal]) 자질을 공유한 경구개음 [ʃ](=/sy/), [ʤ](=/tsy/)과 활음 [y] 뒤에 출현하여 그 分布가 편재되어 있다. 이는 [ü]가 경구개음 뒤에서 발달하였음을 말해 주는 것이다.[10] 그런데 [ü]는 최소대립쌍을 발견할 수 없고 또 (1)의 예를 보면, 동일 문헌(화자)에서 'yeʃüni(예순)'과 'yeʃwini'가 출현하고 또 'ʃüni(쉰)'과 'sùyni'가 출현하니 [ü]는 [wi], [uy]의 변이를 보였다고 할 수 있으므로

8 『노한회화』에는 'ärгѝ(ɛgì)'로 전사되어 있다.

9 '토쥐'는 전통적인 방식으로 증류하여 곤 술.

10 uy>ü의 변화가 경구개자음 아래에서 먼저 발생하였을 것임은 이희승(1955), 이병근(1970: 378)에서도 언급한 바 있다. *Grammaire Coréenne*(introduction xiii)에서도 비슷한 견해를 볼 수 있다.

음소로 설정할 수 없다.

둘째, [ö]는 카잔 문헌 가운데 『한인을 위한 초급 러시아어 교과서』, 『한인을 위한 철자 교과서』에 보인다. 이 두 문헌에는 비육진방언이 섞여 있다. 아래 (2)에 그 예가 있다.

(2) pöuda(보이다), ʃö-muremirɨ-tik^{h}inɨn-sarɨmi(소 무리를 지키는 사람=목동), Mottöŋgè(못된 게), Sö(쇠[鐵]), Kaŋsö(강쇠), Sö-ʧ^{h}igi(쇠를 불리기[鍛錬]), höʧir-hagi(회(灰) 칠하-기), kwèt^{h}ö(괴통+-이, 콜레라), ʧö-innɨŋgè(=죄 있는 게), höparamdir(휘파람질).

그런데 육진방언(경원, 경흥 지역어)를 정밀전사한 『시편 노한소사전』(1904), 『노한회화』(1904)에는 'ㅚ'가 모두 [wɛ]로 전사되어 있다.[11] 단, 경구개음 뒤에서는 [we]로 실현된다. 예: ʃwe=/sywe/(쇠<쇼[牛]+-이). cf. swɛ(쇠[鐵]). 따라서 위 예 (2)는 함북 길주, 명천, 경성과 같은 비육진 지역의 방언이거나 [wɛ]를 [ö]로 전사한 것일 가능성이 높다.

한편 위 카잔 문헌보다 30여 년 전에 간행된 Putsillo(1874, 서문)에서는 'ㅚ'를 'oe'로 전사하고, " … oe는 독일어 ö처럼 발음된다."고 하였다. 그러

11 저자가 조사한 원 경흥 지역어 화자들도 고유어의 'ㅚ'를 [wɛ]로 발음하였다(곽충구: 2019a). 단, 한자음은 [we]로 조음하는 예도 있다. 『朝鮮語方言調査報告』(延辺人民出版社, 1991, p.42)도 그와 같다. 예: 좨(罪), 차매(참외), 네[腦]. 『咸鏡北道 慶興郡誌』(郡誌編纂委員會, 1988, p.239)에도 '오이'를 '왜'라 하였다. 小倉進平(1927: 11)에는 "外, 怪, 衰, 回"의 漢字音을 이용하여 함경도 각 지역의 'ㅚ' 발음을 조사한 내용이 실려 있는데, 육진방언권의 會寧, 鍾城, 慶源에서는 [wɛ]로 조음되고 같은 육진방언권의 경흥군(경흥, 웅기)에서는 "原音(저자 주: [ö])을 保存"하고 있다고 하였다. 같은 경흥 지역임에도 차이를 보인다. 경흥이 'ㅚ>ö(>e)'와 'ㅚ>wɛ'의 등어지대이기 때문일 것이나 고유어와 한자어가 차이를 보이는 이유는 불분명하다. 1980년대에 경흥 출신 실향민들은, 경흥군 안에서도 赤池 이북과 이남이 판연히 다르다고 저자에게 말해 준 바 있다. 곽충구(2019a)의 경흥 지역어(중국 경신진)는 ㄷ구개음화 및 'ㅚ'의 변화가 카잔자료와 대체로 일치한다.

나 Putsillo의 이 증언이 육진방언에 대한 것인지 아니면 비육진방언에 대한 것인지 또는 두 방언이 모두 그러하다는 것인지는 알 수 없다.

위 카잔 문헌보다 23년 뒤에 간행된 小倉進平(1927: 11)에는 육진 지역(경흥 제외)의 'ㅚ'가 [oy] 또는 [wɛ]로, 비육진 지역의 'ㅚ'는 [ö], [e]로 조사되어 있다. 만약 Putsillo가 조사한 육진방언권 화자의 'ㅚ'가 [ö]였다면 30년 사이에 'ö>wɛ'의 변화가 있었다고 할 수 있으나 이러한 변화는 용인하기 어렵다. 국어 방언에서는 'ö>e'가 일반적이고 또 이 변화가 음운론적으로 타당하기 때문이다.

요컨대 20세기 초 육진방언의 'ㅚ'는 [wɛ]이고 비육진방언권의 'ㅚ'는 [ö]이다. Putsillo가 증언한 [ö]는 비육진방언이다.[12]

육진방언에서 /ㅚ[oy]/가 /wɛ/로 실현된 것은 /ㅗ/의 저설화와 관련된다(곽충구: 2004). /ㅗ/의 저설화 이전에 單母音化한 /ㅚ/는 비육진방언권에서 /ö/로 실현되지만 저설화 이후에 단모음화를 지향한 육진방언에서는 [wɛ]로 실현된 것이다. 저설화하기 전 /ㅗ[o]/의 대립 짝은 /ㅔ/였지만 저설화한 'ㅗ[ɔ]'는 그 전설의 대립 짝이 /ㅔ/가 아닌 /ㅐ/였던 것이다. 그리하여 점차 'ㅚ[ɔy]>…>wɛ'로 변화하였을 것이다.[13] 비육진방언은 물론 ㅚ

---

12 이를 간접적으로 입증할 수 있는 근거(o→ö 움라우트 현상)가 Ⅱ부의 문헌에는 보이지 않는다. 움라우트 여부를 가리기 어려운 아래 예가 Putsillo(1874)와 Tajshin"(1898)의 사전에 보일 뿐이다.

메밀: 모밀이(타7, 푸123), ᄆᆡ미리(푸123). cf. 매밀<뫼밀<모밀(?).
발목: 발멕이(타16). cf. 발멕이<발뫽이<발목-이(?).
효수(梟首): ᄒᆡ시를한다, 효시(푸339). cf. 해시<회쉬<효슈+-이(?).

이보다 뒤에, 咸北 鏡城 지역어(비육진방언권)의 움라우트를 정밀하게 기술한 田島泰秀(1918: 63-65)에는 鏡城 지역어의 모음체계가 10모음체계이고 형태소 경계에서 o→ö 움라우트가 생산적임을 보여 주고 있다. 예: 쇡[肉]-이, 굄[熊]-이, 굅[脂]-이, 쬥[糞]-이.

13 하강이중모음의 單母音化는 논자마다 견해가 분분하다. 저자는 곽충구(2003)에서 언급한 바대로 단모음화는 'y'의 견인에 의하여 핵모음이 점진적으로 전설화하는 과정,

[oy]>…>we>ö로 변화하였다.[14] 따라서 이 시기 육진방언은 /i, e, ɛ, ɨ, ə, a, u, o/의 8모음체계, 비육진방언은 /i, (ü), e, ö, ɛ, ɨ, ə, a, u, o/의 9~10모음체계였을 것으로 생각된다. 참고로 田島泰秀(1918), 小倉進平(1927)에서 비육진방언권은 대체로 10모음체계이다.

② 이중모음

y-계 상승이중모음: ya, yə, yo, yu, ye, yɛ
　　하강이중모음: ɨy, uy
w-계 이중모음: wa, wə, we, wɛ, [wï]([ʉy]?)

[wï]의 예: 갈뒤(청벌레), 사위(39), 위대(132), 위해(95), 위태(73)

하강이중모음에서 가장 주목할 만한 것은 'ɨy'이다. Putsillo는 서문에서, "*ыи*는 모음 *ы*처럼 또는 거의 *ый*처럼 …"이라 하였다. 즉, 전사문자 *ыи*(=ɨi)는[15] *ы*(=ï)처럼[16] 또는 거의 *ый*(=ɨy)처럼 조음된다고 하였다. Putsillo는 'ㅢ'를 단모음 [ï] 또는 [ɨy]로 청취한 것이다.

한편 전사가 정밀한 『시편 노한소사전』, 『노한회화』에서는 본디 'ㅢ'

달리 말하면 조음의 간편(ease of articulation)을 꾀하는 일련의 변화로 본다.

14 이와 관련하여 주목할 할 점은, 서북방언권에서 小倉進平(1929/1944: 264-267) 및 Ogura (1940, 【부록】 지도 'No. 3 Oi(外)')가 'ö'로 조사한 지역이 지금은 'wɛ'로 보고되고 있다는 점이다. 이에 의하면 'ö>wɛ'를 가정할 수 있다. 이는 서북방언과 육진방언 'ㅗ'의 저설화와 관련이 있을 듯하다. 小倉進平이 전사한 'ö'는 실제로는 그보다 개구도가 넓은 [œ]였으며 이것이 불안정성으로 인하여 'wɛ'로 실현된 것이 아닌가 한다. 이와 관련된 하강이중모음의 변화와 그에 대한 해석 및 제설에 대한 비판은 정인호(2006)을 참고할 것.

15 '*ыи*'는 한국어 문헌의 표기 'ㅢ'를 말한다.

16 러시아어의 'ы'는 국어의 'ㅡ'보다는 전설 위치에서 조음된다. 국제음성기호로는 [ɨ]이나 여기서는 [ï]로 전사한다.

를 'ы'로 전사하고 'ㅡ'는 ы͡로 전사하였다. 즉, 당시 'ㅢ'를 單母音으로 본 것이다. 30년 전의 Putsillo는 [ï] 또는 [ɨy]로 보았으니 30년 사이에 'ㅢ'는 전설 위치의 單母音 [ï]로 변화한 것이다.

한편 한두복(1962: 63), 한영순(1967: 64)을 비롯한 북한 학자들은 육진방언의 'ㅢ'가 전설비원순고모음 '+'(또는 'ᅮ'로 전사함)로 변화하였다고 하였다. '+'는 /ɨy/가 單母音으로 변화한 음([i]와 [ɨ] 사이의 [ï])을 전사한 것이다(곽충구: 1991a).

이러한 일정한 시간적 간격을 두고 조사된 자료에 의하면, 20세기 초 육진방언에서는 'ㅢ'가 單母音으로 실현되었다고 할 수 있다. 실제로는 [ï]로 조음되기도 하고 짧은 과도를 수반한 [ïʸ]로 실현되었을 것으로 생각된다.[17]

그런데 Putsillo(1874), Tajshin"(1898)에는 아래 예와 같이 'ㅢ>ㅡ' 또는 'ㅢ>ㅣ'의 예가 보인다. 그러나 이보다 뒤에 간행된 카잔 문헌에는 그러한 변화 예가 없다. 어떻든 19세기 중엽의 함북 방언에서 'ㅢ>ㅡ' 또는 'ㅢ>ㅣ' 변화가 시작되었음을 알 수 있다.

(3) 그명이(<긔명(器皿), 푸475, 타26)
으심이(의심(疑心), 푸449, 스547, 타25), 으심하다(타25).
으원이(<의원(醫員), 타5, 푸73), 으언이(타8).
으지ᄒᆞ오, 으지한다(<의지하다, 푸383)
흐미ᄒᆞ다, 흐미ᄒᆞ오, 아득ᄒᆞ오(<희미하다, 푸497)

(4) 이논(<의논(議論), 타32), (푸351), 밉소, 밉다(<뮙다, 푸379)

17 ы가 [ï], [ɨʸ]로 조음되었다면 y̯ы(wï)는 [ʉy] 정도의 이중모음이 된다. 위에서 예로 든 "사위, 위대, 위해, 위태"의 '위'는 선행자음이 없다는 점에서 [ʉy]로 조음되었을 가능성이 높다.

3) 운소 체계

Ⅱ부에서 본 바와 같이 연해주 한국어에는 고저 악센트(pitch-accent)가 있고 또 長音도 존재한다. 『한인을 위한 철자 교과서』는 한국어에 악센트가 있음을 말하고 이 악센트는 변별적 기능이 있다는 사실을 최소대립쌍을 통해 보였다. 위 교과서의 서문(Predisloviye, xi-xiii)에서 제시한 예들을 아래에 보인다.[18]

(5) mári[言]/marí[馬], s'ári[米]/s'arí[싸리나무], tári[月]/tarí[脚,橋]
kákki[如]/kakkí[削], šíkki[載]/šikkí(食器), hɨ́ygi[白]/hɨygí[泳]
nórgi[遊]/norgí[獐], kúri[窟]/kurí[銅], tsúkki[拾]/tsukkí[死]

또한 2년 후에 편찬된 『노한회화』, 『노한회화를 위한 단어와 표현』, 『시편 노한소사전』의 한국어에는 악센트 표지가 부가되어 있다. 특

18 한국어의 고저 악센트(pitch-accent)(또는 성조) 처음 機能的 요소로 인식한 것이다. 이후 1950년대 초까지는 이러한 인식이 아직 싹트지 않았다. 곽충구(1991/1992: 372~391)에 의하면, 한국어의 악센트(또는 성조)에 대한 언급은 小倉進平(1917)에서 시작된다. 그는 한국어 악센트를 'Satz-Akzent'라 하였다. 小倉進平(1923: 119, 1924: 47)에도 그에 대한 언급이 있지만 음성적 또는 음운론적 해석이나 방언 간의 차이, 중세국어 성조와의 관련 등에까지는 미치지 못했다. 그 후 田島泰秀(1918), 리극로, 최현배, Ramstedt, 河野六郎, Martin 등의 언급이 있었으나 특정 방언에 악센트가 존재한다는 단편적 지적이거나 인상적 기술에 불과하다. 리극로(1931)은 한반도의 동부 지역 방언에는 악센트가 있다는 사실을, 최현배(1946: 96)은 고저, 장단을 지적하고 있는바 자신의 모방언인 동남방언에 대한 것으로 보인다. Ramstedt(1939: 30-31)은 "한국어 단어에서는 일반적으로 둘째 음절이 첫 음절에 비해 낮고, pitch가 놓이는 것이 특별히 뚜렷하지 않다."고 하였고, 한자어에서는 둘째 음절이 높지만 강하지는 않다고 하였다. 河野六郎(1945: 130-131)은 15세기 중앙어의 사성이 그대로의 운율적 특징을 반영한 것이라는 견해를 제시하였다. 이 악센트는 河野六郎(1951)에 이르러 기능적 단위로 파악되고 또 중세국어의 방점과 관련지어 기술되었다. Martin(1954: 9)은 악센트가 한국어 방언에서 변별적이라는 점을 언급하였다. 이후 한국어 성조에 대한 체계적인 기술은 허웅(1955)에서 이루어졌다. 동북방언은 리극로(1966), Ramsey(1978)에서 본격적으로 조사, 연구되었다.

히 『시편 노한소사전』의 서문(Predisloviye. xiv-xv)에는 편찬자들이 한국어의 악센트와 그 변동에 대해 언급한 부분이 있다(Ⅱ부: 1.2 및 2.2를 참고). 이는 한국어의 악센트가 의미 변별의 기능적 단위 요소라는 인식에서 비롯된 것이다.[19] 따라서 연해주 한국어의 악센트는 韻素가 된다. 악센트에 의해 의미가 변별되는 최소대립쌍을 몇 보이면 아래와 같다.

(6) kóbi(脂, 사100)/kobí(倍, 회240), kúri(그네, 사43)/kurí(銅, 사61)
kúbi(底, 사26)/kubí(炙, 사3), mári(言, 斗, 사5, 사61)/marí(馬, 부73)
múri(水, 사60, 64, 71)/murí(群, 사111), p'úri(角, 회xvi)/p'urí(根, 사47)
s'ági(圍,値, 사50, 사35)/s'agí(買, 사50), káʤi(枝, 사116)/kaʤí(種, 사110)

한편 위 카잔 문헌에서는 장음도 전사에 반영하였는데 동일 모음을 반복 전사하여 나타내었다(곽충구: 1991/1994).

(7) suurina(술[酒]-이나, 회99, 100), suuri(술-이, 회100, 316)
maami(사29, 67, 105-6), maame(마음-에, 회209)
nɛɛri(내일, 사33), peegi(베[割]-기, 사98, 114)

(8) hɛɛn,i(하인(下人), 사106-7), sɛɛgi(처녀, 회200,사66)
kɛɛmi(개암[榛], 회xvi), nyɛɛgi(이야기, 사91,96,104)
mɛɛʤi(망아지, 사31), kɛɛʤi(강아지, 회xiv,사136)
tyeer(제일(第一), 사60), pədɨr kɛɛʤi(버들강아지, 사9)
šuun,i(수은, 사98), seemi(<싀어미, 시어미, 회198)

(9) moo nəmə(墓-를 넘어, 사132), tuuru(뒤-로, 사32,63)
uullɨi(위[上]-로, 사81), t'yəəsa(쬥-어야, 회143), ʧiin(<짛[作]-은, 회365)
s'aan (쌓-은, 회387), šeesso(세[算]-었소, 회292)

19 1904년 Sankt-Petersburg에서 출판된 *Razvedchiku v Koree*에는 한국의 北部와 南部方言이 채록되어 있는데 악센트도 轉寫에 반영되어 있다(곽충구: 1991/1994: 44~45).

(10) naaraŋ(천천히, 회433), noormyəŋ(천천히, 회187)
məərgən nat sɛgi(멀건 낯 색-이, 사4)
kamaani(가만히, 사124), cf. kamani(회128)
kadzuraani(가지런히, 사99)
tyaam-dyam-han(캄캄한, 사57)
tyaaŋdzɨ(항상, 사24), cf. tyaŋdz(교9)
utshuukhi(우둔하-게, 사18), utshuu hange(우둔한-것이, 사18)

(7)은 어중자음 탈락 후에 후행모음이 선행모음에 동화된 예, (8)은 인접 모음에 의한 同化 또는 縮約에 의하여 장음화한 예이다. (9)는 대격조사 '-으', 부사격조사 '-으르'가 명사에 결합되면서 또는 활용어미가 어간에 결합되면서 '으'가 선행모음에 동화되어 장음화한 예다. (10)은 표현효과를 증대시키기 위한 표현적 자질(expressive feature)로서의 장음이다. 이 장음은 변별 기능이 없으므로 운소 목록에는 들지 못한다.[20]

4) 음소 배열

육진방언을 대상으로 자음과 모음의 계기적인 연결 및 연결 제약을 표로 보인다. ▲는 어두 제약을, △는 우연한 공백임을 표시한다. ○는 근대 또는 현대 육진방언형.

	ㅏ	ㅑ	ㅐ	ㅒ	ㅓ	ㅔ	ㅕ	ㅖ
ㄱ	가새 (가위)	○갸불이다 (갸울이다)	개[犬]	해갸부리 (해바라기)	걸기-기 [掛]	게[蟹]	겨륯대 (겨릅대)	계집
ㄲ	세까다리 (서까래)	△	깨[荏]	△	꺾어디다	께다 (꿰다)	껴닙다	△

20 예들 중에는 長音을 동반하는 上昇調 및 下降調가 있다. 이 때의 장음은 잉여적인 자질이다.

ㄴ	나무밭 (숲)	냑빠르다 (약빠르다)	내[川]	냬애기 (이야기)	너에 (물개)	네[汝]	녀름 (여름)	녜펜이 (여편네)
ㄷ	다슷	댜르다 (짧다)	대텹 (대접)	-대니오 (-잖소)	더븨 [暑]	데디다 [投]	뎡게 (저기)	뎨싂 (弟嫂)
ㄸ	따[地]	○땨르다 (짧다)	때[時]	○때르다 (짧다)	떠나다	떼 [筏]	뗘어사 (찧어야)	○어뗴 (어째)
ㄹ	○라디오	▲	▲	▲	▲	▲	▲	▲
ㅁ	마암이	○먐먐먐[21]	매애지 (망아지)	△	멀기 (파도)	메에기 (미역)	며칠	△
ㅂ	방울	뱡우리 (병아리)	배[腹]	밴셰 (만두)	버버리 (벙어리)	베다 [斬]	벼개	베리[星]
ㅃ	빠르다	뺘	빼다	△	뻣다 (벗다)	뻿기다 (벗기다)	○뼝다 [打]	뼤대 [骨]
ㅅ	사녕 (사냥)	샤랑 (광[庫])	새[草]	시섀리 (亞麻)	서리 [霜]	세에미 (시어미)	셩뉴왜 (성냥)	셰피 (다람쥐)
ㅆ	싸다[買]	쌰구재 (狂人)	쌔기 (삯)	썌리 (미치광이)	썩다 [腐]	△	쎠-기 (켜-기)	불쎼르 (갑자기)
ㅇ	아즈바니 [叔]	양식이	애바리 [勞]	얘재 [冶匠]	어대 (어디)	에미 (어미)	여스 [狐]	예슈 (예수)
ㅈ	자게미 (겨드랑)	쟈랑 (자랑)	재간	좐재 (뱃사공)	저울	제[自己]	져낙 (저녁)	졔비 [燕]
ㅉ	짜다[織]	△	○째다 [裂]	○쨕쨕[22]	쩌개다 (쪼개다)	○쩨다 [裂]	○쪙쪙[23]	△
ㅊ	차매 (참외)	챠(車)	채밀 (밀)	챼끼 (창애)	첫[初]	잣체미 (재채기)	쳘로 (鐵路)	쳬(妻)
ㅋ	칼[刀]	△	캐다[採]	△	커우대 [麻袋]	케우다 [强引]	▲[24]	△
ㅌ	탈-기 [捻]	탕냥이 (송장벌레)	택이 [頤]	아심태니'타 (고맙다)	터디다 (터지다]	테우례 (테두리)	텬디 (天地)	텬쥬 (天主)
ㅍ	파[蔥]	△	패[票]	△	퍼슷 (버섯)	디페 (지팡이)	평디 (平地)	△
ㅎ	하늘	샤향놀기 (사향노루)	해앤이 [下人]	△	허덕 (헛간)	헤재비 (허수아비)	▲/형[兄]	▲/혜다

21 송아지를 부르는 말(곽충구: 2019a).

22 참새가 우는 소리. 또는 갈라지는 소리. <짝짝(곽충구: 2019a).

23 매우 세차고 옹골차게 울리는 소리.

24 ‘켜다[點火, 鋸]’는 ‘쎠다(<ᅘᅧ다)’로 나타난다.

	ㅗ	ㅛ	ㅜ	ㅠ	ㅡ	ㅣ	ㅢ	ㅟ
ㄱ	고댱(處)	교만(驕慢)	구룸	○규눌(규율)	그림재	기름	긔[旗]	귀
ㄲ	꼬리	△	꾸다[夢]	△	끄스-[引]	끼우-	도끠[斧]	뀌다
ㄴ	농구다[分]	농군이(農軍)	누긔[誰]	뉴하-기[留]	느부리[霞]	니[齒]	활싸로늬(화살오늬)	념튀(염통)
ㄷ	돈[錢]	됴션(朝鮮)	두-[置]	듕국	드무-[稀]	디르-[刺]	드듸-기(디디다)	뒤
ㄸ	또	△	뚜디다[穿]	△	뜨다[網]	띻다[搗]	띄[帶]	뛰다[跳]
ㄹ	▲	▲	▲	▲	▲	리(里)	▲	▲
ㅁ	모[墓]	묘하다	무끼[蕎]	△	▲	믿다[信]	동믜[友]	△
ㅂ	본톄(扶助)	△	부재(富者)	△	▲	비[雨]	븨-[捻]	물구뷔[灣]
ㅃ	뽐(뼘)	뾰다[尖]	뿌리	△	▲	삐다[伐]	▲	△
ㅅ	소리	쇼식(消息)	숱[炭]	슈[方法]	스물	싱내(승냥이)	싀에미	쉬다
ㅆ	쏟-기(쏟다)	△	쑤-	쓔시-	쓰-[書]	씨갓[種]	△	△
ㅇ	오분[全]	욕심	울-[泣]	유밀이[裸麥]	은채(낭떠러지)	이름	읨셕(飮食)	위[胃]
ㅈ	조추기(좇다)	죠곰	주다	쥭[粥]	즘승	짐[負]	사즤(사자)	쥐다[握]
ㅉ	쫓다	쬬곰	짜다	△	쯤[隙]	○찌다[25]	△	△
ㅊ	촌사름(村人)	쵸[燭]	추다[舞]	츄돌이(저울추)	츠다[推]	치븨[寒]	칔우-기(치우기)	삼취(샘물)
ㅋ	코	△	싀쿠다[酸]	△	크다[大]	키	킈[身長]	바퀴[輪]
ㅌ	통발이(통발)	봉툐(捧招)	통재[桶]	○튝(한 ~)	트-[裂]	티-[打]	우틔[衣]	튀다
ㅍ	퐁재(車幕)	표	풍객이(풍각)	△	▲	피[血]	픠다[發]	네편이(여편네)
ㅎ	혼세(婚事)	▲/효	후리-기(휘-기)	▲/흉년	흐르-기	▲/히비(是非)	희다[泳]	휘파름

자음과 모음의 결합에는 몇 가지 제약이 있다. 첫째, 어두에 'ㄹ'이 올 수 없다, 둘째, 원순모음화로 순자음 뒤에는 'ㅡ'가 연결되지 않는다. 그

25 들어 있거나 배어 있는 물이 줄어들거나 없어지다.

밖에 'ㅎ' 뒤에는 'ㅣ' 모음이나 상승이중모음의 연결이 제약되기도 하는데 이는 ㅎ-구개음화 때문이다. 『노한회화』에서는 ㅎ-구개음화가 예외 없이 이루어졌지만 『시편 노한소사전』에서는 부분적으로 이루어졌다. 개신형: 셰(혀), 셰때(혀), 셰다(<혜다, 算), 쎠다(點火, 鋸). 보수형: 형, 흉년. 비육진방언권에서는 ㄱ-구개음화로 말미암아 'ㄱ' 뒤에는 상승이중모음의 연결이 제약된다.

1.1.2. 음운의 변동

이에 대한 기술은 곽충구(1991/1994)에서 이루어진 바 있다. 여기서는 Ⅱ부의 카잔 문헌 자료를 바탕으로 주요 음운 현상을 간단히 기술하기로 한다.

1) 모음조화: 형태소 경계에서의 '-아X/-어X' 교체

① 1음절 어간. 어간 모음이 양성모음(M)=/ㅏ,ㅗ,ㅐ/이면 '-아X'가 연결되고, 음성모음(F)=/ㅓ,ㅜ,ㅡ,ㅔ/와 중립모음(N)=/ㅣ/이면 '-어X'가 연결된다. 이전 시기의 조화 체계를 유지하고 있다. 단, 중립적이던 /ㅣ/는 음성모음으로 행동한다.

② /ㅣ/가 어간 말 위치에 있을 때에는 음성모음으로 행동하여 '-어X'가 연결된다. 그러나 비어말 위치에서는 여전히 비관여적이다.

③ 2음절 이상으로서 '-아'를 취하는 어간 유형은 M, MM, MF, Miu, iM의 6가지이다. 이는 '-아X/-어X' 교체가 본디 어두 음절 모음에 의한 동화 현상임을 뜻한다.

④ MF 어간에는 원칙적으로 '-아X'가 연결되지만, 폐음절일 때에는 교체가 수의적이다. 이는 어간 말 자음이 조화력을 저지하는 방해

자 역할을 하고 있음을 뜻한다.

⑤ Miu와 같은 다음절 어간에는 '-아X' 또는 '-어X'가 수의적으로 결합되나 '-어X'로의 교체가 우세하다. 현재의 육진방언도 그와 같다. 음절수가 많을수록 조화력이 약화됨을 뜻하는 것이다.

⑥ /ㅜ, ㅡ/가 비어두 위치에 있을 때에는 '-아X/-어X' 교체에 비관여적이다.

⑦ 말음이 /ㅂ/인 2음절 이상의 형용사 어간에는 '-아X'가 결합된다.

위와 같은 '-아X/-어X' 교체는 이전 시기 모음조화의 잔재이다. 이러한 교체는 그 기반이 모음 부류들이 가진 일정한 자질에 의한 동화 현상임을 일깨워 주기는 하지만, 그것이 현재의 모음체계에 기반을 두고 있다거나 모음 부류들의 완전한 조화적 질서라고 볼 수는 없다.

2) 움라우트[26]

① 동화주 /ㅣ/나 /y/의 견인에 의해 그 앞에 놓인 후부모음 /ㅓ/, /ㅏ/가 각각 전부모음 /ㅔ/, /ㅐ/로 바뀌는 역행 동화가 이루어진다. 이 때 동화주 앞에 놓이는 개재자음은 변자음이어야 한다. 이 조건 하에서는 움라우트가 예외 없이 이루어진다. 형태소 내부와 형태소 경계에서 모두 생산적이다. 『노한소사전』(1904), 『노한회화』(1904)가 그 사실을 잘 보여 준다.

26 田島泰秀(1918: 63-65)는 咸北 鏡城지역어의 움라우트를 "이 音 向上의 法則"이라 하고 이 음운현상의 同化主는 '이'이고 'ㅁ,ㅂ,ㅇ,ㅋ,ㅍ,ㅎ'의 介在子音이 놓일 때 이 현상이 나타나며 피동화주 'ㅏ, ㅓ, ㅗ, ㅜ, ㅡ'는 각각 'ㅐ, ㅔ, ㅚ, ㅟ, ㅢ'로 바뀐다고 하였다. 이는 국어 움라우트 현상에 대한 최초의 조사 연구 논문이다. 이후 김완진(1963, 1971) 및 이병근(1972)에서 여러 제약 조건이 밝혀지고 체계와의 유기적 해석이 이루어진다. 최전승(1986: 117-149)은 이 음운현상의 본질과 통시적 전개 과정을 기술한 글이다. 최명옥(1988)은 움라우트가 통시적인 현상임을, 최명옥(1989)는 이 음운현상에 대한 연구사를 다루면서 개재자음의 제약 조건 등을 논의하였다.

후부모음 가운데 /ㅡ, ㅜ, ㅗ/는 위와 같은 조건 하에서 원칙적으로 움라우트가 이루어지지 않는다. 피동화주가 /ㅡ, ㅜ/일 때에는 /y/가 삽입되어 아래와 같이 /ㅢ(ɨy)/, /ㅟ(uy)/가 되기도 한다.[27]

kərɨymi(걸음-이, 회x), irɨymi(이름-이, 회175, 216), irʦ'ɨygi(일쯕-이, 일찍이, 회 314), pyerɨygi(벼룩-이, 교7). konyɛ ʦuyrɨ ʦuygiu(고양이가 쥐를 죽이오, 교4), kadzuygi(가죽, 교7, 11) ….

후부모음 /ㅜ/, /ㅗ/가 피동화주일 때 움라우트가 이루어지지 않는 것은 이와 대립되는 전부모음 /ㅚ(ö)/, /ㅟ(ü)/가 존재하지 않기 때문이다.[28]

② 개재자음이 변자음이 아닌 경우에도 움라우트가 실현된다. 이때는 대부분 피동화주가 상승이중모음인데 이 상승이중모음의 /y/와 동화주 /ㅣ/, /y/가 동시에 영향을 주어 후부모음이 전부모음화한다. 예는 아래와 같다.

(11) 보셰니(보션-이, 버선, 푸709), 녜니(년-이, 연(鳶), 교15), 긔졔리(긔졀(氣絶)-이, 사70) …
제지(졎-이, 교70), 옌지(연지(燕脂), 푸553)
쒸시기[ʃ'üʃigi]=/s'yuysigi/(쓔시-기, 회ix, 사46)
옐-야듭(열여덟, 회283), 옐곗는데yergyennɨnde(열기-, 교64)

---

27 최전승(1986)에서는 활음 /y/ 삽입에 의한 이중모음화를 "1차 'i-umlaut'"라 불렀다. 'tsugi->tsuygi(쥐이)-'는 그 예가 자주 보인다. 예: 가마귀르 쥐예 뎨뎨셔(kamag^{w}ɨyrɨ tsuygye tyedyesyə)(교19). 간나르 쥐이쟈구 해애셔(kannarɨ tsuygidʒagu hɛɛʃə)(교59).

28 음성적으로는 경구개자음 뒤에 [ü], [ö>we]가 존재했다. 쒸시기[ʃ'üʃigi]=/s'yuysigi/, 쉐겡이[ʃ^{w}égẽ^{y}]=/sywegeŋi/(쇼경-이, 소경, 사107)가 그 예다.

동화주 앞의 개재자음이 설정성 자음(/ㄴ/, /ㄹ/, /ㅈ/, /ㅅ/)임에도 불구하고 형태소 내부와 경계에서 움라우트가 이루어졌다. 중세국어 '겨시다', '겨집'이 근대국어 단계에서 '계시다', '계집'이 된 것도 위와 동궤의 변화이다.

③ Putsillo(1874)의 사전에는 "씩긴다(새기다, 푸85), 믹혓다(막히다, 푸397), 경긔기(頃刻)(푸151), 싀기(새끼[仔], 푸519), 뎨기(제기, 푸325), 졔비(푸277)"와 같은 움라우트 예들이 보인다. 그러나 "골방이(푸537), 낭기(푸135), 차미리(밀[小麥], 푸525), 바람가비(바람개비, 푸269), 히아미(반찬, 푸271), 아자비[叔](푸161), 올창이(올챙이, 푸109), 타기(턱, 445), 싀아비, 싀어미(푸563) …" 등은 움라우트를 겪지 않았다. 이들 어휘는 19세기 말에서 20세기 초에 간행된 Ⅱ부의 여러 문헌에서는 움라우트가 이루어졌다. 따라서 연해주 한국어의 움라우트는 20세기를 전후해서 왕성하게 이루어졌다고 할 수 있다. 앞서 언급한 함북 鏡城 지역어의 움라우트(田島泰秀: 1918)도 그 하나의 예다.

3) 원순모음화

① 원순자음 아래에서의 'ㅡ → ㅜ'

순자음 /ㅁ, ㅂ, ㅍ/ 뒤에 어미 '-은'이 결합되거나 보조사 '-은' 및 '-으X'의 대격, 속격, 부사격조사가 결합하면 아래와 같이 /ㅡ/가 /ㅜ/로 변동된다.

(12)ㄱ. 너분(넙-운, 넓은, 사84), 가차분(가찹-운, 가까운, 회196)
　ㄴ. 셩니문(셩님-운(형님은), 회184), 사르무(사름-으(사람을), 회83), 디풀르(딮-을르(짚으로), 사109)

② 원순모음에 의한 동화

(13) ㄱ. 무루 메계라(물-우, 물을 먹여라, 회115), 부루(불-우, 불을, 사45), 재무루(재물-우, 재물을, 교52)
ㄴ. 도투(돝-우, 돼지를, 회245), 모두(몯[釘]-우, 못을, 교27)
ㄷ. 주군(죽-운, 사58)
ㄹ. 노온(놓-온, 회97), 됴운(둏-운, 회129) ~ 됴온

비원순모음이 선행하는 원순모음 /ㅗ/, /ㅜ/에 의해 원순모음으로 변동된다. 이 동화 현상은 개재자음의 유무 또는 자질과 무관한 원격 순행 동화이다. (13ㄱ)은 원순성 자질을 가진 동화주 /ㅜ/가 후행하는 비원순모음 /ㅡ/(대격조사)에 영향을 주어 /ㅜ/로 바뀌었다. (13ㄴ)은 동화주 /ㅗ/가 후행하는 /ㅡ/에 영향을 주어 /ㅜ/로 바뀌었다. (13ㄷ)은 용언 어간 모음 /ㅜ/가 어미의 두음 /ㅡ/에 영향을 주어 /ㅜ/로 바뀌었고 (13ㄹ)은 용언 어간 모음 /ㅗ/가 /ㅡ/에 영향을 주어 /ㅗ/ 또는 /ㅜ/로 바뀌었다.

4) 활음화

/ㅣ/와 /ㅗ/, /ㅜ/로 끝난 용언 어간에 어미 '-어X/-아X'가 결합되면 어간 말음은 각각 활음 /y/와 /w/로 바뀐다. 뿐만 아니라 이 연해주 한국어에는 'ㅣ'로 끝난 명사에 조사 '-에'가 결합될 때에도 활음화가 이루어진다. 아래 예는 문법 범주(용언 및 체언), 용언 어간 및 명사 말음에 따른 활음화를 보인 것이다.

(14) ㄱ. 고톄[kot^{h}ye](고티-어, 회157, 교56), 모셰셔[moʃeʃə](모시-어셔, 교62). 가졔다(가지-어다, 교58)

ㄴ. 떠어사(뛓-어사(찌어야), 회143), 져어셔(짛[作]-어셔, 교29)

(15)ㄱ. 뛔내리기(뛰[t'uy]-어 내리기, 사110, 교10)

ㄴ. 게에 드러가기(긔-어 들어가기, 사11)

(16)ㄱ. 꽈-디기(꼬-아지기, 사11), 갈치와라(갈치우-아라, 가르쳐라, 교32)

ㄴ. 됴아하는(둏-아 하는, 49), 디례 노아라(들여놓-아라, 교36)

(17)ㄱ. 산꼭대계(산꼭대기-에, 사61), 꼬래셔(꼬리-에서, 교7), 문제계(문제기(먼지)-에, 교49), 다스셰(다슷-시-에, 회309)

ㄴ. 우에(우[上]-에, 교13), 후에는(후(後)-에는, 교9), 누에게(누[誰]-에게, 회24)

(18) 쓰댸닌다(쓰-디 아니-ㄴ다, 회134), 됴태니킬래(둏-디 아니하-길래, 교67)

(14ㄱ)은 'ㅣ'로 끝난 어간, (14ㄴ)은 'ㅙ'로 끝난 어간에 '-어X'가 결합되었을 때의 활음화를 보인 것이다. (14ㄴ)은 모음 사이의 'ㅎ'이 탈락한 후에 활음화가 이루어진 것이다.

(15)는 활음 /y/ 뒤에 '-어X'가 결합된 후 활음화가 이루어진 것이다. 각각 t'uy-+-ə→t'uye→t'ue→t'we 및 kɨy-+-ə→kɨye→kɨe→kee의 음운 과정을 밟은 것이다.

(16ㄱ)은 어간 말모음이 원순모음일 때의 활음화를 보인 것이다. (16ㄴ)은 원순모음 뒤에 말자음 'ㅎ'이 있을 때의 활음화이다. 이때는 활음화가 이루어지지 않는다.

(17)은 명사의 말음이 'ㅣ'일 때의 활음화 예를 보인 것이다.[29] (17ㄴ)은 말모음이 원순모음일 때의 활음화 여부를 보인 것인데 활음화가 이루어지지 않는다.

29 이 같은 명사의 활음화는 동남방언에서도 볼 수 있다(최명옥: 1980).

(18)은 어미 '-디'에 '아니-'가 결합되어 활음화가 이루어진 예다. 앞서 보인 형태소 경계에서의 예와 달리 단어 경계에서의 활음화다. '-디 아니->-댜니->-댸니-'가 된다. 활음화 후 움라우트를 겪었다. 『한인을 위한 철자 교과서』에서는 '-댜니-'로 나타나고 『노한회화』와 『노한소사전』에서는 움라우트가 이루어진 '-댸니-'로 출현한다.

5) 鼻母音化와 鼻子音 /ŋ/의 약화 및 탈락

모음 사이에 /ŋ/이 있을 때 /ŋ/은 선행 모음을 비모음화한다. 이때 비음성은 '거의 들리지 않는다'(『노한회화』 서문: Ⅵ). 이 비모음화는 Putsillo(1874)의 사전에 아래 (19)와 같은 예가 자주 발견되는 것으로 보아 19세기 중엽 이전에 발생하였음을 알 수 있다. Tajshin"(1898)의 사전과 카잔 문헌에서는 예외 없이 이루어졌다.

(19) 산여이, ᄉᆞ녕이(사녕(=사냥)-이, 푸403), 마다이(마당-이, 푸439, 타24), 한냐이(한 냥(兩)+-이, 푸549), 부에(붕어+-이, 푸379, 타22) 사이(sai)(상(床)+-이, 타15), 후냐이(hunyay)(←후냥이, 남바위, 타39), 후양이(타1)

동북방언을 포함한 현대의 여러 방언에서는 /ㅣ/ 앞에 /ㄴ/이 놓일 때에도 /ㄴ/ 앞의 모음이 비모음화한다. 이때 /ㄴ/은 탈락한다. Putsillo(1874)에 "뉘돈다(누이(←눈[眼]+-이), 푸181)"와 같은 예가 보인다. 육진방언에는 이처럼 /ㄴ/에 선행하는 모음이 비모음화하는 규칙이 없으므로 Putsillo의 위 '뉘돈다'는 비육진방언 화자로부터 취한 것이다.[30]

6) 음운탈락

① 모음탈락

체언 말음의 음운론적 조건에 따라 교체되는 각 조사의 이형태 목록은 아래와 같다.[31]

조사	자음	유음	순음	/ŋ/	모음
보조사	-ɨnɨ(n)	-ɨnɨ(n)	-unɨ(n)	Xṽ-ṽnɨ(n)	-nɨ(n), Xv-vnɨ(n)
대격	-ɨ	-ɨ	-u	Xṽ-ṽ	-rɨ, Xv-v
속격	-ɨ,ø	-ɨ,ø	-u, ø	Xṽ-ṽ	Xv-v
부사격	-ɨllɨ	-lɨ	-ullɨ	Xṽ-ṽllɨ	-llɨ, -gerɨ(유정체)
여격	-ɨge	-k'e	-uge	-ge	-ge
	-k'e	-k'e	-k'e		
원인격	-ɨllɛ	-(ɨl)lɛ	-ullɛ	Xṽ-ṽllɛ	-llɛ
처격	-e	-e	-e	-e	-e, -ge(유정체)
탈격	-ešə	-ešə	-ešə	-gešə	-gešə
		-k'ešə	-ugešə		
	-ɨrɨšə	-lɨšə	-urɨšə	Xṽ-ṽllɨšə	

예를 들면, 보조사 -으느(는)(-ɨnɨ(n))은 명사 말음에 따라 아래와 같이 실현된다.

모음 뒤: 한나-느(한나-으느, 하나-는)

자음 뒤: 책-으느(는)(책-으느, 책-은)

유음 뒤: 말-으느(는)(말-으느, 말[馬]-은)

순음 뒤: 닢-우느(는)(닢-으느, 잎-은)

30 비모음화에 대한 전반적인 문제는 이진호(2002)를 참고할 것.

31 곽충구(1994: 164)에서 수정 전재한 것임. 'Xṽ_ṽ', 'Xv_v'는 조사의 頭音 /ɨ/가 선행 명사 말모음 'v'에 순행동화됨을 나타낸다.

/ŋ/ 뒤: 쵸-오느(는)[ʧʰõõnɨ](←춍+-으느, 총[銃]-은)[32]

/ŋ/ 뒤: 남뎌-어느(는)[namdə̃ə̃nɨ](←남뎡-으느, 남정(男丁)-은)

조사의 두음 /으/는 모음 뒤에서만 탈락한다. 그러나 특이하게도 모음으로 끝난 단음절 명사에는 '-느~-는'이 결합되지 않고 '-으느'가 결합되기도 한다. 예컨대 '코[鼻]+-는'은 '코-오느(←코+-으느, 코-는)'라 한다.

조사의 두음 /으/는 순자음 뒤에서는 원순모음화한다. 그리고 /ㅇ/ 뒤에서는 비모음화 후 선행 모음에 동화된다. 유음 뒤에서는, 활용에서와 달리 /으/가 탈락하지 않는다. 부사격, 원인격 조사의 이형태 교체는 보조사 '-으느'와 같다.

대격조사는 자음 뒤에는 '-으/-우'가 결합되고 모음 뒤에는 '-르'가 결합된다. 때문에 대격조사의 경우는 단일한 기저형을 설정할 수 없다. 그리고 보조사 '-으느'가 그렇듯이 모음으로 끝난 단음절 명사에는 '-르'가 아닌 '-으'가 결합되기도 한다. 이 역시 특이한 점이다. 예: 코[鼻]+-으→코오(코-를).

속격조사는 '-으/-우'이다. 대체로 생략된다. 예: 여스ø새끼, 여끄 새끼(엮-으<엯-으, 여우의 새끼).

② 자음탈락: 유음탈락

용언 어간 말 자음이 유음일 때 여기에 설정성 자음 부류(/ㄷ/, /ㄴ/, /ㅅ/, /ㅈ/)로 시작하는 어미가 연결되면 아래 (20)과 같이 말자음 /ㄹ/이 탈락한다.

32 [ʧʰõõnɨ](총-은)의 비모음 [õ]는 빠른 발화에서는 비음성이 거의 들리지 않거나 [o]로 실현된다. 『철자 교과서』(1902)에서는 비음성이 전사에 반영되지 않았다.

(20) ㄱ. 몹시 구디 마오(굴-디, 회132), 즈대니오(즐[泥]-디, 회20), 우디 마라 (울-디, 교42)

ㄴ. 드쟈구(들[擧]-쟈구, 교57), 너쟈구(널[嚼]-쟈구, 교24), 무쟈구(물[囓] -쟈구, 교67)

ㄷ. 즌 강재:기(즐[泥]-은 진창, 사22), 여니(열[實]-니, 교57)

(21) 낭게 여웁니(열[實]-읍니, 교9), 가안냐(갈[耕]-은냐?, =가느냐?, 교32), 가우(갈[耕]-오, 교11)

예 (20)이 보여 주는 유음 탈락은 용언의 활용에서만 보이는 형태론적 제약을 가진다. 그리고 이 탈락은 동일한 위치에서 조음되는 자음들 사이에서 나타나는 동기관적 異化 현상이다(이병근: 1981).

(21)은 하오체 종결어미 '-읍니', '-오' 그리고 해라체 의문형어미 '-은냐' 앞에서 'ㄹ'이 탈락한 예를 보인 것이다. 이들 어미들에 의한 유음 탈락은 음운론적 동인에 의한 (20)과는 그 기제가 다르므로 형태론적 요인으로 돌릴 수밖에 없다. 위 어미 외에 'ㄹ' 탈락에 관여하는 어미로는 합쇼체 종결어미 '-읍꿔니', '-읍쇼', '-읍구마', '-음둥', 하오체 종결어미 '-읍데', '-우리' 등이 있다.[33]

7) 경음화

말음이 장애음이고 그 뒤에 다시 장애음으로 시작하는 어미나 조사가 연결될 때 경음화가 이루어진다. 체언 및 용언 말음 /ㄴ, ㄹ, ㅁ, ㅇ/ 뒤에 장애음이 올 때는 경음화가 이루어지지 않는다. 용언의 예는 아래와 같다.

---

33 이들 어미는 "1.3. 문법"을 참고할 것.

(22) 며커리르 삼기(samgi)(미투리를 삼-기, 사80)
신구(ʃingu) 댕기기(신-고 다니기, 사68)
그마니 샤괘르 안구(angu)(그만이가 모자를 가슴에 안고, 교73)
범 말구(malgu)(범 말-고, 사49)

8) 유기음화

'$-C_1+C_2-$'의 연쇄에서 첫 자음이 장애음이고 두 번째 자음이 'ㅎ'일 때, 또는 그 역일 때에 이들 음 연쇄는 같은 서열의 유기음으로 통합(coalescence)된다. 용언의 활용에서는 필수적으로 유기음화가 이루어진다. 접사에 의한 사피동사 파생에서도 유기음화가 이루어진다. 그러나 '-하다'가 결합된 파생어에서는 유동적이다. '급(急)+-하다'는 [그파다](교46)로 실현되어 유기음화가 이루어졌지만 '고디식+-하다'는 [고디시간(kodiʃiɣan)](교47)으로 실현되어 '-하-'의 'ㅎ'이 탈락하였다. 파생어와 합성어는 대체로 어기와 접사를 분리하여 전사하였기 때문에 유기음화 여부를 정확히 말하기 어렵다.[34]

9) 자음군단순화

국어에는 어간 말 위치에서는 두 자음이, 모음 사이에서는 세 자음이 연속적으로 발음될 수 없는 제약이 있다. 이 연해주 한국어에서는 '$-C_1C_2+C_3-$'에서 C_2가 설정성([+coronal]) 자음이면 C_2가 탈락하고, C_1이 유음이고 C_2가 변자음([-coronal])이면 C_1이 탈락한다. 예: [안자](앉자!),

34 곽충구(2005: 2007-8)에는 카잔 문헌의 육진방언과 현대의 육진방언을 대조하여 변화의 요인, 방향 등을 기술한바, 유기음화 규칙에는 변화가 없다. 유기음화는, "'-하다'가 결합된 파생어에서는 유기음화가 일어나지 않는다. 단, 단음절 어기가 비자립형태소 또는 어근적 단어이면 유기음화가 이루어진다."고 하였다.

[안꾸](앉고), [안따가](앉-다가). [업쏘](없-소), [괘흑](괘흙(진흙)), [느꾸](늙-고), [봅끼](볿-기, 밟다), [삼구](삶-고), 역기름(엿+기름, 삼씨기름).

1.1.3. 음운의 변화

1) ‘ᆞ’의 변화

(23) ㄱ. 나리다(<ᄂᆞ리다, 사108)

마디(<ᄆᆞᆮ, 사112)

바름이(<ᄇᆞᄅᆞᆷ, 사17), 발셔(<ᄇᆞᆯ셔, 벌써, 사17)

(숨우) 바리기(<ᄇᆞ리다, 목숨을 버리-기, 사125)

사매르 거두기(<ᄉᆞ매, 소매를 거두-기, 사124)

삼치기(<ᄉᆞᆷᄭᅵ다, 삼키다, 사18)

일카르오(<일ᄏᆞᆮ-+-으오, 일컬으오, 푸47)

자라기(<ᄌᆞ라다[足], 사97)

타기, 택이(<ᄐᆞᆨ, 턱[頤], 푸445, 타24)

파기(ᄑᆞ다[掘], 사46, 99)

괘핡이(괘ᄒᆞᆰ-이(진흙), 타6, 푸101), 괘흙이(푸101)[35]

ㄴ. 야라(여러, 사117), 야들비(여덟, 회43), 얄이(열[十], 사42)

ㄷ. 봛기(pok’i)(<ᄇᆞᆲ다[踏], 사121)

곰취우기(<ᄀᆞ초다[藏], 사111, 회137)

도툼이(<ᄃᆞ토다[爭], 사111)

ㄹ. 말덜이(<ᄃᆞᆶ(복수 접미사), 말(馬)들, 회45)

35 ‘ᄒᆞᆰ’은 육진방언권의 慶源, 穩城, 會寧, 鐘城과 함북 茂山에서도 쓰였다. 『한글』(9-1, 1933년, 穩城), 河野六郎(1945: 316), 『慶源郡誌』(1988, 경원군지편찬위원회), 『茂山郡誌』 (1984, 무산군지편찬위원회).

-꺼지(<-ᄭᆞ지[至], -까지, 회403)

(24)ㄱ. 아즈마니(<아ᄌᆞ마님[叔母], 회171), 아주바니(<아ᄌᆞ바님[叔父], 회170)

바름(<ᄇᆞᄅᆞᆷ[風], 사17), 바르(바로[正], 사4), 사름(<사ᄅᆞᆷ[人], 회22, 196,), 다슷(<다ᄉᆞᆺ, 회42, 사94), 문툭(<문특<문(門)+ᄐᆞᆨ(문턱), 교63)

ㄴ. 오눌(오놀<오ᄂᆞᆯ[今日], 회159, 298), 보두라분(<보ᄃᆞ랍다[軟], 사62) 가물(<ᄀᆞᄆᆞᆯ, 사116)

(23ㄱ)은 어두 음절 위치의 'ㆍ>ㅏ' 예이다. (23ㄴ)은 *yʌ로 再構할 수 있는 예들(李基文: 1972, 1977)로서 역시 규칙 'ㆍ>ㅏ'에 의거 *yʌ>ya의 변화를 겪었다.

그런데 '발써, 바라-'는 중앙어에서 'ㆍ>ㅓ', '사매'는 'ㆍ>ㅗ', '(괘)흙'은 'ㆍ>ㅡ', '탁'은 'ㆍ>ㅓ'의 변화를 겪었다. 이처럼 중앙어에서는 'ㆍ'가 다양하게 변화하였지만 이 연해주 한국어에서는 일사분란하게 'ㆍ>ㅏ'의 변화를 겪었다.

한편 (24ㄱ)은 비어두 위치의 'ㆍ>ㅡ'의 예로 중앙어와 비교하면 그 변화가 규칙적이어서 역시 예외를 발견하기 어렵다. 이처럼 어두 위치에서는 'ㆍ>ㅏ', 비어두 위치에서는 'ㆍ>ㅡ'로 규칙적으로 변화하였다. 이는 이 연해주 한국어가 孤立方言(isolated dialect)의 성격을 띠고 있음을 뜻하는 것이다. 즉, 어떤 음운변화에 대한 예외가 적다는 것은 다른 방언과의 接觸이 없거나 상대적으로 적다거나 또는 다른 방언으로부터의 借用이 용이하지 않다거나 變異를 유발하는 사회적 成層이 수평적임을 뜻한다.[36]

36 반면, 중앙어에서 볼 수 있는 다양한 변이는 규칙 적용 시기, 규칙 적용 환경의 변화, 규칙들의 적용 순서 등 언어 내적 요인과 사회 계층적 요인에 의한 것일 수도 있고

(23ㄷ)은 ‘ · >ㅗ’ 원순모음화의 예다. ‘뽋다’는 순자음 하의 순행적 원순모음화이고 나머지는 비어두 위치의 원순모음이 어두 위치의 ‘ · ’에 영향을 준 역행적 원순모음화이다. ‘ · >ㅗ’는 Ⅱ부(1.4.6.1의 ⑤)를 참고.

(23ㄹ)은 ‘ · >ㅓ’를 겪은 문법형태소이다. 이는 김완진(1978)의 견해대로 모음체계의 변화와 관련되는 것으로 보인다. 즉, ‘ · ’의 말기적 증상으로서 오래도록 존속했던 ‘ · ’가 ‘ㅓ’의 後舌化에 흡수된 예로 보인다. 음운변화는 어휘에 따라서 그 변화 속도가 다르다는 논리에 바탕을 둔 해석이다.

(24ㄴ)은 본디 어두 음절 모음이 ‘ㅗ’이고 후행 음절 모음이 ‘ · ’일 때, ‘ · ’가 ‘ㅜ’에 대응되는 예를 보인 것이다. 이는 ‘ · >ㅡ’ 이후에 다시 ‘ㅡ>ㅜ’를 겪은 것이다. ‘오눌’, ‘보두라분’은 선행하는 원순모음에 의한 간접동화이고, ‘가물’은 원순자음에 의한 직접동화이다.

2) 움라우트

형태소 내부에서의 움라우트는 그 제약 조건이 대체로 앞서 본 형태소 경계에서의 움라우트와 같다. 다만, 아래 예들은 그 변화 과정을 좀 더 깊이 들여다볼 필요가 있다.

(25)ㄱ. ʃwe-gyəŋ(<쇼경, 소경, 사107). cf. 쇼경이, 망인이(푸589).

ㄴ. wekkyeʃə(<오끼-+-어셔, 엇갈렸어, 교64). cf. ok’igi(사101).

(26) 새슈래(<쇠슈랑-이, 타7), 새슈ᄅᆡ(푸121), 쇄시래[ʃwɛʃirɛ](<쇼시랑-이, 쇠스랑, 초29)

또 외부 방언으로부터의 차용과 같은 언어 외적 요인에 의한 것일 수도 있다.

(25ㄱ,ㄴ)은 외견상 각각 /yo>ywe/(소경), /o>we/(오끼다), (26)은 /yoy>ywɛ>yɛ/(쇠스랑)의 변화를 겪은 것으로 보인다. (25ㄱ)과 (26)의 피동화주는 음운론적으로 /yo/, /yoy/이고, (25ㄴ)의 피동화주는 /o/이다.

육진방언의 /ㅛoy/는 선행자음이 음성적으로 경구개자음일 때에는 /we/로 그 밖의 환경에서는 /wɛ/로 변화하였다. 즉, '쇠[牛]'는 [ʃwe](=/sywe/)이지만 '쇠[鐵]'는 [swɛ](=/swɛ/)이다. 이에 의하면 (25ㄱ)의 '쇼경>쉐경'은 다음과 같은 음운과정을 상정할 수 있다.

① syogyəŋ>syögyəŋ>sywegyəŋ+i

② syogyəŋ>syoygyəŋ>sywegyəŋ

①, ② 가운데 어느 것이 사실과 부합하는지는 판단하기 어렵다. 다만 육진방언에는 /ö/가 없기 때문에 ②의 과정이 좀 더 타당해 보인다. 또한 /ö/는 /e/로 비원순화하는 것이 국어 방언에서의 일반적 현상이다. 그리고 단모음 /ö/가, 후설에서 전설 방향으로 過渡(glide)가 이루어지는 /we/로 변화한다는 것은 수긍하기 어렵다. 음 변화는 대체로 '조음의 간편'을 꾀하는 과정에서 나타나기 때문이다.[37]

한편 (26)의 쇄시래(ʃwɛʃirɛ)는 문헌 자료를 참고할 때[38] '쇼시랑이'에서 변화한 말로 보인다. 쇼시랑이>쇠시랑이syoysiraŋi>sywɛsirɛ̃y>쇄시래 sywɛsirɛ̃. 그런데 선행자음이 음성적으로 경구개자음임에도 불구하고 (25ㄱ)과 달리 [wɛ]로 변화하였다. '섀슈래, 섀슈리'는 /w/가 탈락한 어

37 곽충구(1991/1994)에서는 피동화주 /u/ 앞에 음성적으로 경구개음이 분포할 때 움라우트에 의해 /u/가 [ü]로 실현된다는 사실(마즁-이>마쥥-이)에 이끌려 /o/도 동일한 환경에서 [ö]로 실현된다고 한 바 있다.

38 木杷子 나모 쇼시랑(『譯語類解』(下: 8a), 1690).

형이다.

이처럼 같은 환경을 가진 어사들이 변화를 달리 겪은 이유는 분명하지 않다. 지역적인 요인이나 /ㅗ/의 저설화 시기와 관련이 있을 것으로 생각된다.

아래 (27)과 같이 움라우트 규칙의 제약 조건에서 벗어난 예들이 존재한다.

(27) ㄱ. 바아 디리기(<드리다, 바[索]-를 꼬다, 사102)
디례 노쑤리(<들이[入]-어 놓-수리, 들여 놓겠소, 회126)
내리기(<ᄂᆞ리[降]-기, 사107)
대례다 다구(<ᄃᆞ리[率]-어다, 데려다 다오, 회81,118)
채려 니분(<ᄎᆞ리-어 닙-운, 차려 입-은, 사64)
ㄴ. 데디기(<더-기[投], 사5,75)

(27ㄱ)의 동사는 개재자음이 유음이고 피동화주에 선행하는 자음이 '齒音'(김완진, 1963: 78)이라는 공통점을 지닌다. 그리고 피동화주가 어두 음절 위치에 있다는 점도 같다. 이에 대해서 李秉根(1971), 崔明玉(1989)에서는 '비구개자음'이라는 음성적 조건을 제시한 바 있다. (27ㄴ)은 개재자음이 'ㄷ'이지만 움라우트를 겪었다.

앞서 본 형태소 경계에서의 움라우트 규칙은 일정한 제약 조건 하에서 예외를 허용하지 않지만 형태소 내부의 움라우트는 예외가 다수 존재한다. 피동화주가 /ɨ/일 때, 형태소 경계에서는 까다로운 조건을 필요로 하지만 ɨ→ɨy의 움라우트가 이루어진 반면, 형태소 내부에서는 (27ㄱ)과 같이 ɨ>i의 움라우트가 이루어졌다. 이러한 사실과 함께 1.1.2에서 언급한 바 있는 "피동화주가 상승이중모음일 때에는 개재자음의 자질 또는 형태소 경계의 유무에 관계없이 수의적으로 움라우트가 실현되었다"라고 한 점을 상기할 필요가 있다. 이러한 사실을 종합하면, 이 한국어의 움라우트 현상은 최초에 형태소 내부에서 발생하여 점차 형태소 경계로 확대되었고 형태소 경계로 확대되면서 개재자음에 대한 제약 조건이 [-coronal] 자음으로 축소되었다고 할 수 있다.[39]

3) 원순모음화

원순모음화의 유형은 아래와 같이 두 가지가 있다.

(28)ㄱ. 볿-기[踏](<ᄇᆞᆲ다, 사121), 모르다[乾](<ᄆᆞᄅᆞ다, 타11), 몰[馬](<ᄆᆞᆯ, 타14), 보람[風](<ᄇᆞᄅᆞᆷ, 타6), 뽈리[速](ᄲᆞᆯ리, 타1)

ㄴ. 가물이(<ᄀᆞᄆᆞᆯ, 사116)

(29) 물이[水](사126), 불이[火](사34), 풀이[草](회160), 뿔이[角](사97)

(28ㄱ)은 순자음 아래에서의 'ㆍ>ㅗ' 원순모음화 예이다. Ⅱ부의 문헌에는 오직 (28ㄱ)의 예만이 보이는데 대부분 Tajshin"(1898)의 사전에 수록되어 있다. 육진방언권의 남쪽에 위치한 경원, 경흥 지역어가 채록된 『시편노한소사전』과 『노한회화』에는 '볿다'만이 보일 뿐이다. 이 변화는 小倉進平(1927), 곽충구(1991/1994) 등에서 밝힌 바와 같이 육진방언권의 북부에 위치한 회령, 종성, 온성에서 많이 이루어지고 경원, 경흥으로 내려올수록 적용 예가 적다. 이는 'ㆍ>ㅗ' 변화의 물결이 북부의 회령 등에서 시작되어 점차 동남 방향으로 확산되었음을 뜻하는 것이다.[40] 따라서 '볿

---

39 이러한 견해는 최전승(1989)에서 제시된 바 있다.

40 小倉進平(1927)에는 咸南의 惠山, 三水, 甲山, 長津 등에도 이 변화의 예가 있다.

다'는 어휘확산 과정에서 초기에 변화를 경험한 예가 된다.

(28ㄴ)은 어두 위치에서는 'ㆍ>ㅏ'를, 비어두 위치에서는 'ㆍ>ㅡ'를 겪었음을 보여 준다. 따라서 'ㆍ>ㅗ' 원순모음화는 'ㆍ>ㅏ'보다 먼저 적용되었다고 할 수 있다. 'ㆍ>ㅗ'의 개신파는 육진방언권 북부의 회령 부근에서 시작되어 점차 동남 방향으로 확산되고 반대로 'ㆍ>ㅏ'의 개신파는 남부에서 북부로 확산되었던 것이다. '볿다'는 가장 선진적으로 'ㆍ>ㅗ'를 겪은 개신형이다. 'ㆍ'의 변화는 먼저 비어두 위치에서 'ㆍ>ㅡ'가 이루어진 후 북과 남에서 확산된 'ㆍ>ㅗ'와 'ㆍ>ㅏ' 두 규칙이 경쟁적으로 적용된 것이다.

(29)는 순자음 아래 'ㅡ>ㅜ'의 예이다.

4) 비원순모음화

순자음 아래에서 원순모음 /ㅜ/가 그와 대립되는 비원순모음 /ㅡ/로 변화하는 비원순모음화 현상이 있다. 아래 (30)을 보자.[41]

(30) ㄱ. 븨(<뷔[篅], 사17), 븨기(<뷔-[刪]+-기, 사31), 븨각질(<뷔[刪]-+-각+-질, 사31), 빈(<뷔[空]-+-ㄴ, 사28), 더븨(<더뷔, 사viii), 치븨(<치뷔, 사60)

ㄴ. 동믜(<동뮈[友], 푸249, 643), 과븨(<과뷔(寡婦), 사8), 매븨(<매뷔(妹夫), 사39)

(31) 무릐(<무뤼[雹], 사20), 술긔(<*술귀[車], 사20), 도끠(<돗귀[斧], 교2)

(30ㄱ)은 어두 음절 위치에서 순자음 아래의 이중모음 /ㅟuy/가 /ㅢ/로

41 šwešü>šweši(쉐시<쉐쉬<셰슈+-이, 洗手)와 같은 [ü]>i의 비원순화가 있다.

비원순화한 예이며 (30ㄴ)은 비어두 음절 위치에서 비원순화한 예이다.

(31)은 선행하는 원순모음에 의해 후행하는 원순모음이 비원순화한 예를 보인 것이다. (30, 31)은 원순성 자질을 가진 두 음소가 계기적으로 연결될 때 후행 음소가 원순성 자질을 잃는 것이니 異化가 된다.

이 밖에 다음과 같은 逆行的인 非圓脣母音化가 있다.

(32) ㄱ. 느븨[妹](사104, 회180, 194), 늡다[臥](타16, 푸279, 사84), 느부리[霞](타11, 사34), 느베(蠶)(타39, 푸701), 느베고티(타28, 푸519)

ㄴ. 느비다[縫], 드비, 드뷔(豆腐), 뜨베[蓋], 가마뜨베(솥뚜껑), 눈뜨베[瞼]

(32)는 순자음 앞 /ㅜ/가 /ㅡ/로 변화한 예다. (32ㄴ)은 현재의 육진방언에서 쓰이는 비원순모음화 예를 추가한 것이다. '굽다[炙]'(사79)가 (32)와 같은 변화를 겪지 않는 것을 보면 이 비원순모음화는 /ㅜ/ 앞에 /ㄴ, ㄷ/과 같은 설정성 자음이 놓일 때 이루어지는 것으로 보인다. (30~32)는 [+원순성] 자질을 가진 음소들의 계기적인 연결을 회피하는 현상이다.

5) 구개음화

Ⅱ부에서 문헌별로 자세히 언급하였으므로 여기서는 그 내용을 종합하여 간단히 기술한다.

ㄷ구개음화는 치조파열음(/ㄷ, ㅌ, ㄸ/)이 동화주 /i/, /y/ 앞에서 경구개자음(/ㅈ, ㅊ, ㅉ/)으로 변화하고, ㄱ-구개음화는 연구개파열음(/ㄱ, ㅋ/)이 동화주 /i/, /y/ 앞에서 경구개자음으로 변화한 것이다. 변화의 지향점이 경구개라는 점에서 일치한다. ㅎ-구개음화 역시 /i/, /y/ 앞에서 'ㅎ'이 구

개마찰음 [ʃ]로 변화한다. 이는 음성 층위에서의 변화이다. 음운론적으로 [ʃ]는 /sy/로 해석된다. 힘[him]>ʃim=/syim/>/sim/, 형님[hyəŋnim]> ʃyəŋnim=/ syyəŋnim/>/syəŋnim/. ㄷ구개음화는 어두, 비어두에서 모두 이루어지지만 ㄱ-구개음화와 ㅎ-구개음화는 어두 위치에서만 일어난다.

① ㄷ구개음화

19세기의 연해주 한국어 육진방언은 아직 ㄷ구개음화가 이루어지지 않았다. 육진방언을 채록한 『노한회화』(1904), 『시편 노한소사전』(1904)에는 ㄷ구개음화 예가 발견되지 않는다. 단, 『시편 노한소사전』의 서문(xvii)에는 서울말인 '쳘도'를 차용하였다는 언급이 있다. 이 밖에도 '쳘필(鐵筆), 황졔'가 더 있는데 이 역시 중앙어를 차용한 것으로 생각된다. 어미 '-디>-지'의 예도 한둘 보인다.

당시 연해주 한국어 육진방언의 자음체계에는 치조음 [ʦ]와 경구개자음 [ʧ]가 존재하지만 이들은 음소 /ʦ/의 변이음일 뿐이다. [ʧ]는 /i/, /y/ 앞에 놓이는 /ʦ/의 조건변이음이다. 반면, 비육진방언은 구개음화가 이루어졌다. 19세기 연해주의 육진방언과 비육진방언 화자의 방언이 뒤섞여 있는 Putsillo(1874)의 『시편 노한사전』, Tajshin"(1898)의 『노한사전』은 그러한 사실을 잘 보여 준다. 이 때문에 연해주의 육진방언 화자와 비육진방언 화자가 섞여 살고 있는 지역에서는, 당시 이주지를 개척하고 또 수적으로 우세한 육진 지역 출신인의 방언이 우월한 지위를 누리고 있었다. 때문에 이 시기에는 'ㅈ>ㄷ' 과도교정형이 다수 출현한다. 그러한 사실을 Ⅱ부의 『초급 러시아어 교과서』에서 자세히 본 바 있다.

② ㄱ-구개음화

ㄱ-구개음화도 19세기의 육진방언에서는 이루어지지 않았다. 그러나 비육진방언권에서는 ㄱ-구개음화가 이루어졌다. 『한인을 위한 철자 교과서』에서는 '지둘구다[待]'와 같은 ㄱ-구개음화형을 '기둘구다'로 교정하기도 하였다. 당시 지배 방언(dominant dialect)의 위상을 지닌 육진방언을 표준(norm)으로 삼았기 때문일 것이다. Putsillo(1874)의 『시편 노한사전』, Tajshin"(1898)의 『노한사전』에는 ㄱ-구개음화의 개신형이 다수 실려 있다. 또한 ㄱ-구개음화와 관련된 과도교정형이 많이 보인다. 구체적인 예와 그에 대한 기술은 Ⅱ부를 참고할 것.

③ ㅎ-구개음화

(33) 션판(懸板)(타5)
셰미, 셰엄이(<혬-이, 셈[算], 푸631)
혀, 헤, 세, 세띄, 셰, 셋뒤, 혜(<혀[舌], 푸727)
셰차르미(혀를 차는 일, 푸495)
슝년이, 흉년(凶年)(푸17)
겸셰, 흉셰, 슝셰(凶歲), 흉년, 슝년이, 흉년이(凶年-이)(푸357)
심쓔리, 시무기, 힘쥬리(<힘줄, 푸175)
(34) 말셕(<말革, 교34), 말-셱이(초26)
쎠개(<혀[蟣], 서캐, 교11)
셰, 셰때(<혜<혀[舌]+-이, 사138)
셩이(<형(兄)-이, 교74), 셩네-과(형네-와, 회183)
셩님운(<형님-은, 회184), 셩-게(형(兄)-에게, 회187)
쎠기(<ᅘᅧ([点火], [鉅])-기), 사33, 회xviii, 교6)
셰기(<혜[算, 數]-기, 사116, 교12), 셰에에(세-어, 회291), 셰에엣소(세

없소, 회292)

심이(<힘[力]-이, 교20), 심자라는대르(<힘 자라는 대로, 교15, 38), 심이 모자랄 때는(<힘이 모자랄 때에는, 교9)

마감 심스레 한 숨우 쉬구, 다리르 뻗어 부리구 죽어서(마지막에 힘스레 큰 숨을 쉬고 다리를 뻗어 버리고 죽었어, 교7).

(33)은 Putsillo(1874)의 사전에서, (34)는 20세기 초 카잔 문헌에서 각각 ㅎ-구개음화 예를 뽑아 보인 것이다. ㅎ-구개음화가 적어도 19세기 중엽에는 함북 방언에 확산되어 있었음을 보여 준다. 카잔 문헌 자료에 의하면, 20C 초 육진방언권의 경흥, 경원 지역어는 아직 ㄷ구개음화를 겪지 않았다. 그러나 예 (33, 34)에서 보듯 ㅎ-구개음화는 퍽 생산적이다. ㅎ-구개음화가 ㄷ구개음화보다 먼저 발생한 것이다.[42]

④ 구개음화와 과도교정

Ⅱ부의 문헌 해제에서 몇 차례 언급한 바와 같이 연해주 한국어에는 여러 유형의 과도교정(hyper-correction)이 보인다. 이는 연해주의 한인공동체에서 쓰이는 한국어 지역 변종들의 상호 접촉 및 위상과 관련된다. 한인공동체는 한국어의 여러 지역 변종을 구사하는 사회 집단이다. 이주 초기 이들 공동체는 대체로 동향인들에 의해 형성되었다.[43] 그러나 이주민이 증가하면서 점차 여러 지역 출신들이 공동체를 이루어 살게 되었

42 宣德五 외(1991)에는 육진방언권에 속하는 원 함북 경흥 지역어(중국 훈춘시 경신진 회룡봉촌 조선어)에 대한 조사 자료가 있다. 이 자료에도 ㄷ구개음화는 아직 이루어지지 않았지만 ㅎ-구개음화는 이루어졌다. 언어지도 '第十二圖(좋다~둏다)'(107쪽)와 '第十五圖(힘~심)'(110쪽)을 참고. 전학석(1987)도 그와 같다.

43 '동향인'이라 함은 같은 생활문화권에서 같은 지역 변종을 구사하다 이주한 사람을 뜻한다.

다. 이 한인 언어공동체는 아래와 같이 두 유형으로 나눌 수 있다.

(가) 공동체 내에서 사용되는 지역 변종이 단일한 경우.

(나) 공동체 내에서 사용되는 지역 변종이 둘 이상인 경우. 都農間 차이가 있다.

(가)처럼 단일한 지역 방언을 말하는 언어공동체에 진행 중인 음변화가 있을 때 그 변화를 인지한[44] 화자들이 보수형을 권위가 있는 것으로 인식하고 그 음변화와는 무관한, 그 음변화의 출력형과 동일한 구조를 가진 형태를 그 음변화의 출력형으로 오인하고 역으로 입력형을 상정하여 교정할 때 이를 과도교정이라 한다.[45] 예컨대 '접칼>겹칼', '집[家]>딥'과 같은 예에서 보듯 교정 대상 어휘(접칼, 집)은 'ㅈ' 뒤에 구개음화의 동화주 /y/나 /ㅣ/를 가지고 있어 구개음화 출력형과 같다. 이때 화자는 자신의 문법에 내재한 해당 음변화 규칙을 역으로 적용하여 과도교정형을 생성해 낸다. 대체로 변화가 진전이 되어 화자가 변화를 인지하고 개신형과 보수형이 공존하는 단계에서 이 과도교정이 출현한다. 개신을 비규범적인 것으로 간주하는 언어태도에서 비롯된 심리적 반작용이다.

(가) 공동체의 한국어 방언(육진방언)을 보여 주는 『노한회화』, 『노한소사전』에는 앞서 말한 'ㅈ>ㄷ' 교정형은 나타나지 않는다. 아래 (35ㄹ)

---

44 ㄷ구개음화가 진행 중이던 1990년대 육진방언 화자들은 ㄷ구개음화를 말할 때 흔히 "드 줄을 즈 줄로 말한다" 또는 "드 줄이 즈 줄로 변했다"라 표현한다. 그리고 규칙 적용 환경은 말로 표현하지 못하지만 내면화되어 있다.

45 과도교정에 대해서는 많은 이들의 연구가 있었다. 허웅(1965), 최전승(1987), 김주원(1997), 김주필(1994), 소신애(2007), 배영환(2017)이 있다. 연구사는 소신애(2007), 윤진영(2019)를 참고할 것. 소신애(2007: 203)에서는, "사회적 권위 지향이라는 문법 외적 요인에 의해 발화 해석 과정에서 촉발된 현상으로서 본질적으로 재해석의 일종이라 할 수 있다."고 하였다.

의 예가 있을 뿐이다.

(35) ㄱ. 기나온(지나온, 회84), 기난(지난, 회38, 사65), 기나가는(지나가는, 회84). cf. 디나다[過].

결, 결당(절[寺], 절당(-堂), 사130). cf. 뎔, 뎔당. 곗대(<뎟대<뎌(笛)+-ㅅ+대, 푸679).

경심-이, 경심-우(점심-이, 점심-을, 사71). cf. 뎜심(點心).

ㄴ. 긷, 깃이(짓[羽], 사78). cf. 짖.

ㄷ. 히비나(시비(是非)-나, 사99), 히비르 하기(시비를 하기, 사110).

ㄹ. 비디깨(비지깨(→spichika(러)), 성냥, 사110)

(35ㄱ)은 ㄷ>ㄱ, (35ㄴ)은 ㅈ>ㄱ, (35ㄷ)은 ㅅ>ㅎ, (35ㄹ) ㅈ>ㄷ의 예이다.

Ⅱ부의 문헌 해제에서 보았듯이 『노한회화』, 『노한소사전』에는 ㄷ구개음화의 예가 거의 보이지 않는다. ㄱ-구개음화 예도 없다. 오직 ㅎ-구개음화 예만이 보일 뿐이다. 이러한 규칙 체계에서 (35)의 과도교정형이 출현한 것이다. 이는 20여 년 뒤에 이루어진 小倉進平(1927: 6)의 조사 내용과도 일치한다.[46] 따라서 (35ㄱ, ㄴ) 과도교정의 動因을 공동체 내에

46 이러한 과도교정에 대한 최초의 언급은 小倉進平(1927: 6)에 보인다. 그는 ㄷ구개음화를 모르는 육진방언권(회령, 종성, 경원)에서 본디 '디', '티'로 발음해서는 안 되는 말을 '디, 티'로 발음하는 것은 "誤れる類推"(=잘못된 유추)에 말미암은 것이라 하였다. 그리고 이는 "物識りぶるといふ心理作用"(박식한 체하려는 심리 작용)에 의한 것인데 유사한 예로 어원이 '뎔[寺]'이고 '절'로 발음해야 할 것을 '결'로 발음하는 예가 있다고 하였다. 이는 '겨[糠]>져'(저자 주: ㄱ-구개음화)에서 암시가 주어져 半 무의식적으로 '절'을 '결'이라 하게 된 것이라 하였다. 그런데 이 교정이 이루어진 지역(회령, 종성, 경원)에는 ㄱ-구개음화가 없다. 같은 논문(8쪽, 8)에는 '겨[糠]', '키[箕]', '겻[傍]'의 구개음화를 조사한 내용이 있는데 위 '절>결' 지역(회령, 종성, 온성)에는 ㄱ-구개음화가 없다. 요컨대 ㄷ구개음화와 ㄱ-구개음화가 존재하지 않는 상태에서 '결[寺]'과

서 찾기는 어려울 듯하다.

하나의 가설은, ㄷ 및 ㄱ-구개음화를 모르는 A공동체의 육진방언 화자가 그 구개음화가 모두 종료된 (나) 공동체의 비육진방언 화자와의 접촉으로 ㄷ>ㅈ, ㄱ>ㅈ 변화를 인지한 뒤 'ㅈ>ㄱ'의 과도교정이 이루어졌다고 보는 것이다. 예를 들면 '뎔[寺]'의 경우, 육진방언 화자는 자신은 '뎔'이라 말하지만 그가 접한 비육진방언 화자는 '절'이라 한다는 사실을 알고 있다. 그때 육진방언 화자는 '절'을 '결'로 교정한 것인데 그리한 이유는 자신이 일상적으로 말하는 '뎔'과 비육진방언 화자가 일상적으로 말하는 '절'을 [-권위]의 방언형으로 인식했기 때문이다. 또한 육진방언 화자에게는 ㄷ구개음화 규칙이 없으므로 즉, '뎔'이라 말하기 때문에 '절>뎔'을 상정하지 않는다. 그 육진방언 화자에게는 역시 ㄱ-구개음화 규칙이 없지만 ㄱ-구개음화의 대상 어휘가 ㄷ구개음화 대상 어휘에 비해 소수에 불과하기 때문에 '결'에 이끌린 것이다. 요컨대 그 육진방언 화자는 세 변이형의 위계(hierarchy) 또는 변화 단계를 '*결>뎔>절'로 인식한 것이 아닌가 생각된다. 화자는 인접 방언과의 접촉에 의해 ㄱ-구개음화를 인지하였는데 그것을 '뎔'에 적용한 것이다. (35ㄴ)도 같은 방식으로 설명된다.

(35ㄷ)의 '히비'는 ㅎ-구개음화에 말미암은 과도교정형이다. 앞 ③에서 본 바와 같이 ㅎ-구개음화는 매우 생산적이었다. (35ㄹ)은 러시아어 차용어 '비지깨'를 '비디깨'로 교정한 것이다.

위 (35)의 과도교정은 연해주 한인공동체에서 이루어진 것일 수도 있고 이주 전 원적지에서 이루어진 것일 수도 있다. 小倉進平(1927)에 의하면 함북 육진방언권에서도 쓰이기 때문이다. 그러나 과도교정의 동인은

같은 과도교정형이 출현한 것이다.

동일하게 설명된다.

한편 Putsillo(1874), Tajshin"(1898)의 사전에는 아래의 예들이 보인다.

(36)ㄱ. 슈경이(Syugĕng-i), 슈졍이(syutsĕng-i)(<슈졍(水晶), 푸687, 타38)
협되, 겹카리(<졉칼, 푸359)
기도리, 문ᄭᅩ리(<지두리, 푸333)
ㄴ. 져리, 졀이, 찰이, 결이(<뎔<졀[寺], 푸227), 졀이, 결이(푸307)
기나다, 기난다, 지난다, 지낫소(<디나다<지나다, 푸517, 타38)
기난달이(<디난 달-이, 푸317), 경일, 기난날(<디난 날, 푸351)
경승(<뎡승<졍승(政丞))(타6)
힝겨니(<힝뎐<힝젼(行纏), 푸709)

Putsillo(1874)의 사전에는 (36)의 예에서 보듯 ‘ㅈ>ㄱ’ 예가 대부분이다. (36ㄱ)은 본디 ‘ㅈ’이 ‘ㄱ’으로 교정된 예이고 (36ㄴ)은 본디 ‘댜, 뎌, … 디’가 ‘ㄷ>…>ㄱ’ 변화를 겪은 것이다. 개중에는 과도교정형과 ㄷ구개음화의 개신형이 함께 실려 있기도 하다. 예: 졀이, 결이.

Putsillo가 조사한 한인공동체는 육진방언 화자와 비육진방언 화자가 함께 이주하여 사는 집단이라는 점에서[47], 단일 방언 화자들의 집단인 앞 (35)의 공동체와는 다르다. 초기 이주민 집단이므로 육진방언 화자가 다수였을 것이다. 따라서 보수형 ‘디나다’(육진방언형)가 개신형 ‘지나다’(비육진방언형)보다 더 우세한 상황에서 제3의 ‘기나다’가 출현한 것이다. ‘기나다’의 출현은 앞서와 같은 동기가 작용했을 것이다.

47 그런데 이주 초기에 함북 경흥 출신인들과 함북 무산 출신인들이 두만강을 건너와 ‘지신허’라는 이주촌을 세웠는데 이런 경우의 이주민들을 동향인이라 말하기는 어렵다. 경흥은 육진방언권이고 무산은 비육진방언권이어서 방언차가 크다.

한편 (나) 공동체의 과도교정은 그 양상이 (가)의 그것과는 사뭇 다르다. 이질적인 방언 화자들의 집단이므로 방언 접촉은 필연적이고 그 과정에서 방언차를 해소하고자 하는 움직임이 생긴다. 어떤 한 언어공동체가 A, B, C방언 화자들로 이루어졌다면 이 가운데 이주지를 개척하고 先占한 집단의 방언이 지배적인(dominant) 지위를 갖는다. B, C방언 화자들은 A방언 화자들과 친분을 맺거나 결속이나 유대(solidarity)를 강화하면서 점차 A집단 화자의 방언에 동화된다. 연해주 한국어는 중앙어나 중부방언으로부터 격리되어 있었으므로 A방언을 중심으로 공동체 내의 방언차가 해소되었을 것이다.

'방언차의 해소'는 첫째, 우월적 지위를 가진 A방언으로 統合되는 방식, 둘째, 두 방언이 가지고 있는 요소를 점차 공유하는 Koine(또는 水平化(leveling)) 방식으로 전개될 것인데 (나) 공동체 내에서는 첫째 방식으로 이루어진다. A방언이 지배적인 위상을 가지므로 그 방언을 지향하는 과정에서 과도교정형이 나타나게 된다. 즉 B, C방언 화자는 이미 형태소 내부에서는 ㄷ구개음화가 종료되었기 때문에 자신이 말하는 '좋다'와 A방언 화자가 말하는 '둏다'를 대조하는 방식으로 규칙을 도출할 수 있다. 이에 의하여 B, C방언 화자는 'ㅈ'를 'ㄷ'로 잘못 교정하게 된다. 본디 ㄷ구개음화의 출력형인 '쟈, 져, 죠, 쥬, 지'가 아닌, '자, 저, 조, 주, 지'를 '댜. 뎌, 됴, 듀, 디'로 잘못 교정하는 일도 생긴다. 이는 한 언어공동체 내의 이질적인 방언 화자 간 접촉에 의한 변화이다. 이러한 변화가 극심한 것은 『초급 교과서』가 보여주는 한국어로서, 곽충구(2004a) 및 Ⅱ부에서 이미 그 예를 보았다.[48]

『초급 교과서』의 ㄷ구개음화는 개신형과 보수형이 공존하나 개신형이

48 소신애(2007)에는 그 예들이 전부 제시되어 있다.

훨씬 많다. 그 점과 함께 여기서 주목하고자 하는 바는 아래 (37)의 예에서 보듯 형태소 경계에서도 ㄷ구개음화가 이루어졌다는 사실이다.

(37) 밪에(밭-에), 밪이(밭-이)(타25)
풀-밪이(<풀밭-이, 초19), 나무새-밪이(<나무새밭-이, 남새밭, 초21), 긑지-빵게(<긑-이, 끝이 뾰족한 것이, 초50) 등.

함경도(육진 및 동북방언권)에서는 (37)과 같은, 형태소 경계에서의 ㄷ구개음화는 이루어지지 않는다(곽충구: 2001a, 2019b: 314, 김춘자: 2008). 따라서 교과서 편찬 시 한국어를 제공한 제보자 중에는 중부방언권 출신이 있었다는 사실을 알 수 있다.[49] 이 교과서에는 아래와 같이 ㄷ구개음화에 대한 과도교정형이 다수 발견된다.

(38) ㄱ. 뎍사미(←젹삼, 적삼), 쇠-뎓이(←쇠졋이, 쇠젖=우유), 뎨비(←졔비, 제비), 소곰대(←소곰재, 잠자리), 아뎍이(←아젹이, 아침), 디구-이끼(←쥐고 있기), 딥이(←집), 어뎨(←어제), 매애디(←매애지, 망아지), 나무-겁디(←겁지, 나무껍질), 시대길-하기(←시재길 하기, 시작을 하기), 눈-꺼부디(←눈거붑이, 속눈썹)
ㄴ. 꼳이(꽃, 초19, 33), cf. 꽂으 말리우기(초63).
쇠-뎓이(쇠젖=우유, 초17), cf. 쇠뎢으 데피기(우유를 데우기, 초63).

(38)의 과도교정형이 다수 출현한 것은 ㄷ구개음화가 종료된 방언 화자(중부 및 비육진방언)가 ㄷ구개음화가 이루어지지 않은 육진방언 화자들과 살면서 육진방언을 일종의 표준(norm)으로 인식한 소치이다. 과도

49 자료 (37)에 대한 기술은 Ⅱ부 1.4.4 및 2.1.3.1을 참고할 것.

교정의 대상이 아닌 것이 교정된 예도 있다.[50] 예: 어뎨(<어제), 안댱(<안장(鞍裝)). 또 (38ㄴ)처럼 어간 말 자음의 과도교정 예도 보인다. 이는 對照를 통해 인지하고 내면화한 ㄷ구개음화 규칙을 이용하여 자신이 말하는 '쟈, 져, 죠, 쥬, 지'를 ㄷ구개음화 규칙의 출력형으로 과도하게 해석한 결과이다.

이러한 유형의 과도교정형은 비단 『초급 교과서』에서만 나타나는 것은 아니다. 위 (나)와 같은 공동체 내에서는 보편적 현상이다. 예컨대, Tajshin"(1898)의 사전에서는 아래와 같은 예들이 다수 보인다. 일부 예만 보인다.

(39) 고삐: 곱지(푸63/441, 타4/24), 셕, 곱디(<곱지, 타4)
귀지: 구여디(Kuedi, <귀여지)[51](타34)
까치: 가티(<가치, 푸97, 타6), 도적질: 도젹딜(totsekt'il', <도젹질)(스542)
말안장(-鞍裝): 말안댱(<말안장, <타34), 수레 짐: 술긔-딤(<짐, 타4)
수퇘지(거세한 ~): 수룽대에디(<돼애지, 타2), 술집: 술딥이(<술집, 타4)
조용하다: 됴용하오(teenhao)(<죠용하다, 타34)
가락지: 가락디(<가락지, 타23), 가락지(타23, 푸245/423)

지금까지 본 바와 같이 과도교정은 한 언어공동체에서 단일한 지역변종이 말해지는지 아니면 복수의 변종이 말해지는지에 따라 다른 양상

50 비육진방언권은 'ㅈ'이 이미 /ʧ/(</ʦ/)로 재음소화되어, '쟈, 져, …'와 '자, 저, …'가 변별되지 않는다. 때문에 그러한 과도교정이 이루어졌을 것이다.

51 '귀여지'의 과도교정형.

으로 나타난다. 공동체의 변종이 단일한 경우에는 'ㄷ>…>ㄱ'의 과도교정이, 방언차가 큰 복수의 변종이 함께 쓰이는 공동체에서는 'ㅈ>ㄷ'의 과도교정이 일반적이다. 전자는 다른 공동체의 방언 화자와 접촉하여 ㄷ구개음화 및 ㄱ-구개음화를 인지한 화자가 자신이 말하는 'ㄷ'를 'ㄱ'로 교정한 것이다. 후자는 ㄷ구개음화가 현저히 진행되었거나 이미 종료된 방언의 화자가, ㄷ구개음화를 모르는 방언(지배적인 위치의 방언) 화자의 발화를 대조하고 그를 통해 'ㅈ'를 'ㄷ'로 교정한 것이다. 소통, 결속, 유대의 과정에서 지배 방언에 동화되면서 나타난 현상이다. 다만 후자의 경우, 'ㄷ>ㄱ'의 교정형이 나타나지 않은 것은 교정을 행하는 화자의 방언에는 이미 ㄷ구개음화는 진행 중이거나 종료되었기 때문이다. 또 ㄷ구개음화 적용 대상은 ㄱ-구개음화 적용 대상보다 그 수가 많기 때문에, 'ㅈ>ㄷ'의 교정에 집중된 것이다.

6) 어중자음

중세국어의 'ㆁ', 'ㅸ', 'ㅿ'은 연해주 한국어에서 각각 'ㄱ', 'ㅂ', 'ㅅ'로 나타난다. 음운사적으로 이들은 'ㄱ', 'ㅂ', 'ㅅ'가 유성음 사이에서 'ㆁ', 'ㅸ', 'ㅿ'로 약화된 것으로 보기도 하고(이숭녕(1956), 소신애(2012ㄱ)) 또 위 유성마찰음 계열의 자음이 고대국어에도 존재했을 것이라는 견해(이기문, 1972: 91-95)도 있다. 여기서는 관련 자료만을 제시한다.

① 어중 -ㅅ-

(40) ㄱ. 어시(부모), 무슨들레(민들레), 가슬~가을(가을), 기슴매다(김매다[耘]), 구시(구유), 가새(가위[鋏]), 나시(냉이), 끄슬다(그을다), 그스다~끄스다(끌다), 그스다(긋다), 그시다(기이다), 마사디다(부서지다)

ㄴ. 나사가다(나아가다), 낫아서(나-아서[愈]), 붓어서(부-어서[注, 腫]),

아사빼다(빼앗다), 엿어보다(엿보다), 닛-어서(이-어서[繼])

ㄷ. 여스-과(여우-와), 아스-과(아우-와), 무수(무우)

ㄹ. 가사 쓰갯다(가야만 하겠다), 아즈바니사(숙부-야), 콩새사(콩새-야)

(40ㄱ)은 형태소 내부의 'ㅅ' 예를 보인 것이다. 이는 중세국어의 'ㅿ'과 대응되고 현대 중앙어의 Ø와 대응된다. (40ㄴ)은 용언 어간 말음 'ㅅ'을 보인 것인데 역시 'ㅿ'과 대응된다. (40ㄷ)은 특수 어간 교체 명사(이기문: 1962)의 예를 보인 것이다. (40ㄹ)은 중세국어 강세의 첨사 '-ᅀᅡ'의 반사형 '-사'와 현대의 호격조사 '-야'에 대응하는 '-사'를 보인 것이다. 동사 어간 뒤에서는 '-어사/-아사', 명사에는 직접 '-사'가 결합된다.

② 어중 -ㅂ-

(41) ㄱ. 가분데~가온데(가운데), 눈두베(눈두덩), 더븨(더위), 뜨베(뚜껑), 치븨(추위), 하분자(혼자)

ㄴ. 가븨[袴衣], 그불기(구르-기[(轉)], 그부리기(굴리다), 기불다(기울다, cf. 月斜 得吉卜格大, 『朝鮮館譯語』), 느베(누에). cf. nɨwi(누에, 교38). 느부리(놀[霞]), 느븨(누이[姊妹])~느위, 싀느븨(시누이), 달븨(다리[髢)), 말방이(마름[菱]), 버버리(벙어리), 부부리(부리[喙]), 아보기(아욱[葵]), 여븨기(여위[瘦]-기), 오분(온[全]), 우벙(우웡, 우엉[蒡]), 자불다(졸다), 어불다(어우르다[合]), 하불니불(홑이불), 하불르(홀로), 하불에미(홀어미), 호박(확[臼])

ㄷ. 귀발(귀얄), 고방(광[庫]), 느불메기(유혈목이), 셔분하다(서운하다)

(42) 두울이(둘[二]), 수울이(술[酒]), 저울[秤], 셔울

(43) 깁어라(기워라), 고분(고운), 늡어셔(누워서), 밉어라(미워라), 어드바(어두워), 치분(추운)

(44) 셟운(셟-은). cf. 셜움.

(41)은 형태소 내부의 'ㅂ' 유지형을 보인 것이다. (41ㄱ)은 후기중세국어 단계에서 'ㅸ'이었던 예를, (41ㄴ)은 후기중세국어 이전 단계에서 이미 'ㅸ>w'를 겪은 예를, (41ㄷ)은 후기중세국어에서 그 대응형을 발견할 수 없는 예를 보인 것이다. 한편 (42)는 대부분 전기중세국어 단계에서 'ㅂ'를 지녔던 어휘로서 (41)과 달리 연해주 한국어에서 'ㅸ>w'를 겪은 예이다. (41), (42)의 예를 통해서 변화가 어휘에 따라 점진적으로 이루어진다는 사실만을 확인할 수 있을 뿐 (42)만이 먼저 'ㅸ>w'를 겪게 된 특별한 요인은 발견되지 않는다. (43)은 용언 어간말 자음의 예를 보인 것이다. (41~42)의 형태소 내부와 달리 아직 'ㅸ>w'를 겪지 않았다. (44)는 파생어는 'ㅸ>w'를 겪었지만 어기가 되는 용언 어간은 'ㅂ'를 유지하고 있는 예이다.[52] 역시 형태소 경계보다 내부 위치에서 먼저 변화를 겪는다는 사실을 보여 준다.

한편 (41ㄱ, ㄴ)의 '가분데~가운데, 느븨~느위, 느베~느위'에서 보듯 II부의 문헌에는 개신형과 보수형이 함께 실려 있는 예들이 있다. 이는 'ㅸ>w'가 진행 중임을 뜻하는 것이다. 이를 암시하는 예들을 아래에 보인다.

(45)ㄱ. novymi=noβɨmi(노ᄇᆞᆷ이)(노여움, 스542), 노음이/노으미(푸103, 571)

ㄴ. pe'rgi nuvoj(벌기 누뵈)(타38), nuvoj pèrgi(=누뵈 벌기)(타39)

(45)는 'ㅂ'를 키릴문자 'в[=v]'로 전사한 두 예를 보인 것이다. 'в[=v]'는 [β]를 전사한 것이다. (45ㄱ)은 '노ᄒᆞᆸ[怒]->노ᄋᆞᆸ->놉:+-음>노ᄇᆞᆷ-이'의 변화이다. Putsillo(1874)에는 'ㅸ>w'를 겪은 '노음이'가 수록되어 있다. (45ㄴ)은 전사가 조잡하기는 하지만 '누베(누에)'의 'ㅂ'를 역시 'в[=v]'로

52 'ㅸ'의 분포에 따른 'ㅸ>w'의 점진적 변화에 대한 기술은 김완진(1974)를 참조.

전사하였다. (45)의 예를 통해서 'ㅸ'의 존재와 그 진행 중인 변화를 볼 수 있다.[53]

③ 어중 -ㄱ-

(46)ㄱ. 개똥벌개, 개띠벌기(개똥벌레), 게그르다(게으르다), 기둘구기(기다리-기), 굴게~구레(구레[馬勒]), 달개다(달래다), 돌가지낭기(도라지), 멀귀(머루[葡萄]), 몰개(모래[沙]), 발귀(*발괴<발외, 발구), 벌거지(벌레), 벌기-과(벌레-와), 벌긴다(벌리다[擴]), 불거지디(부러지다), 술긔(*술귀, 수레[車]), 씨갓이(씨앗[種]), 얼겅채, 참대얼게미(어레미), 흘긔다(푸259), 흘의다(hiriita), 흘긔오, 흘귄다(푸51)

ㄴ. 달기-구, 달계셔(달리[懸]-고, 달렸어), 둘구-기(두루-기), 말긴다(말리다[使勿]), 빌기다(빌린다), 살구-기(살리-기), 알구-기(알리-기), 옐기구 잇길래(열려 있기에), 옐곈는데(열렸는데)

ㄷ. 가과(그 아이-와), 간나과(계집아이-와), 개과(개[犬]-와), 고냬과(고양이-와), 닥수리과(독수리와), 아즈바니과(숙부-와), 여스과(여우-와), 우리과(우리-와), 제과(<저+-이+-과, 자네와), 큰아매과(할머니-와)

ㄹ. 구리~굴긔(*글귀, 그네), 깨애미(개암[榛]), 져무러뎨셔(져물[晩]-어졌어)

(46ㄱ)은 형태소 내부의 'ㄱ' 유지형이고, (46ㄴ)은 사피동 접사 '-기-', '-구-'의 예이다. 위 (46ㄱ,ㄴ)은 'ㄱ'가 'ㄹ' 및 'ㅔ', 'ㅣ' 뒤에 놓였다.

---

53 Putsillo(1874)에는 어중 'ㅂ'을 지닌 '방불[鈴]'과 'ㅂ'이 탈락한 '디사아리'가 아래와 같이 올라 있으나 이들 어형이 실제로 존재했었는지는 확인하기 어렵다.

a. 방부루 젼는다(<방불+우 젓는다, =방울을 젓는다), 방우루졋소(푸439)
b. 지사바리((<딜[陶]+사발+-이, 질그릇 사발), 디사아리(tisa-ari)(푸265)

(46ㄱ,ㄴ)에 대응하는 중앙어는 모두 'ㄱ'가 탈락하였다. 중세국어에서는 'ㄹ'과 활음 'y' 뒤에서 'ㄱ'가 약화탈락하였다(이기문: 1972). 따라서 'ㅣ' 뒤에서 'ㄱ'가 탈락한 '씨앗'은 특이한 존재다.

(46ㄷ)은 공동격조사 '-과'이다. 이형태 '-와'는 없다. 주지하는 바와 같이 중세국어에서는 명사 말음이 자음이면 '-과', 모음과 유음이면 '-와[^{ɦ}wa]'가 결합되었다(이기문: 1972). 현대국어에서는 자음 뒤에서 '-과', 모음 뒤에서 '-와[wa]'로 교체된다. 그러나 육진방언과 동북방언에서는 이러한 변화를 전혀 겪지 않았으니 이 점에 있어서는 중세국어보다도 더 고어적인 셈이다. 그러나 (46ㄹ)처럼 'ㄱ'이 탈락한 예도 있다. 탈락 환경은 'y'와 'ㅁ' 뒤이다. 예: 깨앰이<*개감-이. 져물다<졈글다. 이 역시 'ㄱ'의 약화 탈락도 어휘에 따라 점진적으로 이루어졌음을 말해 주는 것이다.

(46ㄹ)처럼 'ㄱ'이 탈락한 예를 몇 추가할 수 있다.

(47) ㄱ. 닐괘(이레, 『北關路程錄』, 1773), nürye(이레, 회227, 234)
　　cf. 닐웨(七日, 『月印千江之曲』 108)
ㄴ. 굴긔(그네, 푸230), 구리-르(그네-를, 사43, 교4)
　　cf. 구리, 굴기(곽충구: 2019a)

(47ㄱ)은 柳義養의 『北關路程錄』에 수록된 18세기 함북 종성 지역어로서 'ㄱ'를 보유하고 있는 '닐괘'를 보인 것이다.[54] 그러나 중세국어 및 Ⅱ부의 문헌에는 'ㄱ' 탈락형만이 보인다. 어휘에 따라 점진적으로 'ㄱ'가 탈락하였음을 보여 준다.

54 『北關路程錄』의 원문과 해제는 崔康賢(1976)을 참조. 자료에 대한 해석은 J.R.P. King(1991: 12-16), 곽충구(2001b)를 참조.

(47ㄴ)의 방언형은 함북 일원에만 분포한다. 小倉進平(1944), 김태균(1986), 곽충구(2019a)에는 그네의 방언형으로 'kulgi, kulli, kulle, kuri'가 실려 있다. 함북에만 분포하는 이 방언형들을 통해 함북 방언에도 'ㄹ'와 모음 사이의 'ㄱ'가 탈락하는 현상이 있었다는 사실을 확인할 수 있다. 이 방언형들은 차용이 아닌, 이 지역에서 독자적으로 수행된 'ㄱ' 탈락을 겪은 것이다. 중세국어와 이 지역에서 수행된 음변화를 보이면 아래와 같다.

*굴귀>굴위(중세국어)

*굴귀>굴긔(Putsillo: 1874)>굴기>굴기~구리(함북 방언)

다음과 같은 예들도 'ㄱ' 탈락을 경험한 예다.

(48)ㄱ. ibu pərigu(입을 벌리고, 교26)
kɛge mogadʒe thəri s'ɨriungə pogu marɣɛ(개의 모가지에 털이 쓸린 것을 보고 말해, 교34). cf. s'ɨrgiwə kagillɛ(쓸려가-기에, 교67)
ㄴ. 마우간(Maukan")(타37)

(48ㄱ)은 /pərkita/(벌리다), /s'ɨrkita/(쓸리다)의 /k=ㄱ/가 탈락하였음을 보여 준다. /pərri-/, /s'ɨrri-/로 재구조화되지 않은 것은 곧, 'k'가 탈락한 사실을 뒷받침하는 것이다. 앞 (47)과 (48ㄱ)은 이 한국어 방언에도 유음 아래의 'ㄱ'가 탈락하는 규칙이 존재하였음을 증언해 주는 예다. 왜 유음 아래에서만 'ㄱ'가 탈락하였는지 또 왜 '구리, 깨애미, 버리다, 쓸이다'와 같은 어휘에서 먼저 'ㄱ' 탈락이 이루어졌는지 하는 문제는 앞으로 해결해야 할 과제이다.

한편 (48ㄴ)은 모음 사이의 /k/가 탈락한 예이다. 'magukan>maɣukan>

maukan'의 변화를 겪었을 것이다.[55]

④ 어중 -ㄹ- 탈락

어중의 'ㄹ'가 유지되어 있는 어사로 아래 한 예가 있다.

(49) ㄱ. húri-gi, (kubúri-gi)(휘[使彎]-기, 구부리-기, 사8, 63)
    ㄴ. húrə tɨrgi(휘어 들기, 사19)

(50) kəmɛ(거머리, 초43). cf. kə́mɛ, kə́mari(곽충구: 2019a).

(49ㄱ)은 타동사, (49ㄴ)은 자동사이다. 'huri-'는 'hur-'로부터 파생된 것으로 보인다. 따라서 '휘-'는 'huri-'의 /r/이 탈락한 것이다. (50)은 '거마리'에서 /r/이 탈락된 것이다. 김태균(1986)에는 함북 전역에 '거마리'가 분포하며 '거매'는 육진 지역에 분포한다. 두 방언형은 모두 제1음절에 고조가 놓인다. 이는 모음과 'ㅣ' 사이에서 'ㄹ'이 탈락하였음을 말해 준다.

⑤ 어중 -ㅎ- 탈락

'ㅎ'는 형태소의 어두에만 분포한다. 이는 통시적으로 어중의 'ㅎ'가 탈락한 결과이다. 중세국어와의 비교에서 그러한 사실이 드러난다.

(14) nəərgi(너흘[咬]-+-기, 사21, 33), s'aum(싸홈[鬪], 사3, 4, 27, 28),
    šəŋnyuwɛ(셕뉴황(石硫黃)+-이→성냥, 회110), cf. šəŋnyuɛ(회xvi).
    šəŋwɛrɨ šigigi(셩화(성화)+-이-를 부리다, 사61)
    ori(옳이[正], 회345, 사126), tõe(동희(동이), 회xvi)

55 곽충구(2019a)에는 '다구재[taɣujɛ]>다우재(버마재비)', '게그르다~게흐르다~게으르다', '딱따구리[t'akt'aɣuri]'와 같은 예들이 실려 있다.
한편 Putsillo(1874)에는 한국어 명사의 말음 'ㄱ'를 마찰음 [ˣ]로 전사한 예들이 있다.

tʰyərani(텰환(鐵丸)+-이, 회387), tʰyənɛ(텬하(天下)+-이, 사102)
karɛgi(갈히[選]+-기, 사15, 95), kwanyək(관혁(과녁), 사130)

7) 체언 말음 'ㅎ'의 반사형

중세국어의 체언 말음 'ㅎ'는 'ㅇ' 또는 'ㄱ'로 나타나기도 한다. 전자의 예로 '바닿[海]>바당(사60, 81, 교32, Ma)', '나랗[國, 君]>나랑(사130)', '놓[繩]>농'이 있고 후자의 예로는 '엵(옗, 삼씨, 표 30)', '맥오리(ᄆᆡᇰ+오리, 들오리, 초31)', '맥기레기(ᄆᆡᇰ+그려기, 초31)'이 있다. 전자는 'ㅎ>ㅇ'의 변화이고 후자는 'ㅎ'로 변화하기 전의 'ㄱ'이다(곽충구, 2015b: 24).

1.1.4. 한자음

Ⅱ부의 각 문헌에서 추출한 특이 한자음은 아래와 같다.56

① 間[kyan]: 술갼, 술간(창고, 타4). 『中原音韻』의 [kian]이 참고되나 이 근대음이 차용되어 잔존한 것일 가능성은 적어 보인다.

② 權[kuan]: 權勢[Kuansi](타4). 현대 중국어 權勢[Quánshì]를 차용한 것으로 보인다. Putsillo(1874)에는 '권셰'로 되어 있다.

③ 農[nyoŋ]: 뇽군(農軍, 사95), 뇽ᄉᆡ(農事, 푸197), 뇽ᄉᆞ마기, 뇽마기(農幕, 푸689, 타32, 38). 中古音 /nuoŋ/, 『中原音韻』 /nuŋ/, 현대 한어 /nuŋ/이니 字音 [뇽]을 설명하기 어렵다. 아마도 '너기->녀기-'류와

56 함경, 평안 등 북부 방언에는 전승한자음과 字音이 다른 한자들이 많다. 그 일부가 곽충구(2018a)에서 논의된 바 있다.

같은 국어 내부에서의 변화로 보인다.

④ 漏[nu/nyu]: 누셜이, 뉴셜이(漏泄-이)(푸507). '漏'의 字音 뉴[nyu]도 설명이 어렵다. 앞 '農[nyoŋ]'과 같은 이유로 활음 /y/가 첨가된 것으로 보인다.

⑤ 圖[tʰu]: 도셰(圖署+-이), 투셰(푸423). '圖'의 字音 [투]는 漢語의 字音을 차용한 것.

⑥ 擄[nyoy]: 뇌락한다(nyoyrakhanda)(푸121). 앞 '農[nyoŋ]'과 같은 이유로 활음 /y/가 첨가된 것으로 보인다. '락'은 誤記로 보인다.

⑦ 盲[maŋ]: 망인이(盲人-이)(푸589, 타32). '盲[maŋ]'은 '亡'에 유추된 것이다. 현대의 육진방언권에서도 '망인'이라 한다.

⑧ 日[sil]: 명시리, 명일이, 명실날이, 명일나리(名日-날-이)(푸481). ra-sil'(→ [rɛsil](來日))(타10). 日의 전승음 [싈]의 'ㅿ'이 'ㅅ'으로 반사된 예다.

⑨ 礬[pən]: 빅번, 빅번이(白礬-이)(푸233). '礬'은 山攝, 元韻, 奉母이다. 中古音은 bjuɐn(董同和)이고 『中原音韻』은 [fan]이니 字音 [번]은 중고음의 반영으로 보인다. 『訓蒙字會』(中:8a)에 "礬 빅번 번"이라 하였으니 '礬[pən]'은 이 古音을 계승한 것이다. 그런데 『分門瘟疫易解方』(1542), 『漢淸文鑑』(1779) 등에는 字音이 '반'이다. 이는 근대음 [fan]의 반영이다.

⑩ 硼[puŋ/pʰuŋ]: 붕亽, 풍亽, 풍싀(硼砂-이)(푸37/597). '硼'의 聲母가 /p/, /pʰ/로 나타난다. '硼'은 滂母의 次淸字이므로 유기음 [pʰ]로 반사될 것으로 기대되지만 'ㅍ'와 'ㅂ'로 반사되었다.

⑪ 生[siŋ/saŋ/sɛŋ]: '生'의 字音이 [승], [상], [생] 셋으로 나타난다.

상승이(雙生-이, 쌍둥이)(푸25), 션싀(<션승(先生)+-이, Ma15), 환승

(還生, 사13), 산즘스이(←山衆生, Ma5)

동상(同生, Ma1), 즘상(타11, 푸195). cf. 동승, 동성, 동숭, 동생(곽충구: 2019a)

즘생이, 즘싱이(푸175, 583, 타31)

육진방언에서 '生'의 字音은 [승](>[숭])으로 반사된 경우가 많다.

⑫ 食[syək]: 셕기(食器), 곡셕(穀食), 임셕~음셕(飮食). '食'의 字音이 [셕]이다. '食'은 曾攝 職韻에 속하는 한자로 이 職韻字는 한국 한자음에 'ㅕ' 또는 'ㅢ'으로 반사되었는데 'ㅕ' 이 'ㅢ'보다 古音이다(곽충구, 2018: 18-22). cf. 틔셔기/틔시기(푸427)의 '태셕/태식(○食)'.

⑬ 豌[wən]: 원뒤(豌豆-이)(푸117). 『東醫寶鑑 湯液篇』에 '원두'가 보인다. '豌'은 山攝, 桓韻이고 近代音(『中原音韻』)은 [uɔn]이다. 그리고 전승음은 '완L'이다. 魏國峰(2017: 227)에는, "『飜譯老乞大朴通事』의 우측음 표기에서 桓歡韻을 '권 官', '훤 喚' 등과 같이 'ᅯᆫ'으로 표기한 것은 16세기에 桓歡韻이 아직 변화하기 전인 [uɔn]을 표기했기 때문일 것이다."라 하였는바, 이에 의하면 '원디'의 '원'은 한어 近代音의 반영이다(곽충구, 2018: 25).

⑭ 人[en]: 우엔이(愚人, 초54, 교28), 웬'이(사28), 우예니, 웨이니(愚人-이)(푸155). 쥐에니(主人, 교34), 쥔'이(회91).

⑮ 昨[ʧak]: '昨'의 字音이 '쟉'이다. 예: 쟉셕[tsyaksyəx](昨夕, 푸79), 쟉일이[tsyagiri](昨日, 푸79)[57]. 중고음은 從母(dz~dz^h)에 鐸韻(ɑk)이고 전승음은 [작]이다. 따라서 '작>쟉'의 변화는 미상이다.

57 저자의 육진방언 조사에서 제보자 박남성 씨는 '작(作, 昨)'을 [쟉]으로 발음하였다.

⑯ 菖[tsaŋ]: 菖의 초성이 ‘ㅊ’ 또는 ‘ㅈ’로 나타난다. 예: 창뵈/장보(푸541). 현재의 육진방언은 ‘쟁피’이다(곽충구: 2019a). 경남방언에서도 역시 ‘쟁피’라 한다. 중고음은 ‘昌母’이므로 ‘ㅊ’로 반사되어야 하나 ‘ㅊ’와 ‘ㅈ’로 반사되었다. ‘ㅈ’가 좀 더 古音일 것이다. 이것이 남부와 북부에 잔존한 것이다.

⑰ 楪[tʰyəp]: 楪의 초성이 /tʰ/ 또는 /t/로 나타난다. 예: 듸텹이(大楪-, 대접)(푸637), 쇼텝이(ʃo-tyebi, Ma1), 텹시, 쳡시(타2), 뎝시/텹시(푸25, 695). cf. 대뎝(교9). 현재의 육진방언도 ‘텹’이다(곽충구, 2019a). 『中原音韻』에 端母로 되어 있으니 전승음 ‘뎝H’은 그 반영이다. 葉聲字 가운데 定母에서 端母로 변한 한자로는 ‘牒, 諜’이 있는바, 이들 字音은 ‘텹’이다. 이들 ‘牒, 諜’이 ‘텹’의 자음을 갖게 된 원인은 분명하지 않으나 ‘楪’이 字音 ‘텹’을 갖게 된 것은 ‘牒, 諜’에 類推된 때문으로 보인다(곽충구, 2018: 13).

⑱ 猪[tye]: 猪는 遇攝의 魚韻에 속한다. 魚韻은 대체로 전승음에서 ‘ㅓ’, ‘ㅕ’로 반사되어 있으나 간혹 ‘ㅖ’로 나타나는 예도 있다. 猪뎨(『訓蒙字會』(上: 10a), 『飜譯小學』(10: 9a)). 설음 뒤에서의 ‘除’와 羊母 뒤의 ‘豫, 譽’ 따위도 그런 예다. Ⅱ부의 문헌과 현대의 육진방언에는 다음과 같이 자음이 [뎨]로 나타난다.[58]

졔(tsĕ)(푸565)
뎨육타이(猪肉湯, 타34, 돼지고깃국)
산뎨, 밋돗티, 산돗치(山猪, 푸221, 멧돼지), 산뎨(타13)
대뎨(大猪)(곽충구: 2019a)

58 遇攝 魚韻字의 猪가 ‘ㅖ’로 나타나는 것에 대해 伊藤智ゆき(2007, 이진호 역 2011: 211-212)에서는 ‘ㅣ’의 첨가로 볼 수는 없고 주모음의 전설화에 연유한 것일 가능성을 말하였으나 위국봉(2010)에서는 다른 견해를 제시하였다.

연해주 한국어 방언의 한자음은 위의 예와 같이 전승한자음과 차이를 보이는 예들이 있다.

職韻字 '食[셕]'은 전승한자음 [식]보다 더 앞선 층위의 字音이다. 곡셕(穀食), 임셕(<음셕)(飮食)은 문헌에도 보이고 '곡석', '음석'은 전국적인 분포를 보여 주나 '셕기(食器)'는 이 방언에만 분포한다. 이는 字音 [셕]이 그보다 후 층위의 字音 [식]으로부터 밀려나지 않고 이 방언에 잔존한 것이다. 개신의 중심지인 중부 지역으로부터 멀리 떨어져 있기 때문에 개신의 물결에 휩싸이지 않은 것이다.

盲[망], 楪[텹]은 유추에 의해 字音이 바뀐 예다. 猪[tye], 豌[wən]은 전승한자음이 둘 이상일 때 현대의 표준한자음과 다른 字音을 보여 주는 예다. 그리고 權[관]은 당시 漢語音을 차용한 예다.

農[뇽], 漏[누/뉴], 昨[쟉] 등은 字音의 변화를 설명하기 어려운데 국어 내부에서의 변화로 보인다. '生'은 字音이 [승], [상], [생]으로 나타나는데 이는 본디 'ᄉᆞᆼ', 'ᄉᆡᆼ'으로 반영된 전승한자음이 다른 음변화를 겪어 세 字音으로 나타나게 된 것이다.

1.2. 어휘

1.2.1. 시기별 어휘 체계의 변화

최초의 이주로부터 중앙아시아로의 강제 이주 전까지 연해주 한국어 어휘 체계는 몇 차례 큰 변화를 겪는다. 시기별로 나누어 연해주 한국어에 영향을 준 러시아 및 한인 사회의 변화를 간단히 언급한 다음 제1기의 한국어 어휘의 특징을 기술하기로 한다.

제1기: 민족 문화의 전통과 사회 제도를 보존 유지한 시기. 전통적인 서당 교육이 이루어졌다. 1880년대에 들어서서 점차 교구 및 관립 학교가 증가하면서 러시아어 교육이 확대되었으나 이를 기피하는 경향이 있었고 학생 수도 극히 적었다. 이 시기는 원적지 방언을 사용하되 한인공동체 내에서 지역 변종들 간의 수평화가 진행되기 시작하였다.

한인들은 이주지에서 민족의 예법을 존중하고 그것을 지켰다. 프르제발스키이(1870), Nasekin(1895) 등에 한인들의 민속 및 생활 문화에 대한 관찰과 기록이 있다. 金光薰·申先郁이 제작한 『俄國輿地圖』(1884?)의 「鹿屯島圖」, 「延秋我民村圖」에는 민족의 풍속을 숭상하고 그를 따른다는 기록이 보인다.

「鹿屯島圖」

…高尙本國風敎, 不遵俄人俗習.(…본국의 풍속과 가르침을 높이 숭상하고 러시아 사람의 속습은 따르지 않는다.)

「延秋我民村圖」

…冠婚喪葬依遵本國禮, 俄人雖責不遵俄之俗例, 亦讚不忘本國之道也, 以我民雅望[走+羽]楚之人, 定出各社, 都總老爺, 咨牧民事, 若有硬險難處之事, 稟官聽施, 社中設齋, 教成生徒, 又設西學, 使我人貫通文言者, 教以傳學, 又有社老爺一人, 檢察社中事.(관혼상장은 본국의 예법을 존중하며 따른다. 러시아인이 비록 (한인이) 러시아의 풍속을 따르지 않는 것을 나무라기는 하지만 역시 본국의 道를 잊지 않는 것을 칭찬한다. 써 우리 백성은 초나라 사람을 雅望한다(?). 각 사(社)를 정하여 내고 일을 총괄하는 노야(면장)가 백성들의 일을 자문하고 다스리되 만약 험하고 난처한 일이 있으면 관청에 품하고 시행을 듣는다. 사(社)에 재실을 두고 학생을 가르치고 또 서학을 베풀어 글과 말에 능통한 우리 사람으로 하여금 가르쳐 학문을

전하고 또 사(社)에는 노야 1인이 있어 사(社) 내의 일을 살핀다.

제2기: 20세기 초로부터 러시아 혁명 전까지의 애국계몽운동 시기. 서구식 민족 교육 기관이 들어서고 개화기 중앙어의 영향이 증대된다. 블라디보스토크와 같은 도시에서는 '통사'라 불리는 이중언어자(bilinguist)들이 한인과 러시아인의 언어 소통을 중개한다. 이민족과의 접촉이 많아지면서 漢語, 러시아어 차용이 확대된다. 「俄領實記」에서 그러한 사실을 엿볼 수 있다.

제3기: 러시아 혁명과 내전이 종식된 후의 시기. 사회주의 사상과 관련된 어휘가 한국어 어휘 체계에 대거 수용된다. 현지화(korenizatsiya) 정책에 의거 문맹퇴치 운동이 전개되고 민족어 규범 문법서와 고려어교과서가 간행된다. 러시아어 차용이 증가한다.

1.2.2. 제1기의 한국어 어휘

제1기 각 문헌의 주요 어휘는 Ⅱ부에서 간단히 기술하였고 또 그 어휘 일부를 권말 【부록】에 제시하였다. 따라서 여기서는 계열 어휘로 나누어 제1기 연해주 한국어 어휘의 대강을 약술하기로 한다.[59]

1) 사회 제도

① 샤~사(Obshchina(푸371), Volost') ⇒Ⅱ부 4.3.1.2를 참고할 것.

'샤~사(社)'는 조선조 함경도의 행정 구역 명칭으로서 리(里)와 면(面)

59 연해주 한인들의 생활 문화 관련 어휘는 Nasekin(1895)에서 다수 볼 수 있다(Ⅱ부, 4.2를 참고). 인류학적 관점에서 한인들의 생활 문화를 조사하고 기록해 놓았다.

의 중간 정도에 해당한다. 본디 元에서 50家를 1社라 하였는데 그 영향으로 여말선초 함경도에서 이 명칭을 쓰게 되었다. Putsillo의『시편 노한사전』에 나오기도 하지만,『俄國輿地圖』의「延秋我民村圖」에 "又有社老爺一人檢察社中事"에 '社'가 보인다. 이주 후에도 연해주 한인들은 원적지인 함경도처럼 거주지를 구획하고 그 구역 명칭을 '社'라 한 것이다.

② 도소(都所), ③ 도헌(都憲), ④ 도집사(都執事), ⑤ 풍속~풍숙(風俗), ⑥ 풍존(風尊), ⑦ 노야(老爺), ⑧ 통수(統首)

Matveev(1900)에서 Volost'(面 정도의 행정 구역)를 '도소'라 하였다. 이보다 큰 행정 구역 즉, 管區(Okrug)는 '도방'이라 한 듯하다.[60]

'도소'는 '사(社, =面)'의 행정 관청이다.[61] 뒤바보(1920)의「俄領實記」에 의하면 한인 사회의 자치기구로 '都所'와 '風俗'이 있었다. 都所의 우두머리는 都憲이고 風俗의 우두머리는 '風尊' 또는 '老爺'라 하였다.[62] '都憲'이란 명칭은『正祖實錄』卷十(1780, 7월)에 보인다.

> "使各道、各邑, 講行鄕約, 擇其邑中有德望者, 定爲都憲、副憲之任 …"(각 도와 읍으로 하여금 향약을 강하여 시행하게 하고, 그 고을 가운데서 덕망이 있는 자를 골라 도헌(都憲)과 부헌(副憲)의 책임을 정한 다음 …)

60 Matveev(1900: 11)에는 Okrug(=管區)의 대역어로 '도방(tobay)'이 제시되어 있다. Okrug는 Oblast'에 속하는, Volost'의 상급 행정 구역이다. 예컨대 남도소와 북도소를 합한 지역을 '수이훈 관구(Sujfunskij Okrug)'라 하였다.

61 계봉우(1944/1996)의「꿈속의 꿈」(169쪽)에는 "각사(社-지금의 面)에 도소(都所)를 설하고 로에(面長)를 공천하여써 모든 사무를 집행하엿다"고 하였다.

62『韓人新報』의「강동쉰해」(데三장 갑신년 십년간)(1917, 9월 23일)에는 "해삼항에 한인 도소를 셜하고 김학만이 처음 노야가 되다", "연추 도헌은 최재형이 ○임되다"라 하였는데 이에 의하면 '도소'의 장을 '노야' 또는 '도헌'이라 했음을 알 수 있다.

‘都憲’은 조선 사회에서 향약을 관장하는 고을 자치 조직의 우두머리였음을 알 수 있다. 한인 관련 러시아 문헌에 등장하는 ‘volosnaya starshina’는 都憲을 지칭한 것이다.[63] 그리고 Tajshin"의 사전(1898: 26)에, “Pomoshchnik" nachal'nik(기관장의 조력자): to-chipsa”가 나오는데 한국어 ‘to-chipsa’(=都執事)는 도소(都所) 또는 도회(都會)에서[64] 사무를 담당하는 직원을 일컫던 말로 보인다.

1777년에 경흥부사로 부임한 홍양호(1724~1802)가 쓴 『北塞記略』에 “里中公事謂之風俗”(마을의 公事를 ‘풍속’이라 한다)라는 기록이 있다. 이에 대해서는 小倉進平(1944), 곽충구(2001b, 2019a)에서도 언급한 바 있다. 곽충구(2019a)에 의하면 중국 조선족자치주 훈춘시 경신진 회룡봉촌(함북 경흥 이주민촌)에서는 ‘풍쇽’이라 하였다 한다.[65] 이 자치 조직의 우두머리를 ‘風尊’, ‘老爺’라 하였는데, 이에 대한 기록은 앞서 보인 『俄國輿地圖』(延秋我民村圖)에서 볼 수 있다.

『노한회화』(1904: 80)에서는 다음과 같이 ‘노예’라는 말이 나온다. “영게' 뉘'기 노예우'?(여기 촌장이 누구요?)” 여기서의 ‘노예’는 중국어 ‘老爺[lǎoyé]’를 차용한 말이다. 연해주 한인 이주민 사회에서 중국어를 그대로 차용해 쓴 것이다.[66]

---

63 1884년 조선과 러시아가 국교를 수립하여 한인 이주민들의 안정적인 정착이 보장되면서, 러시아 정부는 한인 농촌 사회를 러시아 행정 단위에 편입시켰다.

64 『江北日記』에 의하면 19세기 후기 만주의 조선인 사회에 會上制라는 자치조직이 있었는데 그 우두머리를 會頭統首, 都會頭, 大會頭로 불렀다 한다(정구복(1994), 『江北日記』 해제). 만주에서도 ‘都會’란 말을 썼던 것으로 보인다.

65 곽충구(2019a)의 ‘풍쇽’ 항목에는 다음과 같은 기술이 있다. “풍쇽은 마을 주민이 공적으로 해야 할 일에 대하여 계획을 세우고 집행하던 일종의 공조직. 예컨대, 산천제(山川祭)를 지내거나 서당(書堂)을 수리하거나 길 또는 다리를 보수하는 일 등을 관장하였다. 이 때 일을 주관하는 우두머리를 좌새[cwášɛ](<좌샹(座上)+-이)라 한다. … 일제강점기에 없어졌다.”

그리고 앞서 말한 훈춘시 경신진 회룡봉촌의 역사를 간략하게 기록한 「회룡봉 혁명 투쟁기」에는 '로예'라 하였다(Ⅱ부 「俄領實記」 참고). 연해주 한인들은 '老爺'를 '노예', '로예', '로에'로 발음했던 것인데 이 직책은 '사(社)'의 자치 조직인 '風俗'을 관장하는 우두머리였던 것이다. 요컨대 함북 지방의 주민 자치 조직 '風俗'이 연해주 한인 이주민 사회에 그대로 이식되었던 것이다. 한인 관련 러시아 문헌에 종종 등장하는 'starshina derevni'는 '풍속'의 우두머리인 '風尊', '老爺'를 지칭한 것이다.

⑧ 통수(統首)(교11): 조선 시대에 둔, 민가 조직인 통(統)의 우두머리.

2) 학교

이주 초부터 선교학교가 있었으나 유명무실하다가 1890년대에 들어서서 민간 주도로 학교가 세워지기 시작하였다. 초기의 학교 관련 용어는 전통적으로 써 오던 교육 관련 용어였다. 그러다가 20세기에 들어서서 중앙어로 대체되기 시작하였다.

학교: 셔당, 셔대(스551, 타40, 교6, 73, M15, 초10) → 학교'(사72)
선생: 셔당 훈쟤(초10) 훈당, 훈대(사127) → 선생(사117)
여선생: 안깐훈쟤(초10)
학생: 셔당아(학생, 초10, 교9), 셔당새애기(여학생, 초10), 셔당아긔(학생, M15) → 학도(사117)
칠판: 샹판이(초14), 잉크: 먹이(초14), 잉크병: 먹벵샤리(초14), 먹졀웡(표XVII), 펜: 붇이(초14), 펜대: 붇대(초14).

66 계봉우(1944/1996)의 <꿈속의 꿈>(169쪽)에서는 '老爺'를 중국음에 가깝게 '로에'로 적었다.

예는 아래와 같다.

셔당 곁으르(학교 곁으로, 교73). 아국' 학교' 곁에'(사72).

셔당-아 쟈꾸 거즛뿌레르 한니라(학생이 자꾸 거짓말을 하느니라, 교72).

셔당-아덜이 불도르 소리르 슨다(=쓴다)(학생들이 소리 내어 기도한다, 초69).

셔당 아 제 동믜르 붊어 하엿소(학생이 제 동무를 부러워하였소, 교9).

션새이' 학도덜'과 한데' 놀라' 가'오(선생이 학생들과 함께 놀러가오, 사117).

Ⅱ부의 모든 문헌은 '학교'를 '셔당'이라 하였다. 『노한소사전』(1904: 72)에 와서야 '학교'란 말이 보인다. 이 사전에는 '학교', '학도', '션생'이 실려 있는데 내지의 중앙어가 차용된 것이다.

'선생'은 『노한소사전』(1904: 127)에, "uchitel'(교사): 셔당' 훈'당, 셔당' 훈'댕(hún-dyɛ̃) — uchitel' shkoly(=학교의 교사), 션생(šən-sɛŋ), 션생+-이(šən-sɛ̃)"이라 하여 '훈당'에서 '션생'으로 바뀌어 가는 과정을 보여 준다. '여선생'은 '안깐훈재(—훈쟝+-이)'라 하였다. '안깐'은 '아낙네'를 뜻한다.

Matveev(1900: 15)에, '션싀(syonsuy, 션승이<션승(先生)+-이)',[67] '셔당-훈댱(syoda-hundyay)'이 함께 올라 있다. 역시 '훈당'이 '션승(先生)'으로 대치되어 가는 과정을 보여 준다.

'학생'은 '셔당아', '셔당아긔', 여학생은 '셔당새애기'라 하였는데 『노한소사전』(1904: 117)에 와서 '학도'란 말이 쓰이기 시작한다.

67 현대의 육진방언에서는 '션시:(<션승-이)', '선시:'라 한다(곽충구: 2019a).

3) 종교

제정러시아는 이주 한인에게 러시아정교회를 포교하는 데 주력하였다. 이주 초기에는 불교, 유교, 민간신앙이 한인들의 주된 종교였는데 점차 러시아정교회로 개종하게 된다. 학교에서는 러시아정교회의 교리를 의무적으로 배우고 또 러시아 공민권을 취득하기 위해서는 러시아정교회의 신자가 되어야 했다. 러시아정교회를 받아들이면서 새로운 종교 용어가 한국어에 차용되었다. 그 내용은 Ⅱ부에서 조금씩 소개한 바 있다. Nasekin(1895)에 한인들의 민간신앙에 대한 기술이 있다.

① 민간신앙 - 도교 계통

Nasekin(1895)에 기술된 한인들의 민간신앙 관련 어휘로는 'sansinogya(죽은 자를 추모)', '션경'(仙境, 낙원), '구신'(←鬼神, 악마), 옥항샹뎨(←玉皇上帝)[68], 하느님이(하느님), 산신님이(山神靈), '요귀(yoguy)'(妖怪) 등이 있다. 이 가운데 'sansinogya'는 미상이다.

이 밖에 다음과 같은 어휘가 있다.

'syeipnyəni': Nasekin은, "한인들은 모든 것을 창조한 가장 위대한 유일신 'syeipnyəni'를 받아들이고 심판의 날에는 그가 모든 사람에게 행한 일에 따라 상을 줄 것이다."라 하였다. 이는 아마도 '셰인+녕이'(←聖人+靈+-이)의 誤植일 것이다.

그리고 Nasekin은 '셰엔이'라는 신이 있다고 하였다. 이는 도교에서 말하는 성인(聖人)을 말한다. 천하를 교화하고 가르치며 모든 생명을 구제하는 이타적인 신이다(Ⅱ부, 4.2를 참고). 곽충구(2019a, '세엔이', '셰엔

68 Tajshin''(1898: 2)에, "Bog''(=神)—텐쥬, 옥항, 하누에미[sic.]"가 있다. 그리고 그 다음 행에, "죽은 자의 영혼을 받아들이는 주요 신—옥항상데."라 하였다.

이’ 항목)에 의하면, 아이를 갖도록 해 달라거나 젖이 많게 해 달라고 할 때 ‘셰엔이’에게 빌었다 한다. 또한 마음이 곱고 자비를 베푸는 신이 ‘셰엔이’라 하였다. 한 제보자는 ‘셰엔이’는 ‘셩인(聖人)’의 변음일 것이라 했다.69

② 불교

‘부쳬(<부톄<부텨+-이)’, ‘결, 결당(<절, 절堂[寺])’, ‘불도(佛道)’ 등의 어휘가 보인다. 이들 어휘는 불교 용어로 쓰인 것이 아니라 러시아정교회 관련 용어의 번역어로 쓰인 것이다. Putsillo(1874)에서 ‘부쳬’는 표제어 “Idol"(=偶像)”의 대역어로 제시되었다. 유일신을 주장하는 러시아정교회에서 ‘부처’는 ‘우상’일 수밖에 없다. ‘우상’을 뜻하는 말이 한국어에 달리 없어 ‘부처’를 ‘우상’의 대역어로 삼은 것이다.

한편 표제어 “Buda”(현대 러시아어는 Budda, 부처)의 대역어로는 ‘부사’, ‘부사리’를 제시하였는데 이는 ‘보살(菩薩)’이다.70

‘불도(佛道)’는 러시아정교회의 ‘祈禱文’을 말한다.

③ 러시아정교회 관련 어휘

앞서 말한 바와 같이 러시아정교회의 용어는 아래와 같이 기왕의 불교 용어를 가져다 썼다. 이때의 불교 용어는 특정 종교의 의미를 나타낸다기보다는 일반화한 개념을 나타낸다. 예컨대 ‘결당’은 ‘종교인이 모여서 예배를 드리는 공간’이라는 뜻이다.

69 Putsillo(1874: 97)에는 “Genij—Syəini … 셔인이, 신션이”가 있다. ‘셔인이’는 ‘셩인이>셔인이’의 변화. 즉, 모음 사이에서 ‘ㅇ’이 약화 탈락한 것이다.

70 ‘부사’는 중국어 ‘菩薩[púsā]’이다.

결, 결당(사130): 가) 절, 절당, 사찰. 나) 러시아정교 교회.

불도(교57, 사133): 祈禱, 祈禱文.[71]

부체(푸209, 스544, 타12), 붓쳐님이(푸209): 우상(Idol").

Ⅱ부의 여러 문헌에는 러시아정교회 관련 종교 용어가 실려 있다. 문헌마다 조금씩 차이를 보이는데 이는 초기에 언중들이 동일한 용어를 달리 사용한 때문도 있고 또 연해주 한인이 사용하는 용어와 외지에서 유입된 문어로서 쓰이는 용어가 다른 때문도 있다. 각 문헌에 보이는 용어를 아래에 보인다.

교우(敎友, Xristiyanin", Katolik"): 교우(스550), 교위(Keui)(스544).

교회(tserkov'): 결, 결당, 졀당, 졀이(사130, 타38). 예: 느비 졀다르(졀당+-으르) 늦어 갓다(누이가 교회로 늦게 갔다, 초81).

기도(祈禱, molitva), 기도문(祈禱文): 불도(佛道).

기도문을 읽-기(chitat' molitvu): 불도르 니르기(사133).

대모(代母, krostnaya mat'): 걸기체:미(kərgitsʰ–·emi, 초9).

대부(代父, krostnyj otets): 걸기채:비(kərgitsʰ–·ɛbi, 초9).

성당(聖堂): 셩당(스551).

세례(洗禮, kreshcheniye): 걸기'채르 시기'기(사48).

신부(神父)/사제(司祭)(Svyashchennik"): 즁(Chyun')(타31), 신보(스549), 신부(사87).[72]

---

71 하느님우 티셰르 해애셔(하느님에게 치사(致辭)를 했어). 하느님이 그것덜 불도르 들얻다구(하느님이 그것들의 기도를 들었다고, 교57).

72 초기에 정교회의 용어는 불교의 용어를 빌려 썼다. 때문에 '신부'를 '즁'이라 한 것이다. '신보(神甫)', '신부(神父)'의 '甫'와 '父'는 본디 동음이다. 『龍飛御天歌』(3장)의 '古公亶父 父音甫'를 참고.

십계명(十誡命, Desyat' zapovedej): 톈쥬에 십계(천주의 십계).

십자가(十字架, krest"): 걸기채(사49).

예배(禮拜, Ponedělnik'): 쳠례. 요일: 쳠례이(화요일), 쳠례삼(수요일), 쳠례사(목요일) ….

일요일(日曜日, Voskresen'ye): 환승한날(還生한 날(사13), 쥬일(스542).

주교(主教, Episkop"/Abat"): 노ᄃᆡᄉᆞ(=老大師)(푸3), 쥬교(스543).

천국(天國, Raj): 하늘이(스548), 한늘이, 셩시(聖時), 션간(仙間)이[73](타29).

천사(天使, Angel): 텬신이(스541), 텬사인, 조리(tsori ?)(타1).

천주(天主, Bog"): 톈쥬님'(천주(天主)-님, 사xiii, 사13, 22), 톈-쥬게(천주(天主)-께, 사4), 톈쥬(사xiii, 타2), 옥항(←옥황, 타2). 텬쥬에 빌다(타18), 텬쥬께(스541).

위 용어들은 그 유래에 따라 세 갈래로 나누어 볼 수 있다.

첫째, 연해주 한인들이 만들어 낸 용어.
둘째, 한인들이 전통적으로 써오던 불교나 도교의 용어로 대체한 예.
셋째, 주로 중국어에서 차용한 용어.

첫째 예로, '걸기채'(십자가), '걸기체미'(代母), '걸기채르 시기기(洗禮하다)' 등이 있다. '걸기채'는 '걸기[被掛]-+채' 또는 '걸[掛]-기+채'의 어구성으로 이루어진 말로 보인다.[74] '걸기-'는 '걸리-'의 함경 방언이다. 또 일요일(voskresen'ye)을 '환승(還生)한날'(=부활(voskreseniye))이라 하

73 '셩시(聖時)'는 어진 임금이 다스리는 세상 또는 그 시대를 높여 이르는 말이고 '션간(仙間)'은 신선이 산다는 곳이다.

74 '예수가 걸린 채'란 뜻으로 '십자가'를 '걸기-채'라 한 것으로 생각된다.

였는데 이도 이 범주에 들 것이다.

둘째 예로, 졀당, 결당(교회), 불도(佛道[75], 기도/기도문), 즁(신부/사제), 노듸스(주교)는 불교의 용어이고 션간(仙間, 천국), 옥항(←玉皇, 천주)는 도교의 용어다. 천국을 '하늘'이라 한 것도 이 범주에 들 것이다.[76] 이는 한인 대중이 그들이 전통적으로 지녀온 종교적 세계관에 의탁해서 새 종교의 개념을 수용한 것이다. 얼마 전까지도 중앙아시아와 중국 거주 한인(함북 출신 노년층)들은 '교회'를 '졀당', '결당'이라 하였다.

셋째 예로, Starchevskij(1890) 어휘집에 들어 있는 '교우, 셩당, 주교, 주일, 쳠례, 텬신, 텬쥬'가 있다. 이들 가운데 일부는 오늘날에도 천주교에서 쓰인다. 이는 연해주 한인들이 쓰던 용어라기보다는 19세기 후기의 문헌에 존재하던 용어를 전재한 것인 듯하다. 위 예 가운데 '교우, 텬신(=天使), 텬쥬, 셩당'은 『쥬교요지(主敎要旨)』에서도 볼 수 있다(조남호: 1997), 『斥邪綸音』(1839)에도 '텬쥬, 교우'가 보인다.

4) 관혼상제(冠婚喪祭)

Ⅱ부에서 본 바와 같이, Nasekin(1895)에는 한인들의 관혼상제 관련 어휘와 그에 대한 기술이 있다.

① 婚禮

복슈(poksiu): =복수(福手). Nasekin(1895)는, "결혼식 전날이나 이틀 전에 신부는 친구 중 한 명에게 머리를 올려달라고 부탁한다. 신랑은 친척이나 지인 누군가에게 같은 봉사를 하도록 요청한다. 이 의식을 수행하는

75 '佛道'는 본디 '부처님의 가르침'을 뜻하는 말이다.

76 프르제발스키(1870)에서도 천국을 '하늘'이라 하였다.

사람들은 가장 철저한 방식으로 선택된다. 그들은 pok-siu 즉, 행복한 손이라고 한다."고 하였다. 여기서 '가장 철저한 방식'이란 흠결이 없는 청결한 사람을 엄밀하게 심사하여 가려내는 방식을 말한 것이다. 임신부, 상제, 죄를 지은 이, 부정 탄 이는 배제된다.

난자이(nantsai): =난장(蘭章). 난장-이>난자이. 난장(蘭章)은 본디 남의 편지를 높여 이르는 말. Nasekin(1895)는, "결혼식 날, 당사자의 합의에 따라 신부의 아버지에게 편지를 쓴다. 며느리를 삼을 수 있도록 허락해 주신 데 대해 감사한다. 이 편지는 계약의 힘을 가지고 있다."라 하였다. 따라서 '난장'은 신랑의 아버지가 신부의 아버지에게 '당신의 딸을 며느리로 삼게 해 준 대해 감사한다'는 儀禮의 편지를 말한 것이다.

우싀(usiy): =위요(圍繞), 후행(後行), 상객(上客). 혼사를 지낼 때 신랑 또는 신부의 후견인으로 가는 사람. 지금은 함경도에서 '우시'라 한다. 가족이나 가까운 친척 또는 지인 가운데 명망이 높은 이가 후행이 된다. 허물이 없는 깨끗한 사람이어야 하고 언변이 좋아야 한다. 자식이 없는 이, 상제(喪制), 임신부는 피한다. 우시들 가운데 우두머리를 '슈우시'라 하는데 혼례 때 신랑을 데리고 가서 일체의 행사를 주관한다(곽충구: 2019a).

② 喪葬禮

상건이(San-goni)(타39), Sim-mori(?)(타35), 두건이(푸245): =두건(頭巾).

져운-시(ʧyəun-si)?: =상복(喪服). Nasekin(1895)는, "고인이 누워 있는 방에 들어가기 위해서는 회색 삼베옷으로서 찢어지고 가능한 한 더러워진 단순한 'ʧyəun-si'와 같은 가족과 친척들을 위한 특별한 옷이 필요하다"고 하였는데 기술 내용으로 보면 '상복'을 뜻하는데 어원은 알 수 없다.

애고: =아이고. Nasekin(1895)는, 부모가 사망했을 때 상제는 '애고' 하고 25분에서 30분 정도 슬피 운다고 하였다. 그리고 고인의 친척과 조문

객은 '어이어이' 한다 하였다. 또 곡소리가 크고 길수록 애도하는 사람이 더 존경을 받는다고 하였다.

어이-어이(o-i, o-i)(Nasekin: 1895): =어이어이. 복인(服人)과 조문객이 곡을 할 때 내는 소리.

가우 또는 츄섹이(ʧusyeii[sic.]): =가위 또는 추석(秋夕). 'ʧusyeii'는 'ʧusyegi'의 잘못.[77] 현재 함북 육진 방언권에서는 '가위, 한가위, 츄셕, 취셕'이라 한다.

상츠이(타26, 푸477, 스547): =상사(喪事). 함경도 지방에서는 '상사(喪事)'를 '상츠'이라 한다.

상세나다(푸455): =상사(喪事) 나다, 죽다. 상ᄉ+-이>상시>상세. 예: 부뫼상세낫소(푸455).

황두, 향두(타26), 황두(Nasekin(1895), 타20): 상여(喪輿).[78]

츅이(ʧuii[sic.]): =축(祝). 제사 때에 읽어 신명(神明)께 고하는 글. 'ʧuii'는 'ʧugi'의 오식. 앞 "츄세이이(ʧusyeii)→츄섹이"처럼 'i(=и)'는 'g(=г)'의 잘못이다. Nasekin(1895)는, "고인이 땅에 묻힐 때 '츅'이라는 옛 책을 읽는다. 또 추도식에서도 같은 것을 읽는다."고 하였는데 이는 '축문(祝文)'을 말한 것이다.

좌상(tswamaŋ[sic.])(Nasekin: 1895): =좌상(座上). 'tswamaŋ'은 'tswaʃaŋ'의 오식. 키릴문자 'ш'가 'м'으로 되어 있는데 키릴문자 'ш[=ʃ]'와 'м'의 필기체 'm'가 비슷하여 혼동을 일으킨 것이다. '좌상(座上)'은 상사(喪事) 전반을 주관하는 사람. 마을에서 나이가 제일 많은 이가 맡는데 지금은 좌새(<좌상+-이)라 한다. 상사를 주관하는 마을의 공조직이 있는데 이를 '향뒤텽(鄕徒廳)'이라 하며 이에는 '좌새', '고원', '쇄애미'가

77 Tajshin"(1898: 29)에 "Pyatnadtsatoe avugusta, ⋯.: ka-o, kau, chuse(e)gi, chuse(e)ni"라 되어 있는데 여기서는 '츄셕이'로 되어 있다.

78 '황두'는 본디 '두레'를 뜻하는 말이고, '향두'는 '향도(香徒)'에서 비롯된 말이다. 현재의 함북 지방에서는 상여를 '황뒤, 항디' 또는 '향뒤, 샹뒤' 등으로 부른다.

있다. '고원'은 '좌샹'을 대리하고 재무를 담당한다. '쇄애미'는 '향뒤'(=상여)와 '향뒤막'(=상엿집)을 관리하고 상사(喪事) 때 현장에서 모든 일을 주관한다. 상여의 출납과 인도를 담당하고 壙中을 짓는 일도 맡는다. Nasekin은, "마을 전체에서 가장 나이 많은 '좌샹'은 상여를 담당한다; 더하여, 차례로 임명되는 두 명의 임원(任員)(저자 주: '좌샹'을 보좌하고 喪事의 실무를 맡아 보는 2인)—황두([sic.]), 쇠미가 있는데, 그들은 곧 있을 장례식에 대해 마을의 남성들에게 알린다. 그리고 모든 남자들은 벌금을 내지 않기 위해 죽은 사람을 호위하고 운반한다."고 하였다.[79] 앞 인용문의 '황두'(=상여)는 '고원'의 오류.

쇠미(soimi)(Nasekin: 1895): =유사(有司). 현재의 육진방언권에서는 '쇄애미'라 한다. '쇠미'는 喪事의 여러 잡무를 맡아 본다. 부고를 알리고 상여를 준비하며 壙中을 짓거나 또는 요령을 들고 상여를 인도하는 등의 일을 한다.

구연이~구옌(koeni)(Nasekin: 1895): =궤연(几筵). 지금은 '상문'이라 한다. 이 상문은 중부 지방의 궤연과는 모양이 조금 다르다. Nasekin은, "지방(紙榜)을 쓰되 남자가 죽으면 3년, 여자가 죽으면 2년 동안 보관한다. 그것은 나무틀(=神主)에 끼워져 있는데 한국의 두꺼운 천을 두르고 높이가 1과 1/2아르신(약 106cm)이고 다리가 4개인 상에 부착한다. 이를 궤연이라고 한다. 매일 조석으로 정해진 시간에 궤연의 휘장을 걷고 약 5분 동안 지방을 드러내고 항상 궤연의 아래에 똑같은 접시와 술이 있는 테이블을 바라본다. 만약 고인이 담배를 피웠다면 불이 붙은 담뱃대를 둔다. 그런 다음 상을 청소하고 가족은 음식을 먹는다. 매년, 고인이 죽은 날에 가족은 마을 전체를 대상으로 한 추모식을 마련한다.[80] 추모식은 그 비용이 때때로 500루블이 든다. 만약 고인이 카드놀

79 "벌금을 내지 않기 위해 …"는 향도 계원으로서 상사의 일에 참여하지 않으면 벌금을 물린다는 말.

이를 좋아했다면 궤연이 있는 곳에서 항상 돈이 없이도 카드놀이를 재현한다. 궤연 전체와 궤연 앞에 놓았던 상조차도 마지막 추모식을 치르면서 추모식에 참석한 사람들이 있는 자리에서 불태워진다."고 하였다.

5) 세시풍속

연해주 한인의 세시풍속은 역시 Nasekin(1895)에 비교적 자세하다. 이미 Ⅱ부에서 소개한 바 있으므로 여기서는 Nasekin(1895)와 그 밖의 문헌의 기록을 간단히 보이기로 한다.

큰설(교57): 설[元旦]. 큰 설이 당개셔(설이 다가왔어). '작은설'에 상대해서 '설'을 '큰설'이라 한 듯하다.

설이: =설[元旦]. Nasekin(1895)에 의하면 새해 첫날과 섣달그믐날에는 노인, 친족, 이웃을 찾아 인사하고 또 접대한다고 함. ⇒Ⅱ부를 참고.

단위: =단오(端午). Nasekin(1895)는 이 날 성묘를 하며, 음식을 나누어 먹고 춤을 추고 노래를 하고 그네를 뛴다 함. 현재의 중앙아시아 고려인들도 그와 같다.

가우, 가위, 츄셕이(kui[sic.], ʧusyeni[sic.])(Nasekin(1895)): =가위, 추석(秋夕).

구일이(kupri[sic.])(Nasekin(1895)): =구일(九日). =중양절(重陽節).

샹산이(ʃyaŋ-sami[sic.])(Nasekin(1895)): =향산제(香山祭). 함북 지방에서는 흔히 '시월샹산(<十月香山)'이라 하였다. 추수가 끝난 뒤 10월 1일에 하늘에 지내는 제사. 낟가리에 떡을 놓고 하늘과 조상에 감사를 드리고 또 명년의 풍년을 기원한다(곽충구: 2019a). ⇒Ⅱ부를 참고.

환갑이(Nasekin: 1895): =환갑(還甲). Nasekin은, "한국인은 환갑을 가장 엄

80 '추모식'은 '小祥'과 '大祥'을 말한 것이다.

숙한 삶의 한 순간으로 여기고 있다. 빈부와 관계없이 모든 사람들이 이 날을 축하하기 위해 가능한 한 최선을 다한다."고 하였다.

6) 친족명칭

증조할아버지: 노큰아배(초9)

할아버지: 크나ᄇᆡ/조뷔(푸159, 스543), 큰아배(초8, 타9, 회32), 조뷔, 하나바니(타9). cf. 하나비(푸613).[81]

할머니: 크나ᄆᆡ(푸9), 큰아매(초8, 회32)

친할미: 진할'미ʧinhàrmi(사2), 외할미: 왜할'미(사2)

아버지: 아부님/아ᄇᆡ/부친이/ᄌᆡ아비/ᄃᆡ친이(푸397), 아'배(사77) 애비', 아부'-님, 부'친. 부'친이-님(회31)

어머니: 아ᄆᆡ/어모님/제어미/모친(푸297), 아매(교25, 42), 아'매(사57) 에'미, 어무-님, 모'-친, 모친이-님(회31)

작은어머니(Tëtka): 아즈마님/아즈미(푸639), 아즈마니'(회32)

작은아버지(Dyadya)[82]: 아즈바님/아자비/아즈바니(푸161), 아즈바'니, 삼촌'이(회31)

형: 셩(형, 교74), 셩이'(회164), 셩님'(회164, 179), 솅님이(초9), 셩네'과(형네-와, 회183), 형(사5, 103), cf. 네 솅 이릐'미 무수'게냐?(네 형의 이름이 무엇이냐?)

동생/아우: 아스/앆-(교2, 사v, 103, 초9), 애끼', 동새(아우-가, 회31)

누이: 느븨(교3, 회180, 19), 느비(초9), 느위(스549, 타31). cf. 싀'-느븨(시누이, 회199, 200).

누이(손위): 이'샹 느븨'(회31), 맛느위(푸573)

---

81 Tajshin"(1898: 9)에는 "Ded": k^hɨnabè, xanabani, tsobui(조부이)"가 있다. '하나바니'는 호칭어이고 '하나비'는 지칭어다.

82 표제어 'Dyadya'는 '아저씨, 백부, 숙부, 외삼촌, 고모부, 이모부' 등을 가리키는 친족호칭어다.

누이(손아래): 기차느위, 동싱느위(푸573)

오라비: 오래비(사vi, 5)[83]

며느리: 며느리(초8)

사위: 사위(교9)

매부: 매븨(사39)

조카: 조캐, 녀-조캐(조카, 조카딸, 회32)

손자: 손즤(초8, 교13), 손재(son-tsaj)(타4), 손자(푸59)

손녀: 손녜(초8), 손녜(soŋɲe)-게, 손녤래셔(손녀에게, 손녀 때문에, 교13, 57)

증손자: 듕-손즤(초9), 증손녀: 듕-손녜(초9).

시아비: 세-애비(초9)

시어미: 세-에미(초9), 싀'-에미, 싀-어마-님'(존칭)(사101).

장인: 가새비(초9), 가새'-애비, 댱'-부(사120)

장모: 가세미(초9), 가스'-에미, 댱'-모(사120)

사돈: 사둔이(초9), 안사돈: 사둔댁이(초9)

처(妻)/댁(宅): 쳬, 대기'(회32). cf. 이'게 내 쳬오'(이게 내 처이오, 회32), 이'게 내 셩-님' 댁이'오(회32)

Ⅱ부의 각 문헌에 수록된 위 연해주 한국어의 친족명칭은 러시아어 친족어와 그 체계에 맞추어 한국어 친족어를 제시한 것이기 때문에 연해주 한국어의 친족명칭을 체계적으로 살피기에는 부족하다. 또한 지칭어(terms of reference)와 호칭어(terms of address), 존대어와 평대어의 구분이 안 되어 있다. 그리고 내지의 지역적 변종들이 뒤섞여 있어 음운이나 형태상의 변이가 보이기도 한다. 예컨대 '누이[姉妹]'는 『노한회화』, 『노

83 오빠나 남동생에 대한 지칭어로 쓰인다. '오라바니'(또는 '오라바이')는 오라버니의 방언.

한소사전』에는 '느븨'로, 『초급 교과서』에는 '느비'로 전사되어 있다. 그리고 Putsillo 사전을 비롯한 그 밖의 문헌은 '느위'다. 'ㅢ>ㅣ', 'ㅸ>w'의 음변화가 지역에 따라 달리 적용된 데 말미암은 것인데 이는 방언차다.

위 친족어를 서열과 계열의 관점에서 살펴보기로 한다. 서열상의 징표로는 증조부모를 나타내는 '노-', 조부모를 나타내는 '큰-' 및 '한-'이 보인다. 부/모 호칭어 '아배/아매'에 위 접두 요소가 결합되어 서열상의 위계가 형성된다.

'부/모' 친족어는 고유어와 한자어, 지칭어와 호칭어, 존대어와 평대어 등이 기록되어 있다. '아배'와 '아매'는 지칭어와 호칭어로 쓰인다. 그리고 '재아비(또는 재애비)'와 '제어미'(또는 제에미)는[84] 성년이 되기 전, 주로 유소년기에 쓰인다.[85]

『노한회화』에 수록된 '애비'와 '에미' 그리고 putsillo(1874)에 실린 '하나비'는 중립적인 표현에 쓰이는 평대의 지칭어이다. '아부님'과 '어모님, 어무님'은 지칭어와 호칭어로 쓰이는 존대어이고 '부친', '모친'은 정중하게 이르는 지칭어다.

김태균(1986), 곽충구(1993, 2019a) 등에 의하면, '아매'는 함북 길주, 명천, 학성 등 四邑 지역에서는 [母]의 호칭어이지만 함북 육진 지역에서는 '아매'가 [祖母]의 호칭어로도 쓰인다.[86]

84 '재애비', '제에미'의 '제-'는, 일부 명사 앞에 붙어 '본래의', '원(原)'의 뜻을 나타내는 접두사로 보인다. 이 방언에서는 '저'가 하오할 자리에서 2인칭대명사 또는 재귀대명사로 쓰이기 때문이다.

85 곽충구(2019a)에 의하면, 지금은 '재애비(<제애비), 제에미'란 말을 쓰지 않는다. 노인층이 어릴 적에 쓰던 말이다. 부를 때에는 '재애바!', '제에마!'라 한다. 푸칠로 사전(1874)에 올라 있는 위 '재아비', '제어미'는 아직 움라우트를 겪지 않았다.

86 『철자 교과서』(1902), 『노한소사전』(1904)에서 '아매'는 '어머니', '아배'는 '아버지'를 뜻한다. 그런데 현재 중국 조선족자치주에서는 '할머니'를 '아매'라 한다. 그리고 [父/母]의 호칭어로는 '아바지, 아부지/어마, 어마니, 어마이'가 쓰인다.

한편, '아배/아매'에 서열을 나타내는 접두요소 '큰-'이 결합된 '큰아배/큰아매'는 [祖父/祖母]의 지호칭어로 쓰인다.[87] 한편 '하나비(<한+아비)'는 'starik(노인)', 'ded'(할아버지, 노인에 대한 호칭), 'dedushka'(할아버지)로 대역이 되어 있는데 '할아버지'를 중립적으로 이를 때 쓰는 평칭의 지칭어다. 고어의 잔재이다. 지금도 함북과 조선족자치주에서는 '하내비'라 하며 아래와 같이 노년층에서 널리 쓰인다.

네 하'내비 무실'하더냐?(네 할아버지 무엇을 하더냐?)
저 아 하'내비랑 어딜 갓'다 온다(저 아이가 할아버지랑 어디를 갔다 온다).
아부지' 애비'르 하'내비라 하'압디(아버지 아버지를 '하내비'라 하지요).

'하나바니'는 Tajshin"(1898)에 올라 있는데 곽충구(1993, 2019a)에 의하면 육진방언권에 분포한다. '하나비'가 평칭의 지칭어라면 '하나바니'는 정중한 표현에 쓰이는 지칭어다. '하내비(<한+아비)', '하나바니(<한+아바니)'는 접두요소가 '한-'이라는 점에서 앞서의 '큰-', '클-'과 대조된다.

한편, '진할'미, 왜할'미'는 지칭어로 보인다. '진할머니'는 북한의 문화어로 올라 있다.

곽충구(1993, 2015a) 등에서 언급한 바와 같이 함경도 방언 친족명칭의 두드러진 특징은 부계와 모계를 구별하지 않는다는 점이다. 인구어의 호칭어처럼 하나의 호칭어가 지시하는 친족의 범위가 넓다. 예컨대, '맏아바니(또는 몯아바니)'는 부계에서는 '큰아버지', '큰고모부'를 가리키

87 김태균(1986), 곽충구(1993, 2019a)에 의하면 함북 지방에서는 '클아배/클아매'도 쓰이지만 Ⅱ부의 문헌에는 보이지 않는다.

고 모계에서는 '큰외삼촌', '큰이모부'를 가리킨다.[88]

한편 러시아어 Tëtka의 대역어로 '아즈마님/아즈미'가 제시되어 있는데 '아즈마님'은 '아즈마니'의 존대어이고 '아즈미'는 평대어다. 이들 친족명칭은 함북 지방에서 '아버지보다 나이가 어린 고모', '어머니보다 나이가 어린 이모', '작은어머니' 등을 부르거나 이르는 말이다.[89] Tëtka의 지시 범위도 대체로 그와 같다. '아즈바님/아자비/아즈바니'는 '부/모'보다 나이가 어린 남동생 또는 여동생의 남편 즉, '작은아버지', '고모부', '이모부' 등을 부르거나 이르는 말이다.

형제자매의 호칭어는 Ⅱ부(1.2.2.) 『노한소사전』(1904)의 서문에서 본 바 있다.

'형'의 방언형은 '형'과 '셩'(<형)이 공존한다. 『철자 교과서』, 『노한회화』에서는 '셩'이 쓰였다.

'아우'는 '아스-/앍-'으로 교체된다. 『노한소사전』에서는 '형', '동생'은 남자 형제, 여자 형제 사이에서 두루 쓸 수 있으나 '아스-/앍-'은 오빠가 여동생을 지칭하는 말로는 쓰이지 않고 여형제가 남동생을 지칭하는 말로 쓰인다고 하였다. 이는 중세국어와 같다. 중세국어의 '아ᅀᆞ오라비'는 누나가 '남동생'을 이르는 말이다.[90]

누이는 '느븨'라 한다. 손위는 '이샹느븨'라 하고 손아래는 '긔차느븨'라 한다.

오라비는 '오래비'라 하는데 여자가 남자 형제를 지칭하는 말이다. 여

---

88 백부(伯父), 백모(伯母)의 호칭어가 없는 까닭은 러시아어에서는 숙부와 백부 그리고 숙모와 백모의 호칭어가 같기 때문이다.

89 지금은 '아재'라는 호칭어가 널리 쓰이지만 Ⅱ부의 문헌에는 나타나지 않는다.

90 조항범(1996: 320)을 참조. 안병희(1998)에서는 소월 시 <접동새>에 나오는 '아우래비'를 '아ᅀᆞ오라비'로 해석한 바 있다. 이에 의하면, 평안도에서도 누나가 남동생을 '아우'라 했음을 알 수 있다.

자가 손위 남자 형제를 정중하게 말할 때는 '오라바니'라 한다.

7) 가옥구조와 명칭

연해주 한인들의 가옥구조 는 중앙아시아 거주 고려인들의 진술을 통해서 알 수 있는데(곽충구, 2008: 448-476), 함경도 지방에서 볼 수 있는 양통식 전자형(兩通式 田字型) 구조이다. 이 구조는 동북 지방의 추운 기후 조건과 관련되어 있다. 즉, 열이 최대한 집채 안의 여러 주거 공간에 고루 미치도록 한 구조이다. 밖에서 집 안채로 들어섰을 때의 공간을 정지~정쥐(회xi)(정지구둘+부수깨+외양간+방앗간)라 한다. 정지 안의 네 공간은 벽이 없이 나뉘어 있어 부수깨에서 땐 불의 열기가 사방에 고루 미친다. 그리고 田字 모양의 방 4개가 정지에 딸려 있다. 이를 흔히 '팔간집'이라 부른다.

Ⅱ부의 문헌에 보이는 가옥구조 명칭을 중심으로 좀 더 설명을 보태기로 한다.

'정지'의 중심이 되는 곳은 그 집의 주장이 되는 사람—대체로 젊은 부부—이 거처하는 '정지구둘'이다. 식구들이 모여 식사를 하고 이야기를 나누며, 손님을 맞아들이고 대접하는 공간이다. 이 정지구둘과 부뚜막이라 할 '가맷목'은 벽이 없이 이어져 있고 그 아래에 불을 때고 밥을 짓는 '부수깨'라는 파인 공간이 있다. 그 바닥은 '부수깨바당'이라 한다. 부수깨의 뒤쪽에는 역시 벽이 없이 이어진 방앗간과 외양간이 있다.

집 밖에는 연기가 빠져 나가는 '구새'(타35) 또는 '궁묵'(푸183)이 있고 집채 주위에는 '샤랑'(곳간, 광, 푸5)과 '허덕간'(헛간, 타31)이 있다. 집채를 빙 돌아가며 돌로 층층이 쌓은 곳이 있는데 이곳을 '채셕'(푸623)이라 부른다. 그리고 집채 주위를 좀 높고 평평하게 다진 흙바닥과 그 위의 공간, 말하자면 비를 긋는 처마 밑의 공간을 '강냥/강내(사25)'라 한다.

집 안 정지구들의 북쪽 벽면에는 그릇을 얹어 두는 선반 같은 것이 있는데 이를 '살공'(살강, 푸39)이라 하며 그 공간은 조앙간이라 한다. 또 가장집물을 얹어 보관하기 위해 두 개의 긴 막대를 가로질러 놓은 것을 '덩때'(초23, 교69, 사35, 85)라 한다. '덩때'는 '시렁', '선반', '살강'의 총칭으로 쓰인다.

문을 잠그는 '빗장'은 '문뎡'(푸181)이라 한다. 이와 달리 '채뎡'(교23)이란 말도 쓰였다. 『철자 교과서』에서는 '빗장을 열어라'를 '채뎌[91] 들어라'라 하였다. 곽충구(2019a)에는 '빗장'의 함북 방언으로 "뎡, 빗댱, 채뎡"이 올라 있다. '뎡'이 단독으로도 쓰이고 '문(門)', '채'와 결합한 '문뎡', '채뎡'이란 말도 쓰였음을 알 수 있다. 그리고 문과 문골을 이어주는 '기도리'(푸333)가 있다. 아래에 가옥 관련 명칭을 더 보인다.

계와/겨와(푸703): 기와. '계와'는 육진방언권에 분포.

살댱(교42): 나무 막대를 촘촘히 박아 둘러친 울타리(chastokol). 울짱. 목책(木柵).

살댱간sartyaŋgan[92](교42): 칸살로 지은 방 간(間): 예: 곰이르 살댱간에, 디례 노아셔(곰을 막대로 둘러친 방에 들여 놓았어, 교42).

셋가리(푸621): 서까래. '혀[椽]+-이+ㅅ+가리'에서 변화한 말.

서럽피(푸69): 사립문. 비슷한 말로 '허리를 구부리고 들어가는 쪽문'을 뜻하는 '서른피(푸223, 타13)'가 있다.

91 '채뎌'는 '채뎡'의 대격형. tsʰɛdyəŋ+-ɨ(대격조사)→tsʰɛdyə̃ə̃.

92 동물 따위를 가두어 기르기 위해 장대(긴 나무 막대기)를 촘촘히 박아서 세운 우리.

8) 인체어

① 인체 내부 명칭

념통이, 념퉁이(푸573), 심(타31), 념튀(초: 서문, 사103): 염통, 심장.

검니(타12): 어금니. 니, 버드랑니(푸205): 이, 버드렁니.

닛써어미/닛뭉오리(푸139): 잇몸.

배리(<ᄇᆡᄉᆞᆶ)(타13), ᄋᆡ, 애(푸235): 창자, 내장.[93]

부홰(타16, 푸279): 폐(肺).

양(푸169): 위(胃).

오좀캐'(사93), 방광이(푸521): 방광(膀胱).

쥬랑이(푸115), 쥬래(초4): 후골(喉骨). 울대뼈. 지금은 '쥬래'라 하며 합성어 '쥬랑통' 등에서 '쥬랑'을 볼 수 있다.

콩팟치/두태(푸477): 콩팥[腎臟]. '두태(豆太)'는 한방에서 '콩팥'을 이르는 말. cf. 콩+퐃.

푸신개/푸셩개(푸569, 타31): 사전에 '비장', '지라'의 대역어로 되어 있으나 '허파'의 방언이다.

② 인체 외부 명칭

가슴이: 가슴(초5).

갈빗대: 갈빗대(초5).

관디뻬: 광대뼈(초3).

귀: 귀', 구에' 께는(사6, 사127/103).

끄싀: 턱뼈(초4, 교2).

낫치(푸283, 타16, 스545), 낟시(nat-si)[94], 낟치, 얼굴이(ol'guri)(타15): 낯[面].

93 러시아어 표제어 'Kishka(창자. 소화기(消化器), 내장)'의 대역어다. 곽충구(2019a)에 의하면 '애'는 '명태의 간' 또는 '이리'를 뜻한다.

눈이(푸99, 스542), 눈, 안질(교24): 눈[眼]. ‘안질’은 ‘눈’의 존대어.

눈까푸리(타6), 눈곱푸리(푸89): 눈꺼풀.

눈꺼부디(초4): 속눈썹. <눈+-ㅅ+거붚(>거웃, 髥). ‘눈꺼부지’의 과도교정형.

눈두베, 눈두에(푸555): 눈두덩. cf. 눉두베.

눈-딱디: 눈꺼풀(초4).

눈서비, 눈섭(푸33, 스541, 타3), 눈세비(초4): 눈썹.

눈알(타40, 타6), 눈망오리(푸727): 눈알.

눈잔(푸99): 눈구멍. 눈알이 박혀 있는 구멍.

눈초리(Rěsnitsa[95]): 눈초리(타30).

눈테기(타38): 눈퉁이.

니매(타16, 푸283), 니마(타16), 이매(타16): 이마.

댱손그락이(푸407), 쟝가랙이, 쟝가락(타23): 가운데손가락.

뎡갱-gɛ̃(<뎡강-이)(사46), 정개(초5): 무릎.

뎡바기(푸659, 타34): 정수리.

뒤띄: 목덜미(초7).

띄꺼리(초5): 허리.

머릿기(푸65): 머리카락. cf. 『朝鮮館譯語』의 “髮 墨立吉”.

목궁기(푸115, 스542), 목궁기, 윗대(uitɛ)(타7): 목구멍, 인후.

목이, 목(타40): 목.

목-져디(초4): 목젖. <목져지. 과도교정.

무럽피(푸247), 뎡강이(푸247)[96], 무릅(푸67), 무럼패기(타14), 무릎이(타14): 무릎.

무렆마듸(Burómmàtɨy, 타19): 무릎(슬개골).

94 마찰음화를 보여 준다. 중부방언형.

95 표제어는 ‘속눈썹’이어서 표제어와 대역어가 맞지 않는다. 대역 오류.

96 지금은 흔히 ‘뎡강마디’, ‘뎡강모디’라 한다.

발멕이(타16): 발목(복사뼈).

발쟝심이(푸449), 발바닥이(타25, 푸449): 발바닥.

볼기(푸181): 볼기(둔부).

붓쳐눈이(푸205), 눈동자(타12): 눈동자. cf. 瞳 눉부텨 동(『訓蒙字會』(초간, 上: 13), 눈부쳐(『倭語類解』(上: 16)).

빕부그슨소(푸397): 배꼽을 끊소. cf. 뱁북<뱃북(<빗복).

뺨(타31), 보리(푸583), 삐얌(piyam)(타40, 스562), 쌰미(푸721, 스551): 뺨/볼 (Skula).

사듸: 등(초5).

살(푸309): 주름살. cf. 사리잇소, 사리졋소(주름살이 있소, ~ 졌소).

셩문이(초5): 정강이.

셰떼(초4): 혀.

손그락이(푸407), 손가락이(타23, 초5), 손가랙이(타23): 손가락.

손이(초5): 손.

손쟝심이, 손바다기(푸273), 손바닥이(초5): 손바닥.

손톱이: 손톱(푸359, 타20, 초5), 손톱이나 발톱: 톱이(타14, 푸243). cf. 톱다(타33)[97]: 손톱을 깎다(Strich').

슈염이(푸31), 염이(ĕmi)[98](타2): 수염(鬚髥).

싄다리, 싄부초리(푸15)[99], 신다리(타1, 초5): 넓적다리.

알배기(타3, 푸41): 눈에 난 혹(Bel'mo na glazu?).

어께(초5): 어깨.

어구미(타38): 턱뼈(Chelyust'). <어금이<어금+-이(?). cf. 어금니.

---

97 손톱을 '톱'이라 하니 '톱다'는 영파생어일 듯하다.

98 함북 지방에서 '염'은 '수염'의 존대어로 쓰인다.

99 부출: 날갯죽지에서 뻗어 나온 날개의 몸통. 또는 그 날개를 치는 짓. 여기서는 사람의 몸통에서 갈려 나간 팔 다리를 뜻하는 듯하다.

여꾸리(초5): 옆구리.

입여기, 입슈어리(푸125), 입슈얼(ipsyuèl'), 입여기(ibĕgi)(스542), 임녁(←입역이)(im-nyəgi, 초4), 입술기 두껍다(타34), 입역(타20), 입역이, 닙슈얼, 입술의[sic.](타7): 입가, 입술. 여러 변이형들이 사전에 올라 있지만 '입역', '입슈얼', '입술기'의 셋으로 압축된다. '입+역[邊]'은 합성어로 본뜻은 '입가', '입의 가장자리'이다. 이것이 '입술'의 뜻으로 확장되었을 가능성도 있지만 대역상의 문제로 보인다. '입슈얼'은 '입술'의 선대형이다. 동남방언은 'ㅂ'을 유지하고 있지만 이 방언은 ㅸ>w를 겪었다. '닙슈얼'은 과도교정형. '입술기'는 함북 방언형이다.

자ᄀᆞ미, 겨ᄃᆡ이(푸447, 629): 겨드랑이.

잔더리, 잔등이(푸607): 등[背].

죵아리, 올가리[100](푸21): 종아리(Bertso).

코-꿍기(초4): 콧구멍. <코+-ㅅ+궁ㄱ+-이.

타기(푸445), 택이(타24, 초4): 턱. cf. 택이<탁+-이<ᄐᆞᆨ.

터러기(푸713), 흰터리, 흰터러기(푸673): 털[體毛].

팔구븨(푸287, 타17), 팔구비(타17), 팔꾸비(초5): 팔꿈치. cf. ᄑᆞᆯ구븨.

하느-바디(초4), 하늘, 입쳔쟝(타20): 입천장.

허튀에리(Xotuièri)(타12), 셩무이(<셩문+-이, 타6)[101], 종아리(타6, 푸109): 종아리(Ikry nog", Golen').

인체어에는 고어가 많다. "검니, 눈꺼부디(<눈꺼부지), 눈두베, 닛검, 뎡바기, 머릿기[머리끼], 부쳣눈이, 부홰, 빕북, 싄다리, 양[胃], 쟈ᄀᆞ미, 쥬랑이, 팔구븨, 허튀"가 그 예이다. 이들 어휘는 지금도 육진방언권에서

100 아직까지 보고된 바 없다. '졸가리'의 잘못일 수도 있다. '졸가리'는 평안, 황해, 강원도 일부 지역에서 쓰이는 '종아리'의 방언형이다.

101 대역 오류. '허튀'는 '장딴지'의 방언이고, '셩문'은 '정강이'의 방언이다.

쓰인다.

문헌에서 볼 수 없는 인체어로는 "끄시, 어구미(턱뼈), 셩문, 발쟝심이, 푸신개/푸셩개, 하느바디" 등이 있다. 이 가운데 '성문(<셩문)'은 전남 남부와 제주도방언에 분포한다. '발쟝심이', '손쟝심이'도 특이한 존재다. '쟝심(掌心)'은 글자 그대로 손바닥의 한가운데를 뜻하는 말이니 '손쟝심이'는 '손바닥'과는 의미차가 있었을 것이다. 현재의 육진방언은 '손바닥의 한가운데', '손바닥'의 두 뜻을 지니고 있다(곽충구: 2019a).

한편 '염(髥)'은 '수염'의 존대어, '안질'은 '눈'의 존대어다.

9) 복식

연해주 한인의 복식 명칭은 Nasekin(1895)에 비교적 자세히 기록되어 있다. Putsillo와 Tajshin"의 사전에도 그 명칭이 여럿 수록되어 있다. 사전에서는 각주를 이용하여 풀이하거나 사전의 표제항에서 뜻풀이를 해 놓았다. Tajshin"(1898)의 사전은 Nasekin(1895)의 기술 내용을 압축하여 표제항으로 삼았다. 여행기인 프르제발스키(1868)에도 한인의 복식에 대한 언급이 있다.

① 웃옷

웃옷은 여러 유형이 있는데 옷의 형태를 결정하는 변별 요소 '깃, 섶', '길, 무의 수효' 그리고 '안감의 유무', '띠의 유무', '소매의 넓고 좁음', '길이', '뒤 또는 측면의 솔기가 터져 있는가의 여부', '착용하는 계절', '일상 옷/나들이옷' 등에 따라 명칭이 다르다. Ⅱ부의 문헌에 아래와 같은 웃옷 복식명이 보인다.

져마기, 져매기(Chemagi)(Nasekin: 1895), 져매기(tsemegi)(타37): ≒두루마

기. 현재, 육진방언권의 노년층은 '져매기[čəmégi]', '졔매기'라 한다. 주로 외출할 때 남자들이 입는 웃옷의 하나. 옷자락이 무릎까지 내려온다. 두 겹으로 짓는데 안에 솜을 둔다. 주로 겨울철에 입는다.

두루마기(타34), 두리마기(turimagi)(타37)[102]: 두루마기.

쟈모기(Chamogi)(타37)[103]: 두루마기(여자의 웃옷, Xalat").

두러오시(Turaosi)(타37)[104]: 좁은 소매가 달린 웃옷. 함북 지방에서는 '두러시'라 하므로 '두러오시'는 전사가 잘못된 것일 수도 있다. 다른 웃옷과 달리 소매가 좁다는 점이 한 특징이다.

도복이(tabogi[sic.])(Nasekin: 1895): 도포(道袍). Nasekin은, "도복은 중치막(?) 위에 걸치는데, 넓고 헐렁한 주머니 모양의 소매가 달린 긴 웃옷의 일종으로, 그 소매에는 여러 가지 작은 물건이나 손수건 등이 들어 있다. 도복은 정중히 차려입고 가야할 곳이나 관청에 갈 필요가 있을 때 입는다."고 하였다. 예복으로 입었음을 알 수 있다.

듕츄막이(tyung-chumagi)(타37): 중치막. Tajshin"은 "가방과 같은 구실을 하는 소매—붓, 책, 스카프 등이 들어 있음—가 있는 겉옷. 허리 아래의 측면이 터져 있다."고 함. 넓은 소매에 여러 가지 소지품을 넣는다는 점이 특징이라 할 수 있다.

② 일반

우틔', 오'시, 의복'이(사7, 80): 옷[衣].

cf. 속우틔'(속옷, 사7), 우틔'솔'이(옷솔, 사136), 우틔기슭(옷자락, 교73).

져고리(ʧagori, Nasekin: 1895): 저고리. Nasekin은, "일반적으로 흰색 광목,

102 표제어는 "가방 구실의 소매가 달린 겉옷. 옆면에 터진 부분이 없다."라 되어 있다.

103 Nasekin(1895)에서 전재. Nasekin은 남성의 옷이라 하였지만 Tajshin"(1898: 37)에서는 여성의 옷이라 함.

104 =두러시. 겨울에 나들이할 때 입는 두루마기의 하나. 속에 솜을 둔다(곽충구: 2019a).

꽃무늬를 박은 무명, 빛깔이 있는 옥양목이며 주로 라일락과 녹색이다. 나이가 많은 여성은 보라색을 젊은 여성은 녹색을 착용한다. 부인의 짧은 상의의 색깔은 나이에 따라 다르다. 소녀 또는 신혼부부는 분홍색 또는 노란색, 30세 미만의 여성은 자주색을 입고 이 나이를 겪은 사람들은 흰색이다."라고 하였다. 그리고 과부들은 아무리 젊어도 항상 흰색이나 회색의 옷을 입어야 한다고 하였다.

츄마(타40), 치ᄆᆡ, 차ᄆᆡ(푸725), 치마(타24), 차매(tsamè)(스569): 치마[裳].

치ᄆᆡ주루미, 주루미(푸579): 치맛주름.

보셔니/보세니(푸709): 버선.

바디, 바지(푸409, 타40): 바지(남자의 여름용).

가비(Podshtaninki, 타25), 가븨, 고의(푸713, 스569, 타39): 넓은 바지[105].

핫우틔/핫오시(푸433): 핫옷.

헌겆/헝겆(교54): 천. 피륙.

홋속고이(홑속고이?)(타40): 홑겹으로 된 속바지.

③ 신발

신이(ʃini, Nasekin: 1895): 신. Nasekin은, 신은 단화를 짓거나 혹은 가죽이나 타이어로 만들고 혹은 신총을 꼬아서 만든 'ʃek-hri(шек-хри)'가 있다고 하였다. 또 나무로 만든 신도 있다고 하였다. 'ʃek-hri(шек-хри)'는 혹 '셕리<혁리(革履)'라 할 수 있으나 "신총을 꼬아서 만들었다"고 하였으니 미투리가 옳다. 미투리의 함북 방언 '메커리'(또는 '며커리')를 잘못 전사한 것이다. 인쇄 과정에서 키릴문자 'м'(필기체)이 'ш'로 잘못 판독된 것이다. 일제강점기 함북 지방에서는 가죽으로 지은 신으로 '갓신', '도로기'가 있었으며 타이어로 지은 신은 '다이아신, 다이야신,

105 각주에서, "통이 무척 너르고 길다."고 함.

다이아구지' 등으로 불렸다(곽충구: 2019a). '나무로 만든 신'은 '나막신'을 두고 한 말일 것이다.

도로기(푸15): 다로기. 쇠가죽이나 돼지가죽으로 만든 가죽신. 이전에 밭갈이를 하거나 산으로 나무를 하러 갈 때 신던 신으로 높이는 발등과 발뒤축을 덮을 정도이다. 뻣뻣한 가죽신이어서 신 안에는 사초과(莎草科)에 속하는 풀을 넣었으며, 또 발은 상처가 나지 않도록 '발싸개' 또는 '감발'이라 하는 흰 광목천으로 둘렀다. 건조하면 쉬 오그라들므로 저녁이면 땅에다 파묻었다 그다음 날 꺼내서 신었다(곽충구: 2006b, 2019a).

며키리(Mekiri)(타30): 미투리. "가는 줄(=신총)로 지은 신(Sandalii verevochnyya)".

초신이(타30): 짚신. "짚으로 지은 신(Sandalii solomennyya)".

④ 모자

갇이(Shlyapa, 푸717, 타40): 갓[笠].

갇닙피(푸461): 갓양태. 갇[笠]+닢+-이. '닢'은 둥글납작하게 생긴 물건을 세는 단위. 흔히 둥글고 납작하게 만든 부침개, 떡, 동전 따위 또는 함석판 같은 것을 셀 때 쓴다(곽충구: 2019a).

삳갇이, 삭가디(푸717, 스551), sakadi(Nasekin: 1895): 삿갓.

감댱감틔(Kolpak")(푸245): 원추형의 방한모자. Putsillo의 『노한사전』(1874)의 각주에, "보통 노인들이 착용하며 귀 덮개가 달린, 솜을 넣은 원추형의 모자."라 하였다. '감틔'는 지금은 '감퉈, 감티' 등으로 불리는데 흔히 喪制가 머리에 쓰는 두건(상건)을 이른다.

감틔(Shapka)(타39), ᄉᆞ뫼, ᄉᆞ모[106](푸711), 사모(스551): 모자. 사모(紗帽).

106 각주에서, "검은 물질로 만들어졌다. 결혼식에서 서민들이 사용하며 상류층의 사람들은 기도 중에 가끔 쓴다."고 하였다. '검은 물질'은 사모(紗帽)의 재료인 '죽사(竹絲),

후냐이(hunyay), 후양이(타1, 타39, Nasekin: 1895): 남바위, 방한모. 평안도와 함경도에서 추위를 막기 위해 머리에 쓰는 쓰개의 하나. 겉의 아래 가장자리에 털가죽을 둘러 붙였고 앞은 이마를 덮고 뒤는 목과 등을 덮는다. Nasekin은 'bashlyk'(외투 깃에 붙여 모자 위에 쓰는 방한용 두건)이라 하였다.

위와 같이 표제어 Shapka(챙이 없는 모자)는 '감틔, 사모' 등으로 대역하고 shlyapa(중절모)는 '갇이'로 대역하였으나 모양, 용도 등이 서로 맞지 않는다. 때문에 결국 shapka는 '샤꽤, 삽개'(교22, 36, 사136), shlyapa는 '실야빠'(사135), '실라포'로 차용되었다. 이들 차용어(사깨~삽개, 실라포)는 지금도 함경도 방언, 중국 조선어, 중앙아시아 고려말에서 쓰인다.

10) 음식

단수울-이'(사11), 단-술이(M2): 포도주(葡萄酒). 토주(土酒)나 러시아의 보드카에 비해 도수가 낮고 당분이 많아 단술이라 한 것이다.

디름굽이(<기름굽이)(교4), 디림굽이(초17): 함경도의 대표적인 음식의 하나. 이 떡을 제사상에 올리지 않으면 귀신이 돌아앉는다고 할 정도로 제사 때에는 반드시 갖추어 놓아야 하는 음식이다(곽충구: 2019a). 쌀가루를 물에 반죽한 다음 판판하고 넙죽하게 빚어 그것을 기름에 구운 다음 귀 부분을 세 번 접어 네모지게 꾸민 떡이다. 흔히 '기름굽이'(또는 '지름굽이')라 하는데 과도교정형만이 보인다.

미쉬(푸233), 미슈(타23): 미숫가루. 볶아서 물에 푼, 밀 혹은 수수로 만든 분말(타23). 미슈+-이>미쉬.107

말총, 사포(紗布)'를 말한 것이다. 상류층의 사람들은 예배를 볼 때 착용한 듯하다.

107 『譯語類解』(上: 51), 『漢清文鑑』(12: 44)에는 '미시'가 보인다. 小倉進平(1934)는 '미시'가 만주어 차용어일 가능성을 말하였다. 이기문(1990: 211-212)는 몽고어 차용어일

밴셰(회23, 교23, 35), 뱐시(타23), 만튀(푸413): '밴셰, 뱐시'는 중국어 匾食[biǎnshí](또는 扁食)를 차용한 말. 지금은 흔히 '밴세'라 한다. 함경도의 대표적인 음식의 하나. 함경도, 중국 조선족, 중앙아시아 고려인 사회에서 널리 해 먹는다. 멥쌀가루에 더운 물을 넣어서 반죽하고 이겨서 송편 모양으로 거죽을 만든 다음 돼지고기, 부추, 양배추, 샐러리 따위로 속을 만들어 넣어 익힌 음식. 밀가르밴세, 물밴세, 감지밴세, 닙쌀밴세(입쌀밴세) 등 재료에 따라 여러 종류가 있다(곽충구: 2019a). 『노한회화』(p. 23)에 아래 예가 보인다.

당신네'게 삶운' 고기'나, 국물'이나, 밴'셰나 없'소? 당신네'게 마우재수울'이나 토'쥐나 단 멀귀수울'이 없'소?(당신네에게 삶은 고기나 국물이나 만두나 없소? 당신네에게 러시아 술이나 토주(土酒)나 단 머루술이 없소?)

만투이, 만튀(饅頭)도 중국어에서 차용한 말이다. 중국어 '饅頭'는 본디 소가 없는 '찐빵'을 말한다,

써기(푸683): 빵. 'Xleb pechenyj'(구운 빵)의 대역어. 국어에 '빵'을 이르는 말이 없어 '떡'으로 대체한 것이다. 지금도 중앙아시아 한인들은 '빵'을 '떡'이라 한다. 교회를 '졀당', '결당'이라 하는 것과 같다.

떡: Nasekin(1895), Tajshin"(1898: 37)에는 '밀, 메밀, 수수, 감자, 귀리, 좁쌀, 입쌀'로 만든 떡을 소개하고 있으나 오자가 많고 설명이 없어 자세한 내용은 알 수 없다. 예: 감지떡(감자떡), 퍅(?)(수수떡), 구밀떡(귀리떡), 니떡(입쌀 떡), 우구씨(웃기떡).

사탕'satʰã'(회259), 사태(사탕-이, 표30): 설탕.

쌍누룩'이(싹누룩-이)(사28): 엿기름.

가능성도 배제할 수 없다고 하였다. 위 문헌의 '미시'와 '미슈'의 관계는 앞으로 풀어야 할 과제이다.

지령(푸537): 간장.

청쥐/청감쥐(푸425): 밥을 물에 풀어 죽을 만든 다음 거기에 누룩을 넣어서 발효시킨 음료. <청감쥐<청감쥬(淸甘酒)+-이. 약한 알코올 기운이 있다. 제사를 지낼 때 술 대신 쓰기도 한다(곽충구: 2019a).

춍이(ʧʰöi)(초18): 식초.

칼국/칼국슈/칼면(푸277): 칼국수.

태셔기/틔시기(푸427): 함경도의 대표적인 음식의 하나. 육진방언권에서는 흔히 '태셕'이라 한다. 좁쌀가루나 쌀가루를 볶아서 물엿에 갠 음식. Putsillo(1874)의 『노한사전』은 각주에서, "좁쌀가루를 달여 낸다."고 하였다. 음식이 변하지 않아 오래 두고 먹을 수 있다. 귀한 음식의 하나로 여겼기 때문에 새댁이 처음 친정나들이 할 때 이 음식을 만들어 '동고리'나 '퍽개'에 담아 부모에게 드렸다(곽충구: 2019a).

힉아미(푸271), 반찬이(푸271, 타16): 반찬. 지금은 '햄:'이라 하는데 노년층에서만 근근이 쓰인다. '채'라는 말을 많이 쓴다. '반찬'은 함경 · 평안 방언에서 주로 물고기를 요리하거나 삭힌 음식을 말한다.

11) 주방 기구

가매(Nasekin: 1895): 솥. 함경도에서는 '솥'을 '가매'라 한다. 노년층에서 '솥'이란 말은 쓰이지 않는다.

노귀(Nasekin: 1895): 노구. 놋쇠나 구리쇠로 만든 작은 솥. 자유롭게 옮겨 따로 걸고 쓸 수 있다.

대텹이(푸637), 대뎝이(Nasekin:1895, 푸25, 타2): 대접(大楪). 쇼텝이(M1): 작은 접시.

뎝시(Nasekin: 1895), 텹시, 쳡시(타2), 뎝시, 텹시(푸25, 695): 접시.[108]

108 '텹시'는 흙으로 구워 만든 작은 접시로, 잔치 때 고기나 떡을 담는 데 많이 썼다. 지금은 볼 수 없다.

목독상(Nasekin: 1895): 높이가 아주 낮은 작은 상. 흔히 통나무를 잘라서 만들며 그 위에 엉덩이를 걸치고 앉거나 목침처럼 베기도 한다(곽충구: 2019a).

밤상기[sic.](Nasekin: 1895): '반상기'의 오식. =반상기(飯床器). Nasekin은 구리나 청동, 사기 따위로 만든 28개의 그릇이 한 세트를 이룬다고 하고 그 가격을 말하기도 하였다.

사긔(沙器)+샤볘디(ʃabyedi)(?)(Nasekin: 1895). =blyudechko(작은 접시, 접시 받침, 화분의 받침)이라 하였는데 미상이다.

사기(Nasekin: 1895): 사기그릇. '기(器)'를 '긔'가 아닌 '기'로 전사한 것으로 보아 'ㅢ>ㅣ' 변화가 진행되고 있었던 것으로 보인다.

사기단(-당)(Nasekin: 1895): 세숫대야. Nasekin은 '점토'나 '도자기'로 만든 세숫대야를 '사기당'이라 한다고 하였다. '단(당?)'의 어원은 알 수 없다. 참고로 전남 방언에서는 '세숫당'이라 하는데 이 때의 '당'과 관련되는 것으로 생각된다.

사이(Nasekin: 1895): 상(床)+-이. 모음 사이에서 'ㅇ'이 약화되어 전사에 반영되지 않았다.

셕기(Nasekin: 1895): 식기(食器). '食'의 字音이 '셕'이다. ⇒Ⅲ부(1.1.4. 한자음)을 참고.

셰슈대기(Nasekin: 1895): 세숫대야. 현재의 육진방언은 '쉐싯-소래[swesis'orɛ́], 쉐싯양대'이다.

수리(푸287, 타17), 밥술(타17), 쑬이(Nasekin: 1895): 숟가락. 함북 방언은 '술'.

졀이(타23, 푸409): 젓가락.

찻통(tsʰot-hon[sic.])(Nasekin: 1895): 찻주전자(-酒煎子). Nasekin은 "구리, 청동, 철로 만든 주전자(chajnik)"라 하였으므로 아마도 차를 끓이는 그릇인 듯한데 'tsʰa-thoŋ'을 'tsʰot-hoŋ'으로 잘못 분절 및 전사한 것으로 생각된다. 함북 지방에서는 '차관'이라 한다.

12) 기물, 생필품

녁셰/녁셔(푸321), 역'셰(사131): 달력. 역서(曆書).

놀그밋티(푸653), norgimitti(타35): 부싯깃.

담바귀/남초(푸635): 담배.

뎐, 뎬이(교54): =전(氈): 짐승의 털로 무늬 없이 두껍게 짠 천.

도셰/투셰(푸423): 도장(圖章).

두렁개(푸255): 작고 둥근 바구니.

등(燈)=겨릅등(사55-56): 삼의 속대(=겨릅)나 쑥대에, 좁쌀 뜨물의 앙금에 등겨를 섞어서 반죽한 혼합물(등깨, 등깡지)을 발라서 말린 다음 '등경대'라는 꽂이에 꽂아서 불을 밝히는 등.

물셩매(<물-셕매)(초25): 물방아.

뭇테리/잔털화니(푸153): 처란. cf. 무테리<무털이<믈[水]+털(鐵)+-이. 잔+털환(鐵丸)+-이).

병새리(타3, 푸39): 병(甁). 화병새리(푸37): 꽃병. 병샐마ᄀᆡ(푸505): 병마개.

부셕다지(푸321): 부지깽이. 쇠부셕다지/화털이(푸321). cf. 화털(火鐵).

붃[1](붓그 도드오=북을 돋우오)(푸493): 북[根土]. 곽충구(2015b)에서는 이 명사를 '*부ᄉᆨ'으로 재구하고 '*부ᄉᆨ>부ᄉᆨ' 이후 '부ᄉᆨ'이 비자동적교체를 보여, 자음 조사 앞에서는 '부수' 모음 조사 앞에서는 '붃'으로 교체된다고 하였다.

붃[2](부씨)(푸699): 북[杼柚, 梭]. 베틀에서 씨실을 푸는 기구.

붚: 북[鼓]. 예: 부푸텨라(북을 쳐라. 푸13, 169)

스ᄉᆞ로우는부피(自鳴鐘, 푸169), cf. 쇠부피(鐘, 푸13).

비늘(푸313): 비누.

비지깨(←Spichka+-이), 셩뉴왜(←石硫黃+-이)(사110), 비디깨(초23), 셩뉴와~셩뉴왜(syen-nyu-wa, Ma14): '비지깨'는 '성냥', '셩뉴왜'는 '잎성냥'이다.

빗뎝(머리빗뎌비)(푸703): 빗접(머리를 빗는 데 쓰는 물건을 넣어 두는 기구).

삼뎡(사62): 삼 껍질을 두드려 솜처럼 부드럽게 만든 것. 이전에 솜 대신 썼다.

섀슈래(푸121), 쇄슈래'(사20), 쇄시래(ʃwɛʃirɛ)(초29): 쇠스랑.

셔답돌/방칫돌(푸149): 빨랫돌.

술항섀리/술ᄉᆞᆨᄂᆡ기(푸267): 술 항아리. '항(缸)'에 접사 '-섀리'가 결합된 것. '-섀리'는 '길쭉한 물건'이라는 뜻을 더하는 접미사. 예: 병섀리(瓶), 팔뚝섀리(팔뚝).

슈여지/슈예자(푸561): 장화(長靴). <수혜자(水鞋子).

시쇄(<시쇠)(사84), 시쇠(sisoy)(타38): 시계(時計).

연슈통이/연뎍(硯水筒/硯滴)(푸697): 연적.

옹조리(푸267, 교17): 주로 여자아이들이 이고 다니는 작은 물동이. 물을 길어 나르거나 음식물을 담아 나를 때 쓴다(곽충구: 2019a).

윤뒤/윤도/윤되(푸675): 인두.

장'궤(長櫃)(사135): 장궤. 옷이나 물건을 넣는 궤. 옆이 열리게 되어 있다.

잘하이(푸443): "여행용 작은 손가방 (술안주를 담는 작은 함통)"이라 하였는데 어원을 알기 어렵다.

잠텰이(푸185): 자물쇠.

지페(푸239): 집게.

채끼'(사43), 차끼(타16), 착기(푸227): 창애(짐승을 꾀어 잡는 기구). 근대국어에서 '챠ᄋᆞ', '챵ᄋᆞ'로 나타난다. 곽충구(2015b)에서 '*챠ᄉᆞᆨ'으로 재구.

쇄붇'이, 철'필-이(사78): 철필(鐵筆).

춧돌(푸99): 저울추.

탑(푸553): 쟁기나 가대기의 손잡이.

텹셔기/겹부티ᄌᆞ리(푸241): 두 겹으로 만든 돗자리. =텹셕(疊席).

퉁경(푸245): Kolokol(종, 교회의 종)의 대역어이나 '황소의 목에 매다는 큰 방울'을 뜻한다(곽충구: 2019a).

펵기(baul'chik, yashchichek)(푸730): 도시락. 버들이나 가는 대오리로 엮어서 만든 그릇. 음식 등을 담아서 나르는 데 쓴다(곽충구: 2019a).

피레(푸155), 필셰(pxil'-sie)(타9): 피리.

핏겿이[피-껴치'](사56): 피나무 속껍질. 바를 드려서 고삐를 만들거나 이엉을 묶는 데 쓴다.

헤재비'(사50): 인형(人形). 헤재비(교58): 허수아비.

활싸로늬/살오늬(푸109): =활살+오늬. 화살의 오늬. '활살[활쌀]'은 '화살'의 함북 방언.

13) 식물

검퓅낭기(푸137): 검팽나무. 매우 단단해서 수레의 굴대[軸]에 쓴다.

구룸낭기(푸701): 귀룽나무. 검은 열매는 속앓이를 다스리는 약재로 쓰고 가는 나뭇가지는 엮어서 삿자리를 만든다(곽충구: 2019a).

나무누니(푸477): 나무눈. 나무의 싹눈.

다르피(푸5): Akatsi(아카시아)의 대역어. 그러나 '다르피'는 '다릅나무'를 말한다. '다릅'의 말자음이 본디 'ㅍ'임을 알 수 있다. '아카시아'와 '다릅나무'는 모두 콩과에 속하는 교목이다. 두 나무의 잎과 꽃이 흡사하다.

뜰파(푸289): 야생파. cf. 두루, 뜰[野]. 함북 방언의 '뜰'은 '들'을 뜻한다.

봇치, 봇나모(푸21). ①껍질은 기름이 많고 질긴 까닭에 결어서 도시락 따위의 그릇을 만들기도 하고 면례(緬禮)를 할 때 관 위에 덮기도 하며 또 불쏘시개로도 쓴다. 껍질이 질기고 잘 썩지 않아 면례를 할 때 '봊'으로 뼈를 감아 싸서 묻는다. 그래서 "만년 봊이오 천년 기왜라"하는 말이 있다(봊나무 껍질은 만 년이나 가지만 기와는 천 년밖에 못 간다는 말). ②봊나무의 수종(樹種)은 여러 가지가 있는데 조사 지역에 따라 그 명칭이 구구하다. 남한의 사전에는 '봊나무'를 '봇나무'로 표기하고 '자작나무'의 '북한어'라 하였다. 그러나 함북 또는 중국의 동북방언 화자들은 '자작나무'와 '봊나무'를 구분하여 부른다. 한 제보자는 '짜재기(=자작나무)'는 '비짜재기'와 '봊짜재기(봊 또는 봊낭기)'의 두 종류가 있다고 하고, 전자는 껍질이 두껍고 기름이 많아 불쏘시개로 쓰고 그 가지는 마당비를 만들어 쓰며, 후자는 그 껍질이 질긴 까닭에 그 껍질을 벗겨내어 장이나 소금 따위를 넣는 그릇 또는 수저통 따위를 만들어 썼다고 하였다. 또 다른 제보자는 자작나무는 '짜작낭기, 봊낭기, 섀슈래' 세 종류가 있는데, 박달나무도 그 종류의 하나라 하였다(곽충구: 2019a에서 전재).

부두기(푸649): 부들. 자리를 짜는 데 쓴다.

슈끼(Ma7): 옥수수. cf. 흰슈끼, 매슈끼(타15), 슈끼옥당(玉糖).

시섀리'(사53, 초59): 아마(亞麻). 만주어 차용어.

열콩(푸677): 강낭콩.

열기, 마ᄌᆞ(푸251, 타14): 삼의 씨. 마자(麻子). 기본형은 /엶/. 중세국어는 '엻'(『楞嚴經諺解』(9: 106)). 『北塞記略』, 『北關志』, 곽충구(2019a)에 의하면 이전에는 삼씨로 기름을 짜 먹었다.

쥐취/주취(푸649): 지초(芝草). 붉은빛을 물들일 때 썼다.

쟈랴지/쟈자지(타9), ᄌᆡᄅᆡ리/ᄌᆡ래리(푸137): 참나무의 하나인 신갈나무. 곽충구(2019a)는 '재래지', '쟤래지'라 하였다. Tajshin"(1898: 9)의 '쟈랴지'의 후대형이 곽충구(2019a)의 '재래지', '쟤래지'일 것이다.

창뵈/장보(푸541): 창포(菖蒲). 현재 육진방언권에서는 '쟁피'라 한다. 이는 '장포+-이>장푀>장퓌>장피>쟁피'의 변화. '蒲'의 초성이 'ㅂ'로 되어 있다. 전사의 오류로 보인다.

채밀(사94, 교40, 초57): 밀(小麥). cf. ᄎᆞᆷ밀[眞麥]>ᄎᆞ밀>채밀.

츨기(푸541): 칡. 줄기에서 바느질을 위한 실을 얻는다.

ᄒᆡ개부리(푸451, 타25), 해-개불-이(사65): 해바라기. <ᄒᆡ+갸불-[仄]+-이.

14) 동물

많은 동물 이름이 실려 있으나 『倭語類解』에서 전재한 것이 섞여 있다. 몇 예만 든다.

가투리-배앰이(초43): 龍(drakon").

귀뚜리: 귀뚜라미(교34)

가문'기: 갈까마귀(교35).

고내/고내이(푸259): 고양이.

곡새(푸58): 고니(백조).

굴도져기(푸701): 땅강아지. 저자가 조사한 육진방언은 '꿀도족이', '꿀도독이'다(곽충구: 2019a).

노지리(초31): 종달새.

닥수리(푸385, 교19, 50)): 독수리.

둥구리(푸39): 황소.

맥기레기(<ᄆᆞᆼ+긔려기, 초31): 야생의 기러기.

맥오리(<ᄆᆞᆼ+오리, 초31): 들오리.

모초리(사78): 메추라기.

무랑ᄆᆡ/무랑이(푸299): 거세한 말.

미추리(교10), 믜추리(사124): 물뱀(uzh).

산달피(푸161): 너구리.

살치(사30): =살. 벌의 꽁무니나 쐐기의 몸에 있는 침.

샹매(초26, 교32): 수컷 말. 상마.

셰피(푸41, 사7), 다래애미(사129): 다람쥐.

수룽이(surũi)(초27): 去勢한 돼지.

쏠ᄉᆡ미(푸701): 쐐기 벌레.

어롱ᄆᆡ(푸289): 얼룩이 있는 말(Loshad' pegaya).

느불메기(교11): 유혈목이.

쬭토매(푸103): 털빛이 밤색인 말. 절따말. ‘적토말’은 평북 및 황해 방언.

청총ᄆᆡ/총ᄆᆡ(푸289): 청총마. 추ᄆᆡ(푸289): 추마(騅馬). <츄마ᄆᆞᆯ(鎖羅靑馬).

턍냥이(푸303): 송장벌레.

장태애미(사117): 하루살이.

주디(<주지), 사ᄌᆡ(초30), 사ᄌᆡ'(사52): 사자(獅子).

한ᄉᆡ(푸175, 사32): Putsillo는 ‘두루미’를 ‘한새’라 하였다. 그러나 흔히 두루미나 황새 따위와 같이 덩치가 큰 새를 ‘한새’라 한다. 『鷄林類事』에서는 “鷺: 漢賽”라 하여 ‘백로’를 ‘한새’라 하였다.

황가리, 쬭져피(사129): 족제비.

15) 인명, 개 이름(『철자 교과서』)

① 남자아이 이름: Šəŋnyüri(셩뉘리, 셕(石)+유리), Šəŋsɛmi(셩샘이), Kunphiri(군필이), Tsɛt-tori(잿돌이), Poŋnɛmi(봉냄이, 복남(福男)+-이), Kuin-dori(구인돌이), Manšegi(만셕이, 萬石-이), Poŋnog-i(봉녹이, 福祿-이?), Kuy-nɛmi(귀냄이, 사랑스런 아이, 貴男이(?)), Poŋnɛmi(복냄이, 福男-이), Iŋ-nogi(인녹-이), Maŋ Kɨmi(만금-이, =一萬, 黃金), Wəngiri(원길-이), Tʃəŋgɨmi(천금이, =千金-이, 一千 黃金), Myənɛmi(며냄이, 명냄이?), Kɨmani(그만이), Tyaŋsoni(댱손-이, 長孫-이)

② 여자아이 이름: Kobunnye(곱운녜), Sɛp pyeri(샛별-이, =새벽의 밝은 별, 샛별), Šuŋgumi(슌금(順金)-이, =šun hange-온순한 것)

③ 개 이름: Kamaguy(가마귀, =vorona(가마귀, 멍청이, 바보)), Nurəŋduy(누렁뒤, nurən-누런+duy-명사 파생 접미사. 예: kazɨŋduy-게으른 놈. cf. ‘duy’는 ‘-둥이’, ‘kazɨŋ’은 ‘게으른’의 뜻.

16) 인사(人事), 인칭(人稱)

가중뒤(초13, 교43): 게으름뱅이. <가중+-둥이. cf. 가중-하다(게으르다, 교31). 가ᄌᆡ르 쓰디(게으름을 떨지, 교36).

간나의/ᄉᆡᆨ시/녀시기(푸157): Devushka(처녀, 낭자)의 대역어. ‘간나의’, ‘ᄉᆡᆨ시’, ‘녀시기’는 뜻 차이가 있다. ‘간나의’는 지금은 ‘간나’라 한다. 여자아이를 좀 낮잡아 이르는 말이다. 중세국어 ‘갓나ᄒᆡ’의 후대형이다. 갓나ᄒᆡ<갗+낳-+-ᄋᆡ. ‘ᄉᆡᆨ시’는 혼전의 여자나 갓 결혼한 젊은 여자를 이르는 말이고 ‘녀식(女息)’은 ‘딸’을 이르는 말이다.

새애기(교61), ᄉᆡ기, 져녀(*쳐녀의 誤寫)(푸157): Dĕvitsa(계집아이, 소녀, 처녀)의 대역어. ‘새애기’는 ‘간나’와 달리 여자아이를 존중해서 이르는 말이다. 지시 범위가 넓어 혼인 전후의 여자를 이르기도 한다.

강뵈/기져기/누더기(푸413): Pelyonki(기저귀, 아이를 감싸는 천) (svival'nik-포대기)의 대역어. ‘강뵈(襁褓+-이)/기져기/누더기’는 ‘포대기’의 뜻을 갖는다. ⇒Ⅱ부(1.1.5.3. 8))을 참고.

고공이(푸445): 하루 삯일꾼.

나그내(교24): 손님.

노ᄃᆡᄉᆞ(푸3): “Abat (arxierej)”의 대역어. Abat는 가톨릭의 주교, 대주교 등을 말한다. ⇒Ⅱ부(1.1.5.3. 8))을 참고.

농군(시95): 일꾼, 농군(農軍). cf. 농막(農幕), 농새(農事).

눈멀대(교15): 소경, 장님. cf. 눈+멀댱-이>눈멀대.

뎐쟝이/볼뫼(푸183), 뎬쟝(회121): 볼모, 인질.

뎜쟝이/놋쟝이/뎜쥐(푸283), 뎜쟝이(타16): Litejshchik(주물공)의 대역어. ‘뎜(店)’은 철기나 토기 등을 만드는 곳. ‘뎜쟝이’는 쇳물을 가지고 물건을 만드는 일을 하는 사람. ‘놋쟝이’는 ‘놋갓장이’, ‘유기장(鍮器匠)’, ‘놋뎜쟝이’를 뜻하는 말이다. ‘뎜쥐’는 ‘店鑄+-이’로 보인다.

뎡쇽비(푸587): 정속비(定屬婢). 죄를 범하여 관아에 소속된 여자 종.

동ᄉᆞ리(푸249, 643): 동무. cf. 동뫼/동믜/동모/버디/붕위/친귀/동ᄉᆞ리(푸643).

되려니(푸13): 지주, 나리, 주인(하인의 입장에서)의 뜻. 이에 반대되는 말(=여주인)은 '마마니미'.

딩네/쳬(푸169): '딩네(=댁네)'는 쳬(=처(妻)+-이)와 의미차가 있다. '댁네'는 비슷한 연배 사이에서 자신 또는 남의 아내를 좀 높여 이르는 말이다(곽충구: 2019a).

마우재말: 러시아어(회214), 마우재수울이: 러시아술(회315)

마우ᄌᆞ(푸553), 마우재(교7, Ma13, 회100): 러시아인. 한어(漢語) '毛子'를 차용한 말.

머리죄지(푸505): 여자 머리의 쪽(땋아서 틀어 올린 머리털). '죄지'는 '조지-'(짜임새가 느슨하지 않도록 단단히 맞추다)에서 파생된 말.

보게(푸469): 보증인(保證人).

복슐이(푸95, 487, 타38): 무속을 행하는 사람을 이르는 말. 구명(求命)을 하거나 점을 치거나 푸닥거리를 한다. 표제어 Charoděj(마법사), Predskazatel'(예언자), Gadal'shchik"(점쟁이) 등의 대역어.

상승이/쌍동이(푸25): 쌍둥이. '상승이'의 '승'은 'ᄉᆡᆼ(生)'의 변화.

셰차르미(푸495): Prikriknut'(호통치다, 큰소리로 꾸짖다)의 대역어. 곽충구(2019a)의 '세-차릅'은 "마음이 언짢거나 못마땅하여 혀 차는 소리를 내는 것."이라 하였다.

스승이(푸711, 스551): 무당. 18세기 후기에 간행된 홍양호의 『北塞記略』, 小倉進平(1927)에도 '무당'을 '스승'이라 한다는 기록이 있다. 그러나 같은 책 Putsillo(1874: 675)에는 Uchitel'(=선생)을 '스승이, 션ᄉᆡᆼ이'라 하였다. 『倭語』(上: 14b)에 "스승 ᄉᆞ師"라 하였으므로 이는 『倭語』를 전재한 것일 가능성이 있다. 따라서 '스승이=무당'은 당시 연해주 한인의 방언이 반영된 것이고 '스승=선생'은 『倭語』를 반영한 것으로 볼 수 있으나 Tajshin"(1898: 36)에서도 '선생'을 '스승-이, 션ᄌᆡ(=senzɨy<션ᄉᆡ<션ᄉᆡᆼ이)'라 하였으므로 19세기 후기 연해주 한국어(또는 함북 방언)에

서 '스승'은 두 가지 의미를 다 가졌던 것이 아닌가 한다.[109]

암노인이(교71): 안노인. 암노친이(교17, 56): 노친(老親).

아걍이/애깅이(푸267): 대장장이.

안깐이', 안깐덜'이(사48, 89, 교2, 6), 안깐(타34): 아낙네. cf. 다스포안깐이' (여요리사), 해앤안깐이(여종), 안깐훈재(여선생).

어미네(푸169): 아낙네. '에미나이'는 '여자아이'.

외사람이(푸577): 고아(孤兒).

우예니/웨이니(푸155): 바보, 얼간이. <우인(愚人).

월귀탄이/귀여고리(푸573): 귀걸이. '월귀탄'의 '탄'은 몽골어에서 유래한 말.

유싱(푸675): 'uchenyj(학자)'의 대역어. 마땅한 대역어가 없어 '유싱(儒生)'이라 하였다.

차디, 소걍이, 차디군이(푸481): Pravlenie, upravlenie(통치, 지배, 행정, 관청, 지휘)의 대역어. 이에 의하면 '차디'는 '책임자, 관리자, 지휘자' 등의 의미를 갖는다. 『노한소사전』(1904: 64)에서는 책임자(nachal'nik), 『노한회화』(1904: 400)에서는 지휘관, Matveev(1900: 11)에서는 장교(Ofitser")의 대역어로 '군부 차디관'이 나온다. 그리고 Tajshin"(1898: 22)에는 '군관이, 군사차디'란 말이 있다. Ⅱ부의 모든 문헌에 빠짐없이 등장할 정도로 사용 빈도가 높다.

총지/등곱지/총걍이(푸113): '곱사등이'의 대역어. 그러나 이 가운데 '총지/총걍이'는 '절름발이'를 뜻하는 말이다. 『한글』(10-2, 1942, 조선어학회)에 '절름발이'의 함북 청진 방언.

하불-에미(교69, 71): 홀어미. 하불-애비: 홀아비(초51).

---

109 함경도 무속인 '스승'에 대한 좀 더 자세한 내용은 Ⅱ부(1.3)의 [각주 29]를 참고할 것.

17) 질병

궤퇴(kwet^hö)[110](초48), 광난이(푸683): 콜레라.

마누릐 얽다(푸557): 마마(천연두) 자국이 나다.

쉬부수러미(푸439): 쥐부스럼. 머리 위에 툭툭 불거지게 나는 부스럼.

쳔일창이(千日瘡-이)(푸509): 사마귀[黑子].

행불이: 감기(초48, 푸341)

혯턍이/입쐐기(푸649): 언청이.

황달-벵이: 황달병(초48)

18) 자연

강틔/감틔(푸309): '강틔'는 물이끼, 물때. 『倭語』(下: 6a)의 "감틔 甘苔"를 사전에 전재하면서, 이를 러시아어 "Mox sladkij"로 번역하고 표제어로 삼았다. 그러나 '강틔'는 함북 방언으로 물 속의 돌에 낀 파란 '물이끼' 또는 '물때'를 뜻하는 말. 『倭語』의 '감틔'와 이를 통해 자신이 조사한 '강틔'를 동일어로 잘못 판단한 것이다.

고마기(푸35): 작은 언덕, 높은 지대.

골방이(푸537): Rakovina spiral'naya(나선 모양의 조가비)의 대역어. 또 푸칠로(667쪽)에는 Ulitka(달팽이)의 대역어로 되어 있다. '골방이'가 '우렁이', '달팽이' 등의 총칭임을 알 수 있다.

괘흙(교31, 사x), 괘핡이(타6, 푸101), 지'닥, 지'댁-이(사x): 진흙. 붉고 차진 흙.

구렁무리(구렁[壑]+물[水]+-이, 푸243): 우물.

달긔먹소(푸193): 월식(月蝕). 희긔목소[sic.](푸193): 일식(日蝕).

110 김태균(1986)에서는 '쾌통'이라 함. '괘통'의 잘못. 위 '궤퇴'는 '괴통(怪痛?)+-이>궤튕이>궤퇴'이다.

댱직(퓨687): 긴 고개.

짜우레/디동(퓨197): 지진(地震). '디동'은 '지진'의 평북방언.

물믿도리/믿도리(퓨97): 조약돌. 저자가 조사한 방언은 '매앰돌'.

바름(교29): 맞은편(protiv). 예: 궁걸 바름에 인는 매기(궁궐 맞은편에 있는 막(幕), 교29).

별사리(별[星]+살[矢]+-이, 퓨249): 혜성(彗星). 살별.

소늬기(퓨123), 소낙, 소내기(사21): 뇌성벽력(雷聲霹靂), 천둥, 우레.

소낙비(사21): 천둥 번개를 동반한 비.

쓸이(퓨299): 얕은 여울. 홍량호의 『北塞記略』에도 보인다.

언더기/등샹이(퓨437): 등성이.

증새/님우(퓨351): Nenast'ye(악천후)의 대역어. '증새'는 '즌새'의 잘못. '즌새'는 '는개'의 함북 방언이고 '님우'는 '임우(霖雨)'이니 모두 표제어와 뜻이 맞지 않는다.

싀오(퓨619): 낭떠러지, 벼랑.

19) 그 밖의 명사

굽'(사26), 밑굽(교35): 밑바닥. 예: 단뎨에 무리 믿구베 익길래셔(단지의 물이 밑바닥에 있기에).

공사', 재'판(사115): =공사(公事). cf. 공사(公事)는 송사(訟事)를 이르는 말.

귀나비/넛추리(퓨369). Oborka(짚신의 끈/주름 장식)의 대역어. '넛출'은 '너출'(넌출)일 터인데 '귀나비'는 어원을 알 수 없다.

뇨이(교2): 모이. 닭의 먹이.

댱ᄉᆞ빅/댱싀빅/샹셔니(퓨625): 상선(商船).

맛지지리/두다린다(맛지질[마찌질]+-이, 퓨668): '마찌질'은 "마당에 널어 말린 콩이나 조 따위를, 두서너 사람이 마주 서서 도리깨 따위로 두드려 터는 일."을 뜻한다. '두다리다'(=두드리다)는 '타작하다'의 뜻. 지금도 함북 지방에서는 그렇게 말한다.

물곳티/물쌩우리(푸227): '물고티'는 물방울. '고티'는 구형(球形)이나 타원형으로 생긴 작은 물체를 뜻하는 말. 누베고티(누에고치), 불고티(불티), 오좀고티(오줌방울), 콩고티(콩꼬투리), 빗고티(빗방울)의 '고티'가 그 예다(곽충구: 2019a). '고톨밤', '꼬투리'도 이와 어원이 같을 것으로 생각된다.

뭉치돌이/뭉어리(푸111): 조약돌. 함북 방언은 '매앰돌'이다.

뱡우리, 뱅우리: 병아리. 『北關路程錄』(18세기)과 『철자 교과서』(1902)에 '뱡우리'가 보인다. Putsillo의 『노한사전』(1874)에는 방아리/방우리(693), 『노한회화』(1904)에는 '뱅우리pyẽurì'(348). 뱡우리>뱅우리>배우리>배우리. 현재의 육진방언권에서는 '배우리' 또는 '배우리'라 한다.

번개(푸95): 항구, 항만. '-개'는 '포(浦)'일 것이나 '번-'은 어원을 알기 어렵다. Matveev(1900: 2)에 "pongay" (=만, 물굽이)가 있다(1권 272쪽 참고).

셩듕사라미/읍사라미(푸117): Gorozhanin(도시 사람)의 대역어. '셩듕(城中)'은 '도시', '읍내(邑內)' 또는 '시내(市內)'의 뜻을 갖는 명사로 얼마 전까지도 육진방언권에서 쓰였다. 『철자 교과서』(1902)에도 보인다.

시디기(푸693): 시가(時價). cf. '시딕갑'(『飜譯老乞大』(下: 16).

써메기, 거머기(푸253): '검댕'의 함북 방언.

쌍그믹(푸271): 'Kurjer'(급사, 파발꾼, 전령)의 대역어. 키릴문자 전사는 '상긔매'. 고어 '상긔롭다'(날렵하다, 슬기롭다)의 어근 '상긔'에 '마(馬)+-이'가 결합된 것인지 '쌍긔마(雙騎馬)+-이'에서 유래한 것인지는 알기 어렵다.

알남구기(푸261): 안남국(安南國). 안남安南(『倭語』 58a). 함북 방언에는 이 같은 음변화가 종종 발견된다. 기념(紀念)>기렴, 회녕>회령(會寧), 관노>괄노(官奴)(푸527), 안녕(安寧)>알령, 텬남셩(天南星, 약재 식물)+-이)>털람셰.

애창이(푸195): 오리[鴨]의 어두운 녹색(綠色). 이 말은 '검은빛을 띤 푸른빛'의 뜻을 가진 '야청'(또는 '아청', '왜청')과 관련되는 것으로 생각된다. '야청'은 본디 만주어 'yacin'(小倉進平: 1927)에서 유래한 말로 알려져 있다. Putsillo(1874: 111)에는 표제어 '담청색(淡青色)'의 대역어로 '이청ᄉᆡ기', '삼쳑ᄉᆡᆨsic.'이 제시되어 있는데 이들 색명은『倭語』(下11b)의 "이청 二青, 삼청 三青"에서 전재한 것이다.

역ᄉᆡ/역ᄉᆞ(푸441, 251, 587): 육체적으로 힘을 들여서 하는 일. 사용 빈도가 높은 함경도 방언.

젯ᄃᆡ/졧ᄃᆡ(푸679): Flejta(플룻)의 대역어. 대금(大笒), 피리젓대. 뎌(笛)+ㅡㅅ+대>뎟대. '졧대'는 과도교정형.

즌터리(푸639): 진펄. 함북, 평안도에서 쓰인다.

질버리/차례(푸557): Ryad" chego-nibud', Podryad"(모든 列, 대열, 줄)의 대역어. '질벌'은 '순서, 서열, 위계' 등의 의미를 갖는 명사. 육진방언권에서는 '딜벌'이라 한다.

ᄎᆡᆨ녀파리(푸617): 페이지(strannitsa), 쪽.

희긔구기(푸689): 각주에서, "알려지지 않은 한 나라의 이름; 장발, 텁수룩한의 뜻이다."라 함.[111]

20) 용언

갑다(푸589): 가깝다. cf. 갑소/갓가이/근쳐이.

강세다, 국세다(푸173): 강하고 드세다. 억세다.

굽셔다(푸333): 몸을 구부리다(인사할 때). 물구나무서다(stojka na rukax).

그리다(푸687): 코를 골다. cf. 코그리다.

그시다(푸211): 기이다[欺]. 중세국어 '그ᅀᅵ다'의 반사형.

나디다(교51): ①새로운 것이 세상에 나오거나 나타나다. ②잃어버린 물건 따위가 나타나다.

나입하다(拿入하다, 푸453): 잡아들이다. 자바드릴 나 拿(『倭語』 53b).

111 프르제발스키(1870)의 여행기에도 '백두산에 조선과 만주로부터 독립된 레우-탄기라는 고산족이 산다고 한다."라는 내용이 있다.

냠냠하다(사58): 얌전하고 곱다.

누더긴다, 누더기오(푸331): 옷을 걸치다(Nakidyvat' na sebya)

다둠다(푸93): 키질하다.

다른다, 달갓소(푸65), 다르다, 달갓다(Targatta, 타5): 병이 낫다. 완쾌하다. cf. '다르-/달ㄱ-'으로 교체.

달구다(푸81, 타5): 내쫓다. 현재는 '딸구다'.

덜기우다(교41): 덜거덕거리다. 예: 상이sãi 덜기워.

뎐당ᄒᆞ오(푸183): 전당잡히다.

띄우다(교60): 일이 생기다. 일이나 사건을 만나다. 예: 댱새 다 내애기르 해 애셔, 제과 무승 일이 띄운거(장사꾼이 다 이야기를 했어, 자기에게 무슨 일이 생긴 것을).

마즈띄우다(교34): 마주치다. 예: 길에 짐술기더리 마즈띄워셔(교34).

망단하다(푸213): 일을 끝까지 남김없이 해 치우다.

맥자라다(교73): 힘자라다. 예: 맥 자라는 대르 닥기라(닫기라) 시잭이르(힘자라는 대로 뛰기 시작을, 교73)

미답소(푸479): 미덥다.

부르다(푸68): 물에 담그다, 적시다. cf. 어미 '-어X' 앞에서는 '불ㄱ-'로 교체.

불거지다, 허리 불거지기 웃소(푸455): 부러지다.

붓둣짜린다(푸80): 부뚜질하다. 부뚜(타작할 때 쓰는 돗자리)를 땅에 내치다. '붓둣'은 '붗-+돐'에서 나온 말.

빗다, 비슬다(교45): 승부나 옳고 그름을 겨루다.

생각하는(교46, 회198): 사랑하는. 생각하는 젹은 딸이(사랑하는 작은딸).

선드겁다(푸517): 서늘한 느낌이 들다.

소리르 하다(교73): 인사를 하다. 예: 훈댜 그마니과 소리르 해(훈장이 그마니와 인사를 해, 교73).

소리르 쓰다(교62): 노래를 하다. 소리르 쓰우리(노래를 하리다, 교62).

신틱하다(申飭--)(교50): 단단히 살피거나 경계하다. 예: 닥수라! 매돝으 자주 신틱해애라. 그 매돝이 못쓸 일으 궁니르 해 낸니라(독수리야! 멧돼지를 자주 단단히 경계해라. 그 멧돼지가 몹쓸 일을 궁리를 해냈느니라, 교50).

싱긘다/싱글ᄒᆞ오/승긔웃소(푸669): 싱글하다. 미소 짓다. 빙그레 웃다.

싸다[1]: 가치가 있다. 상당하다, 합당하다. 예: 벼슬이 싸기(사35), 샹개비 싸기(상을 받을 가치가 있다. 상에 상당하다), 청-에' 한 드레미' 두 돈'이 싸'오(청어 한 드럼은 두 돈에 상당한다, 두 돈의 값이 있다).

싸다[2][買]: 사다.

앚다(푸673): 앉다. 안쏘/아즈오(atsɨo)(앉소/앉으오, 푸673).

어엿부다(타9, 푸165): 가련하다, 불쌍하다.

에우다/효쥬를ᄒᆞ오(푸421): 글 따위를 지우다. 爻周(『倭語』 37a).

우히다(푸629): 움키다. cf. 우희다>우히다.

웨끼다(교64): 차례를 틀리게 섞바꾸거나 헛갈리다. <외끼다<오끼다. 길으 웨께셔(길을 헛갈렸어, 교64).

응드리셔다(교45): 응등그리다(이를 사납게 드러내다). 예: 그게 니르 응드리셔명 말하기르(그게 이를 응등그리며 말하기를, 교45).

일칻다(푸47): 일컫다. 예: 일카르오(일커르오). <일ᄏᆞᆮ다.

장치다(사44): 볏단 따위를 가리어 쌓다.

잣다(푸441): 길을 꺾어 돌다. cf. 구븨를 잣는다(커브 길을 꺾어 돈다).

자즈다(푸478): 잦다[頻].

저이다(푸671): 두렵게 하다, 위협하다, 겁나게 하다. <젛-+-이->저히->저이-.

졈츠다/졈추다(푸489): 방해하다, 저해하다.

즐으진다(푸387): osazhdat'sya(침전하다, 가라앉다, 비 눈이 내리다)의 대역어.

즐거하다(푸511): 미리 앞질러서 하다. 즈르-+-어 하다>즐거하다.

지다(교34): 살이 찌다. 살이 제두(살이 쪄도, 교34).

츤츤하다(교11): 축축하다.

톱다(타33)[112]: 손톱을 깎다(Strich').

핏기다(푸441): 무엇을 피하여 방향을 조금 바꾸다. 물러나 피하다.

훔치리다(사82), 훔치다(교74): 쓰다듬다. 예: 훈대 가르 머리르 훔치명(훈장이 그 아이의 머리를 쓰다듬으며, 교73).

21) 부사

고톄(교56): 다시. 부수깨르 고톄 맨들어사 쓰갠다(아궁이를 다시 만들어야 되겠다, 교56).

나아랑(회433, 푸351): 천천히.

날늬/어셔릐(푸687): 빨리, 어서.

달래(교42): 다른 까닭이 있어서. 예: 고내 궁니르 해애셔, 저르 가제 오기느 달래 가제 온게 아니어(고양이가 생각을 했어. 저를 가져온 것은 달래 가져온 것이 아니야).

뎡녀쿠(교48): 정녕코.

마들비/말들비/어띠(푸223): 어찌, 어찌하여, 왜.

분주이(교73): 소란스럽고 시끄러이. 예: 아덜 목소리 분주이 득계(아이들의 목소리가 시끄럽게 들려, 교73).

아죽(교69): 아주. 예: 왠 아죽 기픈 홈 우에 파리 잇어(가장 아주 깊은 홈 위에 발구가 있어, 교69)

왠(교69): 가장. 예: 왠 큰 술우 가제다(가장 큰 숟가락을 가져다, 교65).

일(푸583): 일찍. 예: 일죽소/일즉죽소.

실르(교33, 63): 즉시(sejchas). 그러래문 내 이 실르 너 인는데르 살라 가갠다(그렇다면 내가 이 즉시 너 있는 데로 살러가겠다, 교33).

저건더(푸639), 져건다(푸167): 얼마간, 한동안. 예: 져건더 참소(푸639).

112 손톱을 '톱'이라 하니 '톱다'는 영파생어일 듯하다.

져어'구나(사64), 져구나(교41): 겨우, 가까스로. 예: 져구나 쯤우루 드러가셔 (쥐가 가까스로 틈으로 들어갔어, 교41).

졔니(교53): 일부러. 예: 예끼 졔니 듣디 몯 하는거텨르 하구 말해(여우가 일부러 듣지 못하는 것처럼 하고 말해).

통(교60): 내내, 온통, 모두 다. 예: 통 울기라 시잭이르 해애셔(내내 울기 시작했어, 교60). 한번으 통 집이 앉아 이스명 보니(한 번은 모두 다 집에 앉아 있으며 보니, 교60).

한데(사117): 함께. 예: 션-생이' 학-도덜과 한-데' 놀라' 가'오.

1.3. 문법

연해주 한국어 문법의 대강은 Ⅱ부의 『단어와 표현』에서 이미 보았다. 그리고 『노한회화』와 『철자 교과서』의 한국어는 한인들의 구어를 문장 단위로 전사한 것인데다가 자료의 양도 많아 문법 기술이 어느 정도는 가능하다. 또 『단어와 표현』의 기술 대상, 방법, 체계는 현대의 그것과 다르기는 하나 연해주 한국어의 문법 특징이 잘 드러나 있다. 이 절에서는 연해주 한국어의 특징을 비교적 잘 보여 주는 대명사, 조사, 어미, 문체법, 활용과 곡용, 사피동의 면을 기술하기로 한다.

1.3.1. 대명사

1) 인칭대명사와 지시대명사

인칭 대명사	1인칭	단수		복수
		예사말	나/내	우리
		겸사말	x	x
	2인칭	단수		복수
		예사말	너/네	너어(덜)

		공대말	저, 당신		
	3인칭	근칭		중칭	원칭
	부정칭	누, 뉘기, 누기			
	미지칭	아무깨, 아무			
지시 대명사	사물	이거, 이것, 여기, 요기		그거, 그것. 고기, 거기	됴기, 뎌거, 뎌것
	장소	영게, 잉게, 용게		긍게, 경게, 공게	동게, 뎡게
	부정칭	아무거, 아무것, 아무데			
	미지칭	무스거, 어드메, 어디메			

Ⅱ부의 몇몇 문헌에는 한국어 대명사와 그 곡용에 대한 기술이 있다. 『단어와 표현』(1904)의 기술이 비교적 자세하고 그 밖에 Tajshin"(1898), Starchevskij(1890)도 조사 자료를 제시하고 있다. 그러나 Tajshin"(1898)은 文語가 들어 있고, Starchevskij(1890)은 중앙어에 가까워 『철자 교과서』(1902)와 『단어와 표현』(1904)를 중심으로 위 표를 작성 제시한다.

1인칭대명사는 격조사에 따라 '나'와 '내'로 교체된다. 주격(내'), 속격(내), 여격(내-게'), 처격(내-게'), 출발격(내-게'셔) 형에서는 '내'로 교체되고 대격(나'-르), 향격(날-르'), 주제격(나'-는) 형에서는 '나'로 교체된다.[113]

그런데 현대 중앙어에서 겸양 표현에 쓰이는 1인칭대명사 '저'는 존재하지 않는다. '저'는 평대의 2인칭대명사 또는 재귀대명사로 쓰인다. 때문에 청자가 손위 사람이라도 화자는 '나', '내'를 쓴다. 현대의 육진방언도 그러하다. '저'의 不在 그리고 '나'가 청자가 손위자일 때에도 쓰인다는

113 현대의 동북 및 육진 방언에서는 대격, 보조사 앞에서도 '내'로 교체되는 경우가 많다. '내'가 그 교체 범위를 확대해 나가고 있다.

점은 중세국어와 같다. 이는 연해주 한국어가 보수적임을 뜻하는 것이다.

1인칭대명사의 복수형은 '우리'이다. 여기에 복수 접미사 '-덜'을 덧붙이기도 한다.[114]

2인칭의 '너'도 '너'와 '네'로 교체되는데 그 교체의 환경은 '나'와 같다. 19세기의 연해주 한국어든 현대의 육진방언이든 화자와 청자가 대등한 관계이거나 또는 중부방언으로 말하면 하게할 대상에게는 하오체 어미를 쓰는데 그때 쓰이는 대명사는 '저', '자네', '당신'이다.[115]

'저'는 손아래라 하더라도 '해라'할 처지가 아닌 사람 또는 '하오'할 대상 중에서 친밀한 사이일 때 쓴다. 반면 '당신'은 외지인 등 친밀하지 않은 사이의 격식적인 말투(formal speech)에서 쓰인다. 현대의 육진방언에서는 '자네'가 격식적인 말투에서 아주 드물게 쓰인다. 친구 사이에서 또는 장성한 손아래 사람을 좀 우대해 줄 때 쓴다. 청자가 손위일 때에는 인칭대명사를 쓰지 않는데 이는 국어의 보편적 현상이다.

2인칭대명사의 복수형은 '너어'이다. 역시 여기에 '-덜'을 덧붙인다.

3인칭대명사는 Ⅱ부의 여러 문헌에서 다양하게 제시한 바 있다. 『단어와 표현』에서는 '뎌사름tyəsarɨm'이라 하였고 그 복수형은 '뎌사름덜'이라 하였다. 지시관형사 '뎌'와 '사름[人]'의 어구성을 3인칭대명사라 한 것인데 물론 대명사는 아니다. 중세국어나 현대국어에서 지시대명사 '뎌'(또는 그 구개음화형 '저')를 3인칭대명사로 전용해서 사용한 예들은

114 Tajshin"(1898)에서는 1인칭대명사 복수형을, "아등, 우리, 우리무리, 우리덜', 우리들" 이라 하였고 Putsillo(1874)에서는 "아등이, 늬의무리"라 하였다. 아등(我等)은 문어에서 쓰이는 말이다. 그러나 '우리무리'와 '늬의무리'가 실제로 쓰였는지는 확인하기 어렵다. Ⅱ부의 문헌에서는 그 쓰임이 보이지 않는다.

115 Tajshin"(1898: 35)에서는 2인칭대명사 "kitai(=그대), ne(=너), nei(=네), neika(=네-가), tsanei(=자네)"를 제시하고 있는데 주격조사 '-가'가 쓰인 점을 고려하면 이는 중부방언 자료이다.

있다(이희승: 1931, 이기문 1979/1991: 50–55). Tajshin"(1898)의 사전에도 아래와 같은 3인칭대명사를 제시하고 있다. 러시아어 3인칭대명사(남성) 'On'에 대한 대역어다. '이'는 보이지 않고 '그'와 '뎌'만이 보이는 점이 흥미롭다. 편의상 세 그룹으로 나누어 제시한다.

(1) ㄱ. kɨ(=그), kɨi(=그이).

ㄴ. tye(=뎌), těj(=뎨=뎌+–이), těika(=뎌–이가), tsye(=졔?제?), tsei(=제=저+–이), tseka(=저–이가), tsogɨj(=저긔).

ㄷ. teankani(=뎌 안깐이–저 여자), tèsarami(=뎌 사람이).

(1ㄱ)은 '그'와 그 주격형 '그–이'다. 용례가 없어 아쉽다. 이 기록이 실제 언어 사실에 바탕을 둔 조사 자료라면 이는 19세기 후기에 이미 대명사 '그'가 쓰였다는 증거가 된다. 주격조사 '–이'가 결합되었으니 지시대명사가 아닌 인칭대명사이다. 또 같은 사전에서 '그'의 복수형으로 '그니'를 제시하고 있으므로 '그'는 인칭대명사라 할 수 있다.

(1ㄴ)은 '뎌'와 그 구개음화형 '져'가 3인칭대명사로 제시된 예다. (1ㄱ)처럼 주격조사 '–이', '–이가'가 결합된 것으로 보아 '뎌'는 단순히 지시대명사 '뎌'를 전용한 것이 아니라 3인칭대명사였을 가능성이 높다. 주격형 '뎨'(뎌+–이)는 육진방언 화자의 예를, '졔'(=져+–이)와 '졔가(져–이가)'는 비육진 또는 중부방언 화자의 예를 채록한 것으로 생각된다. '뎨가'(뎌–이가)는 비육진 함경도 방언이다. 육진방언(노년층)에서는 지금도 주격조사 '–가'가 쓰이지 않기 때문이다. 그러나 아쉽게도 위 '그', '뎌'가 인칭대명사로 쓰인 예는 Ⅱ부의 문헌에서는 발견되지 않는다.

'제', '제가'는 재귀대명사 '저'이다. '저긔'는 Putsillo(1874)에서 전재한 것으로 지시대명사이다.

(1ㄷ)은 지시대명사 '뎌'와 '안깐이'(아낙네)의 어구성(句)으로서 대명사 '그녀 *she*'를 나타내고자 한 것이다. '뎌사람이'는 '그 *he*'를 나타낸 것이다. Putsillo(1874)도 그와 같다.[116] 近稱 '-이'가 아닌 中稱과 遠稱 '그', '뎌'로서 대명사를 삼고자 한 것은 3인칭이 화자와 청자 사이에 개입하지 않는 위치에 있기 때문일 것이다.

아래 (2)는 역시 Tajshin"(1898)의 사전에서 제시한 3인칭대명사 복수형의 예다. 러시아어 3인칭대명사(복수) 'Oni'에 대한 대역어다.

(2) kɨni(그니), kɨri(그리), tĕmuri(뎌무리), tĕtɨl'(뎌들), tyetɨngi(뎌등이), tyetel' (뎌덜?), tsehɨi(저희), tsehɨitɨl'(저희들)

(2) '그니'는 3인칭대명사 '그이'의 경기도 방언(「우리말샘」) '그니'와 관련이 있을 듯하고 '그리'는 방향 부사 '그리'일 듯하다. 그리고 '뎌'에 '무리', '등(等)', '-덜'이 결합된 어사를 3인칭대명사 복수형이라 하였다. 그리고 재귀대명사 복수형 '저희', '저희들'이 보인다.

2) 부정칭대명사

부정칭대명사로 '뉘기', '누긔'가 있다.[117] '누긔'는 『노한소사전』에서

116 '사름'은 '사람'의, '안깐'은 '아낙네'의 함북 방언이다. Starchevskij(1890)에도 '그'는 '뎌-사램이tye-saremi', '그녀'는 '뎌-안깐이tye-ankani'라 하였다. 한편, 『단어와 표현』에서는 한국어 i, ì-ge(이것), tyə, tyə-ge(저것), kɨ, kɨ-gè(그것)을 指示辭(V. Ukazatel' nyja)라 하였다.

117 표준어 '누구'는 '누[誰]'에 의문 첨사 '-고'가 결합하여 형성된 것이다. '누긔'는 '누+-고>누고+-이>누귀>누긔'가 분명하지만 '뉘기'는 '누귀>누기>뉘기'인지 '누+-이+-고>뉘고+-이>뉘귀>뉘기'인지 분명하지 않다. 전자는 움라우트의 동화주가 순정 'ㅣ'가 아니고 또 'ㅜ>ㅟ' 움라우트가 이 시기는 가능하지 않으므로 후자가 더 타당한 것으로 보인다.

만 보인다. 이 대명사는 격조사에 따라 '뉘기'와 '누'로 교체된다.

(3)ㄱ. 뉘기 너르 니르기르 갈치원냐(kartʃʰiwəɲɲa)(누가 너에게 읽기를 가르쳤느냐? 교74)
뉘기 그 군병 차디오?(누가 그 병사들의 지휘관이오? 회400)
ㄴ. 큰아매 말해셔: "뉘기냐?"(할머니가 말했어: "누구냐?" 교23)
ㄷ. 뉘기던디 얻어보는 사름이무, 돈으 졀-반으 주자구 언뎌 해애셔(누구든지 찾는 사람이면, 돈을 절반을 준다고 言定했어(약속했어), 교51).
ㄹ. 누'에 일-꾼인'두 우리 일-군과 같이 왓소(누구의 일꾼인지 우리 일꾼과 같이 왔소, 사117).
가아덜이 도투막질으 해애셔, 누에 말인가아구(그 아이들이 다툼질을 했어, 누구의 말[馬]인가 하고, 교14).
ㅁ. 누에게 돈이 인는가구(누구에게 돈이 있는가 하고, 교36).
네 이'샹 느븨' 누'에게르 싀'-집우 간냐?(네 누나가 누구에게로 시집을 갔냐? 회195)
누'에게셔 챠르' 쌀만' 하'오?(누구에게서 차(茶)를 살만 하오? 회261)

(3ㄱ)은 주격형(뉘기+-이), (3ㄴ)은 서술격조사 '-이-' 결합형, (3ㄷ)은 보조사 '-이던디'와의 결합형으로 모두 '뉘기'로 교체된다. 그러나 (3ㄹ, ㅁ)처럼 소유나 소속, 위치를 나타내는 조사 '-에', '-에게', '-에게르', '-에게셔'가 결합될 때에는 '누'로 교체된다.[118] 형태론적 조건에 의한 불규칙한 어간 교체이다.

---

118 이른 시기의 Putsillo(1874)에는 '누긔, 뉘냐, 누구'(푸267), Tajshin(1898: 38)에는 속격형 "뉘 게오"(누구의 것이오)가 보인다. 한편, 현재의 함북 방언을 보여 주는 곽충구(2019a)에는, 제보자에 따라 주격조사 '-이', 공동격조사 '-가' 앞에서도 '-누'로 교체되기도 한다.

3) 처소대명사

‘여기, 거기, 저기’는 ‘영게, 겅게, 뎡게(>정게)’라 한다. 좀 더 미세하게 표현할 때는 ‘잉게, 용게, 공게, 긍게, 둥게’라 한다. 중세국어 ‘이어긔(<이+-어긔)’를 참고하면 이들 대명사는 ‘이, 그, 뎌’ 따위에 ‘-으긔’가 결합하여 형성된 것으로 보인다. 예는 아래 (4)와 같다.

(4)ㄱ. 영게' 뉘'기 노예우'(여기에 누가 촌장이오? 회80)
당신이' 왠 마갬으르 기난' 촌'이 영게셔' 머'오?(당신이 맨 마지막으로 지난 촌(村)이 여기서 머오? 회38)
동네' 가 니르오'. 영게르 피나디'랑 구밀이'랑 … 팔'라 오'라구.(동네에 가서 이르오. 여기로 피랑 귀리랑 … 팔러 오라고. 회51)
ㄴ. 겅게' 물'이 많'숨니.(거기에 물이 많소. 회64)
그 사'름이 겅게셔 무스'르 하안냐?(그 사람이 거기에서 무엇을 하느냐? 회191)
ㄷ. 뎡게' 양덜'이 많'소?(저기에 양덜이 많소? 회51)
뎡게셔' 마쉬'르 쌀만' 하'오?(저기에서 마소를 살만 하오? 회48)

1.3.2. 조사

1) 주격조사: -이

주격조사는 형태의 면에서 중앙어와 몇 가지 차이가 있다. 첫째, 주격조사는 ‘-이’ 하나뿐이다. 둘째, 주어가 존대의 대상일 때 결합되는 ‘-께서’는 존재하지 않는다. 아래 예를 보기로 한다.

(1)ㄱ. <u>매돝</u>이 굼만 간즉, 너게르 가제오마(멧돼지가 금방 간즉 네게로 가져

오마, 교50).

수톩이 소운 해애셔(수탉-이 소원(所願)했어, 교20).

뎌 촌에' 물'이 둏'소[tyósso]?(저 마을에 물이 좋소? 회60).

이 퍼슷이 다른 퍼슷보구[pʰəsɨppogu] 둏다(이 버섯이 다른 버섯보다 좋다, 교13).

ㄴ. 싀져는 분부 나렌다, 통[119] 텬아이 다 화슌니 살라구.(지금 분부가 내렸다, 모든 천하가 다 和順히 살라고. 교53).

부뫼 상세낫소(부모가 돌아가셨소, 푸455).

내게는 니른닐굽 재쥐과 니른닐굽 몸우 빼는 싊[ʃü][120] 읻다(나에게는 일흔일곱 재주와 일흔일곱 가지 몸을 피하는 수가 있다, 교48).

ㄷ. 나래[121] 그 막으 업셰쟈구 마암우 두어셔(임금이 그 오두막을 없애려고 마음을 먹었어. 교50). cf. 나랑'([國], 사130), 나랑' 관'-이(왕관-이, 사16), 나라게(임금-께, 교30), 나라과(임금-과, 교50).

념튀(념통-이, 초: 서문, 사103)

(1ㄱ)은 비자음 'ㅇ'을 제외한 자음 및 자음군에 결합된 주격조사 '-이'를 보인 것이다. (1ㄴ)의 밑줄 친 '텬애(天下+-이)', '부뫼(부모+-이)', '싊(슈[方法]+-이)'에서 보듯 개음절 명사에도 '-이'가 결합된다. 이처럼 주격조사는 '-이' 하나뿐이며 '-가'는 존재하지 않는다.

(1ㄷ)은 'ㅇ'으로 끝난 명사에 주격조사 '-이'가 결합되었을 때의 곡용형을 보인 것이다. 이 환경에서는 'ㅇ'이 약화 탈락된다. '나래'

119 '통'은 '모든'의 뜻을 지닌 관형사. 예: 통 자란이덜이 모닷다(모든 어른들이 다 모였다). 중부방언에서는 '온통'에 화석으로 남아 있다.

120 『시편 노한소사전』(124쪽)에 uvyortka(꾀, 술책)의 대역어로 "mòmu p'ɛnɨn šüʸ(몸을 빼는 수)"가 나와 있다. =sposob, pri pomoshchi kotorago vo vrem. bor'by bystro uklonyayut svov sobstvennoye telo(싸우는 동안 잽싸게 자신의 몸을 피하는 방법).

121 '나랑+-이>나래'. '나랑'은 '나라[國]', '나라님'(임금)의 뜻을 지닌 명사.

는 '나랑+-이→나래이→나래', '념튀'는 '념통+-이→념투이[nyəmtʰ ũi]→념튀[nyəmtʰũy~nyəmtʰwi]'가 된다.

2) 대격조사: -으/-르

대격조사 '-으/-르~ㄹ'는 서술 동사의 동작의 대상을 나타낸다. 그러나 조사 '-으/-르'는 대격 외에도 동작이 미치는 대상 또는 제한된 기간이나 조건을 나타내기도 하므로 중앙어와는 그 기능이 다르다. 즉, 중앙어에서 전자는 '-에게' 후자는 '-에'가 쓰인다.

아래 (2~3)은 음운론적 조건에 따른 대격조사 이형태들을 제시한 것이다.

(2)ㄱ. 베르기덜이 <u>고내르</u> 물엇소(벼룩들이 고양이를 물었소, 교7).
<u>곱지르</u> 손에다 단단이 줴에셔(고삐를 손에다 단단히 쥐었어, 교28).
ㄴ. <u>두우</u> 따라 들어가셔(두-으(뒤를), 교61), <u>코오</u> 들구(코-으(코를), 교15)

(3)ㄱ. 실-으(실[絲]을, 교13), 솔랑그(솔낭ㄱ-으(소나무를), 교46), 퍼슷-으(버섯을, 교13)
ㄴ. 어찌 그리 우둔 한 <u>노루수</u> 하우?(노릇-으(노릇을), 교45),
<u>잠우</u> 드러셔(잠-으(잠-을), 교31), 수루(술-으(숟가락-을), 65),
싸아무(쌈-으(싸움을), 교15, 20, 41), 수무(숨-으(숨-을), 교63, 68).
ㄷ. 고상아[kosãã](고상+-으(고생-을), 교7), 샤라아[ʃara](샤랑+-으(광[庫]-을), 교2).
ㄹ. <u>원스</u> 딸과셔(원승+-으(원숭이를) 좇았어, 교46). cf. 원스는(원승+-으는(원숭이는), 교46), 원승과(원승+-과(원숭이-와), 교46).

(2ㄱ), (3ㄱ)에서 본 바와 같이 모음으로 끝난 명사 뒤에는 '-르', 자음으로 끝난 명사 뒤에는 '-으'가 결합된다.[122] 그런데 (2ㄴ)처럼 일부 모음으로 끝난 단음절 명사 뒤에도 '-으'가 결합된다. '-으'가 결합된 후에

선행하는 원순모음에 동화되어 각각 '두-으→두우', '코-으→코오'가 되었다. (3ㄴ)은 '-으'가 선행하는 원순모음 또는 순자음에 동화되어 '-우'로 실현된 예다. (3ㄷ)은 조사 '-으'가 선행모음 'ㅏ'에 동화되어 '-아'로 실현되었다. (3ㄹ)은 대격조사 결합형 '원승+-으'가 비모음화 후 장음으로 실현된 예인데, 전사에는 장음이 반영되지 않았다.

한편, 위 대격조사는 아래 (4)에서 보듯 중앙어와는 다른 기능·용법을 갖고 있다.

(4)ㄱ. 그걷덜이 울구 하느님우 빌어셔(그것들이 울고 하느님에게 빌었어, 교57).
네 에미르 내 빌마, 너르 셔다르 보내라구.(네 어미에게 내가 부탁하마. 너를 서당(학교)으로 보내라고. 교74)
쟈근 딸이 나르 빌어셔(작은딸이 나에게 빌었어, 교60).
ㄴ. 내 너르 갈치워 주마(내가 너에게 가리켜 주마, 교47).

(5) 다른 동네 사름덜께는 냉기 오분 동삼우 자라는데(다른 동네 사람들에게는 나무가 온 겨울에 넉넉한데, 교56).

(6) 댱새 제 고미르, 뉘기 만져 나 오는 거, 주쟈구 허락으 한거, 생각하구 긔절으 해애셔(장사꾼이 자기가 곰에게, 누군가 먼저 마중을 나오는 사람을, 주겠다고 허락을 한 거 생각하고 기절을 했어, 교60).

(4ㄱ)의 예는 조사 '-으/-르'가 '빌다'와 함께 쓰였다. 동작이 미치는 대

122 小倉進平(1930: 35)에서는 '-르'가 대체로 함남 문천 이북에서 말해지며 그 이남의 덕원·안변 등에서는 희소하고 황해도와 평안도에서는 발견할 수 없다고 하였다. 그런데 이익섭(1981: 105~6) 및 『한국방언자료집』Ⅱ(강원도 편, 1990, 정문연)에 의하면 '-으/-르'는 함경도와는 지리적으로 멀리 떨어진 강원도의 명주와 삼척 지역에서도 쓰인다.

상에 대격조사가 결합된 것이다. 중앙어라면 '-에게'가 쓰일 자리이다. (5)는 제한된 기간이나 조건을 나타내므로 '-에'가 쓰일 곳인데 역시 '-으'가 쓰였다. (6)은 함경도 방언의 두드러진 특징 중의 하나인 대격중출 구문이다. 중앙어라면 'NP_1-에게, NP_2-을/-를'이라 할 것을 'NP_1-으/-르, NP_2-으/-르'의 구문으로 표현한다.

3) 속격조사: -으/-우

(7)ㄱ. 냥반으 체게르 가셔(양반의 처(妻)에게로 갔어, 교71).

고내 궁니르 해 내셔, 닥수리 새끼덜과 매돋으 새끼덜으 업세쟈구(고양이가 궁리를 해 냈어, 독수리 새끼들과 멧돼지의 새끼들을 없애자고, 교49).

닥수리 야아[yãã] 새끼르 발톱울루 걸어셔(독수리가 양의 새끼를 발톱으로 걸었어, 교19).

궁거르 바르메 써근 맥이 셔구 이스리란 마림두?(궁궐의 맞은편에 썩은 막(幕)이 서 있으란 말입니까? 교30).

마가메 남우 집우루 살라 가셔(마지막엔 남의 집으로 살러 갔어, 교56).

(8)ㄱ. 닥수리 여끄 새끼르 쥐구 가졔 가쟈구 하니(독수리가 여우의 새끼를 쥐고 가져가려고 하니, 교46).

ㄴ. 베르기 여스 사듸르랑, 모가지르랑 … 뛔 올라가셔(벼룩이 여우(의) 등으로, 모가지로 … 뛰어 올라갔어, 교37).

다 여스 얼구례 모다셔(다 여우(의) 얼굴에 모였어, 교37).

(7)처럼 소속이나 소유를 나타내는 조사는 '-으' 하나뿐인데 대체로 생략된다.[123] 조사 '-으'의 음운론적 변이는 대격조사와 같다.

123 『단어와 표현』(서문VI)에서는 "속격 대신에 한인들은 보통 기본격을 쓴다."고 하였다.

(8ㄱ, ㄴ)은 속격조사가 개입될 수 있는 동일한 'NP₁+NP₂' 구성이지만 (8ㄱ)은 속격조사가 쓰였고(엮-+-으#새끼) (8ㄴ)은 쓰이지 않았다(여스# 사등).[124]

4) 부사격조사

① 동작이 미치는 대상이나 소재(여격): -게(르), -께, -으/-르

아래 예 (9~12)는 중앙어의 '-에게'에 대응하는 예를 형태별로 제시한 것이다. 모두 유정체 명사에 결합되어 동작이 미치는 대상 또는 소재를 나타낸다.

(9)ㄱ. 한 원숭께 두 새끼덜이 이서셔(한 원숭이에게 두 새끼들이 있었어, 교46).

남뎡께 돈이 일어뎨셔. 도동놈우 얻디 몯해셔.(남정에게 돈이 없어졌어. 도둑놈을 찾지 못했어. 교36)

그 사름께 도니 만컨마는(그 사람에게 돈이 많건마는, 교52).

이 두 사름덜께르 요슐 하는 안까니 와셔(이 두 사람들에게로 요술 하는 아낙네가 왔어, 교52)

당신께(당신-에게), 말[馬]께(말-에게), 셩님께(형님-에게), 아들께(아들-에게)(『단어와 표현』(서문)).

ㄴ. 그 사름께 싀집으 갓숨니(그 사람에게 시집을 갔네, 회196).

아무래두 너 사름덜께 가뿐 노릇으 하는 갭다(아무래도 너희 사람들에게 힘든 노릇을 하는가 보다, 교33).

즘숭덜께 됴타니쿠 아까바(짐승들에게는 마음이 좋지 않고 서운해,

124 '여우'는 자음과 휴지 앞에서는 '여스'로, 모음 조사 앞에서는 '엮'으로 교체된다.

교43).

(10) 셰피 나무가질르 뛔 댕기다 자는 싱내게 떠러데셔(다람쥐가 나뭇가지로 뛰어다니다가 자는 승냥이에게 떨어졌어, 교39). cf. 싱내, 싱내느, 싱내덜으느, 싱내덜이.

사직게 추무 바끼라(받-기라) 싀재기르 하명 말해(사자에게 침을 뱉기 시작을 하며 말해, 43).

(11) 한 사름우게 큰 지비 이서셔(한 사람에게 큰 집이 있었어, 교55).

동네 사름우게는 고비 더 할 터이요(동네 사람들에게는 곱이 더 할 것이요, 교52).

그 사름우게 됴티 몯 할꺼(그 사람에게 좋지 못 할 것, 교52).

(12) 누에게 돈이 인는가구(누구에게 돈이 있는가 하고, 교36).

(9ㄱ)은 [NP_1+-께], [NP_2+-이], (10~12)는 [NP_1+-게, -으게, -에게], [NP_2+-이]의 구문이다. NP_2가 NP_1에 '소속된 것임'을 또는 NP_1의 '소재'를 나타낸다. 이러한 구문에는 흔히 '잇-'과 같은 존재동사가 나타난다. (9ㄴ)은 [NP_1+-께], [NP_2+-으/-르]의 구문으로 NP_1는 동작이 미치는 대상이다.

NP_1에 결합되는 조사는 '-께', '-게', '-으게', '-에게'의 넷이다. 이들 이형태의 결합 환경은 다음과 같다.

-께: 자음 'ㄴ, ㅁ, ㅇ, ㄹ'로 끝난 명사 뒤. cf. 예 (9).
-게: 모음으로 끝난 명사 뒤. cf. 예 (10).
-으게: 명사 '사름' 뒤에. cf. 예 (11). 순음 뒤: -으게>-우게.
-에게: 명사 '누[誰]' 뒤에. cf. 예 (12).

명사 '사름'에, (9)에서는 '-께'가, (11)에서는 '-으게'가 결합되었다.

'사름'은 '-께', '-으게'가 수의적으로 교체됨을 알 수 있다.[125] 그러면 위와 같은 이형태의 교체는 어떻게 설명되어야 할까.

중세국어를 참고하면, '-으게/-게'는 본디 'N+-으+그+에'로 분석된다. 속격형 'N+-으'에 '그+에'가 결합된 것이다. 모음으로 끝난 명사에 '-으+그+에'가 결합되면 '-으'가 탈락하여 '-게'가 된다. 반면, 자음으로 끝난 명사에는 속격조사 '-으'가 '-ㅅ'으로 대체된 '-ㅅ+그+에'의 구성체가 결합된다. '-께'는 바로 이 'N+-ㅅ+그+에'에서 변화한 것이다. 예 (12)를 보면 '누'에 '-에게'가 결합되었는데 이는 '누'가 속격으로 '-에'를 취하기 때문이다. cf. 눼 집우르(누구-의 집으로). 즉, '-에+그+에'가 '누'에 결합하여 이형태 '-에게'가 출현하게 된 것이다. 요약하면 아래와 같다.

[N(모음으로 끝난 유정 명사)+-으][속격]+그+에 > N+그+에>N게

[N(자음으로 끝난 유정 명사)+-ㅅ][속격]+그+에 > N+-ㅅ그에>N께

[N(=누[誰])+-에][속격]+그+-에 > N+-에+그+에 > N에게

그러면 '사름'에 '-으게'가 결합된 것은 어찌 설명될 수 있을까? '-으+그+에'가 자음으로 끝난 명사에도 결합된 것인데 '사름'만이 이런 결합이 허용된, 형태론적 조건에 의한 것인지 아니면 '-으+그+에'가 교체 범위를 확장해 나가던 흔적인지는 알 수 없다.

(9)의 '-께'는 존경 표시의 '-께'가 아니다. 중세국어에서 유정체 명사에는 속격 '-의/-익'가 결합되고, 무정체 또는 유정체 명서로서 극존대자일 때에는 '-ㅅ'이 결합되었다(안병희: 1968). 따라서 위 조사들은 중세국

125 『단어와 표현』(서문:xv)에서 이 사실을 밝혀 놓았다. tyə sarɨm-k'è=tyə sarɨm-ugè.

어와 동일한 구성체에서 발전한 것이나 '-ㅅ'의 결합 조건은 다르다. 이 방언의 '-ㅅ'은 중세국어와 달리 자음으로 끝난 명사에 결합되는 속격조사일 뿐이다. (9)의 '-께'는 선행 명사와의 통합이 선행 명사의 의미 자질과는 무관하다. '-ㅅ'의 기능은 동일하지만 그 결합 조건은 중세국어와 이 한국어 방언이 다른 것이다.

위 '-게', '-께' 외에 서술동사의 동작이 미치는 대상에는 아래와 같은 조사가 결합된다.

(13) 그것덜이 하나님우 빌어셔 구직르 해애 달라구(그것들이 하나님에게 빌었어, 구조를 해 달라고, 교57).

(14) 가르 우싀르 주어셔(그 아이에게 덤을 주었어, 교24).
쟉은딸으 곰이르 주어사(작은딸을 곰[熊]에게 주어야, 교60).
뉘기'던디 분주'=안 사'셔리나 일'으 하는 사'름우 쥒르' 주갯'소(누구든지 시끄러운 말이나 일을 하는 사람에게 죄를 주겠소, 회130).

(15) 하느님이 우리게르 어띠다 무스거 보내갠는두(하느님이 우리에게로 어쩌다가 무엇을 보내겠는지, 교21).

(16) 큰아매 인는데 갇다 오나라. 또 내게셔 큰아매게르 가졔 가거라 밴세랑 또 단뎨 기름이랑.(할머니한테 갔다 오너라. 또 내게서 할머니에게로 가져가거라, 만두랑 또 단지에 기름이랑. 교22)

(13)은 위 대격조사에서 언급한 바 있다. 중부방언이라면 '-에게'가 결합될 자리이다.[126]

(14)는 '간접 목적어[-으/-르] + 직접 목적어[-으/-르] + 수여동사'의

126 이러한 사실을 Ⅱ부 『단어와 표현』(5.2. 서문)에서는, "그런데 그들(연해주 한인)은 러시아어 여격의 번역에 대격(vinitel'nyj padezh)을 사용하다"고 한 바 있다. 편자들은 연해주 한국어의 이러한 격 사용을 특이하게 여긴 듯하다.

구문이다. 이처럼 연해주 한국어에서는 수혜자인 간접 목적어에 대격조사가 결합된다. 이는 앞서 말한 전형적인 함경도 방언의 대격중출 구문이다. 권재일(2001, 2021: 261-275)에서는 명사구로 구성되는 통사적 논항 구조를 '격틀구조'라 하고 (14)와 같은 격틀구조가 중세국어에 존재했음을 언급하고 현대는 'NP-에게 NP-을 V'와 같은 격틀구조로 바뀌었다고 하였다. 예: "四海를 년글 주리여(『龍飛御天歌』 20), 또 니르샤 十二部經을 摩訶迦葉을 맛디노라 ᄒᆞ시고(『釋譜詳節』 23: 31). 한편, 이기갑(2003: 66)에서는 경남 지역어에서 이 같은 현상을 볼 수 있다고 하고 이는 중세국어의 흔적일 것이라 하였다. 따라서 (14)와 같은 구문은 중세국어 이전 시기 한국어의 한 구문구조였는데 그것이 동남방언과 동북방언(육진방언 포함)에 잔존한 것이라 할 수 있다.

(15)는 '-으/-르'가 아닌 '-게(르)'가 쓰인 예다. '-게르'는 행동의 지향점을 나타낸다.

(16)은 문법화 과정에 있는 '인는데'를 보인 것이다. 현대의 함북 방언에서는 '-ㄴ데', '-인데'의 형태로 쓰여 '-한테'의 의미를 지닌다.[127] 이기갑(2003: 59)에 의하면 '-인데'는 한반도의 동부 지역인 함경도, 강원도, 경북 일대에서 널리 쓰인다. 김병제(1965: 96), 이기갑(2003: 59)에서는 경북 방언의 예를 들어 '-인데'가 '있는데'에서 발달한 것이라 하였는데 육진방언에서 볼 수 있는 예 (16)도 그러한 주장이 타당함을 보여 준다.

② 처소, 원인, 수단: -에~-에셔, -이~-이셔, -여, -우/-루

(17) 주머니 안에 값이 인는 돌이 이서셔(주머니 안에 값이 있는 보석이

127 현대 육진 및 동북 방언의 용례는 곽충구(2019a)의 '-ㄴ데[1]', '-인데' 항목을 참고할 것. 이 밖에 '-ㄴ데서', '-ㄴ데서느', '-ㄴ데서는' 등의 변이형이 쓰인다. 황대화(1986: 81)에서도 육진방언 '-인데'의 쓰임을 보고한 바 있다.

있었어, 교51).

셔대 촌 바께 절당 져테 이서셔(서당이 마을 밖 교회 곁에 있었어, 교72).

제 큰아매 슈건으 대가례 티구, 자례 느버셔(제 할머니 수건을 대가리에 치고, 자리에 누웠어, 교54).

굼-만 따에 피 뿌리워셔, 또 싱냐 발자귀더리 문제계 뵈와(방금 땅에 피가 뿌려졌어, 또 승냥이 발자국들이 먼지에 보여, 교49).

(18) ㄱ. 곰이더리 집이 업서셔, 방쳔으르 놀라 가구(곰들이 집에 없었어, 방천으로 놀러가고, 교64).

cf. 집에 바~이 두린데(집에 방이 둘인데, 교64).

ㄴ. 큰 아덜이 암-쇠르, 밭에셔 멕이기두 하구, 집이셔 구주렁 물두 줘셔(큰 아이들이 암소를 풀밭에서 먹이기도 하고, 집에서 구정물도 줬어, 교69).

(19) 낮에는 내 쇠사슬에 안꾸 읻다. 그래길래셔 쇠사슬이 죠꿈 모가졔 털이르 쓸어 노앋다(낮에는 내가 쇠사슬에 (묶여) 앉아 있다. 그러기에 쇠사슬이 조끔 모가지에 털을 쓸어 놓았다. 교34)

(20) ᄇᆡ여올ᄂᆡ잔칙한다(배에 올라 잔치한다, 푸427), 쟝ᄂᆡ여(장래에), 잇ᄯᅥᆡ여(이때에), 어느ᄯᅥᆡ여(어느때에, 푸75).

(21) 두에셔 돼지새끼 에미르 얻어보명(뒤에서 돼지 새끼가 어미를 찾으며, 교49).

내 방쳔에셔 공재르 얻얻다(내가 방천에서 空財를 얻었다, 교47).

남뎨 술게셔 자무 드러셔(男丁이 수레에서 잠이 들었어, 교34).

(17)의 '-에'는 위치나 장소를 나타낸다.[128] (18ㄱ)은 '집' 뒤에 '-이'가

---

128 Ⅱ부 『단어와 표현』(5장 서문)에서는 "처격(-è)=여격(-gè/-k'è)"이라 하였는데 이는 '-에'와 여격 '-게/-께'의 기능이 일부 같기 때문이다. 예: 아들-께/낭ㄱ-에 물으 주다(아들에게/나무에 물을 주다).

결합된 예를 보인 것이다. '-이'는 형태론적 조건에 의한 이형태가 된다. (18ㄴ)은 '-에셔'와 '-이셔'를 보인 것이다. 동작이 이루어지는 장소를 나타낸다. (19)는 원인을 나타낸다.

(20)의 '-여'는 '-에'의 변종으로 Putsillo의 『노한사전』에 나오는 예다. 모두 'ㅐ[ε]'로 끝난 명사에 결합되었다.[129]

(21)의 '-에셔'는 동작이 이루어지는 장소를 나타낸다. 한편 '이'로 끝난 명사에 처격조사 '-에'가 결합되면 명사 말음 '이'는 활음 'y'가 된다. 아래 (22)는 그 예를 보인 것이다.

(22) 가대계다[가대기+-에다] 피매르 메워셔(가대기에다 암말을 메웠어, 교32).
제 큰아매 슈건으 대가례[대가리+-에] 티구, 자례[자리+-에] 느버셔(제 할머니 수건을 대가리에 치고, 자리에 누웠어, 교54).
에미 단뎨[단디+-에] 쇠져즈 동네에셔 빌문(어미가 단지에 우유를 동네에서 빌면, 교71).

③ 방향, 도구, 수단, 재료, 자격: -르/-으르, -ㄹ르/-을르

아래 예는 중앙어의 '-로/-으로'에 대응하는 조사들의 이형태와 그 기능을 보인 것이다. 아래 (23)은 움직임의 방향을, (24)는 도구나 수단을, (25)는 재료나 원료를, (26)은 신분, 자격을 나타낸다.

---

129 현대의 방언에서 '-여'는 대체로 함남 지역에서 쓰인다(정용호: 1988, 곽충구: 1998b). '-여'에 대하여 정용호(1988: 196)에서는, "대체로 명사 어간이 열린소리마디로 끝나고 그 모음이 중성모음 'ㅣ'인 경우에 쓰인다."고 하고 주로 노년층의 화자들에게서 들을 수 있다고 하였다. 위 (27)의 예들은 모두 'ㅐ'로 끝나는 개음절 명사다. 저자도 1996년 함남 정평 출신의 한승격 씨로부터 이를 조사 확인한 바 있고 또 함북 종성 출신의 중국 거주 제보자로부터 '-여'를 조사한 바 있다.

(23) ㄱ. 만져 나르 노아라, 낭그르 올라 가랴르(먼저 나를 놓아라, 나무로 올라가게끔, 교40).

그게 허덕으르 나라 올라 가셔, 모딜기 소리르 해애셔(그게 헛간으로 날아 올라갔어, 몹시 소리를 쳤어, 교20).

ㄴ. 마감에 나무집우루 살라 가셔(막판에는 남의 집으로 살러 갔어, 교56).

셩듀우루 시비르 하라 가졔가구(읍내로 是非를 가리러 데려가고, 교22).

ㄷ. 내 두울루(두[後]+-을르) 오나라(내 뒤로 오너라, 61).

ㄹ. 고내 샤라르(샤랑[庫]-으르) 자라 갓소(고양이가 곳간으로 자러 갔소, 교4).

무셔분게 마달르(마당+-을르) 댕기웁데(무서운 것이 마당으로 다닙디다, 교26).

(24) 닐르 구녀(구녕+-으>구녀어) 듧기 쉬버(이로 구멍을 뚫기 쉬워, 교11).

듐스러분 술르 듐스레한 사바레셔 먹구(귀중해 보이는 숟가락으로 귀중한 사발에서 먹고, 교65).

침울루 알른 사르무 놋습니(앓는 사람을 침으로 놓네, 교11).

닥수리 야아˜ 새끼르 발톱울루 걸어셔(독수리가 양의 새끼를 발톱으로 걸었어, 교19).

(25) 돌더르 괘흙을르 발라 노오니(돌들을 진흙으로 발라 놓으니, 교31).

훈대 불군 목슈건을르 모그 두루구, 가운들르 댕계(선생이 붉은 목도리를 목을 두르고 교실 가운데로 다녀, 교73).

치무 구릴르 맨듭니(鍼을 구리로 만드네, 교11).

(26) 즘승더리 원승으 차딜르 가래셔(짐승들이 원숭이를 지도자로 뽑았어, 교47).

샙베리게르 나가낼르 간나더리 참무루 마시라 왓소(샛별이에게로 손님으로 계집아이들이 茶를 마시러 왔소, 교24).

(23)은 음운론적 조건에 따른 이형태를 보인 것이다. (23ㄱ) '-으르', (23ㄴ) '-우루', (23ㄷ) '-울루'는 자음 뒤에 결합되는 이형태들인데 그 가운데 '-우루', '-울루'는 명사의 말음이 순자음이거나 명사 말음절 모음이 원순모음일 때 결합된다. 그리고 '-울루'는 '-우루'에서 'ㄹ'이 덧난 형태이다. (23ㄹ)의 '-으르'와 '-을르'도 그와 같다. 자음 뒤에서는 원칙적으로 '-으르', '-을르'가 결합되지만, 유음일 때에는 '르'가 결합되고 비음 'ㅇ'일 때에는 아래와 같이 실현된다.

(23ㄹ) 마당+-으르 → 마다˜+-으르 → 마다아르, 마다르

앞뒤 모음을 비모음화한 뒤에 어미의 두음 '으'는 선행모음에 완전순행동화가 이루어진다.

모음으로 끝난 명사 뒤에느 '-ㄹ르'가 결합된다.

한편 위 '-으르, -을르/-르, -ㄹ르'에 '-셔'가 결합된 형태들이 아래와 같이 쓰인다.

(27) ㄱ. 가는 목소릴르셔 말 해셔(교66).
ㄴ. 그 사르미 울안에 지인거[130] 허러셔, 그 낭글르셔 때애기르 시재기르 해애셔(그 사람이 울안에 지은 것을 헐었어, 그 나무로 (불을) 때기 시작을 했어, 교55).
ㄷ. 한 새애기 집우루셔 방쳔으르 나가셔(한 여자아이가 집에서 방천으로 나갔어, 교64).

(27ㄱ)은 방법을 나타내되 '-ㄹ르'보다는 좀 강조하는 뜻이 있는 듯하

130 짛[作]-+-은 것 → 지은 거 →지인 거.

다. (27ㄴ)은 재료를 나타내되 역시 '-을르'보다는 강조하는 뜻이 있다. (27ㄷ)의 '-우루셔'는 동작이 이루어지기 시작한 출발점을 나타낸다.

④ 동반, 비교, 접속: -과

선행어의 음운론적 조건과 관계없이 '-과'가 결합된다. 즉, 이형태 '-와'는 존재하지 않는다. 그리고 'NP_1+-과 NP_2+-과'의 구문이 쓰인다. 아래 예에서 보듯 '-과'는 여러 기능을 갖는다.[131]

(28)ㄱ. 물건 싸라 가쟈구 그 사름미 챙기명, 딸레과 무러 바셔(물건을 사러 가려고 그 사람이 챙기며, 딸네에게 물어 봤어, 교59).
좋다! 내 나라과 니르마(좋다! 내가 임금님에게 말하마, 교50).
한번으 고순도티 와, 믿추리과 말 해(한 번은 고슴도치가 와 물뱀에게 말해, 교36).
ㄴ. 고내 여스과 냬애기르 해애셔, 어띠 개덜께셔 피하는 거(고양이가 여우와 이야기를 했어, 어찌 개들에게서 피하는 것을, 교48).
ㄷ. 내 이 완제다, 아매사, 눈무루 다 모닫다. 보온나? 완제 역과 가주라니 찬다.(내가 이 완자(碗子, =주발)에다, 엄마야, 눈물을 다 모았다. 보느냐, (엄마 눈물이) 주발 가장자리와 나란히 찼다. 교42)
ㄹ. 푸레 놀라 내례오디, 내과 냬애기르 하랴르(풀밭에 놀러 내려오지, 나와 이야기를 하게. 교53).

(28ㄱ, ㄴ)의 '-과'는 말하는 상대임을 나타낸다. 중앙어에서는 흔히 '-에게'가 쓰인다. (28ㄷ)은 비교의 대상임을, (28ㄹ)은 일 따위를 함께 함

131 둘 이상의 명사구를 대등하게 이어주는 기능을 하는 경우는 접속조사로 따로 분류하지만 여기서는 함께 다룬다.

을 나타낸다.

아래 (29)의 '-과', '-랑'은 접속조사로 쓰인 예이다. 그리고 (30)은 'NP_1+-과 NP_2+-과'의 구문을 보인 것이다. 중세국어처럼 '-과'가 마지막 명사에도 결합된다.

(29) ㄱ. 고순돋과[kosundokkwa] 믿추리(고슴도치와 물뱀, 교51).
내게는 니른닐굽 재쥐과 니른닐굽 몸우 배는 쉬[ʃü] 읻다(나에게는 일흔일곱 재주와 일흔일곱 가지 몸을 피하는 수가 있다. 교48)
ㄴ. 내게셔 큰아매게르 가져가거라, 밴셰랑 또 단데 기름이랑(내게서 할머니에게로 가져가거라, 만두랑 또 단지에 기름이랑, 교22).
(30) 아즈미 무루 통재애 녀 가지구 지나가다가, 고냬게과 개게과 무루 부서셔(아주머니가 물을 물통에 넣어 가지고 지나가다가 고양이와 개에게 물을 부었어, 교15).
내과 분쉬과 치원하우리(나와 分數에게 置怨할 것이오, 교32).

⑤ 이유, 원인, 목적: '-을래/-ㄹ래', '-을래셔/-ㄹ래셔'

이 조사는 서술 동사의 동작이 이루어진 목적 · 이유 · 원인을 나타낸다.[132] 의존명사 '때문-에'와 의미가 비슷하다. 이 '-을래'는 선행하는 명사 말음의 음운론적 조건에 따라 '-울래/-ㄹ래/-래'와 같은 이형태로 실현된다. 그리고 '-을래' 다음에 '-셔'가 결합되기도 한다.

(31) ㄱ. 곰이 우리 딸을래 오거던(곰이 우리 딸 때문에 오거든, 교60).
닥수리 머글껄래 나라댕기다두(독수리가 먹을 것 때문에 날아다니다가도, 교49).

132 이유, 원인, 근거를 나타내는 연결어미 '-길래'는 명사형 어미 '-기'에 '-을래'가 결합된 것이다. 예: 됴턔니킬래(좋지 않기에, 교67).

미추리 새끼덜이 고순도틀래 사디 몯 하개셔(물뱀 새끼들이 고슴도치 때문에 살지 못하겠어, 교36).

나느 씨갓으 한 알래 죽었구나(나는 씨앗 한 알 때문에 (먹으려다) 죽었구나, 교43).

널래셔 분주하갯다(너 때문에 시끄럽겠다).

에미 글르 후에 부터는 더 우댜녜셔 딸을래(어미가 그 후부터는 더 울지 않았어, (죽은) 딸 때문에, 교42).

아더리 나무바틀르 퍼스슬래 댕계셔(아이들이 숲으로 버섯 때문에 다녔어, 교16).

이베다 원듸르 녀쿠 그부리기만 하명, 십디 몯 해셔, 니 업길래(입에다 완두를 넣고 굴리기만 하며 씹지 못 했어, 이가 없기 때문에, 교17).

그때 일을래 마새 잇소(그 때 일로 해서 말썽이 있소, 교3).

ㄴ. 큰아매 하분자 떡두 굽구 씿기두 씿구 손녤래셔[soŋne-llɛšə](할머니가 손녀를 위하여 혼자 떡도 굽고 빨래도 빨고, 교13).

간나 강적덜께셔 살명, 그걷덜을래 일으 하명, 몰라셔, 어띠 달아날 주루.(계집아이가 강도들에게서 살며, 그것들을 위해 일을 하며, 몰랐어, 어찌 달아날 줄을. 교58)

부모 없는 아덜래(부모 없는 아이들을 위하여, 교49).

동삼에 나무밭으르 낭글래 가셔(겨울에 숲으로 나무를 하러 갔어, 교67).

(31ㄱ)은 원인 · 이유를 나타내고 (31ㄴ)은 주로 목적을 나타낸다. 용언 어간에는 '-기'에 붙어 '-길래'로 나타난다. "내앨 바트 매야 하길래 일찍 오나라."(내일 밭을 매야 하니까 일찍 오너라.)

⑥ 비교: -보구

(32) 쥬기 다른거보구 더 마시 인는 거 가태셔(죽이 다른 것보다 더 맛있는 것 같았어, 교65).
이 퍼스시 다른 퍼습보구(퍼슷+-보구) 됴타(이 버섯이 다른 버섯보다 좋다, 교13).

(32)의 예처럼 서로 차이가 있는 것을 비교할 때 '-보구'를 쓴다.[133]

⑦ 비유: -텨르(-처럼)

(33) 불셰르 소내기텨르 워자끈 하더니(갑자기 우레 소리처럼 와지끈하더니, 교61).
살텨르 나라 드러가(화살처럼 날아 들어가, 교69).
만는 개'텨르 소리'르 티'기(맞는 개처럼 소리를 치기, 사11).

5) 호격조사: -아/-야~사, -예

호격조사의 이형태와 그 결합 조건은 Ⅱ부(5장) 『단어와 표현』에서 본 바 있다. 거기서는 비존대의 대상(손아래 사람, 사람이 아닌 유정체, 의인화한 무정체)으로서 자음으로 끝난 체언에는 '-아', 모음으로 끝난 체언에는 '-야'가 결합되고 존대의 대상에게는 '-예'가 결합됨을 보였다. 이 밖에 '-야'와 자유롭게 교체되는 '-사'가 있다. 아래 예를 보면서 좀 더 구체적으로 논의하기로 한다.

(34) <u>나라니몌!</u> 아무걷두 남뎌 주디 말구, 거저 막으 업셰라구 시기웁쇼(나라

133 곽충구(2019a)에 의하면 지금은 주로 '-보다'를 쓰며 '-보구'는 드물게 쓰인다.

님이시여! 아무것도 男丁을 주지 말고, 그저 (궁궐 앞) 오두막을 없애라고 시키십시오, 교30).

셩님예! 형님!(표: 서x)

(35) ㄱ. 아들-아(아들아!), 말덜-아(말[馬]들아!), 아아덜-아(아이들아!), 꽃덜-아(꽃들아!)(표: 서문)

추무라! 내게 붙둘기우댜니는구나!(추물아!(=바보야!) 내게 붙들리지 않는구나! 교47)

ㄴ. 졉-아[져바!](제비야!, 표: 서vi), 닥수라!(독수리야!, 교50), 헤자바!(허수아비야! 교58). cf. 졔비, 닥수리, 헤재비.

ㄷ. 앍+-아'[아까'!](아우야!), 엵+-아'[여까'!](여우야!)(표: 서x)

ㄹ. 동생네'야!(표: 서xi)

(36) ㄱ. 내 이 완제다, 아매사, 눈무루 다 모닫다(내가 이 碗子에다, 엄마야! 눈물을 다 모았다, 교42).

ㄴ. 아즈바니사! 우리 어더 봉걸래셔 화니 이슬깨바 내 무셔바하우(작은아버지! 우리가 주운 것 때문에 우환(憂患)이 있을까 봐 내가 무서워하오, 교22).

ㄷ. 잘 인냐? 콩새야, 내 친고야? 내, 네 소리르 득구 아라보쟈구 왇다. 무수게란냐? 듣디 몯 하갠다. 내 콩새야. 내 친고사, 푸레 놀라 내례오디, 내과 냬애기르 하랴르; 그러댜니쿠는 낭게셔 무수게라는디 드끼댜닌다. 아니르다, 콩새사, 내 친고사, 싀져는 분부 나렌다, 통 텬아이 다 화슈니 살라구.(잘 있느냐? 콩새야, 내 친구야? 내, 네 소리를 듣고 (무슨 말인지) 알아보려고 왔다. 무엇이라느냐? 듣지 못하겠다. 내 콩새야. 내 친구야, 풀밭으로 놀러 내려오지, 나와 이야기를 하게; 그렇지 않고서는 나무에서 무엇이라 하는지 들리지 않는다. 아니로다, 콩새야, 내 친구야, 이제는 분부가 내렸다, 온 천하가 다 화순하게 살라고. 교53)

(34)처럼 '임금'이나 손위의 친족을 부를 때에 '-예'를 쓴다. 예: 아바제!(←아바지+-예!, 아버지-요!), 아바녜!(←아바니+-예!, 할아버지-요!).

반대로 해라할 대상에게는 (35)에서 보듯 음운론적 조건에 따라 '-아'와 '야'를 쓴다. (35ㄴ)은 '-이'로 끝난 유정체 명사에 조사 '-아'가 결합하면 말음 'ㅣ'가 탈락됨을, (35ㄷ)은 특수한 어간 교체를 보이는 '아ᅀᆞ', '여ᅀᆞ'에 조사 '-아'가 결합하면 각각 어간이 '앐'과 '엸'으로 교체됨을 보여 준다. (35ㄹ)은 모음으로 끝나면 '-야'가 결합됨을 보여 준다.

흥미로운 점은 호격조사로 '-사'가 쓰인다는 점이다. (36ㄱ)은 어머니와 죽은 딸의 대화, (36ㄴ)은 젊은 조카와 숙부 사이의 대화이다. 따라서 (36ㄱ,ㄴ)은 손위 사람에 대해 '-사'를 쓴 셈이다.[134] 그런데 (36ㄷ)은 여우와 콩새의 대화로 서로 대등한 관계인데 '-사'와 '-야'를 썼다. '-사'와 '-야'가 수의적 교체를 보인다. 이는 '-사>-야'의 변화 과정을 보여 주는 것으로 생각된다. 그러나 '-사'는 손위는 물론 비존대의 대상에게도 쓰였다는 점에서 차이가 있다.

6) 보조사: '-ㄴ, -느, -는', '-은, -으느, -으는/-운, -우느, -우는'

이 보조사는 '대조' 또는 '화제'의 의미를 갖는다. 모음으로 끝난 명사에는 '-ㄴ, -느, -는'이 결합되고 자음으로 끝난 명사 뒤에는 '-은, -으느, -으는, -운, -우느, -우는'이 결합된다. 예는 아래 (37)과 같다.

(37)ㄱ. -으는, -으느: 그거게 바르는 거머쿠, 벼스는 벌거쿠, 눈덜으느 베디구, 코오는 가꾸리 가숩데(그것의 발은 거멓고, 볏은 벌겋고, 눈들은

134 이기갑(2003: 103)에는 경북 예천 지역어에서 '-사'가 쓰인다고 하였다. 이기갑 교수가 제시한 예문에서 '-사'는 '아버님', '어머님'과 같은 손위 사람에게 쓰였다.

비어지고, 코는 갈고리 같습디다, 교26).

ㄴ. -우는: 바당무루는 내 통 마싀갠다(바닷물은 내가 모두 마시겠다, 교32).

-운: 내 셩-님'운 나'이 셔른 다슷'이구, 내 동새느 스물' 다슷'이오(내 형님은 나이가 서른다섯이고, 내 동생은 스물다섯이오, 회184).

(37ㄱ)의 '코오느'처럼 모음으로 끝난 단음절 명사 뒤에는 '-는, -느'가 아닌 '-으는, -으느'가 결합된다. 앞서 대격조사에서도 그 같은 예를 본 바 있다. 예: 두우는(두+-으는, 뒤[後]는), 두우루(두+-으르, 뒤로), 코오느(코+-으느, 코는), 코오(코+-으, 코를).

이 밖에 보조사는 더함을 뜻하는 '-두'(-도), 종착점임을 뜻하는 '-꺼지'(-까지), 제한을 나타내는 '-만, -마니'(만), 부정하는 뜻을 강조하는 '-커녀느' 등이 쓰인다.

(38) 마르 득기는커녀느, 욱기만 우수명, 쇄바름우 부러(말을 듣기는커녕, 웃기만 웃으며, 휘파람을 불어, 교69).

1.3.3. 어미

1) 선어말어미

① -겠-: -개시-/-갯[갯/갠/갠]-

(1)ㄱ. 뉘기던디 분주=안 사셔리나 일으 하는 사름우 큰 줴르 주갯소(누구든지 시끄러운 말이나 일을 하는 사람에게 큰 죄를 주겠소, 회130).

바당무루는 내 통 마시갠다(바닷물은 내가 모두 마시겠다, 교32).

내 집·우 둘·춰 보·개시니 노·애 ·마오(내가 집을 들춰 보겠으니 노해 마오, 회121).

고순도틀래 사디 몯 <u>하개셔</u>(고습도치 때문에 살지 못하겠어, 교36).

ㄴ. 널래셔 <u>분주하갠다</u>(너 때문에 시끄럽겠다).

하느님이 우리게르 어띠다 무스거 <u>보내갠는두</u>(하느님이 우리에게로 어찌하다 무엇을 보내겠는지, 교21).

ㄷ. 무수게란냐? 듣디 몯 <u>하갠다</u>(무엇이라 하느냐? 듣지 못 하겠다, 교53).

ㄹ. 이 사르미 이르 <u>하갠는데</u> 잔다, 후에 나리 됴올저게 새르 모두디 몯 하우리(이 사람이 일을 해야 하는데 잔다, 후에 날이 좋을 적에 새[草]를 모으지 못하리, 교32).

(1ㄱ)과 같이 어미 '-으X', '-어X' 앞에서는 '-개시-'로 교체되고 자음으로 시작하는 어미 앞에서는 '-갯[갯/갠/갠]-'으로 교체된다. (1ㄱ)은 '의지'를, (1ㄴ)은 '추측'을, (1ㄷ)은 '능력'을, (1ㄹ)은 '당위'를 나타낸다. 중앙어와 그 의미가 크게 다를 바가 없다. 그러나 아래 (2)와 같이 어미와의 통합이 중앙어와 다른 경우도 있다.

(2)ㄱ. 내 <u>오갠는걷두</u>, 칩길래 오디 못 햇습구마(내가 오고자 한 것도, 추워서 못 왔습니다, 사23).

ㄴ. 내 거길 <u>가갠는데</u> 돈이 없어 못 가압구마(내가 거길 가려는데 돈이 없어 못 갑니다).

(2)는 '의지'를 나타낸다. (2ㄱ)의 '오갠는걷두'는 '오-+-갯-+-는 것두'로 분석된다. 다른 방언권에서는 쓰이지 않는 어법이다. (2ㄱ)에 대한 러시아어의 번역문은 "Ya prishol" by, da xolodno bylo, potomu i ne prishol")"이다. 러시아어에서 '동사 과거형+by(=бы)'는 '어떤 조건이 이루어지면 행동이 가능함'을 나타내거나 '화자가 하고 싶은 행동'을

나타낸다.

② -었-: -어시-/-엇[엇/얻/언]-.

'-어시-/-엇[얻]-'은 동작이 과거에 이루어졌음을 나타내거나 이미 동작이 완료되어 현재까지 이어지고 있음을 나타낸다.

(3) ㄱ. 말 모리'끈이 다리'르 꺾어'시나 죽디' 안=이'캐쏴(말몰이꾼이 다리를 꺾었으나 죽지 않겠소, 사65).

이런 궁걸으 져실때는[짛-어시-읋 때는](이런 궁궐을 지었을 때에는, 교30).

가르 우싀르 주어셔(그 아이에게 덤을 주었어, 교24).

ㄴ. 느불메기 드무댜니키 마숴르 무러쑵니[물-+-엇-+-습니](유혈목이가 드물잖게 마소를 물었네, 교11).

내 방쳔에셔 공재르 언얻다(내가 방천에서 空財를 얻었다, 교47).

백셩덜이 더븨' 먹구' 죽얻'갯소(백성들이 더위를 먹고 죽었겠소, 사viii).

(3ㄱ)은 선어말어미 '-어시'에 각각 어미 '-으나', '-읋', '-어'가 결합한 예다. 이형태 '-어시-'의 분포를 보여 준다. (3ㄴ)은 자음으로 시작하는 어미(-습니, -다, -갯-) 앞에 출현하는 '-엇-'을 보인 것이다. (3)은 '-었-'으로 변화하기 직전의 이형태 교체를 보여 준다.

③ -더-: -더-

화자가 과거에 직접 경험하여 안 사실을 현재에 그대로 옮겨 와 전달할 때 쓰인다. 아래 (4)는 그 용법 가운데 중앙어와 다른 예를 보인 것이다.

(4) 만'일 물'이 없더명(əptəmyəŋ), 백성덜이 더븨' 먹구' 죽엇'갯소(만일 물이 없었더라면 백성들이 더위를 먹고 죽었겠소, 사viii).

2) 연결어미

① -거냐느≒-지마는

(5) 쥐덜으느 자바 머꺼냐는 그거뗼과 가티 내 배우리덜으 자바머거(쥐들은 잡아먹지만 (너는) 그것들과 같이 내 병아리들을 잡아먹어, 교17). 내 바당물우 마시쟈구 해액계(하-+-앗-+-기에) 마시개꺼냐느,[135] 내 강덜으는 마시쟈구 한 배 없어(내가 바닷물을 마시려고 했기에 마시겠지만 내가 강들은 마시려고 한 바가 없어, 교32).

② -거던=-거든. 종결어미로도 쓰인다.

(6) 아무 때던디, 내 목소리 부루거던, 너 디례노아라(아무 때든지, 내 목소리로 부르거든, 너 (나를) 들여놓아라, 교17). cf. 노인과 졀무니 기르 가다가 본즈[ponzɨ] 기례 돈 커우대 뇌왇거던(노인과 젊은이가 길을 가다가 본즉 길에 돈 주머니가 놓였거든, 교21).

③ -과데≒-는지

막연한 의문이 있는 채로 그것을 뒤 절의 사실이나 판단과 관련시키는 데 쓰는 연결어미.

(7) 아니르다 내 텬반으 부수깨르 때애쟈구 헌다. 우리 부수깨 어떠콰데[어떻-과데], 때애는 족족, 더 칩어 가오.(아니로다! 내 천장을 아궁이에

135 '-갠꺼냐느'는 '-갯-거-냐느'로 분석되는데 '-냐느'는 '-만은'은 정도의 뜻을 갖는다.

때려고 헌다. 우리 아궁이가 어떠한지(어떠하기에 그런지) 때는 족족 더 추워만 가오. 교55)

어떠키 모딜기 어부작으 텨꽈데[티-+-엇-과데], 내 겁지마네 어드르 갈 쭈루 몰랏소.(어떻게나 몹시 아우성을 쳤는지, 내가 겁이 많아 (놀라서) 어디로 갈지를 몰랐소. 교26)

④ -구마는≒-구먼. 종결어미로도 쓰인다.

(8) 궁걸이 됴캐꾸마느, 매기(막(幕)+-이) 흐리운다, 아무래두(궁궐이 좋겠구먼, 앞에 오두막이 (궁궐을) 흐린다, 아무래도, 교30).

⑤ -구≒-고

완성 동사인 '앉-', '셔-'와 같은 자동사는 중앙어에서는 '-아/-어 있다'가 결합하여 완료상을 나타낸다. 반면, '-고 있다'는 타동사에 붙어 진행상과 완료상의 두 가지 동작상을 표시한다(고영근 외, 2018: 431-435). 그런데 이 방언에서는 '-구 잇다'(=-고 있다)가 자동사에 결합하여 아래와 같이 완료상을 나타낸다. '-아 있다'라 할 것을 아래 (9)의 예에서 보듯 '-구 잇다'라 한다.

(9) 나제는 내 쇠 사스레 안꾸 읻다(낮에는 내가 쇠사슬에 (묶여) 앉아 있다, 교34).

콩새 낭게 안꾸 인는데, 예끼 그 밑에 와, 말 해(콩새가 나무에 앉아 있는데 여우가 그 밑에 와 말해, 교53).

자꾸 셔구 잇으명isɨmyəŋ, 기둘구워셔, 새덜이 날아 오는가구(자꾸 서서 기다렸어, 새들이 날아오는가 하고, 교62).

너느 어때 영게 셔구 인냐(iŋŋa)?(너는 어째 여기에 서 있느냐? 교73)

창문이 옐기구 읻길래 그 새애기 뛔 나가 달아나셔(창문이 열려 있기에 그 처녀가 뛰어 나가 달아났어, 교67).

⑥ -기=-게

부사형 어미 '-게'를 '-기' 또는 '-게'라 하는데 '-기'의 빈도가 높다. -긔>-기.

(10) 츤츤한 자리마당 아니 쟉댜니키 배애미더리 이서셔(축축한 자리마다 아니 적잖게 뱀들이 있었어, 교11).

⑦ -기라

'-기 시작하다'를 '-기라 시잭이르 하다'라 한다.

(11) 소리'르 쓰'기라 시재기'르 하기'(노래를 부르기 시작하기, 사34)
쾌바름우' 불'기라 시재기'르 하기'(휘파람을 불기 시작하기, 사34)
어부작으' 티'기라 시재기'르 하기'(아우성을 치기를 시작하기, 사34)

⑧ -기에=-기에

(12) 시당 분부 나례꼐(나리-+엇-+-기+-에), 개더리 너르 다티댜니리라(지금 분부가 내렸기에, 개들이 너를 건드리지 않으리라, 교54).

⑨ -길래≒-기에

어미 '-기'에 '-을래'가 결합된 것이다. 중앙어의 '-기에', 중부방언의 '-길래'와 뜻이 비슷하다. '-기에', '-(으)니까' 따위의 의미를 가진다.

(13) 우리 업새우기는 그게 어느 때 우리게르 오는주루 모루길래 업새움니

((고양이가) 우리를 없애기는 그게 어느 때 우리 쥐에게로 오는지를 모르기에 (우리를) 없앤다네, 교21).

그러하나, 내게 나라님 해앤과 마리 이서셔 샹거부 절반씨 가르랴르. 그러킬래 나르 스물 다슷개과, 뎌 사름우 스물다슷개과 뎨주웁쇼.(그러나 내게 나라님 하인과 말이 있었어, 상급(賞給)을 절반씩 가르도록. 그러하니까 나에게 스물다섯 개와, 저 사람에게 스물다섯 개를 쳐 주십시오. 교51)

⑩ -길래셔: '-길래'를 강조하는 뜻이 있다.

(14) 나제는 내 쇠사스레 안끄 읻다. 그래길래셔 쇠사스리 죠꿈 모가졔 터리르 쓰러 노앋다.(낮에는 내가 쇠사슬에 (묶여) 앉아 있다. 그러하기 때문에 쇠사슬이 조끔 모가지의 털을 쓸어 놓았다. 교34)

내 안다, 네 내 집과 부수깨르 불버하는주루, 그게, 네거보구, 더 크다구, 그래길래셔 네 나르 허디 말라구 시기는구나.(내 안다, 네가 내 집과 아궁이를 부러워하는 줄을, 그게 네 것보다 더 크다고. 그러하기 때문에 네가 나에게 집을 헐지 말라고 시키는구나. 교56)

⑪ -ㄴ두=-ㄴ지, -ㄹ두=-ㄹ지

(15)ㄱ. 무스게 소오닌두 다 물어 보오(무엇이 소원인지 다 물어 보오, 교52).

ㄴ. 무수걸르 시잭이르 할두 몰라셔(무엇으로 시작을 할지 몰랐어, 교40).

⑫ -(아/어)나=-거나

중앙어의 '-거나 … -거나'와 달리 아래 (16ㄱ)에서 보듯 '-나 … -나'의 구성으로 쓰여 여럿 가운데 어느 하나를 선택해도 무방함을 나타낸다. 그리고 (16ㄴ)에서 보듯 부사형 어미 '-아/-어', '-구'에 직접 결합되어 쓰이기도 한다.[136]

(16) ㄱ. 바당무루 마시나, 돈으 첸냐 주나 해애라(바닷물을 마시거나, 돈을 천 냥을 주거나 해라, 교32).

ㄴ. 앉아'나 말으' 타'구나 댕기'기((차를) 타거나 말을 타고서나 다니기, 사96). 말으' 태와'나 술게' 앉어'나 가지'구 댕기'기(말에 태우거나 수레에 앉거나 해서 가지고 다니기, 사43).

⑬ -(으)랴르≒-도록, -게끔

어떤 동작이나 상태에 이르기까지의 뜻을 나타내는 연결어미. 종결어미로도 쓰인다.

(17) 뎡게' 텰'안이 께디' 못'-하랴르 흙을르 싸안' 맥이' 없'소?(저기에 탄환이 꿰뚫지 못하도록 흙으로 쌓은 막(방벽)이 없소? 회387).

그 군병게 양식이' 베옌'변이 자'라랴르 잇소'?(그 軍兵에게 양식이 변변히 넉넉하게 있소? 회397).

⑭ -(으)라=-(으)러

(18) 가차분' 촌에' 가 니르오'. 영게르 피나디'랑, 구미리'랑, 양더'리랑, 닥더'리랑 팔라' 오'라구.(가까운 촌에 가 이르오. 여기로 피[稗]랑 귀리랑 양들이랑 닭들이랑 팔러 오라고. 회360)

마가메 나무 집부루 살라 가셔(마지막엔 남의 집으로 살러 갔어, 교56).

⑮ -(으)렴마는≒-(으)련마는

뒷 절이 원인이 되어 자신과는 무관한 일을 어쩔 수 없이 하게 되었음

136 보조사 '-나'는 '-두(<-도)'에 직접 연결된다. 예: 아무' 사'름두나 모까게' 셩듕 돌과'싸'기(아무 사람도 못 가게 성을 둘러싸기, 사73).

을 나타내는 연결어미.

(19) 내 가지르 아니 가졔가렴마는 쟉은딸이 나르 빌어셔[137](내 가지[枝]를 안 가져가련마는 작은딸이 나에게 부탁했어, 교60).

⑯ -(으)례니≒-(으)려니

(20) 싱냬 궁니르 해애셔: 볘르기더리 통 제게 주구례니(승냥이가 궁리를 했어: 벼룩들이 모두 제게 죽으려니 하고, 교38).

⑰ -(으)리마니≒-(으)리만큼

어떤 한도에 차거나 이름을 나타내는 연결어미.

(21) "집이 가졔다 쓸만 하다." 가졔가리-마니 동졔셔, 가지구 가셔.("집에 가져다가 쓸 만하다." 가져가리만큼 동여서, 가지고 갔어. 교54)
그만 두갠다, 파리-마니 팓다(그만 두겠다, 파리만큼 팠다, 교57).
cf. 은으 얼매던디 제 긔운 자랄 마니 모다셔 가지구 가셔(銀을 얼마든지 제 기운이 넉넉할 만큼 모아서 가지고 갔어, 교55).

⑱ -(으)명≒-(으)며

(22) 셔명(서-며), 다르명(닫[走]-으며), 먹으명(먹-으며).
쵠이 댕기니, 아더리 어부자기르 티명 아푸 보댜니쿠 그 두우 딸과 댕기다가(배가 다니니 아이들이 고함을 치며 앞을 보지 않고 그 뒤를

137 사사로이는 가지를 꺾어서 가져갈 일이 없는데 작은딸이 부탁해서 부득이 가지를 꺾게 되었다는 말.

쫓아다니다가, 교16).

⑲ -쟈구 ≒-(으)려고

(23) 마쉬 보는 사름 따르 잡아먹쟈구 해애셔(마소를 보는 사람 딸을 잡아먹으려고 했어, 교61).

싱내 개덜께 딸기워가셔, 무렁깨 숭기쟈구 하는데, 정게 예끼 이서셔(승냥이가 개들에게 쫓겨 갔어, 물웅덩이(?)에 몸을 숨기려 하는데 거기에 여우가 있었어, 교45).

3) 종결어미와 청자높임법

청자높임법은 3등급 체계이다.[138] 이러한 사실이 Nasekin(1895), 『단어와 표현』(1904), 『노한소사전』(1904)에 간단히 언급되어 있다(권 1, 420쪽을 참고). 예컨대, 『노한소사전』(1904: 38)에서는 "잘 보내라", "잘 보내오(*sredn.* 중간)", "잘 보내옵쇼(*pochtit.* 존대)"의 3등급으로 나누었다.

현대 육진방언과 동북방언의 청자높임법 등급도 3등급이다.[139] Ⅱ부의 문헌에 보이는 종결어미를 대상으로 그 기능을 밝히고 청자높임법의 체계를 살펴보기로 한다.

138 현대 육진방언에서, '명령법의 종결어미/화자의 부름에 답하는 청자의 말'은 아래와 같이 세 등급이다(곽충구, 2014: 198).

이샹에게(존대): 하압소/예.
등렬에게(평대): 하오/냥[nyã] 또는 양[yã](<냥[nyã]).
기하에게(하대): 해애라/옹[õ], 엉[ə̃], 응[ɨ̃].

139 이에 대해서는 小倉進平(1927: 14-24), 김병제(1965), 왕한석(1996), 이기갑(2003: 293-313), 곽충구(2014, 2017)에서 논의된 바 있다. 여기에 반말체를 넣기도 한다.

① 평서법

가) 존대

(가) -웁(읍)구마/-숩(습)구마

'-웁구마/-숩구마'는 용언 어간, 서술격조사, 선어말어미 '-엇-', '-갯-' 뒤에 결합되어 현재의 동작이나 상태를 서술하는 기능을 한다. 아래 예 (24)에서 보듯 화자보다 나이가 많거나 신분이 높은 청자에게 쓰인다.

(24) (학생→선생): 가 가마니 셔다르 와쑤꾸마(그 아이가 가만히 서당(학교)으로 왔습니다, 교74).

(신하→임금): 나라니메! 아무걷두 남뎌 주디 말구, 거저 막으 업셰라구 시기웁쇼. 그바께 업수꾸마.(나라님이시여! 아무것도 男丁을 주지 말고, 그저 막을 없애라고 시키십시오. 그밖에는 다른 방도가 없습니다. 교30)

(백성→신하): 아니우꾸마, 내 막으 뱅 냐 아니 팔개수꾸마. 시내[신하+-이] 말 해: 그러무 나래[나랑+-이] 너르 냥 뱅 냐 준다.(아닙니다, 내 막(幕)을 100냥에 안 팔겠습니다. 신하가 말 해: 그러면 임금이 너에게 200냥을 준다. 교29)

(백성→임금): 나르 홰-챌르 쉰 번으 톄 주웁쇼, 다른 샹겁우는 소오니 아니우꾸마.(나를 회초리로 쉰 번을 쳐 주십시오, 다른 賞給은 소원이 아닙니다. 교51)

내 오갠는걷두, 칩길래 오디 못 햇습구마(내가 오려 한 것도, 추워서 못 왔습니다, 사23).

(나) -웁(읍)꿔니/-숩(습)꿔니

(25) (학생→선생): 그게 금만이우꾸마, 댱손이 동새; 가 오래 셔다르 가쟈구 빌검마는, 에미 노타아니우꿔니, 가 가마니 셔다르 와쑤꾸마.(그 아이

가 금만입니다, 당손이 동생. 그 아이가 오래 동안 서당(학교)를 가겠다고 빌건마는, 어미가 놓아 주질 않습니다. (그래) 그 아이가 가만히 학교로 왔습니다. 교74).

앞 '-숩구마'와 함께 육진방언권에서 널리 쓰이는 어미다. 예문 (25)에서는 '-웁구마'와 '-웁꿔니'가 함께 쓰였다. 전자는 동작이나 상태를 손위 사람에게 그대로 서술하는 기능을, 후자의 '-웁꿔니'는 과거의 경험적인 사실을 [확인]하여 알려 주는 기능을 한다. 요컨대, '-습꿔니'는 화자 자신이 직접 사건이나 사태에 개입하지 않고, 있는 사실을 그대로 객관화하여 전달할 때 쓰인다. 즉, 어떤 사실을 확인하여 알려 줄 때 쓰이는 어미다(곽충구, 2014: 212).

(다) -웁눈(웁는)구마/-숩눈(습는)구마

(26) (신하→임금): 남뎨 지비스러바 아무걷두 아니 개웁눙구마[140](남정이 고집스러워 (보상으로 무엇을 주어도) 아무것도 안 가지는군요, 교30).

이 어미는 동사 어간에 결합되어 현재의 동작이나 상태를 있는 그대로 전달할 때 쓰인다. 위 '-습구마'보다 좀 부드럽고 공손한 느낌을 준다(곽충구, 2014: 214).

나) 평대

(가) -오/-소, -우/-수

'-오/-소'는 하오할 자리에서 대체로 어떤 사실에 대한 서술을 행할 때 쓰인다. 또 이 어미는 각기 다른 억양을 동반하고 평서, 의문, 명령, 청유

140 개:[持]-(<가이-)+-웁는구마→개:웁는구마→개웁는구마[개웁눙구마].

법에 두루 쓰인다. 이 방언의 하오체는 중부방언의 하오체와 하게체를 포괄한다. 화자와 청자가 비슷한 연배일 때, 하게할 대상 즉, 청자가 결혼을 했거나 장성한 아들일 때 또는 그 연배의 젊은이들일 때 그리고 며느리나 사위에게 쓴다(곽충구: 2014). 예는 아래와 같다.

(27)ㄱ. (딸→엄마): 가제가기 무겁소, 내 죠꼼 소깨쏘(가져가기 무겁소, 내가 조금 쏟겠소, 교31).

셩듕긑에 한 가난안 사름이 살앗소(읍내 끝에 한 가난한 사람이 살았소, 교10).

ㄴ. 우리 어더봉걸래셔 화니 이슬깨바 내 무셔바하우(우리가 주운 물건 때문에 우환이 있을까 봐 내가 무서워하오, 교22).

(27ㄴ)은 '-오' 대신 '-우'가 쓰인 예이다. '-우'는 '-오'보다 더 친근한 사이에서 쓰인다. 비격식적인 표현에 쓰인다.

(나) -웁(읍)니/-숩(습)니

이 어미는 물음에 답하면서 어떤 사실을 [확인]하여 알려 줄 때 쓰인다. 따라서 주로 단정적 서술에 쓰이는 '-오/-소'와는 차이가 있다.

(28) 겅게' 무'리 됴'숩니/쟉숩니(거기에 물이 좋네/적네, 회61).

팔 냉기' 겅게' 스물 대애 술긔' 잇숩'니(팔 나무가 거기에 스물 댓 수레가 있네, 회77).

사름덜이 염-쇠 젖으 먹숩니(사람들이 염소젖을 먹네, 교9).

느불메기 드무댜니키 마쉬르 무러쑵니(유혈목이가 드물지 않게 마소를 물었네, 교11).

이 길'이 모샐'르 데피웟'숩니(이 길이 모래로 덮였네, 회19).

(29)ㄱ. 어떤 여르매덜으는 낭게 여움니(어떤 열매들은 나무에 여네, 교9).
ㄴ. 나이 이들비임니[이듦+-이+-읍니](말[馬]의 나이가 두 살이네, 교4).
ㄷ. 텰때르 춍우 잴 때 쓰읍니(鐵臺를 銃을 잴 때 쓰네, 교11).
보리스 어딘 사'름이여. 그러나' 홰르 빨리' 내앰니.(보리스는 어진 사람이여. 그러나 화를 빨리 내네. 사23)

(28)은 유음을 제외한 자음 뒤에 결합되는 '-숨니'를, (29ㄱ)은 유음 뒤에 결합되는 '-움니'를, (29ㄴ, ㄷ)은 서술격조사와 모음 뒤에 결합된 '-움니, -음니'를 보인 것이다.

(다) -웁데/-숩데

(30)ㄱ. (아기 쥐→엄마 쥐): 한나는 무셔분게 마달르 댕기웁데. 그거게 바르는 거머쿠, 벼스는 벌거쿠, 눈덜으느 볘디구, 코오는 가꾸리 갇숩데. 내 기나갈 때 그게, 입우 버리구, 다리르 들구, 어떠키 모딜기 어부작으 텨꽈데, 내 겁지마네 어드르 갈쭈루 몰랏소.(하나는 무서운 것이 마당으로 다니데. 그것의 발은 거멓고, 볏은 벌겋고, 눈들은 비어지고, 코는 갈고리 같데. 내 지나갈 때 그게, 입을 벌리고, 다리를 들고, 어떻게나 몹시 고함을 치던지, 내 겁이 많아 어디로 가야 할지를 몰랐소. 교26)
ㄴ. 당시니' 기나' 온 기'리 됻'숩데?(당신이 지나온 길이 좋습디까? 회5).

아기 쥐가 굴 밖을 나가 겪은 경험담을 어미에게 보고하는 위 (30ㄱ)의 예와 같이 이 어미는 과거에 경험한 사실을 자리를 옮겨 현재에 와서 보고할 때 쓰인다. (30ㄱ)을 비롯하여 『철자 교과서』에서는 나이 어린 아들딸이 엄마에게 하오체를 쓴다. (30ㄴ)은 노중에서 만난 낯선 사람에게 한 말이다.

(라) -우리/-수리

(31) ㄱ. 우리' 시기는 일'으 하'오, 됴'운 싸그' 밧수'리(우리가 시키는 일을 하오, 좋은 삯을 받을 것이오/받으리다, 회126).

이 사르미 이르 하갰는데 잔다, 후에 나리 됴올저게 새르 모두디 몯하우리(이 사람이 일을 해야 하는데 잔다, 후에 날이 좋을 적에 새[草]를 모으지 못 할 것이오/하리다, 교32).

그 사름이 그피 이르 피르 하우리(그 사람이 급히 일을 畢할 것이오/畢하리다, 교10).

ㄴ. 다 돈'으 무러' 주'우리(다 돈을 물어 줄 것이오/주리다, 회139).

우리' 떠나 갈' 때 당신네'게 다 도루' 디'려 노쑤'리(우리가 돌아갈 때 당신네에게 다 도로 들여놓겠소/놓으리다, 회126).

'-우리/-수리'는 미래의 일에 대한 추측이나 의지를 나타낸다. 유음을 제외한 자음 뒤에서는 '-수리', 모음과 유음 뒤에서는 '-우리'가 결합된다. (31ㄱ)의 '-수리/-우리'는 '추측'을, 주어가 1인칭인 (31ㄴ)은 '의지'를 나타낸다.

다) 하대

(가) -다, -라

(32) ㄱ. 나라게 막으 쌀 돈이 업던게다(임금에게 막(幕)을 살 돈이 없었던 게다, 교30).

ㄴ. 뎌엉게 나무받 뎌 짝에, 촌에 마감 긑을르 처찌비라(저기 숲 저 쪽에, 촌의 마지막 끝으로 첫 집이다, 교23).

됳디' 안=인' 일'이라(좋지 아니한 일이다, 사65).

ㄷ. 두 사름이 사더라(두 사람이 살더라).

(32ㄱ,ㄴ)에서 보듯 서술격조사 다음에는 '-다' 또는 '-라'가 쓰인다. 그 밖에 '-더-' 뒤에서도 '-라'가 쓰인다.

(나) -르다

'이-', '아니-'의 뒤에서 쓰인다. 어떤 사실을 좀 엄숙한 태도로 알려 주거나 강조하여 말할 때 쓰인다. 예는 아래 (33)과 같다.

(33) (왕→신하): 아니르다, 내 그리 아니 하갠다.(아니로다! 내 그리 아니 하겠다. 교30)
(어머니→아들): 그게 역새르다. 바라, 그거 몹시 구디 말아라. 차래르 노아 보내라.(그게 되새로다. 보아라! 그거 몹시 굴지 마라. 차라리 놓아 보내라. 교63)

(다) -니라, -ㄴ니라, -느니라

(34)ㄱ. 그래계 이저는 즘승덜이 서르 다티디 몯 한니라(그러기에 이제는 짐승들이 서로 건드리지 못 하느니라, 교53). (하-+ -ㄴ니라)
셔당-아 자꾸 거즛뿌레르 한니라(저 학생은 자꾸 거짓말을 하느니라, 72). (하-+-ㄴ니라)
ㄴ. 야라 즘승더리 인니라(여러 짐승들이 있느니라, 교53). (잇-+ -니라)
해낸니라(해냈느니라, 교50). (내+-앗-+-니라)
오라댜니니라(오라-+-디 아니-+-니라, 오래지 아니니라, 교29). (아니-+-니라)
ㄷ. 이 소곰쟤더리 날 박기 젼 마당 소리르(soriri) 쓰느니라(이 잠자리들이 날이 밝기 전 마당 서리[間]를 쓰느니라, 교25). (쓸-[掃]+-느니라)

이 어미는 어떠한 사실을 가르쳐 주거나 타일러 주의를 줄 때 쓰인다. 자료가 한정돼 있어 이형태들의 통합을 온전히 기술하기 어렵다. 위 (34ㄱ)

의 예처럼 동사 '하-'에는 '-ㄴ니라'가 결합된다. 그러나 (34ㄴ)과 같이 형용사 '잇-', '아니-', 선어말어미 '-엇-' 뒤에는 '-니라'가 결합된다. 이로 보면 '-ㄴ니라'는 본디 '-느니라'의 모음 'ㅡ'가 탈락한 것으로 보인다. 그리고 (34ㄷ)처럼 동사 '쓸-'에는 '-느니라'가 결합된다.

(라) -(으)리라

화자가 추측한 사실을 청자에게 말할 때 쓰인다. 주위 또는 당부의 뜻을 나타내기도 한다. 모음과 유음으로 끝난 어간에는 (35ㄱ)에서 보듯 '-리라'가, 자음으로 끝난 어간에는 (35ㄴ)처럼 '-으리라'가 결합된다.

(35)ㄱ. 개덜이 너르 다티디 아니리라(개들이 너를 건드리지 않으리라, 교54).
그스기 허라리라(헐하-+-리라)(끌[引]기 쉬우리라, 교68).
어저느 내 반반해애두 디구, 고바두 디길래, 남뎨 나르 아니 딸구리라(딸구-+-리라)(이제는 내가 반반해지고 고와졌으니, 男丁이 나를 안 쫓아내리라, 교44).
붇둘리라(붙들-리라, 교47),
ㄴ. 먹으리라(교41)
하느니미 구직르 해 주기 쉽우리라(쉽-+-으리라)(하느님이 구조를 해 주기 쉬우리라, 교71).

(마) -는두

'-는두'는 막연한 의문을 나타낸다.

(36) 하느님이 우리게르 어띠다 무스거 보내갠는두(하느님이 우리에게로 어쩌다 무엇을 보내겠는지. 교21).

(바) -거니

마땅한 사실로 인정하거나 미루어 짐작한 사실임을 나타낸다. 흔히 속으로 하는 말의 인용 구성에 쓰인다.

(37) 내 궁니르 하기르: "내게 가오시 됴탸니킬래 얼갠거니." 자꾸 가두 기르느[길+-으느] 업구 어듭기만 해.(내 생각하기를, "내게 가죽옷이 좋지 않기에 몸이 얼겠거니." 자꾸 가도 길은 없고 어둡기만 해. 교67)

(사) -느라구=-노라고

화자가 어떤 사실을 엄숙하거나 정중하게 밝힐 때 쓰인다.

(38) 그때 그 새애기 실속(ʃirsok)[141] 해애셔, 제 마숴 보는 사름 딸이구, 댱새 딸이 아니느라구.(그때 그 처녀가 실토했어, 자기는 마소 보는 사람 딸이고, 장수[商人]의 딸이 아니노라고. 교61)

(아) -(으)랴르

'-으랴르'는 '-도록' 또는 '-게끔'과 근사한 뜻을 가진다. '-으랴르'는 '-으리+-아+-르[142]'와 같은 형태소 구성체에서 발전한 것으로 생각된다. 연결어미로도 쓰인다.

(39) 나래 그 막으 업세쟈구 마암우 두어셔. 양목밭으 흐리우디 말랴르.(나라님이 그 막(幕)을 없애려고 마음먹었어. 양목밭을 가리지 않게끔. 교29)
매돌이 굼-만 간즉, 너게르 가제 오마, 젖으 멍는 매돌으 새끼덜으

141 '실속'은 '실토(實吐)'와 유의어일 것으로 생각된다.

142 '불쎄르'(=갑자기)는 '불시(不時)+-에+-르'의 형태소 구성체가 부사화한 것이다.

먹으랴르(멧돼지가 금방 가면, 너희에게 (새끼를) 가져 오마, 젖을 먹는 멧돼지의 새끼들을 (잡아)먹게끔, 교50)

내 콩새야, 내 친고사, 풀에 놀라 내례 오디. 내과 녜애기르 하랴르. (나의 콩새야, 내 친구야, 풀밭에 놀러 내려오지. 나와 이야기를 할 수 있도록. 교53)

강덜과 도랑물더르 막소, 무리 바당물르 드러가디 말랴르(maʎʎari), 그 때애느 내 바당 무루 마시우리(강들과 도랑물들을 막소, 물이 바닷물로 들어가지 말게끔, 그때에는 내가 바닷물을 마시겠소, 교33).

② 의문법

가) 존대: -음두/-슴두, -(으)람두

(40) ㄱ. 알령하암두?(안녕하십니까? 교23)

당신이 무싀르(<무승+일+-으) 함두?(당신이 무엇을 합니까?)

그때 시내[신하+-이] 말해: 어띠개슴두! 궁거르 바르메 써근 맥이 셔구 이스리란 마림두?(그때 신하가 말해; 어찌하겠습니까? 궁궐의 맞은편에 썩은 막(幕)이 서 있으란 말입니까? 교30)

ㄴ. 어드메다 무루 가제오람두?(어디에다 물을 가져올까요? 교45)

(40ㄱ)의 '-음두/-슴두'는 육진방언의 전형적인 의문법 존대 어미다. 본디 '-음둥/-슴둥'인데 '둥'의 말자음 'ㅇ'이 약화되어 '-ɨmdũ/-sɨmdũ'으로 조음된 것을 '-음두/-슴두'로 전사한 것이다. 그리고 '-음두'의 두음 '으'는 선행하는 어간의 말모음에 동화된다. 예: 하-+-음두→하암두? 오-+-음두→오옴두?

(40ㄴ)의 '-람두'는 '-라고 함두'가 줄어든 말이다. 청자의 의사나 의향을 재차 물을 때 쓰인다. 위 어미들은 현재의 육진방언(노인층)에서 널리

쓰인다.

나) 평대

(가) -오/-소, -우/-수

어미의 결합 환경이나 화자와 청자의 관계는 평서법과 같다. 아래 (41ㄱ)은 '-오/-소'의 예를 보인 것이고 (41ㄴ)은 서술격조사 뒤에 '-오'가 결합한 예들을 보인 것이다.

(41)ㄱ. 뎡게' 딮'이 만'소?(저기에 짚이 많소? 회78)
　　뎡게셔 쉐'덜으 쌀만' 하'오?(저기서 소들을 살 만하오? 회48)
　ㄴ. 이 집이' 쥔'이 뉘'기오?(이 집의 주인이 누구요? 회91)
　　영게' 뉘'기 노예우'?(여기에 누가 村長이오? 회80)

(나) -라우

(42) 아매! 어띠-라우 이저느? 이저느 어띠 몯 하리라.(엄마! 어찌할까요, 이제는? 이제는 어찌하지 못하리라. 교64)

(42)는 '라고 하오'가 줄어든 말이다. 상대의 의사를 물을 때 쓰인다.

(다) -는가

(43) 타국 군새더리 내과 어띠갠는가?(타국 군사들이 나에게 어찌하겠는가? 교47)

'-는가'는 현재의 사실에 대한 물음을 나타낸다.

다) 하대

(가) -냐

해라할 자리에서 청자에게 물을 때 '-냐'를 쓴다. 아래 (44)에서 보듯 용언 어간, 선어말어미, 서술격조사 뒤에 결합된다.

(44)ㄱ. 알령하냐?(안녕하냐? 교68)

제 나르 어띠갠냐(əttiγɛŋŋa)? 내게 둥지 이 솔랑게 노푼데.(제가 나를 어찌하겠냐? 내 둥지가 이 소나무에 높은데, 교46).

ㄴ. 뉘기 돈 커우대르 도독질으 해앤냐?(누가 돈 주머니를 도둑질을 했냐? 교22).

ㄷ. 무숭 샹겁이 소오니냐?(무슨 상급(賞給)이 소원이냐? 교22).

(나) -느냐~-누냐/-은냐

(45)ㄱ. 어띠 네 내 가지르 겅느냐?(어찌 네 내 가지를 꺾느냐? 교60)

ㄴ. 무스 네 배낭그 시무-누냐(무엇 때문에(=왜) 너는 배나무를 심느냐? 교27)

ㄷ. 개야! 닐거라. 너 어드메셔 먹을꺼 구한냐(kuhaŋŋa)?(개야! 말해라, 너 어디서 먹을 것을 구하느냐? 교33)

그래 너르, 그 노릇으 한다구, 그리 멕에 주운냐?(그래 너에게, 그 노릇을 한다고, 그리 먹여 주느냐? 33)

어드메 사안냐? 네 큰아매.(어디에 사느냐? 네 할머니. 교23)

네 어드르 술게 앉아 간냐[143](네 수레를 타고 어디로 가느냐? Ma19).

어드르 가안냐?(어디로 가느냐? 교22), 티인냐?(치느냐? 교31)

---

143 본디 '가안냐'처럼 장음을 갖는다.

네게셔는 내 싣댜닌냐?[144](네게서는 내가 싣지 않았냐? 교48)

(45ㄱ)은 자음으로 끝난 동사 어간에 '-느냐'가 결합된 예를 보인 것이다. 또 (45ㄷ)은 모음이나 유음으로 끝난 동사 어간에 '-은냐'가 결합된 예를 보인 것이다. 동사 어간에 결합되면 '-은냐'의 '으'는 바로 앞 어간 모음에 동화되고 'ㄹ' 말음 어간에 결합되면 'ㄹ'이 탈락한 후에 '으'가 앞 어간 모음에 동화된다(곽충구, 1994: 167-168). '-느냐'와 '-은냐'는 '-냐'보다는 좀 정중한 느낌을 준다. '-느냐'와 '-은냐'가 어떻게 이형태 관계를 형성하게 되었는지는 더 논의가 필요하다.

③ 명령법

가) 존대: -읍쇼, -옵쇼/-습쇼

존대 표시의 어미로는 아래 (46)과 같이, 모음으로 끝난 어간에 결합하는 '-읍쇼', '-옵쇼'만이 보인다.[145]

(46) 나라니메! 아무건 두 남뎌 주디 말구, 거저 막으 업셰라구 시기읍쇼.(임금님이시여! 아무것도 男丁을 주지 말고, 그저 막을 없애라고 시키십시오. 교30)

나르 홰-챌르 쉰 번으 톄 주읍쇼(나를 회초리를 쉰 번을 쳐 주십시오, 교51).

---

144 '싣-+-디 아니-+-은냐'로 분석된다. '-디 아니하-'는 '하'가 탈락한 '-디 아니-'의 꼴로 쓰인다. 또 관형사형 어미 '-은', 연결어미 '-으니', '-으무' 따위와 종결어미 '-오', '-우', '-읍니', '-읍구마, -은냐' 따위가 결합되면 '하'가 탈락한다(곽충구: 2019a).

145 곽충구(2017b: 116)에는 육진방언의 명령법 하압소체 어미로서 '-읍소/-습소, -읍서/-습서', '-읍꽈니/-습꽈니' 등의 어미가 더 있다.

잘 보내옵쇼'(잘 보내십시오(=지내십시오), 사38)

나) 평대: -오/-소, -우/-수, -웁게(긔)/-숩게(긔)

(47) 이 다리' 못'-스갯소, 고톄' 놋소'(이 다리 못 쓰겠소, 다시 놓소, 회157).
풀'우 베'에 놋소'(풀을 베어 놓소, 회160).
물매기'르 고티'오(물막이를 고치오, 회155).

(48) 말더르 무루 메기우(말에게 물을 먹이오, 교7).

(49) 안쑤긔(←앉-+-숩긔), 안쑥게(←앉-+-숩게)(푸573)

(50) 머그셰(먹-+-으셰)(푸663)

(47)의 '-오/-소'는 가장 널리 쓰이는 명령법 어미다. (48)의 '-우'는 '-오'보다 친근한 느낌을 준다. (49)의 -웁게(긔)/-숩게(긔)는[146] '-오/-소'보다는 청자를 좀 존중하여 말하거나 무엇을 부드럽게 시킬 때 쓰인다. (50) '-으셰' 역시 Putsillo(1874)의 사전에 등재된 어미로 곽충구(2017b: 114)에 의하면 "'-오/-소'보다는 더 정중한 표현에 쓰며 친밀한 사이나 화자보다 나이가 어린 성년에게 쓴다."고 하였다.

다) 하대: -아라/-어라, -나라, -거라, -례무나, -어다구, -디

(51) ㄱ. 바라, 그거 몹시 구디 말아라, 차래르 노아 보내라.(보아라! 그거 몹시 굴지 마라. 차라리 놓아 보내라. 교63)
ㄴ. 큰아매 인는데 갇다 오나라(할머니한테 갔다 오너라, 교22).

146 곽충구(2017b: 116)에는, "'-읍궤/-습궤'는 어른들의 말에서 쓰이는데 '-오/-소'보다는 좀 존중하거나 무엇을 부드럽게 시키는 뜻을 나타낸다. 예컨대, 나이가 지긋한 남편이 아내에게(반대로 아내가 남편에게는 못 씀) 또는 나이가 비슷한 노인들 사이에서 또는 부모가 장성한 아들이나 며느리에게, 나이가 어린 성년에게 말할 때 쓰인다. '하오'보다는 덜 격식적인 표현에 쓰인다."고 하였다.

ㄷ. 내게셔 큰아매게르 가제 가거라, 밴세랑 또 단뎨 기름이랑(내게서 할머니께 가져가거라, 만두랑 또 단지에 기름이랑, 교22).

셔거라!(서라!, 회61)

(52) 오례무나. 쥐에니 너두 그러키 메계 주리라((우리에게) 오려무나! 주인이 너도 그렇게 먹여 주리라. 교34)

푸레 놀라 내례오디. 내과 냬애기르 하랴르.(풀밭에 놀러 내려오지. 나와 이야기를 하게. 교53)

(51ㄴ)에서 보듯 '오-'에는 '-나라', (51ㄷ)에서 보듯 '가-', '셔-'에는 '-거라'가 결합된다. '-나라'는 오직 '오-'에만 결합되지만 '-거라'는 '가-', '셔-' 외에도 몇몇 어간에 결합된다. 그 밖은 (51ㄱ)에서 보듯 모음조화 규칙에 따라 '-아라' 또는 '-어라'가 결합된다.

(52)의 '-례무나', '-디'는 부드럽고 다정하게 명령할 때 쓰인다.

④ 청유법

Ⅱ부의 문헌에는 존대와 평대의 청유법 어미가 보이지 않는다. 전체 체계를 고려하여 현대의 육진방언에서 쓰이는 어미를 적어 둔다(곽충구: 2017b).

가) 존대: -깁소, -겝소, -깁셔, -겝셔

나) 평대: -기오, -게오, -읍세/-습세

다) 하대: -쟈

(53) 뉘기 오는가 보쟈(누가 오는지 보자, 교8).

⑤ 감탄법: -구나, -르구나

청자 자신의 느낌을 나타낸다. 아래와 같이 '-구나'로 나타낸다.

(54) 나느 씨갓으 한 알래 주거꾸나.(나는 씨앗 한 알 때문에 죽었구나! 교43)
이게 네게, 아들아, 재쥐르구나!(이게 네게, 아들아! 재주로구나! 교9)
그게 고냬르구나!(그게 고양이로구나! 교26)

⑥ 약속법: -마/-으마

화자가 청자에게 무엇을 할 것을 기꺼이 약속할 때 쓰인다. 아래 예 (55)와 같이 모음과 유음 뒤에는 '-마'가 결합되고 유음을 제외한 자음 뒤에는 '-으마'가 결합된다.

(55) 내 너게르 오마(내가 네게로 오마, 교7).
그 돌으 나르 다구, 그래무 돈으 첸냐 주마(그 보석을 나에게 다오, 그러면 돈을 천 냥을 주마, 교51).
어부작 소리르 듣구 다라나는게문 내 붇둘마(고함 소리를 듣고 달아나는 것이면 내가 붙들마, 교26).
네 에미르 내 빌마, 너르 셔다르 보내라구(네 어미에게 당부하마, 너를 학교로 보내라고, 교74).

1.3.4. 활용과 곡용

1) 비자동적 교체 명사

비자동적 교체를 보이는 어사는 교체의 유형과 방식이 중세국어와 대체로 같다. 이에 대한 관심은 일찍이 G.J. Ramstedt(1928, 1939)에서 있었고 이에 대한 본격적인 논의는 이기문(1962)에서 이루어졌다. 이기문(1962)에서는 중세국어 자료를 바탕으로 하고 함경도 방언 자료를 보조적으로 이용하여 앞선 시기의 어형을 CVCVC로 재구하고 교체의 변화를 기술하였다. 곽충구(1994: 221-235)에서는 Ⅱ부의 카잔 한국어 문헌 자료를 통해 비자동적 교체를 유형화하고 그 교체의 기제를 논의한 바 있다. 그리고 곽충구(2000a)에서는 현재의 함북 방언을 대상으로 비자동적 교체 어사의 변화와 그 변화의 방향을 추적하였고 곽충구(2019a: 【부록 Ⅱ】)에서는 현 육진방언에서 볼 수 있는 비자동적 교체 어사들을 망라하고 유형화하여 제시한 바 있다. 여기서는 곽충구(1994: 221-235)를 바탕으로 19세기 말 20세기 초의 비자동적교체 어사들을 유형화하고 그 목록을 정리해 둔다.

비자동적 교체 어사들은 후속 어미가 모음으로 시작하는지 아니면 자음으로 시작하는지에 따라 각기 다른 어간 이형태로 교체된다. 교체 환경만을 고려한다면 이들은 음운론적으로 조건된 어간 교체 이형태들이라고 할 수 있지만, 육진방언의 공시적 음운과정으로는 이들 어간 교체가 설명되지 않는다. 따라서 이들은 조사나 어미와의 통합에서 발생한 통시적 음운과정의 공시적 顯現이라고 할 수 있을 것이다.

비자동적 교체를 보이는 명사들은 모두 교체 환경과 방식이 동일하다. 자음 조사 앞에서는 $(C_1)V_1C_2V_2(V_2=ɨ, u)$의 어간으로 교체되고 모음 조사 앞에서는 $(C_1)VC_2C_3(C_3=k, r)$의 어간으로 교체된다.

① 제1유형: CVmu-/CVŋk-

이 유형에 드는 명사는 ‘나무[木]’, ‘구무[穴]’,[147] ‘풀무[冶]’가 있다.[148]

147 이 밖에 “suk’uŋgi/suk’umudəri”(숫구멍[頂門]-이/숫구멍-들-이, 사120)과 같은 예가 있다.

148 이 밖에 ‘두멍[水罐]’의 방언형 ‘두무/둥ㄱ’을 추가할 수 있다(곽충구: 2000, 2019a). 현재 이 명사는 모음 조사 앞에서는 ‘둥ㄱ’으로 교체되나 자음 조사 앞에서는 ‘둥기’로 교체된다. ‘두무’는 복합어에서만 근근이 명맥을 유지하고 있다. 『한글』 6-3호(1938, 金麗珍 조사)에 수록된 咸北 吉州 · 城津 방언에 ‘물둥기’, ‘물두무’가 보인다. 황대화(1986, 부록)에는 육진방언형 ‘둥기, 물둥기, 물둥구’, ‘기둥기’(지둠기<디둠기<딜둠

'나무'의 예를 들어 보기로 한다.

(55) -이(주격): 동네 사름덜께는 냉기 오분 동삼우 자라는데(동네 사람들에게는 나무가 온 겨울 동안 넉넉한데, 교56).

-으르(방향): 셰피 낭그르 올라가셔(다람쥐가 나무로 올라갔어, 교48).

-에(장소): 어떤 여르매더르는 낭게 여움니(어떤 열매들은 나무에 열리네, 교9).

-에다(위치): 닥수리 낭게다 둥지르 틀구 새끼더르 쳬셔(독수리가 나무에다 둥지를 틀고 새끼를 쳤어, 교49).

-에셔(처소): 낭게셔 무수게라는디 드끼댜닌다(나무에서 무엇이라 하는지 들리지 않는다, 교53).

-으(대격): 그게 솔랑그 태우쟈구 하는데(그것이 소나무를 태우려고 하는데, 교46).

-으(속격): 낭그 부리르 빼쟈구(나무의 뿌리를 뽑자고, 교50).

-을르셔(재료): 그 낭글르셔 때애기라 시재기르 해애셔(그 나무로써 때기 시작했어, 교55).

-으느(보조사): 낭그느 업셔(나무는 없어, 교55).

-을래(-때문에): 내 한버느 동사메 나무바트르 낭글래 가셔(내가 한 번은 겨울에 숲으로 나무를 하러 갔어, 교67).

-과(공동격): 나무과 무르 가졔오오(나무와 물을 가져 오오, 회102).

-덜(복수 접미사): 나무더리(나무-들이, 교19).

cf. 複合語에서

깨앰나무가지(개암나무 가지, 교59), 나무아재기르(나뭇가지-를, 교19), 나무가질르(나뭇가지-로, 교39).

기), '물두무덮개(괘)'가 있다.

(55)에서 본 바와 같이 모음으로 시작하는 조사 앞에서는 '낭ㄱ'으로 교체되고 자음으로 시작하는 조사 앞에서는 '나무'로 교체된다. 그리고 교체가 이루어지지 않는, 접미사 앞과 복합어에서는 '나무'로 실현된다.

중세국어에서는 동일한 교체 환경에서 '나모'와 '낢ㄱ'으로 교체되었으니 양자를 대조해 보면 교체 어간 이형태들은 각각 비어두 위치에서의 'ㅗ>ㅜ', 'ㅁ>ㅇ'의 자음동화를 겪었을 뿐이다.[149] 이러한 특이한 교체에 대하여 이기문(1962)에서는 본디 '*나ᄆᆞᆨ'을 재구하고 이 재구형에 모음으로 시작하는 조사가 결합하면 '*나ᄆᆞᆨ=$CV_1CV_2C_3(=\gamma)$'의 V_2(=ㆍ)가 탈락하고 자음으로 시작하는 조사가 결합하면 말자음 'γ'가 탈락한 것으로 기술하였다. 한편, 공시적으로는 설명할 수 없는 위와 같은 교체에 대하여 최명옥(1985)에서는 어휘부에 두 개의 복수 기저 이형태를 등재하고 그것을 선택 규칙에 의해서 표면형으로 이끌어 내는 규칙을 설정한 바 있다.[150]

② 제2유형: CVrɨ-/CVrk-

이 교체 유형에 드는 명사들은 아래와 같다.

가) 쟈르/쟑ㄱ[袋]

(56) -이(주격): 쟐기(자루[袋]-가, 교8)
-으(대격): 냥반이 바느질하는 사름우 돈으 한 쟐그 주어셔(양반이 바느질하는 사람에게 돈을 한 자루[袋]-를 주었어, 교37)

149 현재의 육진방언에서는 대체로 단독형은 '낭기', 모음 조사 앞에서는 '낭ㄱ'으로, 자음 조사 앞에서는 '나무', 또는 '낭기'로 실현된다. 따라서 '나무'는 주로 복합어에서 명맥을 유지하고 있다.

150 이러한 비자동적교체와 관련된 논의는 최명옥(1985), 김성규(1988), 김봉국(2003), 이진호(2006), 신승용(2007, 2014) 등을 참고할 것. 그리고 이들 명사의 재구와 방언 분화에 대해서는 이승재(1983)을 참고할 것.

-덜(복수 접미사): <u>쟈르덜으</u>(자루-들을, 사62)

나) 가르/갈ㄱ[粉][151]

(57) -이(주격): 갈기(가루가, 사61)

-으(대격): 당신네 우리게 <u>갈그</u> 엠매나 내놀만 하오?(당신네가 우리에게 가루를 얼마나 내놓을 만하오? 회151)

-으(대격): 어드메셔 <u>갈그</u> 파오?(어디서 가루를 파오? 회244)

이 유형에 드는 명사로는[152] '잘기[柄](사98), 글기[株][153], 실기[甑](푸256), 날기[津](푸502), 불기(상추)(푸524)[154], 놀기, 놀가지(노루, 푸243), 몰기/모루/말기(모루[鐵砧], 푸332)[155] 등이 있다.

---

151 이기문(1962: 124-5)에서 지적한 바와 같이 중세국어의 '가ᄅ[粉]'는 2류와 3류를 넘나들던 어사인데, 이 방언의 '가르'는 2유형에 속한다.

152 곽충구(2019a, 【부록 Ⅱ】)에 이 유형에 드는 명사들이 망라되어 있다.

153 중세국어의 '그릏[株]'는 말모음이 'ㅡ', 성조가 '平平'이라는 점에서 위 명사와 일치하지만 自動的 交替를 보인 'ㅎ' 종성체언이었다. 그러나 동북방언, 육진방언에서는 이 명사가 '긁/그루'로 교체된다. 그러므로 중세국어의 명사 말음 'ㅎ'과 '긁'의 말자음 'ㄱ'는 역사적으로 관련을 맺고 있다고 할 수 있다. 또 이는 중세국어와 방언 간의 'ㄱ'~'ㅎ' 대응과도 관련된다. 이에 대한 연구사적 비판과 새로운 해석은 위국봉(2010: 10-16)을 참고할 것. 참고로 k>h는 河野六郎(1945), 이기문(1972a, 19, 73-4), Ramsey(1978), 이승재(1983), 신승용(2003)에서, h>k는 최명옥(1982: 76-79), 한영균(1985)에서 주장된 바 있다.

154 중세국어에서는 이 어사의 교체형이 발견되지 않으나 육진방언에서는 2유형에 속한다(곽충구: 2019a). 이 명사의 방언형 중에는 '부룩쌈'(함남 함흥), '부로기쌈'(경북 울진)(최학근: 1978)이 보이는바, 이는 이 어사가 /*puruk/으로 재구될 수 있는 근거가 되리라 생각한다.

155 '마루[宗, 棟]'는 중세국어에서 3유형에 속했지만 이 방언에서는 2유형에 속한다. 이 명사의 교체와 그 용례는 곽충구(2019a)를 참고할 것. 『한글』 9-7(1941, 조선어학회)에 수록된 함북 청진 방언에 '용마르때', '용말기'가 보인다.

③ 제3유형: CVrɨ-/CVrr-

이 유형에 속하는 어사는 '초하루[一日]'의 한 예만이 보인다.

(58) -이(주격): 초할리(초하루-가, 푸358, 스546, 타20)

cf. 하르가리(하루갈이, 푸138), 할갈이(har-gari, har-kari)(타14)

하르ᄉᆞ리(하루살이, 푸162). cf. ᄒᆞᄅᆞ사리[蜉], (『訓蒙字會』(上: 23))

'초할리'는 푸칠로의 『노한사전』(1874)의 예로서 주격형이다. 조사 '-이' 앞에서 '초할ㄹ'로 교체된 것이다. 그러나 자음 조사 앞 교체형은 보이지 않는다. 다만, 복합어에서 '하르'가 보이므로 이전 단계에서는 모음 조사 앞에서 '할ㄹ', 자음 조사 앞에서 '하르'로 교체되었을 것이다. 그런데 『노한회화』(1904)와 『초급 교과서』(1901)의 아래 예는 그러한 어간 교체를 보이지 않는다.

(59) 당신네 할랄에 엠매씨 밧소?(당신들은 하루에 얼마씩 받소? 회232).

내 할랄에 쥔으 임셕에 너돈으 밧수(나는 하루에 주인이 제공하는 음식에다 넉 돈을 받소, 회233).

오늘 느비 비각딜으 할랄으 해앳소(오늘 누이가 (곡식) 베기를 하루-를 했소, 초58).

(59)의 예는 '하루'의 방언이 '할랄'임을 보여 준다. 곽충구(2019a)에는 '할랄' 외에 '할럴', '할틀'도 보인다. 이들 방언형들은 '이틀', '사흘(<사ᄋᆞᆯ)', '나흘(<나ᄋᆞᆯ)'에 유추되어 모음 조사 앞에서의 교체형 'ᄒᆞᆯㄹ-'에 '-ᄋᆞᆯ'이 결합된 파생어 '*ᄒᆞᆯᄅᆞᆯ'로부터 변화한 것으로 생각된다. '하루'는 성조가 저저(무성조)이지만 '할랄'은 저고인데 이는 '사흘', '나흘'과 같다. 이들은 모음 조사 앞 교체형에 접사가 결합된 '놀가지[獐](<놁-+-아지)', '글거리[株](<긁-+-어리)'와 동궤의 파생이다. '할랄', '놀가지', '글

거리'는 이렇게 해서 비자동적 교체의 굴레에서 벗어난 것이다.[156] 연해주 한국어에서 제3유형의 명사는 '하르'가 '할랄'로 변화하면서 소실되고 다만 파생어인 '초하르/초할ㄹ'에서 그 명맥을 유지하고 있다.

④ 제4유형: CVsɨ-/CVkk-(<CVsk-)

이 유형에 속하는 명사는 '여우[狐]', '아우[弟]', '무[菁]'의 셋만이 보인다.

가) 여우[狐]

(가) 모음으로 시작하는 조사와의 결합

(60) -이(주격): 예끼 제 대가리르 옹조례다 녀티 몬 해셔(여우가 제 대가리를 옹조리에[157] 넣지 못했어, 교18).

-이(주격): 예끼 하븐자 싹 머거셔(여우가 혼자 싹 먹었어, 교18).

-으(대격): 한새 여끄 제 인는데르 쳥해다 졈시무 주어셔(두루미가 여우를 제 있는 데로 請해다 점심을 주었어, 교18).

-으(속격): 닥수리 여끄 새끼르 쥐구 가졔 가쟈구 하니(독수리가 여우의 새끼를 쥐고 가져가려고 하니, 교46).

-으는(보조사): 여끄는 무레셔 다른 자릴르 나와셔(여우는 물에서 다른 자리로 나왔어, 교58).

(나) 자음으로 시작하는 조사와의 결합

(61) -과(공동격): 여스과 한새(여우와 두루미, 교18).

156 '하룻날'의 제주방언은 [hʌrɨl¬nal](최학근, 1978: 160)이다. [hʌrɨl¬nal]의 'hʌrɨl'은 바로 *hʌrʌr의 고형이 아닌가 생각된다.

157 '옹조리'는 주로 어린 여자아이들이 이고 다니는 작은 물동이. 주둥이는 좁고 배가 부르다.

(다) 휴지 앞(속격 위치)

(62) 베르기더리 <u>여스 사드르랑</u>(벼룩들이 여우 등으로랑, 교37).

다 <u>여스 얼구례</u> 모다셔(다 여우 얼굴에 모였어, 교37).

나) 무[菁]

(63) ㄱ. -이(주격): <u>무끼</u> 한-부대 엠매씨오?(무가 한 부대에 얼마씩이오? 교35).

ㄴ. 휴지 앞/주격형: 무수/무끼(musu/mukki)(무, 무-가, 사99).

『단어와 표현』에는 '아스'(아우), '여스'(여우)가 각각의 격조사 앞에서 어떻게 교체가 이루어지는지를 아래와 같이 제시해 놓았다('격'의 명칭은 러시아어를 번역한 것임).

격조사	아우[弟]	여우[狐]
기본격('-덜' 앞)	아스	여스
주격(-이)	앣-이	옋-이
속격(-으)	앇-으	엯-으
여격(-게)	아스-게	여스-게
대격(-으)	앇-으	엯-으
호격(-아)	앇-아!	엯-아!
향격(-을르)	앇-을르	엯-을르
처격(-게)	아스-게	여스-게
탈격(-게셔)	아스-게셔	여스-게셔
보조사(-으는)	앇-으는	엯-으는

위 4유형 명사들은 여격의 '-게', 처격의 '-게', 탈격의 '-게셔'처럼 자음 조사 앞에서는 '아스', 모음 조사 앞에서는 '앇'으로 교체된다.158

지금까지 본 비자동적 교체를 보이는 명사는 네 가지 유형이 있다.

158 이 밖에 곽충구(2015b)에 의하면, '챠수/챣(창애)', '부수/붃[杼]', '도수/돇'[蓆]을 추가할 수 있다. 이들은 각각 '*챠슥', '*부슥', '*도슥'으로 재구된다.

이는 모음으로 시작하는 조사와 연결될 때에 나타나는 교체 이형태의 말자음군을 고려한 것이다. 이처럼 연해주 한국어에서 볼 수 있는 특수 어간 교체 명사와 그 교체 방식은 이기문(1962)에서 제시한 *lg, *zg의 단계변화설과 몇몇 음운변화를 제외하면 중세국어와 같다. 부연하면, 중세국어에는 'ㅿ', 'ㆁ'의 유성마찰음이 존재하지만 이 한국어 방언에는 각각 그에 대응하는 'ㅅ', 'ㄱ'만이 존재한다. 또한 李基文(1962)에서는 중세국어 시기 이들 명사의 성조가 '平平'임을 밝힌 바 있는데, 이 한국어 방언의 명사들은 '저저'여서 대응이 일치한다.

중세국어: *아ᅀᆞᆨ(azʌɣ)+-VX > 아ᇫᅌVX, *아ᅀᆞᆨ+-CX > 아ᅀᆞCX
육진방언: *아ᄉᆞᆨ>*아슥+-VX > 앗ㄱVX, *아슥+-CX > 아스CX

그런데 이들 명사의 공시적 교체는 음운론적 조건에 의한 것임에도 그 교체의 타당한 음운과정을 제시하기 어렵다. 가령, 앞서 본 바와 같이 1류에 속하는 '나무'는 자음으로 시작하는 조사나 자음으로 시작하는 접사 또는 단어 경계 앞에서는 '나무', 모음으로 시작하는 조사 앞에서는 '낭ㄱ'으로 교체되는데, 이러한 어간 교체는 단일 기저형으로부터 이끌어 낼 수 없다. 예컨대, *나묵으로부터 '나무'와 '낭ㄱ'을 도출하기 위해서는 모음 조사가 결합할 때 V_2(=ㅜ)가 탈락하고 자음 조사가 결합할 때 C_3(=ㄱ)가 탈락한다고 해야 하는데 그 같은 교체 규칙은 존재하지도 않거니와 음성적 동기도 석연치 않다. 또 말모음 'ㅜ'를 다른 'ㅜ'와 구별할 하등의 음운론적 근거도 없다. 그리고 '*나묵'과 형태소 구조 및 성조가 같은 '가죽', '굼묵'은 역사적으로나 공시적으로나 그러한 교체를 보이지 않는다. 이는 이들 비자동적 교체가 통시적 음운과정에서 비롯된 것이라는 사실을 의미하는 것이다.[159] 공시적으로 이들 교체 어간은 어휘화된 교체형(the lexicalized alternants of a stem)으로서 어휘부(lexicon)에 독립적으로 존재하며, 음운론적 조건에 따라 선택된다(최명옥: 1985, 1988)고 해야 할 것이다.

이렇게 특이한 어간 교체를 형식화했을 때 우리는 이들의 형태소 구조가 유사하며, 특히 제2음절 모음이 [+high, +back]의 자질로 자연부류를 이룬다는 점 등을 알 수 있다. 그리고 1세기 전의 위 교체 어간 이형태들을 현대의 그것과 대조해 보면 점차 모음어미 앞에서의 교체형으로 단일화(leveling)가 진행되고 있음을 알 수 있는데 이는 화자들이 두 어휘화된 이형태를 심리적으로 인지하고 있다는 사실을 의미하는 것이다.[160]

2) 비자동적 교체 용언

앞 비자동적 교체 명사들과 같은 유형의 용언이 있다. 이들 용언 역시 고조가 없는 저저 어간이다. 용언에는 1)에서 유형화한 1, 2, 3유형만

---

159 위 비자동적교체 어사의 역사적 발달에 대해서는 제설이 분분하다. 아래에 제설을 간략히 언급해 둔다.

① Ramstedt(1928)에서는 어말의 spirantic -g-가 발전하여 어간모음이 재구조화한 것으로 이해하였다.

② 선대형을 *namgʌ로 보고(*남ᄀ), 후에 *g가 탈락하여 namʌ>namo로 변화(단독형). 곡용형은 namgʌ+-i→namgi로 해석(河野六郎, 1944: 38, 111-113).

③ 나무, 구무의 원형을 [nam], [kum]으로 보고 'ㄱ'은 곡용 시에 삽입되는 요소로 처리. '남>나모'는 불안정 어형인 데다 동음이의어(혹은 근사음 이의어)와의 식별이란 의미론적 문제도 곁들여 모음이 첨가됨(남광우: 1960).

④ 이들 어간은 모두 CVCVC의 구조를 갖는 것으로 재구하고, 이들 어간이 일정 시기에 비자동적 교체를 보인 것으로 해석. 모음어미 앞에서는 어간의 제2음절 위치의 약모음이 탈락(syncope)하고 자음으로 시작하는 조사 앞에서는 말자음이 탈락하는 현상으로 해석(이기문: 1962).

⑤ 한영균(1985)는 이기문(1962)의 재구형과 동일한 CVCVC 어간으로 재구. 다만 어간말의 자음을 /h/로 재구함. 그리고 이기문 교수의 *zg>zɣ>zɦ>ø와 같은 단계변화(gradual change)를 부정함.

160 예컨대, '나무/낭ㄱ'은 '낭기'로, '여스/엮'은 '여끼'로 단일화가 이루어지고 있다(곽충구: 2000). 이 단일화는 명사의 단독형에 결합되는 접미사 '-이' 때문이다.

존재하고 4유형의 어간은 없다.[161] 이들을 유형별로 나누어 보면 다음과 같다.

1유형　심ㄱ- ~ 시무-[植]
2유형　닐ㄱ- ~ 니르-[謂]({XVrɨ-}$_2$)
3유형　흘ㄹ- ~ 흐르-[流]({XVrɨ-}$_1$)
5유형　니를- ~ 니르-[至]

이제 이들 교체 유형들의 예를 살펴보기로 한다.

① 제1유형: 심다[植]

(64) -어시-: 노인이 배 낭그 심거셔(노인이 배나무를 심었어, 교27).
-느냐: 무싀 네 배낭그 시무누냐(무슨 일로 너는 배나무를 심느냐, 교37).
-기: 시무기(šimugi)(심-기, 사99, 118).

'심-'은 명사의 1유형과 교체 방식이 같다. 어미 '-어X' 앞에서는 '심ㄱ-'으로, 자음으로 시작하는 어미, 어미 '-으X', 종결어미 '-오' 앞에서는 '시무-'로 교체된다.

그런데 『노한소사전』(1904)에는 아래 (65)와 같이 '심구-'가 보인다.

(65) 씨갓으 심구는 때(씨앗을 심-는 때, 사118).

161 중세국어에서 4유형 어간이었던 '그스-[曳]'의 이 한국어 방언은 'k'isɨ-'인데, 이 동사는 "k'isɨgu tɛŋgigi(끌-고 다니기, 사119), kɨsɨgi(끌-기, 교68), kɨsə onara(끌-어 오너라. 교28, 39)"처럼 자동적 교체를 보여 준다.

'심구-'는 교체 이형태 '심ㄱ-'와 '시무-'의 混淆形(blending form)이다. 어간 교체 이형태들이 단일화(leveling)하는 한 양상이다.

② 제2유형({XVri-}$_2$)

이 유형의 어간은 어미 '-어X' 앞에서 자음군 'ㄹㄱ'을 갖는다. 역시 저저 어간이다. 이를 뒤의 '③ 제3유형({XVri-}$_1$)'과 구분하기 위해 {XVri-}$_2$로 표시한다.[162]

가) 니르다[謂]

(66) -어: 내 너더르 닐거 주마, 어띠 고냬게셔 사라날꺼(내가 너희들에게 일러 주마, 어찌 고양이로부터 살아날 수 있는지를, 교21).

-어: 네 나르 닐거다구(네 나에게 일러 다오, 교39).

-어라: 대답우 해애라! 닐거라!(대답을 해라! 일러라! 회35)

-거라: 개야! 니르거라 너 어드메셔 머글꺼 구한냐(kuhaɲɲa)?(개야! 말해라, 너 어디서 먹을 것을 구하느냐? 교33)

-기: 니르기(이르-기[謂], 사104, 133).

-갯-: 니르갣다(이르-겠다, 교3).

-명: 니르명(이르-며, 교6).

-디: 명내미는 니르댜녜셔(명남이는 이르-지 않았어, 교70).

-(으)마: 내 나라과 니르마(내가 나라님에게 이르마, 교50).

-(으)마: 네 에미르 내 니르마(내가 네 어미에게 이르마, 교74).

-오[163]: 가차분' 촌에' 가 니르오', 영게르 팔라' 오'라구(가까운 村에 가

---

162 형태는 동일해도 활용 유형은 다르다. 예컨대, '부루-[號, 呼]'는 {XVri-}$_1$에 속하지만 '부루-[飽]'는 {XVri-}$_2$에 속한다. {XVri-}$_1$와 {XVri-}$_2$는 사피동 파생에서도 달리 행동한다.

163 어미 '-오'가 자음 어미와 동일한 음운 행위를 보인다는 사실은 유음 탈락에서 언급한

이르오, 여기로 팔러 오라고, 회360).

나) 니르다[讀]

(67) -어라: 네 자라 하기 기둘구구 그르 닐거라(네 자라서 공부하기를 기다리고 글을 읽어라, 교75).

-기: 뉘기 너르 니르기르 갈치원나(kartʃʰiwəɲɲa)?(누가 너에게 읽기를 가르쳤느냐? 교74). 니르기(읽-기, 사92, 127).

-는데: 다 그르 니르는데, 너느 어때 영게 셔구 인나(šəgu iɲɲa)?(다 글을 읽는데, 너는 어째 여기에 서 있느냐? 교73)

-고: 니르구(읽-고).

-지: 만일 니르지 안=이 케꺼던 채그 가져가지 마오(만일 읽지 아니하겠거든 책을 가져가지 마오, 사v).

-을: 죠꿈 니를 줄두 아라셔(조금 (책을) 읽-을 줄도 알았어, 교74).

cf. 니르오/니른다(푸706), 닐기기(읽히-기, 사127).

다) 두루다[揮, 圍]

(68) -어: 아더르는 빙 둘거 앉아 바셔(아이들은 빙 둘러 앉아 보았어, 교72).

사즤르 둘거 셰셔(獅子를 둘러섰어, 교43).

어께 둘거 메에셔(어깨에 둘러메었어, 교54).

-고: 훈대 불군 목슈거늘르 목으 두루구 가운들르 댕계(訓長(선생)이 붉은 목도리로 목을 두르고 (교실) 가운데로 다녀, 교73)

위 가~나)의 '니르-/닑-[謂, 讀]'에서 본 바와 같이 2유형은 다음과 같이 교체된다.

바 있다. 위 어간 교체에서도 자음 어미와 같은 기능을 수행하므로 편의상 자음어미의 부류에 넣었다.

니르- / 자음으로 시작하는 어미(-CX), 어미 '-으X', 종결어미 '-오'
닐ㄱ- / -어X

위 ② 유형에 속하는 용언으로는 '거르-[濾]', '고르-[調]', '나르-[運搬]', '마르-[裁]', '부루-[물에 담그다]', '부루-[飽]', '지르-[刺](<디르-, 푸514)' 등이 있다.

③ 3유형({XVrɨ-}$_1$)

가) 오르다[登][164]

(69) -아: 올라 느버 자는 덩때(올라가서 누어 자는 시렁, 사84).
-명: 오르명(오르-며, 교9).
cf. 올리기(올리-기, 사14), 올리매기(오르막, 부65), 올례 가디(oʎʎe kadi)(올리어 가지, 교28).

나) 부루다[號, 呼]

(70) -어: 에미 와셔 불러셔(어미가 와서 불렀어, 교14).
-거던: 아무 때던디 내 목소리 부루거던, 너 디례 노아라(아무 때든지 내 목소리가 부르거든, 너 (나를 집안으로) 들여놓아라, 교17).
-오: 이 사느' 어'띠 부루오'?(이 산을 어찌 부르오? 회7).
-은냐: 어'띠 부루운'냐((이름을) 어찌 부르느냐, 회37).

가)~나)에서 본 바와 같이 3유형은 자음 어미, 종결어미 '-오', 어미 '-으X' 앞에서는 'CVrɨ', 어미 '-어X/-아X' 앞에서는 'CVrr-'로 교체된

164 중세국어에서 이 어사는 2류의 어간이었다. 그러나 육진방언에서는 3유형에 속한다.

다. 역시 저조 어간이다.[165] 이 유형에 속하는 어간으로는 '마르[乾]-', '모루-[不知]', '무루-[退]', '바르-[塗]', '흐르-[流]' 등이 있다.

④ 5유형

이 유형에 속하는 어간으로는 '니르-[至]'가 있다. 아래와 같이 교체된다.

(71) 니르렀소, 니르렀싸(푸151, 타8)

자음으로 시작하는 어미, 어미 '-으X', 종결어미 '-오' 앞에서는 '니르-', 어미 '-어X' 앞에서는 '니를-'로 교체된다. 1, 2, 3유형의 어간이 저저조 어간인데 반해 이 유형의 어간은 저고조의 어간이다.[166]

지금까지 논의한 1∼5유형의 용언은 일정한 조건에 따라 어간이 교체된다. 공시적 관점에서 이 교체 어간들은 단일 기저형으로부터 이끌어 낼 수 없다. 자음 어미 앞에서 교체되는 어간들이 구조적 일치(CV_1CV_2 ($V2$=ɨ,u))를 보임에도 불구하고 어미 '-어X' 앞에서의 교체형들은 각각 다른 양상을 보인다. 앞서 언급한 바와 같이 이 어간 교체는 음운부의 영역 안에서는 합리적으로 설명할 길이 없다. 따라서 이들 용언의 교체 어간도 체언과 마찬가지로 각기 어휘화된 것으로 인정해야 할 것이다. 그리고 이들이 적정한 음운론적 환경에서 어간이 선택되도록 해야

165 '모르-'[不知]는 'morúge'(모르-게, 사124)가 보여 주는 바와 같이 자음 어미 앞에서는 제2음절에 고조가 놓이고, '-아X' 앞에서는 어두 음절에 고조가 놓인다. 그럼에도 불구하고 이 어간은 고조가 없는 어간과 동일한 교체를 보여 준다. 예: morugillɛ(모르-기에, 교21), morunda(모르-ㄴ다, 교44), moruo(모르-오, 교14), mollas'o(모르-았소, 교26), mollašə(모르-았어, 교40).

166 이 점도 중세국어와 일치한다(이기문: 1962).

할 것이다.

3) '많-[多]', '같-[如]'의 어간 교체

'많-', '같-'도 비자동적 교체를 보인다. 이들 어간이 어떻게 교체되는지 살펴보기로 한다.

① '같-'

(72)ㄱ. -아: 거저 소게 피 더러디는 거 가태(그저 속에서 피가 덜어지는 것 같아, 교10).

-아시-: 더 마시 인는 거 가태셔(더 맛이 있는 것 같았어, 교65).

ㄴ. -기, -다: 각기(←갇-기←같-기, 교2), 갇다(같-다, 교2).

-디: 텬나에 네텨르 분싀인는 사르미 인는거 갇댜니타(천하에 너처럼 분수 있는 사람이 있는 것 같지 않다, 교10).

ㄷ. -우(종결어미): 뎌 사르미 주굴꺼 가타우(저 사람이 죽을 것 같으오, 교10).

-으니(연결어미): 그 새애기게 모디리 너른거 같아니(그 처녀에게 몹시 넓은 것 같으니, 교65).

-으무: 그젼 가터무 네 피-해사 쓰개따(그 전 같으면 네 피(避)해야만 되겠다, 교53).

cf. 가티(같이, 교16)

어미에 따른 교체 어간 이형태를 보이면 아래 (72)와 같다.

(72ㄱ) 가태- + -아X

(72ㄴ) 가타- + -우(종결어미), -으X

(72ㄷ) 갇- + -CX(-다, -기, -디, …)

cf. 같(kat^h)-+-이(접미사)

예 (72) 역시 단일 기저형의 설정으로는 교체를 설명할 수 없다. 위 어간 교체는 동사 '하-'의 그것과 같다.[167] 이는 위 '같-'이 중세국어의 'ᄀᆞᇀᄒᆞ-'에서 변화한 것이어서 아직까지 그 교체 방식을 유지하고 있기 때문이다.

② '많-'

'많-'은 아래 (73)과 같이 어간이 교체된다.

(73) ㄱ. -아두: 고기더리 만=애두, 무리 기퍼 몯 잡갯소(고기들이 많아도 물이 깊어 못 잡겠소, 사68).

-아셔: 남뎌 지비 쥐 마내셔(男丁의 집에 쥐가 많았어, 교43).

ㄴ. -은: 사~에 금대뎝과 은대뎝에 갑시 마난 임세기 뇌여셔noyyəšə, 또 갑시 마난 그르세 먼데셔 구해 온 수우리 이서셔(床의 금대접과 은대접에 값이 많이 나가는 음식이 놓였어. 또 값이 많이 나가는 그릇에 먼 데서 구해 온 술이 있었어, 교9).

-은: 거비 만한 사름이(겁이 많은 사람, 사122), 욕심이 만한 게(욕심이 많은 것, 사30).

ㄷ. -디: 만태니움니(많지 않습니다, 회53), 만타녜셔(많지 않았어, 교55).

-기: 만=키(많-기, 부73), 만타(많-다, 사4),

-소, -숩니: 만소(많-소, 회51, 63, 58), 만숩니(많-네, 회52, 64).

-건마너: 그 사름께 도니 만컨마너(그 사람에게 돈이 많건마는, 교52).

cf. 마니(많-이, 사55, 회302, 교32)

167 '하-'는 '해애라(하-+-아라), 하압데(하-+-읍데), 하디(하-지)'와 같이 활용한다.

(74) 마나떤게르다!(많았던 것이로다! 교30)

어미에 따른 교체 어간 이형태를 보이면 아래 (73)과 같다.

(73ㄱ) 마내- + -아X
(73ㄴ) 만하-, 만아- + -으X
(73ㄷ) 많- + -CX, -이(부사 파생 접사)

'많-'의 어간 교체와 그 교체 환경은 '같-'과 같다. 그런데 (74)는 이러한 교체 방식에서 이탈한 존재이다. 즉, (74)는 (73ㄱ)과 같이 교체되어야 하지만 (73ㄷ)의 자음 어미 앞에서의 이형태로 교체된 것이다. 이는 교체 이형태들이 (73ㄷ)의 교체 어간 이형태에 합류하고 있음을 보여 준다. 어간 이형태들이 점차 하나의 교체 어간으로 단일화(leveling)하는 양상을 보여 준다.[168]

1.3.5. 사동사와 피동사의 파생

1) 사동사

① -구-. 어기의 말음이 ㄹ, ㅁ일 때 결합된다.

떨구'-(떨어뜨리다), 살구'-(살리다), 얼구'-(얼리다[使氷]), 알구'-(알리다), 돌구'-(돌리다), 넘구'-(넘기다), 불구'-(불리다[潤]).

168 중세국어의 '만ᄒᆞ-'는 모음 어미 앞에서는 '만ᄒᆞ-'로, 자음 어미 앞에서는 '많-' 혹은 '만ᄒᆞ-'로 수의적 교체를 보였는데, 육진방언에서는 자음 어미와 통합할 때에는 오직 '많-'으로만 교체되어 단일화되었다.

② -기-. 어기의 말음이 ㅅ, ㄴ, ㄹ, ㅁ일 때 결합된다.

뻬끼-((馬具를) 벗기다), 베끼-((옷을) 벗기다), 신기-(신기다), 말기-(말리다), 숨기-(숨기다), cf. 버리다(벌리다, 교26).

③ -이-. 어기의 말음이 'ㄱ, ㅌ, ㄹ, ㅀ, ㄵ, ㅣ'일 때 결합된다. 그리고 '르'로 끝나는 비자동적 교체 어간({XVrɨ-}$_1$, {XVrɨ-}$_2$)의 '-아X/-어X' 앞에서의 교체형을 어기로 하여 결합된다.

ㄱ: 니기-(익히다), 메기-(먹이다), 촨'으 배기'-(배를 정박시키다), 죽이'-(죽이다)

ㅌ: 마티-(<맡-+-이-, 맡기다), cf. 볜쟈: 마티오(포로를 맡기오, 회131), 기티'-(<깉-+-이-, 남기다), 부티-(붙-+-이-, 붙이다).

ㄹ: 그부리'-(<그불-+-이-, 굴리다), 기부리'-(<기불-+-이-, 기울이다).

ㅀ: 끄리'-(끓이다).

ㄵ: 앉이-(앉히다, 교61, 62). cf. 술게 안제(수레에 앉혀).

ㅣ: 디이-[使落](<디-+-이-, 밑으로 떨어지게 하다).

{XVrɨ-}$_1$: 흘리-(흘리다), 올리-(올리다) ⋯.

{XVrɨ-}$_2$: 그르 닐기'기(글을 읽히기, 공부를 하게 하기), cf. 그르 니르기'(글을 읽다), cf. 니르명, 닐거라(이르-[謂]+-며, 일러라) ⋯.

④ -이우-. 어기의 말음이 모음일 때 결합된다.

셰우'-(세우다), 자래우'-(<자라-+-이우-, 기르다[育]). cf. 자'라-(사97).

지우-(<지-+-이우-, 살을 찌우다, 교44). cf. 살이 지라구(살이 찌라고, 교43), 졔두(살이 쪄도, 교34).

츼우기(<츠-+-이우-, 치우다), 태우-(<타-+-이우-, 태우다)

⑤ -히-. 어기의 말음이 ㅂ, ㅈ일 때 결합된다.

젖히'-(젖히다), 넙히'-(입히다), 늡히'-(눕히다), 맞히'-(맞히다)

Ⅱ부의 문헌에서 추출할 수 있는 사동사와 피동사는 제한되어 있다. 현대의 육진방언을 참고하면 접사 '-기-'는 '뜯기-[使拈]', '씾기-[使洗]'에서도 볼 수 있으므로 어기 말음이 'ㄷ', 'ㅊ'일 때에도 결합된다고 할 수 있다. 어기의 말자음군이 'ㄺ'일 때에 중세국어에서는 '-이-'가 결합되었다. 예: ᄆᆞᆰ기다[使淸], ᄇᆞᆰ기다[使明]. 그러나 이 중세국어의 후대형은 Ⅱ부의 문헌에는 나타나지 않는다. 현대 육진방언은 '밝히-', '맑히-'이다. 이처럼 현대의 육진방언에서는 접사 '-이-'가 '-히-'로 점차 변화하고 있다. 예컨대 위 연해주 한국어의 '닉이다', '앉이다'가 현대 육진방언에서는 각각 '닉이다'와 '닉히다' 그리고 '앉이다'와 '앉히다'로 나타난다(곽충구: 2019a). 접사의 변화가 점진적으로 이루어지고 있다.[169]

어기와 접사의 결합 환경을 보면 규칙성이 보이기는 하지만 그러나 한 접미사와 결합되는 어기 말음들은 자연부류를 이루지 않는다. 바꾸어 말하면, 접미사는 어기 말음에 따라 그 결합이 결정될 것으로 생각되지만 그렇지 않다. 예를 들면, 접미사 '-기-'가 결합되는 어기의 말음은 'ㅅ, ㄴ, ㄹ, ㅁ'(또는 'ㄷ', 'ㅊ')인데 이들 자음은 조음위치나 조음방법상 어떠한 자질로도 자연부류를 이루지 않는다. 또 'ㄹ' 말음 어기에는 '-구-' 또는 '-기-'가 결합된다.

사동 파생 접미사로는 '-이-', '-히-', '-기-', '이우-', '-구'가 있다. '-이-', '-히-', '-기-'에 다시 '-우-'가 결합되기도 한다. 이는 육진 및

169 이 같은 파생어에서의 접사 변화와 어기 변화의 동인과 기제는 소신애(2007)을 참고할 것.

동북방언의 한 특징이다. '-리-'가 존재하지 않는 것은 중세국어처럼 'ㄹ' 뒤의 'ㄱ'가 약화하거나 탈락하지 않기 때문이다.

위 접미사는 모두 고조를 갖는다. 파생어 형성 시 어기가 고조를 지닌 경우에는 고조가 저조로 실현됨이 일반적이다. 그리고 '-우-'가 덧붙는 경우에는 그 '-우-'에 고조가 놓인다.

2) 피동사

① -이-. 어기의 말음이 'ㄲ, ㄴ, ㅊ, ㅍ, ㅎ' 및 모음일 때.

깪이-(깎이다), 앤기-(안기다), 쌓이-.

{XVri-}$_1$: 바르-/발ㄹ-[塗], 발리'다(발ㄹ-+-이-)

{XVri-}$_2$: 바르-/발ㄱ-[剝], 발기'다(발ㄱ-+-이-)

② -이우-. 위 ①과 같음.

놯우'-(놓이다), 띄우'-(<뜨-+-이우-, 일이 생기다, 일어나다, 사107), 쫓이우-(쫓기다),

배우'-(보이다, 사11, 84). cf. 뵈와pöwa, 뵈와셔, 뵈웁데(교24, 25, 54, 38, 64),

쥐우'다(tsuyúda)(쥐이다, 사24). cf. 쥐'다(사24),

덮이우'-(덮이다). cf. 데피우대넷'소(<덮-+-이-+-우-디, 덮이지 않았소, 회18).

③ -히-. 어기의 말음이 'ㄱ, ㅂ, ㅈ, ㄼ'일 때.

멕히-(먹히다), 잽히-(잡히다), 볿히-(밟히다), 긁히-(긁히다), ᄆᆡᆨ히-(막히다), 백히-(박히다). cf. 궂히다(궂게 되다).

④ -기-. 어기의 말음이 'ㄷ, ㅈ, ㄹ, ㄼ'일 때.

듣기'-(들리다)[170], 쯔낀 자리(<쯪-+-기-, 찢긴 자리), 달기'-(달리다[掛]), 매달기-(매달리다), 열기-(열리다[實]), 붇들기'-(붙들리다)

⑤ -기우-. 어기의 말음이 'ㄹ'일 때.

붙들기우-(붙들리다), cf. 붙들기워셔(교47). 깔기우-. cf. 깔기웠숨니((바닥에) 깔렸습니다, 교74). 쓸기우-(쓸리다), cf. 쓸기워(쓸리어, 교67). cf. 쓰리운 거 보구(쓸린 것을 보고, 교34).

피동 접미사는 '-이-', '-히-', '-기-'가 있고 여기에 다시 '-우-'가 결합되어 쓰이기도 한다. 접미사 '-리-'가 없는 것은 역시 'ㄹ' 아래에서 'ㄱ'가 탈락하지 않기 때문이다. ⑤에서 보았듯이 'ㄹ' 아래에서 'ㄱ'가 탈락한 '쓰리우-'가 보이지만 아직 모음 사이에서 'ㄹ'이 'ㄹㄹ'로 덧나는 현상은 없다. 그리고 사동 접미사처럼 피동 접미사도 언제나 고조를 지닌다. 그리고 앞 어기의 고조를 저조화한다. 피동사 역시 어기와 접사의 결합 조건을 음운론적 관점에서 설명하기는 어렵다.[171]

어기와 접사의 결합에서 지적해 둘 것이 하나 있다. 그것은 ①에서 비자동적 교체를 보이는, '르' 말음 어간을 어기로 하여 파생된 피동사는 모두 어미 '-아X/-어X' 앞에서의 교체형을 어기로 하고 여기에 접사 '-

170 Putsillo(1874: 587)와 Tajshin"(1898: 32)에는 각각 '들니오', '들니다'로 등재되어 있는데 중앙어일 것이다. 구본관(1994)의 경주 지역어에서도 'ㄷ' 정칙 및 변칙 용언에는 '-기이-'가 결합된다.

171 피동 접사들에 대하여 단일한 기저형을 설정하고 이형태로의 분화를 기술하고자 한 바가 있다. 이에 대해서는 이기문(1972b), 김주필(1988) 등을 참고. 현대국어의 사피동사 파생에 대해서는 송철의(1992), 사동사와 피동사의 어기 및 접사 변화의 기제와 동인에 대해서는 소신애(2007)을 참고할 것.

이-'가 결합하여 파생되었다는 점이다.

이 방언은 다른 방언에 비해 접미사에 의한 피동 표현이 많다. Ⅱ부의 문헌에는 보이지 않으나 육진방언권에서 흔히 쓰이는 '알기다', '생각히우다' 및 '젖히다'(=적시다, 사63) 그리고 ③의 '궂히다' 등이 그런 예다. '알기다', '생각히우다'는 능동사 '알다', '생각다'에서 파생된 피동사다. '알기다'는 '생각이 떠오르다', '생각히우다'는 '생각이 나다' 정도의 뜻을 갖는다. 그런데 '궂히다'는 자동사 '궂다'에서 파생되었다. '궂히다'는 '눈비가 내리거나 구름이 잔뜩 끼거나 하여 날씨가 나빠지다.' 정도의 뜻을 갖는데 중부방언의 '궂다'와 별 차이가 없다. 다만 화자가 자연계의 현상을 피동적으로 인식하였을 뿐이다. 이러한 예로 자동사 '갑다'(물이 차다[滿, 溜])'와 여기서 파생된 '갑히다, 갭히다'(=고이다)가 있다. 중앙어에서는 '갑다(<괴다)'가 사어가 되고 여기서 파생된 '고이다'만이 생존해 있지만 이 방언에는 '갑다'와 '갑히다'가 아직도 건재하다. 예: 물'이 하나투' 빠 안' 디구 갭헤' 잇더라(물이 조금도 빠지지 않고 괴어 있더라).

2. 제2기의 한국어(20세기 초~러시아 혁명 전)

1장에서는 19세기 후기 연해주 한인의 한국어를 기술하였다. 19세기 후기의 한인은 함북에서 이주한 이주민이 주류였고 대체로 동향인들끼리 마을을 이루어 농촌에서 살았다. 초기 이주지인 지신허(地新墟), 얀치헤(烟秋)에는 두만강가의 육진 지역(慶源, 慶興) 주민이 다수 이주하여 살았다. 그보다 북쪽에 위치한 우수리스크 수이푼(Suifun)의 秋風4社도 육진 지역 주민이 대부분이었다. 1장에서 본 바와 같이 그들은 모국의 전통적인 생활양식(전통문화, 교육, 사회제도 등)을 유지하며 살아갔다. 따라서 19세기 후기 연해주 한국어의 지역적 변종은 대부분 두만강 연안 지역에서 말해지는 육진방언이다. 그런데 1882년 이후 두만강 월경 금지가 해제되면서 함북 四邑圈의 길주 · 명천 등지의 사람들이 대거 연해주에 유입되기 시작하였다(계봉우, 1944/1996: 167). 이는 육진방언이 점차 위축되는 한 요인이 된다.

20세기에 들어서서 국내외 정세가 급변하면서 이주민의 수효가 급격히 증가하고 또 도시에 거주하는 한인이 늘어나면서 점차 이민족과의 접촉도 많아진다.[1] 뿐만 아니라 乙巳勒約 이후 지식인들의 망명으로 애국

1 블라디보스토크(海蔘威)에는 1891년에 840여 명의 한인이 거주하였다. 1893년에는 러시아 당국에 의해 한인촌(구개척리)이 건설되어 모여 살다가 1911년에 신한촌으로 다시 이주한다. 1915년경 신한촌의 한인 수는 약 1만 명에 달하였다(『한국민족문화대

계몽운동이 전개되면서 신문 잡지가 창간되고 한인 민족학교가 증가한다. 이러한 언어 외적 환경의 변화로 연해주의 한국어는 새로운 국면을 맞는다. 書寫語이기는 하나 언론 매체와 교육 기관을 통해 개화기 이후에 형성된 내지의 중앙어가 연해주에 본격적으로 보급되기 시작한 것이다. 또한 언어 접촉으로 러시아어와 중국어가 연해주 한국어에 차용되기 시작한다.

2장에서는 위와 같은 시대적 배경을 중심으로 20세기 초부터 1917년 러시아 혁명 전까지의 한국어를 기술한다. Ⅱ부에서 다룬 『俄領實記』(1920), 『초급 교과서』(1901), Matveev(1900) 및 이 시기에 간행된 신문 잡지의 한국어가 논의 대상이 된다. 『초급 교과서』와 Matveev의 대역어 휘집은 제1기에 속한 문헌이지만, 두 문헌은 함북 및 함북 외의 여러 지역 방언 간의 접촉 그리고 도시 지역(블라디보스토크)의 한국어를 보여 준다는 점에서 제2기의 참고 자료로 삼았다. 연해주 한국어는 이질적인 방언 화자들이 공동체를 이루어 살게 되면서 변종 간의 수평화(leveling)가 진행됨으로써 이주 코이네(Immigrant koine) 형태로 발달될 것이 예견되는데 위 두 문헌은 그러한 변화의 초기 단계를 보여 준다. 러시아 혁명 후는 어휘를 비롯 한국어 전반에 큰 변화가 일었기 때문에 제3기로 따로 구분하여 기술한다.

제2기도 농촌은 대체로 원적지 방언이 쓰였을 것이다. 그러나 이주 한인의 증가로 한국어 지역 변종 간의 접촉은 물론 언어 간의 접촉이 많아지고 내지의 중앙어가 점진적으로 수용되면서 이전과는 다른 양상으로 변화가 빠르게 전개되었을 것이다. 이 장에서는 언어 외적 환경의 변화, 중앙어의 영향, 방언 접촉, 언어 접촉의 문제만을 다룬다.

백과사전』, 「신한촌」).

2.1. 제2기 연해주 한국어의 변화 요인

2.1.1. 언어 내적 요인-방언 접촉

『초급 교과서』(1901)는 당시 한국어 지역 변종 간 접촉의 결과가 어떠한지 그리고 그 결과가 무엇을 시사하는지를 보여 준다. 교과서의 한국어 어휘는 아래 예에서 보듯 기본적으로 육진방언을 포함한 함북 방언이다. 키릴 계통의 문자로 전사된 것을 한글 자모로 바꾸어 표기한다.[2]

남뎨(<남뎡(男丁)+-이, =사내, 남편), 노큰아배(증조부), 디키다(지키다), 따갑다(뜨겁다), 마느래(천연두), 머구락지(개구리), 모디기 덥운(몹시 더운), 셕매(연자방아), 식기(식귀<식구(食口)+-이), 자분대기(연장), 하불애비(홀아비), 행불이(감기), 활살이(화살) ….

19세기 후기에 육진 외의 이주민이 증가하면서 지역 방언 간의 접촉이 이루어지기 시작하였다. 그 접촉으로 발생한 변화는 음운 현상에서 두드러지는데 아래에 『초급 교과서』의 예를 보인다.

1) ㄷ구개음화

육진방언(보수형): 하느바디(입천장), 바디(바지), 장딴디(장딴지), 뎌 사름이(저 사람), 빋이(빚), 쥬뎡(酒酊), 모디기(몹시), 어딘 게(어진 것) ….

비육진방언(개신형): 죻운 게(<둏은 게, 좋은 것), 훈재(<훈대<훈댱(訓長)+-이), 쟈른[tʃarɨn](<댜른, 짧은), 졍개[tʃəŋgɛ](<뎡강이, 정강이), 고치기(<고티기, 병을 ~), 쳔반이(<텬반-이, 천장). 근치 반 게(끝-이 뾰족한 것이),

2 이 부분은 곽충구(2004)의 내용 일부를 인용하여 수정한 것이다.

근치 무된 게(끝이 무딘 것이), 풀-빛이(<풀밭-이, 풀밭)[3] ….

2) ㅈ>ㄷ, ㄱ>ㄷ의 과도교정

ㅈ>ㄷ: 가락디(<가락지), 뎍삼이(<젹삼이[衫]), 똥딥이(똥+집+-이, 胃腸), 뎍시기(<젹시-기), 그뎐에(<그 前에), 소금대(<소곰쟤, 잠자리), 개똥벌거디(<개똥벌거지, 반딧불이), 자귀딜(<자귀질), 톱딜하기(<톱질하기), 살이 딘 게(살이 찐 것이), 뎌울~저울(<저울), 뎌낙이(<져낙-이, 저녁), 꼳이(<꽂-이, 꽃), 송곧이(<송곶-이, 송곳), 딥이(<집[家]) ….

ㄱ>ㄷ: 디름굽이(<기름구이 떡), 디침이(<기침), 뎨(<계<겨[糠]+-이)

3) syV>sV(샤>사, 셔>서, …)

보수형: 슈건이(수건-이), 슌한게(순한 것-이), 벵섀리(<병샤리[瓶]), 셔당 새애기(여학생), 셔방간 게(장가간 사람), 셔이(서(西)-이), 남셔이(남서(南西)-이), 북셔이(북서(北西)-이), 셔기(서[立]-기), 셔구(서-고[立]), 보셥이(보습-이), 셕매(연자방아), 셩문이(정강이), 쇼고기(소고기), 슈에미(수염) ….

개신형: 무셉아(<무셉-<무셥-+-아, 무서워)

4) #nyV>yV, #ni>i (어두 위치에서의 'ㄴ' 탈락)

보수형: 니빠대(<니빠대<니+빠디-+-앙이, 이 빠진 사람), 닞어뿌리는(잊어버리-는)

개신형: 염틔(<념틔<념통+-이, 염통), 여꾸리(<녀꾸리), 여름이(<녀름-이)

---

3 Ⅱ부(1.4.4)의 Tajshin"(1898)에는 '빛-이(밭-이), 빛-에(밭-에), 빛-알(밭-을)'과 같은 예가 있다. 이는 중부 이남 방언이다. 따라서 이미 19세기 후기 하바롭스크 등지에는 비함경도 출신인들이 거주하고 있었음을 알 수 있다.

5) ㅢ> ㅣ

도끼(<도끠), 동미(<동믜<동뮈), 비각질(<븨각질), 술기(<술긔), 히다(<희다)

어휘, 음운 특징으로 보아 위 한국어 화자들은 대체로 함북 출신이다.[4] 1)과 같은 ㄷ구개음화의 개신형이 발견되는바, 이는 전형적인 육진방언을 보여 주는 『노한회화』(1904), 『노한소사전』(1904)에서는 볼 수 없다. 따라서 『초급 교과서』(1901)에 수록된 한국어에는 함북 하위 지역어(육진방언, 동북방언) 및 그 외의 지역 방언, 그리고 지역 방언 간의 접촉으로 새롭게 형성된 방언형이 뒤섞여 있다고 할 수 있다. 3), 4), 5)의 개신형도 비육진방언의 특징이다.

여기서 주목할 점은 예 2)에서 보듯 ㄷ구개음화와 관련된 過度矯正(hyper-correction)형이 다수 나타난다는 사실이다. 교과서 편찬에 참여한 제보자(카잔사범학교 학생) 4인이 보여 주는 위 자료를 통해 그 무렵 연해주 한인들의 출신지와 그들의 방언 그리고 그들 방언 간의 접촉 현상의 일면을 관찰할 수 있다.

2)의 과도교정형은 수적으로 열세였던 비육진방언권의 화자들이 육진방언 화자들과 함께 살면서 육진방언의 영향을 받아 형성된 것이다. 즉, 수적으로 다수였던 육진방언권 화자의 문법에는 ㄷ구개음화 규칙이 없었으므로 ㄷ구개음화가 이루어진 소수의 비육진 방언 화자는 자신이 말하는 '쟈, 져, 죠, 쥬, 지'를 '댜, 뎌, 됴, 듀, 디'로 교정하고자 하였을 것인데,

4 (1)의 '귿치'(끝-이)는 흥미로운 예이다. 동북, 육진방언에서는 형태소 경계에서 ㄷ구개음화가 일어나지 않는다(함남 일부 제외, 곽충구(2001a: 249)의 [지도 1]을 참고). 때문에 위 교과서의 한국어 제보자 중에서 이 방언형을 쓰는 제보자의 선대 거주지는 함북이 아니다. 또 (3)의 예 가운데 본디 '져'가 아닌 '저'를 '뎌'로 교정한 '뎌울(<저울)'도 그러한 사실을 뒷받침한다.

이 때 과도하게 ‘쟈, 져, …’를—심지어는 ‘자, 저, …’까지도—‘댜, 뎌, …’로 교정한 것이다. 그 과도교정의 예가 꽤 많은 것으로 미루어 비육진방언 화자는 육진방언 화자들과 살아가면서 육진방언을 의식적으로 익히고자 하였음을 알 수 있다.[5] 더욱이 이러한 과도교정은 형태소 내부의 어두 위치에서 보편적인데 ‘꼳이(<꽂-이), 송곧이(<송곶-이)’처럼 어간말 자음에서도 보인다. 중앙어(또는 중부방언)에 대한 이해가 없거나 적었을 시기의 폐쇄된 연해주 한인 농촌 사회에서, 소수의 비육진방언 화자는 그 지역의 화자들이 말하는 육진방언에 동화될 수밖에 없었던 것이다. 過度矯正의 方向(져→뎌)과 일반적으로 과도교정을 일으키는 화자들의 心理的動機를 고려하면, 이 시기 육진방언 화자는 다른 방언 화자에 비해 수적으로 압도적이었고 육진방언은 더 우월한 지위를 가졌음에 틀림없다. 언어섬(language island)처럼 연해주의 여기저기에 산재했던 한인 언어공동체 내의 육진방언은 [+다수], [+지배적]의 자질을 가지고 있었다. 때문에 소수의 다양한 지역적 변종들이 그 육진방언을 지향하는 과정에서 위와 같은 과도교정형이 출현하게 된 것이다.

이 교과서에 실린 한국어 어휘는 중부방언에서 볼 수 없는 것들이 대부분이고 또 편찬에 참여한 학생들이 일상적으로 말하는 어휘의 발음을 정밀하게 전사한 것인 데다, 이 무렵 연해주에는 러시아 학교만이 있었으므로 여기에 당시 중앙어 또는 중부방언의 영향이 있었다고는 생각할 수 없다. 그 하나의 방증이 ‘ㅈ, ㅊ’ 음에 대한 관찰과 그 전사이다. ‘ㅈ’은 [ts], [tʃ], [tʃ']으로 전사되었는데, 정밀하고 정확하다. 그 예는 다음과 같다.

---

5 이러한 과도교정이 책을 편찬하는 과정에서 일시적으로 행해진 것인지 또는 변화형으로 자리를 굳힌 것인지 알 수 없지만, 육진방언형을 하나의 표준(norm)으로 인식한 심리적 동기만은 부인할 수 없다. 이러한 과도교정으로 생겨난 ‘아디바이(<아지바이<아즈바니)’는 지금도 중앙아시아 고려말에 남아 쓰이고 있다(니라리사, 2002: 59).

[ts], [ts^{h}]: 저울, 자작이(tsazagi, 자작나무), 참새, 자-기[眠], 죽이-기, 재[灰], 잔 게(자잘한 것이), 참애(참외).

[tʃ], [tʃ^{h}]: 죵애[紙], 쳔 냥이(千 兩-이), 쳔반이(<텬반, 천장), 쵸이[醋], 칩이(추위), 고치(고추), 후치(후추), -쳐르(<-텨르, -처럼). cf. 학질으 하는 거쳐르 떤다.

[t^{ʃ}]: 쟝물이(국[羹]), 쥭이(죽[粥]), 쟝갑이(장갑), 져구리(저고리), 목젼이(목젖), 쥬래(후두, 목구멍), 졍개(<뎡개, 정강이), 쟈라한다(<쟈랑+-으(대격조사), 자랑을 한다).

[ts]는 치음, [tʃ]는 경구개음이다. [t^{ʃ}]는 "치음 [t]가 軟音化하고 또 그와 동시에 마찰적 기생음 [ʃ]가 부가된 음[6]"이므로 결국 경구개음인데, [tʃ]와 [t^{ʃ}]로 전사된 것들은 중세국어의 '쟈, 져, 죠, 쥬'와 대응된다.

한편 이 같은 과도교정형은 『초급 교과서』(1901), 『철자 교과서』(1902)뿐만 아니라 Tajshin"의 『노한사전』(1898)에서도 많이 나타난다. 예: 비디깨(<비지깨, =성냥, 타5), 시당(<시장, =지금, 타54), 가락디~가락지(타23), 곱지~곱디(고삐, 타4, 타24), 구여디(<귀여지, 귀지, 타34), 가티(<가치[鵲], 푸97, 타6), 말안댱(<말안장, 타34) ….

그리고 『철자 교과서』에는 혹간 ㄱ-구개음화 예들이 발견되고 또 [pöuda](보이다)처럼 육진방언이 아닌 어휘가 보이는데, 이는 함북 吉州(비육진 지역) 출신인 徐 씨의 방언으로 생각된다. ㄱ-구개음화 예는 서문에서 비구개음화형으로 교정해 놓았다. 이처럼 비육진방언을 육진방언으로 교정해 놓은 까닭은 다수의 한인들이 말하는 육진방언을 하나의 표준

6 서문(Predisloviye), p.15. [tʃ]와 [t^{ʃ}]는 한국어 제보자들의 조음상의 차이를 모두 전사에 반영한 것이다(290-291쪽 참고). 이는 육진방언 화자의 'ㅈ'음과 비육진방언 화자(또는 중부방언 화자)의 'ㅈ'음이 달랐던 데에 말미암은 것이다. 현재 육진방언(중국)의 '쟈, 져, 죠, 쥬'는 중부방언의 '자, 저, 조, 주'보다 더 설배적이다.

으로 삼았기 때문이다. 이러한 사실로 미루어 제1기로부터 제2기가 시작될 무렵까지는 지역적 변종 간의 접촉과 대립에서 육진방언은 하나의 표준이 되어 소수의 비육진방언형들은 육진방언을 닮아 가는 과정에 놓여 있었던 것이다. 이는 여러 이질적인 방언을 구사하는 이주민들이 한 언어 공동체 안에서 살아갈 때 이질적인 방언 특징이 점진적으로 水平化(leveling)하는 양상의 하나이다.[7]

2.1.2. 언어 외적 환경의 변화

1) 비육진 지역 이주민의 증가

20세기에 들어서서는 함경도 외의 지역에서도 이주가 많았다. 또한 국권상실을 전후해서 박은식, 신채호, 장지연, 이상설, 안중근 등 많은 애국지사들이 연해주에 정착하였다. 이는 동북방언 외의 많은 지역적 변종들과 중앙어가 연해주 한국어에 영향을 주는 요인이 되었다. 이 시기 연해주 한국어의 지역적 변종을 가늠해 볼 수 있는 통계 자료는 조선총독부가 작성한 아래 <표 1>이다. 원 자료에서, 1910년부터 러시아 내전이 종료되기 직전인 1921년까지의 이주자 숫자만을 합하였다.[8]

7 수평화는 음운, 어휘, 문법의 영역에서 전개되었을 것이다. 함북 북부 지역에서 쓰이는 ‘·>ㅗ’ 원순모음화 예들이 점차 쓰이지 않게 되었다거나 친족명칭이 육진방언의 그것으로 통일되어 간다거나 하는 예를 들 수 있다(곽충구: 2001). 이러한 현상은 중국조선족자치주에서도 볼 수 있는데 조부/조모 호칭어가 ‘아바니(또는 아바이)/아매’로 통일된 예가 그것이다.

8 朝鮮總督府(1927), 『滿洲及西比利亞に於ける朝鮮人事情』, 京城印刷所, pp. 14-17(https://dl.ndl.go.jp/info:ndljp/pid/1272855를 참조).

〈표 1〉 출신도별 한인 이주민수(1910~1921)

출신도	이주민수	출신도	이주민수
경기도	1,032(2.2%)	황해도	1,091(2.4%)
충청북도	147(0.3%)	평안남도	3,288(7.1%)
충청남도	125(0.3%)	평안북도	8,875(19.3%)
전라북도	89(0.2%)	강원도	739(1.6%)
전라남도	459(1%)	함경남도	8,171(17.7%)
경상북도	574(1.2%)	함경북도	20,362(44.2%)
경상남도	1,112(2.4%)	합계	46,064(100%)

1910년~1921년 사이에 러시아로 이주한 함경도인은 전체의 62%를 차지한다. 그리고 초기 이주민의 절대 다수를 차지했던 함북 사람들의 이주도 44%나 된다. 제2기에도 지리적으로 인접한 함경도인들이 많이 이주한 것이다. 그러나 평안도 주민이 26.4%를 차지하고 경기, 경남, 황해도 주민도 각가 2%를 상회한다.

Ⅱ부에서 본 바와 같이 제1기의 한국어 문헌 즉, Nasekin(1885) 및 『노한소사전』(1904)를 비롯한 카잔에서 간행된 문헌(1901~1904 간행)은 육진방언을 보여 준다. 그 까닭은 러시아에 인접한 두만강 유역의 함북 육진 지역 주민이 초기 이주촌인 지신허, 얀치헤, 아지미, 시지미, 秋風4社 등을 선점하고 지역 기반을 닦았기 때문이다.

한편 아래 <표 2>를 보면 乙巳勒約 후에는 이주민이 급격히 증가하고 있다. 국권 상실을 전후한 시기에는 비함경도 지역 사람들의 이주가 많았던 것이다. 따라서 이 시기 농촌 지역은 전통적인 함북 북부 방언이 주로 쓰였을 것이고 여기에 중앙어가 영향을 끼쳤을 것이다. 여기서 주목할 것은 중앙아시아 고려말 화자 중에서 중부방언권에서 연해주로 이주한 이주민들은 육진방언이 아닌 함경도 방언을 구사한다는 점이다.[9] 함경도 방언에 동화된 것이다.

아래 <표 2>는 연도별 연해주 거주 한인들의 수를 보인 것이다.[10]

〈표 2〉 연도별 이주민의 수

연도	한 국 인			러시아인	전체 인구
	총계	도시	농촌		
1864/1	65		65		
1864	308		308	406	
1867	1,801		1,801	1,844	
1868	1,849		1,849	2,204	
1869	8,392			2,266	
1878	6,766		6,766	3,567	
1882	10,137(10.9%)		10,137	8.385(9.04%)	92,708
1892	16,564(11.2%)			26,947(18.3%)	147,517
1899	27,000			45,146	
1901	29,608			73,450	
1902	32,380(10.4%)			79,312(25.4%)	312,541
1906	34,399(9.1%)			218,475(57.9%)	377,129
1907	45,914(9.1%)			323,808(64.3%)	503,191
1909	51,554(9.8%)			353,247(67.5%)	523,361
1910	54,076	10,477(19.4%)	40,477		
1911	58,635				
1914	64,309	8,943(13.9%)	55,366		
1915	72,600				
1917	81,825				
1923	106,409(17.4%)	11,072(10.4%)	95,337		612,569
1926	145,000				
1929	150,795(24.3%)	12,528(8.3%)	138,267		621,305
1932	160,800(19.2%)			341,000(40.8%)	836,400
1936	204,000				

9 일종의 Koine적인 성격을 띤 함경도 방언이다. 즉, 육진방언의 보수적인 음운 특징은 사라지고 함경도의 지역적 변종들이 어느 정도 수평화되고 러시아어가 뒤섞인 방언이다.

10 김옐레나(2011: 8-9)에서 전재함.

1869년에 이주민의 수효가 많은 것은 水災로 인한 함북 지방의 흉년에 말미암은 것이다. 그리고 을사늑약 후와 러시아 내전이 끝난 후(1923년)에도 이주민이 증가하였다. 이렇게 국권 상실 후 중남부 지방에서 이주한 사람들이 증가하고 또 신문, 잡지, 교과서를 통해 내지의 중앙어가 문어로서 널리 보급되기 시작하면서 그동안 지배적인 지위에 있었던 전통적인 육진방언은 변화가 불가피해졌다. 1장에서 본 육진방언의 음운 특징은 사라지기 시작한 반면 중앙어와 비육진방언은 점차 연해주 한국어에 영향을 미치기 시작하였다.

2) 한인 민족학교의 증가

애국계몽기 이전의 교육은 서당 중심의 교육이었다. 러시아 학교는 관립학교와 선교(교구)학교(Missionerskiye uchilishcha)가 있었지만 학교 수도 매우 적었거니와 학생 수도 적었다. 그리고 이들 학교에서는 기도문의 암송과 러시아어, 산술 등을 가르쳤을 뿐 한국어는 가르치지 않았다. 이 같은 사실은 앞서 Nasekin(1895)의 보고서, 『俄國輿地圖』(1885?), 「俄領實記」(1920) 등에서 확인한 바 있다.[11] Nasekin(1895)에 의하면 1895년까지 초기 이주지인 남부 우수리의 포시예트 구역에는 6곳에 학교가 있었고 그 북쪽의 푸칠로프카 등 수이푼 지역에는 오직 4곳에만 학교가 있었다. 그나마도 학생은 고작 남학생 277명뿐이었다.

1890년대에 이르러 최재형 등의 주도로 한인들이 기금을 출연하여 한인 마을에 학교를 세우기 시작하였다. 이후 20세기에 들어서서 애국계몽기에 많은 학교가 들어섰다. 1907년에 블라디보스토크 개척리에서 문을

11 보다 자세한 내용은 O.V. Lynsha(2006)을 참고할 것. 이 논문은 구체적인 자료를 통해 당시 학교 정황을 3기로 나누어 기술하였다.

연 계동학교(啓洞學校)을 비롯하여 세동학교(世東學校), 신동학교(新東學校) 등이 그런 학교이다. 이 세 학교는 1909년에 합쳐져 한민학교(1909-1919)가 된다. Kim Syn-Khva/김승화(1965)[정태수 편역(1989: 201)]에서는 당시 민족학교에 대해 다음과 같이 언급하고 있다.

> 이들이(한인 계몽자) 노력한 결과로 이미 혁명 전 이 지역에서는 6,750명의 학생과 2,517명의 교사가 있는 182개의 한인 학교가 주민 자금에 의해 창설, 활동 중이었다. 반면, 러시아어로 가르치는 공립학교는 2,599명의 학생에 88명의 교사로 이루어진 44개 학교 뿐이었다.

애국계몽기에는 이처럼 많은 학교가 세워져 민족 정체성의 확립과 국권회복을 위해 노력하였다. 여기서 많은 수의 학생들이 모국과 모국어를 배우면서 자연스럽게 당시 내지의 중앙어의 영향을 받았을 것이다.[12]

3) 신문 잡지의 간행과 중앙어의 보급

일제의 국권 침탈이 노골화되면서 개화기 지식인이자 애국지사들이 러시아 극동 지역에 머물면서 권업회, 대한인국민회 등 여러 단체를 결성하고 애국계몽운동을 전개하였다. 또한 개화사상을 보급하고 민족정체성을 통한 항일 독립 의식을 고취하기 위해 신문과 잡지를 창간하였다.

이 시기에 창간된 주요 신문으로는 『히됴신문/히죠신문(海朝新聞)』(장

12 대학에서의 한국어 교육 및 연구도 이 시기에 들어서서 이루어지기 시작하였다. 1898년에는 상트-페테르부르크 대학에 한국어 강좌가 개설되어 김병옥이 초대 강사로 부임하였고 한국어 교재도 편찬되었다. 그리고 1899년에는 블라디보스토크에 동방학원(Vostochnyj institut)이 설립되어 1900년부터 G.V. Podstavin이 한국어 연구와 교수를 시작하였다.

지연, 최봉준, 1908), 『대동공보(大東共報)』(이강, 1908~1910), 『권업신문(勸業新聞)』(신채호, 이상설, 1912~1914) 등이 있다. 그리고 대한인국민회에서는 잡지 『대한인정교보(大韓人正教報)』(이강, 이광수, 1911~1914)를 발간하였다.[13] 장지연(皇城新聞), 신채호(皇城新聞, 大韓每日申報), 이강(共立新聞)은 모두 내지에서 언론사 주필을 지냈고 춘원 이광수는 시, 소설을 쓰고 오산학교에서 교편을 잡았었다. 따라서 위 신문과 잡지의 한국어는 개화기 한국어와 별반 다를 바 없다. 이들 신문과 잡지는 러시아 극동 지역에 내지의 중앙어를 보급하는 데 기여하게 된다.

2.1.3. 요약

위의 언어내외적 요인에 의하여 20세기 초로부터 러시아 혁명 전까지 연해주 한국어는 새로운 전기를 맞게 된다. 앞 시기에는 선교(교구) 학교나 러시아 학교에서 러시아어만을 가르쳤다.[14] 그러다가 이 시기에 들어서서 러시아어와 함께 개화기의 한국어가 체계적으로 교육되고 널리 보급되기 시작하였다. 내지에서 수용된 書寫語로서의 중앙어는 소수의 특정 계층에서 쓰이거나 文語로서만 쓰였을 것인데 [+표준],

---

13 표지 상단에는 러시아어로 잡지의 서지를 아래와 같이 밝혔다.

YEZHEMESYACHNYJ ZHURNAL" PRAVOSLAVIYE - ROSSIJSKOJ IMPERII IZDANIYE Pravoslavnyx Koreytsev V. g. Chite.(=정교회 월간 잡지 - 러시아 제국 한인정교회 출판. 치타 市에서.)

그 아래의 十字架 안에 '대한인정교보'라는 잡지 이름이 씌어 있다.

14 일찍이 1874년에 V.G. P'yankov 신부가 한국어 교과서를 편찬하였고 1900년에는 N. Kuzmin이 한국어 입문서를 간행하였다(Koncevich, L.R. 외: 1971). 그리고 동방학원에서도 『조선어독학(朝鮮語獨學)』이라는 교과서를 간행하였다(김동언, 로스 킹: 2011). 그러나 이들 교과서가 어떻게 사용되었는지는 알 수 없다.

[+권위]의 공용어로서의 지위를 가지고 점차 口頭語에 영향을 주었을 것이다. 중앙어에는 중부방언을 기반으로 한 전통적인 書寫語에다 개화기에 생성된 새로운 어휘가 다수 포함되어 있었다. 이 중앙어가 이질적인 방언 화자 사이에서 소통의 수단으로 또는 지식의 전달 매체로서 기능하게 된 것이다.

한편 이 시기는 이주 한인의 급격한 증가로 한국어 방언 간의 접촉이 많아지게 됨으로써 이질적인 지역적 변종들 간의 水平化(leveling)가 이루어지고 여기에 중앙어가 영향을 주는 단계에 들어서게 된다. 또 이 시기에는 연해주에서 새로운 어휘가 생성되어 쓰이기도 하였다. 예: 부술기~불술기(기차), 쇠줄글(전보), 몸글, 몸표(신분증), 원호(러시아 국적 한인), 여호(러시아 국적이 없는 한인) ….

그리고 연해주는 다민족이 거주하는 사회이므로 민족 간의 접촉으로 러시아어나 중국어를 차용하게 되고 또 일부 한인은 한국어와 러시아어를 구사하는 이중언어자(bilinguist)가 된다. 계봉우가 「俄領實記」(1920)에서 여러 직종의 通事가 있는데 그들의 횡포가 심했다고 한 것을 보면 이중언어사용자가 드물었던 것으로 보인다. 최초의 이주로부터 40~50여 년이 경과한 시점인데도 한인들이 러시아어를 구사하지 못한 것은 학교가 적기도 했지만 부모들이 러시아 학교를 거부하고 서당 교육에 의존함으로써 러시아어를 배울 기회가 없었고 또 폐쇄된 농촌에서 전통적인 생활 방식으로 살아왔기 때문이다.[15]

제1기, 제2기, 제3기의 한국어를 구성하는 지역적 변종과 이에 영향을 미치는 언어 외적 요인들을 표로 보이면 아래와 같다.

---

15 저자가 중앙아시아에서 만난 제보자들은 1937년 이주 당시 대개 3, 4학년이었는데 그때에는 대부분 러시아어를 몰랐다. 러시아인을 보면 숨거나 또는 손발로 형용하여 소통했다. 중앙아시아에 와서야 본격적으로 러시아어를 공부했다.

〈표 4〉 시기별 한국어의 지역 변종과 외적 환경

시기 유별	제1기 (~ 20C 초)		제2기 (20C ~ 혁명 전)		제3기 (혁명 後 ~ 1937)
주류 방언	+육진방언		+비육진 함경방언 -육진방언		+비육진 함경방언 -육진방언
기타 변종	비육진 함경방언		함경도 외의 방언		함경도 외의 방언
교육 대상	漢文	⇒	중앙어 (개화기 한국어)	⇒	중앙어 (+사회주의 新語)
사조와 사상	전통 유지		애국계몽사상 국권회복 민족주의		공산주의 이념 사회주의 건설 사회주의
교육	서당 교육 (선교/교구학교)		민족학교 러시아 학교		교육 대중화

2.2. 제2기의 연해주 한국어

이 시기 연해주 한국어의 실상을 보여 주는 자료는 「俄領實記」(1920) 및 Matveev(1900)이다. 이들 자료는 주로 블라디보스토크와 같은 도시에서 쓰이던 한국어로서 전통적인 육진방언을 보여 주는 카잔 문헌 자료와는 다르다. 특히 「俄領實記」에는 연해주 한인 사회의 면면을 보여 주는 어휘가 실려 있어 사회언어학적 관점에서 주목할 만하다. 당시 연해주 한인 사회의 사회 현상을 반영하고 있는 어휘와 차용어 등을 통해 사회상과 언어 접변(acculturation)의 양상을 엿볼 수 있다. 그 밖에 이 시기의 한국어는 대부분 신문 잡지에 실린 서사어로서 내지의 개화기 한국어와 같다.

이 장에서는 두 절로 나누어 2.2.1에서는 「俄領實記」와 Matveev(1900)의 사전이 보여 주는 연해주 한인의 口頭語를 논의하고 2.2.2에서는 신문과 잡지가 보여 주는 文語로서의 한국어를 논의하기로 한다. 전자는 연해주 한인들의 일상어를 보여 주고 후자는 연해주 한국어에 영향을 끼친 문어를 보여 준다.

2.2.1. Matveev(1900)의 「노한소사전」과 「俄領實記」(1920)의 어휘

위 문헌에 수록된 어휘와 그 특징은 Ⅱ부에서 언급하였다(442쪽 4.3.1을 참고). 여기서는 어휘를 몇 유형으로 나누어 제2기 연해주 한국어의 면면과 당시 연해주 사회를 엿보기로 한다. 괄호 속의 M은 Matveev (1900)에서 인용한 자료임을 표시하며 숫자는 사전의 쪽수를 나타낸다. 「俄領實記」에서 인용한 자료는 아무 표시도 달지 않았다.

2.2.1.1. 新語

불술긔: =기차(汽車). ⇒Ⅱ부 1.5.3.2 및 4.3.1.1. 중국어 '火車'의 번역차용어.

부술기(M20), 불술기(M2): =기차(汽車). '부술기'는 '불+술기'에서 'ㅅ' 앞의 'ㄹ'이 탈락한 합성어. cf. 술기[車](<술긔<*술귀, 수레).

불술기-텀(pursur-gi-tomi, M2). =기차역(汽車驛). '텀'은 명사 뒤에 붙어 '자리'나 '장소'의 뜻을 나타내는 말. 곽충구(2019a의 '텀' 항목)에는 구리텀'(그네를 매어 놓은 곳) / 낚시텀'(낚시터) / 술기텀'(수레를 세워 두는 곳) / 화장텀'(火葬터) / 후리텀'(강가에서 후리질하기에 알맞은 곳) / 휴식텀'(휴게소) 등의 예가 실려 있다.

비지깨(<spichka(러)+-이): =성냥. '비지깨'는 지금도 함경도, 중국 조선족자치주, 중앙아시아에서 널리 쓰인다. ⇒Ⅱ부, 4.3.1.1.

쇠줄글: =전보(電報). 「俄領實記」는 '쇠줄글'이라 하였지만 Matveev(1900)는 '뎐보'라 하였다.[16]

윤선(輪船): =기선(汽船). 중국어를 한국 한자음으로 읽어 차용하였다. 이 시기 신문, 잡지에서는 '륜션', '륜선'이라 하였다. 「俄領實記」는 두음법칙이 적용된 실제 한인의 발음을 적은 것이고 '륜션'은 전통 한자음에 기댄 표기이다.

화륜션(火輪船): =기선(汽船). 중국어 '火輪船'을 한국 한자음으로 읽어 차용하였다. "미구에 화륜거도 쓸데업고 화륜션도 쓸데 업셔지리로다."(『대한인정교보』). 화륜션이'(사65).

2.2.1.2. 사회제도

1) 자치 기구 또는 조직

이주지 한인들은 민족공동체를 형성해 가면서 공동체를 유지하기 위해 모국의 사회제도를 본뜬 자치 조직을 만들었다. 풍속(風俗), 사(社)[17], 도소(都所) 등이 바로 그 예로 이에는 일정한 조직과 규율이 있었다. 그리고 공동체를 관장하는 우두머리를 '풍존(風尊)', '노예~로예(老爺)', '도헌(都憲)'이라 했다. 이러한 사실은 『俄國輿地圖』, 「俄領實記」의 기사에 단편적으로 언급되어 있다. 연해주 한인의 지도자이며 독립운동가 최재형은 1893년 이후 연추의 도헌(都憲)을 지냈다.

'샤~사(社)'는 리(里)보다 좀 크거나 면(面) 정도에 맞먹는, 함경도에만 존재했던 행정 구역 명칭. 18세기에 간행된 『北塞記略』에 "面謂之社"라 하였다.[18]

---

16 『히죠신문』, 『권업신문』에서도 '뎐보'라 하였다. '쇠줄글'은 연해주 한인들의 일상적 口語이고 '뎐보'는 내지의 중앙어다.

17 Tajshin"(1898: 21), Putsillo(1874: 371)의 사전에 러시아어 Obshchina의 대역어로 제시되어 있다. 『俄國輿地圖』의 '延秋我民村圖'에 "又有社老爺一人檢察社中事"이라는 기사가 있다.

18 『東國與地勝覽』(咸南 永興都護府 條)에, "社猶言里也 本島人凡稱里皆爲社"라 하였다.

‘풍속(風俗)’은 마을의 공적인 일을 수행하던 자치 조직으로 역시 『北塞記略』에도 보인다.[19] 마을보다 더 큰 단위의 자치 조직을 ‘도소(都所)’라 하고 그 사무를 관장하는 곳을 ‘도회소(都會所)’, 책임자를 ‘도헌(都憲)’이라 했다. 이 ‘도회소’는 얀치헤와 아지미에 두었는데 전자를 남도소(南都所) 후자를 북도소(北都所)라 불렀다.[20]

이 밖에 ‘색중청(色中廳)’이라는 한인들의 결사체가 있었다. 보부상의 例規를 원용하였으며 농촌, 어장, 시내, 금광에 지청을 두었다(계봉우(1944/1996), 「꿈속의 꿈」(169쪽)).

2) 기관 명칭

별니채(politsiya(러)+-이): =경찰서.

세줄간(sezurkani, M11, <쇠줄+간): =우체국(Pochtovaya kontora). ‘세줄(<쇠줄)’은 ‘電線’을 말한다. 電線에 鐵絲가 들어 있어 그리 부른 것이다. 예: 가졔 가거라. 뎐보루 세줄간에르(가져가거라. 전보를, 우체국으로, M20). cf. 쇠줄글=전보(電報).

문셰소이(munʃyesoy, M7): 사무소(Kontora). 동사무소(kontora uchastka)와 같은 행정 기관을 이르던 말. <문셔+-이+소(所)+-이.

영사관(yensa-fany, M6), 영사(yensa, M6): =영사관(領事館), =영사(領事). 『매일신문』(1898)에 ‘영사관’이 보인다.[21] 두음법칙이 적용된 것으로 보아 비육진방언 화자의 발음을 채록한 것이다. 특이하게도 ‘영사관’의

19 “里中公事謂之風俗”(『北塞記略』). 중국 조선족자치주 훈춘시 함북인 이주촌인 回龍峰村에서는 ‘풍숙([phuŋsyugí])’이라 하였다 한다(곽충구: 2001, 2019a).

20 「강동쉰해」(『한인신보』, 1917. 9.23) 및 반병률(2009: 64-65)를 참조. Tajshin"(1898: 26)에는 “Pomoshchnik" nachal'nik(=기관장의 조력자): to-chipsa(=都-執事)”가 있는데 이는 도회소에서 실무를 맡은 직원을 말한 것이다.

21 『國漢會語』(1895), 『독립신문』(1896)에는 ‘령사관’으로 표기되어 있다.

'관'이 'fany'로 전사되어 있다.

3) 사회 현상 관련 어휘

가삭: =새경. 연해주에 건너와 고공살이 하는 사람에게 주는 돈.

과부동이기: =보쌈(褓-). 단신으로 연해주에 건너와 사는 이들이 많아 이런 폐습이 생겼다.

빗새기: =身票.[22] 돈벌이를 위해 노령에 입국한 사람에게 내어 주는 신분증명서. 어원은 분명하지 않다. 뒤바보는, "自意에 合하면 빗새기「俄語에 별네태니 곳 身票라」一枚라도 얼는 내여주고(=자기 뜻에 맞으면 '빗새기'(러시아어로 '별네태니'란 말이니 곧 '身票'라) 한 장도 얼른 내어 주고)"라 하였다. 이는 러시아 관청에서 일하는 通事들의 횡포를 지적한 말이다.

作義派/대예(大爺[dà yé])[23]/말재/목젼:

作義派는 의형제를 맺은 派黨. 이주민 사회가 안정이 안 된 까닭에 의형제를 맺는 일이 많았다. 의형제가 있어야 외부의 침입을 함께 막을 수 있고 서로 도움을 주고받을 수 있었다. 계봉우는 부부의 연을 맺어 살림을 하는 자가 그 아내를 빼앗기지 않기 위해 의형제를 맺는 일도 있었다고 하였다.

대예(大爺[dà yé]): 의형제 중에서 연장자를 이르는 말. 본디 중국어 차용어다.

말재(末-, =말째): '마감아위[24]' 즉, 의형제 가운데 막내 동생을 이르던 말.

목젼(-錢): =會費.

22 『대동공보』에서는 '몸표'라 하였다. 예: 몸표 두쟝을 가지고 갓ᄂᆞᆫ듸(26호),

23 본디 '아버지의 형', '연장 남자'에 대한 존칭 호칭어.

24 '마감'은 '마지막'의 뜻을 지닌 함경도 방언. '아위'는 '아우[弟]'에 '-이'가 결합한 것. 이 무렵 '아우'의 연해주 한국어는 '아스-/앇-'이다.

보바니까: 러시아 도박의 하나.

싼쳐군[싼쳐꾼]: 중국어 '싼쳐'에 접미사 '-꾼'이 결합한 혼종어. '야휘' 도박을 직업적으로 하는 사람. '싼쳐'의 어원은 미상.

야바우(yabau, M1): =야바위. 속임수로 돈을 따는 중국 노름의 하나. 중국어 押宝[yābǎo]를 차용한 말.

야휘/센승/포풍군/주이상: 야휘 도박을 꾸리는 조직원.

야휘: 중국어 '押會[yāhuì]'를 차용한 말. 이전에 중국 동북 지방에서 행해졌던 도박의 하나. 해몽(解夢)을 대상으로 한 노름. 보통 몇 사람이 한 조가 되어 노름을 주관한다.

센승(账房)先生[xiānshēng]): 회계 담당.

포풍군(跑封[pǎofēng]+-군): 집집마다 다니며 돈을 거두고 또 노름이 끝난 후 당첨된 사람에게 돈을 돌려주고 수고비를 받는 사람.

주이상: 야휘 도박을 주관하는 우두머리를 이르는 말로 보인다.

방젼/불○/분통노이/투전/골패:

방젼: 방세(房稅) 또는 방세(房貰)를 뜻하는 한어 房錢[fángqián]을 차용한 말. 뒤바보는 여러 가지 유형의 도박이 성행하고 있음을 말하고 도박을 할 때의 '방값'을 '방젼'이라 하고 등불을 켠 값을 '불○', 노름판에서 선이자를 받고 판돈을 빌려 주는 것을 '분통노이'라 하였다 한다.

약담배: 중국어 '藥煙'의 번역차용어. 이 시기 연해주 한인 신문에는 '약담빅징이', '약침재이'(아편 중독자)란 말이 종종 보인다.

2.2.1.3. 사람, 人事

1) 별명

비지쌔, 비깃개: ⇒Ⅱ부, 4.3.1.2. =최비깃개. 崔才亨의 별명. '따뜻한 난로와 같은 사람'이라고 해서 '비깃개'라는 별명을 얻었다. 비깃개[비기깨]<비지깨<pechka+-이.

『대동공보』(18호, 1909, 1.7)에는 최재형이, '의병을 사칭하고 금품을 갈취하는 무뢰배가 있으니 속지 말라'는 광고를 냈는데 글 말미에 "연츄 최비지째 직형 고빅"이라 씌어 있다. 자칭 '비지째'라 한 것을 보면 別號로 쓴 듯하다. 「俄領實記」의 '비깃개[비기깨]'는 일반인들이 부르던 호칭을 적은 것이다.

2) **광산 노동자: 걸양군(乞壤軍), 금쌈(金-), 졈군(店-), 금졈군.**
⇒Ⅱ부, 4.3.1.2.

3) 여성들이 사회에 나아가 전문적인 일에 종사하게 되면서 생긴 명칭

다스포안까니: 여요리사(女料理師).
cf. 다스포: 중국어 '大師傅[dàshīfù]'(요리사)를 차용한 말.
임셕하는 안깐이(M7): kuxarka=여자 요리사(料理師).
셔답-싳는 안깐이(M12): prachka=세탁부(洗濯婦).

『노한소사전』(1904: 50)에도 '다스포-안깐이'가 보인다. 이는 혼종어다. '임셕'은 '음셕(飮食)>임셕>임셕'의 변화를 거친 육진방언. '안깐이'는 '아낙네'의 육진방언. Matveev는 '임셕하는 안깐이'라 하였다. 또 후에는 '뽀바리(Povar+-이)'라는 러시아어를 차용해 썼는데 중앙아시아 한인들은 이 '뽀바리'라는 말을 많이 쓴다. 처음에는 중국어를 차용해 쓰다가 후에 러시아어를 차용해 쓴 것이다. 한편, Prachka(세탁부)는 "셔답-싳는 안깐이"(=빨래 빠는 아낙네)라 하여 아직 어휘화가 이루어지지 않았다. '셔답'은 '빨래', '안깐이'는 '아낙네', '싳다'는 [洗], [濯]의 뜻을 지닌 육진방언이다.

4) 직업, 직책

담배마리군: 잎담배를 종이에 말아서 파는 사람.

따졸(dozor(러)): 어려움을 이겨내며 근면 성실하게 농사를 짓는 한인을 이르던 말.

레비지야(lebediya(러)): 홑몸으로 연해주에 와 돈을 벌어 가지고 고국으로 돌아가는 사람. 러시아인들이 연해주를 오가며 돈을 버는 한인을 백조(Lebed')에 빗대어 붙인 이름.

보토리/보토얼(跑腿兒[pǎotuǐér](중)): 결혼을 하지 않고 혼자 사는 홀아비.

비사리(pisar'(러)+-이): 書記.

뽀드랴치크(podryachik(러)): 請負業者.

뽀리까즈시크(prikazchik(러)): 店員.

세찬군: ⇒Ⅱ부, 4.3.1.1. 종선(從船)을 타고 짐을 하역하는 노동자.

슌금이(M11): =슌검(巡檢). =경찰관(Politsejskij). '슌검'은 조선 후기 지방 관아에 두었던, 지금의 순경과 같은 관원이다.

아재비: 원호(元戶)의 아녀자들이 자기 집에서 일하는 '한인 머슴'을 부르던 말. 본디 '아재비(<아자비)'는 함경도 방언으로서 '숙부', '당숙', '고무부' 등을 뜻하는 친족어다.

어리바잇개: 漁場에서 하는 노동. 어원은 미상.

외품자리: 혈혈단신 연해주로 와 품을 팔아 돈을 버는 노동자. 계봉우(1944/1996)은, "자긔와 자긔 그림자 밖에는 더 없는, 돈을 벌면 고향으로 돌아간다는 로동자들의 명칭"이라 하였다. '외품'은 다른 고장에 가서 하는 품팔이. 북한의 문화어로 올라 있다.

지게군: 지게꾼.

질등일군: 우수리철도(烏蘇里鐵道)와 하얼빈철도[東淸鐵道]를 부설할 때 일하던 노동자.

차디: 러시아어 Ofitser"(장교)의 대역어. Matveev(1900: 11)에서는 '군부

(kumbu) 차디관', Tajshin"(1898: 22)에서는 '군사차디'라 하였다. 『노한회화』(1904: 57)에서는 '지휘관/장교'를 '차디'라 하였다.[25] 『노한소사전』(1904: 126)에는 "차디'르 하기'–imet' chto–libo v" svoyom" zavedenii(=자신의 기관에 속한 모든 것을 장악하다)"라 하였다.[26] '책임자', '지휘자'라는 뜻이다.

한편 Putsillo(1874: 481), Tajshin"(1898: 36)에서는 'Pravleniye, upravleniye'(지휘관, 행정관)의 대역어로 '차디군이, 소장이, 차디'를 제시하였다. 따라서 '차디'는 '행정, 관리의 책임자', '장교, 지휘관'의 뜻을 지닌 명사가 된다.

통사(通辭): =통역사. ⇒Ⅱ부, 4.3.1.2.

이 시기의 한인은 대부분 러시아어를 몰랐으므로 기관이나 상거래 장소에는 통역사가 있어 중개를 하였다. 그들은 농간을 부려 폭리를 취하는 경우가 많았다. 계봉우는 귀밀통사(귀밀+통사)[27], 별니채통사(politsiya(러)+–이+통사), 빼애지통사(pyat'(러)+–이+통사), 새통사(새[草]+통사) 등을 소개하고 있다. 지금은 흔히 '통새'라 하는데 중국 조선족 노년층에서 이 말을 쓴다.

5) 인종이나 사회 계층과 관련된 명칭

한것: =상전(上典). 연해주 한인의 방언에 잔존한 古語.

마우재(M13): ⇒Ⅰ부, 1.5.3.2. '러시아인'을 예사로이 또는 경멸적으로 이르던 말. 중국어 '毛子[máozi]'에서 유래한 말이다. Matveev (1900)에는 '마

25 "Kto im komanduyet?(56쪽): 뉘기 그 군병(軍兵) 차디오?(57쪽)"(누가 그들에게 명령합니까?: 누가 그 군병의 지휘관이오?)

26 이에 의하면 현대국어의 '차지', '차지하다'와 어원이 같은 말로 보인다.

27 '귀밀'은 '귀리'의 함경도 방언. 『월인석보』(21: 198)에 '귀밀'이 보인다. 표준어 '귀리'는 '귀+보리[麥](>귀보리>귀오리>귀우리>귀리)', 함경도 방언 '귀밀'은 '귀+밀[小麥]'에서 유래한 말이다. 합성어의 구성 성분이 달라 방언차를 보이게 되었다.

우재', '야인', '아라사(orasa)'가 함께 등재되어 있으나 뜻이 다르다. 아라사(俄羅斯[èluósī])는 '러시아'를 뜻하는 중국어를 한국 한자음으로 읽어 차용한 것이고 야인[yãin](<양인(洋人))은 글자 그대로 '서양인'의 뜻.

얼마우재(二毛子[Èrmáozi]): ⇒Ⅱ부, 4.3.1.1. 러시아인 행세를 하는 한인을 조롱하여 이르는 말.

주자리: '돼지 새끼'를 뜻하는 중국어 '猪崽(儿)[zhūzǎi(r)]'에 '-이'가 결합된 말. '猪崽(儿)'은 "이전에 외국에 나가 힘든 일에 종사하던 하층 노동자"라는 뜻이 있다. 계봉우는 '얼마우재'와 같은 말이라 하였다. 주로 착취를 당하던 계층인 여호인이 토호인 원호인을 비아냥거리며 이르던는 말.

한인의 신분: 원호(인), 여호(인).

원호인(原戶人, 元戶人): 러시아 국적에 편입되어 일정한 토지를 받은 한인.

여호인(餘戶人), 유호인(流戶人): 러시아 국적이 없는 한인. 계봉우(1944/1996)은, "농촌이나 도시에서 가족을 다리고 살림하면서도 로시아에 입적하지 아니한 사람"이라 하였다.

연해주 한인 사회에서 원호와 여호의 대립과 갈등은 심각했다. '여호'와 '외품자리'는 원호나 러시아인들의 토지를 빌려 농사를 짓고 살았다. 그리고 원호와 여호는 마을도 다르고 통혼도 하지 않았다. 또 원호는 社에 도소를 두고 '노예(老爺)'를 공천하여 사무를 처리하였지만, 여호는 자신들의 이익을 위한 결사체를 조직하여 운영하였다. 이 때문에 러시아 혁명기에는 두 계층이 적대적인 관계에 놓이기도 했다. 또 혁명 후 원호는 '꿀락크(kulak, =土豪)'로 몰려 청산 대상이 됐다.[28]

28 계봉우(1944/1996: 167-169), 반병률(2008: 105-106)을 참조. 반병률(2008: 105-106)은 "원호는 지주, 포드랴치크(청부업자), 비사리(서기), 통사로서 여호의 원한의 대상이었고, 여호는 소작인, 질등일군(철도건설노동자), 아재비(머슴), 외품자리(임금노동자)로

6) 혼인

주자얼(做家兒[zuòjiāér]): 살림살이, 살림을 차리다. '做家', '做人家[zuòrénjiā]'는 '살림살이'를 뜻하는 중국어. 「俄領實記」에서 '부부간 살림'을 뜻하는 중국어라 하였다.

無票짜리/몽동장가/과부동이기: ⇒Ⅱ부, 4.3.1.2. 비정상적인 방법으로 여자를 취하여 아내를 삼는 폐습. 연해주에 남자는 넘치고 여자는 적기 때문에 생긴 폐습이다.

無票짜리: 「俄領實記」에, "형수나 제수 등 친족의 여인을 거느리고 다니면 이를 무표짜리라 이름하여 혹 무리를 짓고 작당을 하여 강탈하여 근근이 결혼하는 폐단이 있고 만일 유부녀라 하면 감히 마음먹지도 못하는 특별법이 있었다."고 하였다.

몽동장가: 여자의 손을 잡는 등 추행을 하고 여자가 부정한 짓을 했다고 하면서 데려다가 아내를 삼는 장가.

과부동이기: 과부 보쌈.

7) 도적

홍호적(紅鬍賊): 만주와 연해주 일대에서 활동한 중국인 비적(匪賊). 중앙아시아 고려인, 중국 조선족 노년층은 '후우재', '호오재'라 하며 그들의 야만적 행동에 대해 지금도 치를 떤다.

2.2.1.4. 종교

미드리ᄭᅵ: 洗禮 證書. cf. 밋으릿기 셰례를 받은 문적이라(『대한인정교보』).29

원호들의 착취 대상이었다."고 하였다.

야소교(耶蘇敎): =예수교.

졀당(>결당): =敎會. cf. 아라사 졀당(러시아정교회 교회, 『대한인졍교보』).

즁: =神父. Tajshin"(1898: 31)에서도 'Svyashchennik", Duxovenstvo (=司祭)'를 '즁'이라 하였다. 그러나 Starchevskij (1890)에서는 '신보(神甫), 신부(神父)'라 하였다. 『노한소사전』(1904: 87)에서도 "pop"(=사제, 신부): šin-bú"라 하였다. '즁'과 '신부'가 유의경쟁을 벌이던 시기였던 것이다. '즁'은 일반 언중들이 쓰던 말이고 '신부'는 식자 계층에서 쓰이던 차용어였다.

희랍교(希臘敎): =러시아정교회.

2.2.1.5. 의식주

커우대바지: 거친 삼실로 짠 바지. 중국어 口袋[kǒudài](麻袋)에 '바지'가 결합한 혼종어.

밴세(pyanʃe, M11): 송편 모양으로 빚어 속을 두고 쪄 먹는 음식. 만두의 일종. 중국어 '匾食[biǎnshí]'를 차용한 말. 지금은 흔히 '밴세'라 하며 함경도, 중국 조선족자치주, 중앙아시아 고려인들이 즐겨 해 먹는다.

다두배채(M6): =양배추. 중국의 동북3성에서 쓰이는 중국어 방언 '大頭白菜[dàtóubáicài]'를 차용한 말. 함경도, 중국 조선족자치주, 중앙아시아 고려말에서 널리 쓰인다.

쥬재(M1): =귤(橘). 한어 '橘子'를 차용한 말. 흔히 '쥬우재'라 한다.

쉐젓: =우유. <쉐[ʃwe]+젓[乳].[30] 카잔 문헌에 보인다.

---

29 『대한인졍교보』에는 '미드리씨'를 받는 이유가 신실한 신앙생활을 위해서라기보다는 '신분을 증명하는 빙표(憑票) 대용이며, 이를 소지하면 자유로이 왕래하는 데 편리하고, 러시아인 養父를 얻어 도움을 받고, 두터이 대접을 받기 때문'이라 하고 그러한 사회 풍조를 비판하고 있다.

30 『노한소사전』(1904: 83)에 'š^{w}e ʧət ts'anin kɨrɨt'(=우유 짜는 그릇)이 보인다. Tajshin"(1898)에서는 "Moloko(=우유): sětsětsi(=쇼졋이)"라 함. 『西遊見聞』에서는 '牛

셰지림이(M8): =버터(butter). <쇠[牛]+기름. ‘버터’는 우유의 지방을 분리하여 응고시킨 식품이므로 ‘셰지림이’라 하였다. 우유를 ‘쉐졎’이라 하였으니 ‘쉐졎기름’이라 해야 하나 ‘셰지림이’라 하였다. 비육진 함경도 방언.

셰졎평재(M19): =우유병. ‘평재(甁子+-이)’는 ‘병(甁)’의 함북 방언.

슌대(ʃunda, M6): =치즈.[31]

가재미: =가자미.

귀밀: ‘귀리’의 함경도 방언. 흔히 ‘구밀’이라 한다.

임셕간이(M7): 러시아 가옥의 kuxnya(부엌, 주방)와 전통적인 함경도의 ‘부수깨’가 형태나 용도가 달랐기 때문에 kuxnya를 ‘임셕간이’라 한 것이다. 음셕(飮食)>임셕>임셕.

큰방(M5): 서양식 건물에서 볼 수 있는 홀(hall).

문보이(M5): =커튼. ‘문(門)+보(褓)+-이’. 중국의 함북 방언 화자들은 ‘문발[-簾]’이라 한다.

2.2.1.6. 기물

딮커우대(Kul'(러), M7): =가마니, 큰 섬. ‘가마니’는 일본어 ‘かます[叺](kamasu)’에서 유래한 말로서 1900년대에 차용됐다. Matveev(1900)이 간행될 무렵에는 ‘가마니’라는 말이 없었으므로 의역 차용하여 ‘딮-커우대’라 한 것이다(혼종어). ‘커우대’는 중국어 ‘口袋[kǒudài]’를 차용한 말.

먹이(mogi, M16): 러시아어 Chernila(잉크)의 대역어. 『초급 교과서』에서도 ‘잉크’를 ‘먹이’, 잉크병을 ‘먹병새리’라 하였다.

뱃드이(patïy, M9): =등대(燈臺). ‘뱃등’은 ‘배[船]+ㅅ+등(燈)’의 어구성으로 이루어진 말.

셔뉴와~셩뉴왜(syen-nyu-wa, M14): =잎성냥. ⇒Ⅱ부 1.5.3.2 및 4.3.1.1. 셩

乳油’라 하였다.

31 『西遊見聞』에서는 ‘乾酪’이라 하였다. 일본어.

뉴왜<셕뉴황(石硫黃)+-이). 「俄領實記」의 '셕유화'는 '셕뉴황'을 불완전하게 표기한 것.

앉는사이(annen-sai, M14), 앉는-사이(anïn-say[sic.], M7): =의자. '앉는(앉넨)-사이'는 Matveev(1900)의 표제어 Kreslo(안락의자)와 Stul(의자)의 대역어로 두 차례 나온다. 한인들에게는 이러한 물건을 지칭하는 고유어가 없기 때문에 '앉다'에 초점을 맞추어 의역 차용한 것이다.

'상(床)'은 현대어와는 의미차가 있다. 『노한소사전』(1904: 113)에서, 'saŋ(Stol", 床)'은 "책상, 벤치, 의자의 총칭(Obshcheye nazvaniye stola, skam'i i stula)"이라 하였다.[32]

벤치: 걸 앉는 긴 상.

의자: 걸 앉는 상, 앉는 상(=걸상).

식탁: 먹는-상. cf. 침대: 느버 자는 상이sãi(교65).

얼움고이(orumkoi, M8): =얼음 창고. <얼음[氷]+고(庫)+-이. Lednik(氷庫, 製氷室)의 대역어.

주어기(tsuogi, M9): =공[球]. ⇒Ⅱ부 1.5.3.2. 본디 데친 나물, 밥 따위를 둥글게 뭉쳐 놓은 것을 이르는 말. 『초급 교과서』(1901: 32)에서는 '주에기'라 하였다. 지금은 '줴에기'라 한다.

챠물-구루시(M6): =냄비. '챠물'은 '차(茶)'의 육진방언. '차'는 차의 재료가 되는 잎이나 뿌리를 달이거나 우려낸 물이니 '차물'이라 하는 것이 온당하다. '냄비'를 '찻물-그릇'이라 하였는데, 한인들에게는 이 그릇의 용도가 주로 차의 물을 끓이는 것으로 인식되어 그리 명명한 것이 아닌가 생각된다.

체모단(M19): =트렁크(trunk). 러시아어 chemodan을 차용한 말. 지금도 중국의 조선족(노인층)은 일제강점기에 일본어에서 차용한 '도랑꼬(←trunk(영어))'와 함께 이 말을 쓴다.

---

32 『철자 교과서』(74쪽)에서는 의자를 '상'이라 하였다. "그러래무 형 곁에 상에sãe 앉아라."

촨이(M8): 중국어 '船[chuán]'을 차용한 말. 두만강 유역의 함북 방언 화자들은 노소를 막론하고 '배'를 '촨'이라 한다. '촨'은 만주어 어휘집 『同文類解』(1748)에 수록되어 있으므로 여진어에 일찍 차용되어 쓰이다가 함북 지방에 잔존한 것으로 생각된다.

퉁재(M1), 나무-퉁재(M2): =물통, 나무물통. 중국어 '桶子'를 차용한 말. 『노한소사전』(1904: 8)에 '퉁'재'가 보인다.

함지: 나무를 파서 만든 그릇.

2.2.1.7. 화폐와 도량형

제정러시아의 한국어 관련 문헌을 보면 연해주 한인들은 러시아의 화폐나 도량형의 단위를 모국의 화폐나 도량형의 단위로 바꾸어 불렀다. Matveev(1900)의 예를 보기로 한다.

1달러=iron"(1원), 2달러=iwon"(2원) …

1루블=han-nyai(한 냥), 2루블=tu-nyai(두 냥) …

1코페이카=xan-gïrtse(한 글째), 2코페이카=tu-gïrtse(두 글째) …

10코페이카=yar-gïrtse(handon)(얄 글째=한 돈).

달러나 루블, 코페이카(러시아의 화폐 단위) 대신 '원(元)', '냥(兩)', '돈', '글째'가 쓰였다. 『한국민족문화대백과사전』(화폐단위(貨幣單位))에서는 조선 말기의 貨幣 單位를 다음과 같이 기술하고 있다.

> 1901년에 이르기까지 원(元)과 냥(兩)의 두 화폐 단위가 혼용되는 상태에 있었다. '1元=100錢=1,000厘'라는 화폐산식이 적용되고 있었다. 한편 민간 부문에서는 엽전이 여전히 널리 유통되고 있었으므로, 주로 '1냥=10전=100푼'이라는 화폐산식이 그대로 사용되고 있었다.

연해주 한인 사회에서는 미국 달러화를 '원'이라 하고 러시아의 기본 화폐 단위인 '루블'을 당시 모국의 기본 화폐 단위인 '냥'으로 바꾸어 부른 것이다. 그러나 그 아래 단위에 대한 명칭은 중앙어와 다르다. 즉, 1/10루블은 '돈'이라 하고 1/100루블 즉, 1코페이카는 '글째'라 하였다. '글째'는 '푼'에 해당되는 셈이다.[33]

이 같은 화폐 단위는 지금도 중앙아시아 한인들 사이에서 쓰이고 있다. 중앙아시아의 한인들은 거주국의 기본 화폐 단위를 '냥'이라 한다. 예컨대 카자흐스탄 화폐 단위인 '탱게(тенге)'를 '냥'이라 하는 것이 그 한 예다.[34] 그리고 중국의 조선족 노년층 중에도 '위안(元)'을 '냥' 또는 '원'이라 하는 이들이 있다. 중국 조선족 사회에서 '글째'는 '푼돈', '잔돈' 정도의 뜻을 지니기도 한다. 이 밖에 길이나 무게의 단위도 역시 모국의 도량형 단위로 바꾸어 불렀다.

2.2.1.8. 차용어[35]

앞서 본 어휘 가운데 차용어만을 추려서 그들 차용어의 성격을 차용 방식과 차용어의 내용 면을 살펴보되 어휘적 차용(lexical borrowing)만을 간단히 기술한다. 언어 접촉에 의한 문화 차용(cultural borrowing)이다.

33 『초급 교과서』(1901: 39-40), 『노한회화』(1904)에서도 '루블'을 '냥', '코페이카'를 '글째', '10 코페이카'를 '돈'이라 하였다. 예: 내 할-랄'에 쥄'으 임셕에' 너'-돈으 밧소'(내 하루에 주인이 제공하는 음식에다가 너 돈(40코페이카)를 받소, 회233). 내 뉘례'에 두'-냐아 받소'(내 이레에 2루블을 받소, 회234).

34 우즈베키스탄 고려말 화자는 다음과 같이 우즈베키스탄 화폐 단위 '숨(сўм)' 대신 '냥'을 쓰고 있다(2008년 조사). "그저 어찌갯소. 뻰시(pensiya)랑 타구 사는 사름우느 여기 시장 돈으르 한 오백냥두 하고."(그저 어찌하겠소. 연금을 타서 사는 사람은 여기 지금 돈으로 한 500냥도 (부조를) 하고.) 구술자는 500숨(сўм)을 500냥이라 한 것이다.

35 신문 잡지에 보이는 차용어는 2.2.2에서 다룬다.

20세기 초 연해주에는 한인 외에 러시아인, 중국인, 일본인, 만주퉁구스족 등이 거주하고 있었다. 앞서 「俄領實記」에서 본 러시아어, 중국어 차용어는 당시 블라디보스토크와 같은 도시에서 여러 이민족과 더불어 살아가던 한인들의 언어생활의 일면을 보여 준다.

2.2.2의 신문 잡지에서 보게 될 차용어는 옷, 신발 등 상품 광고에 등장한 러시아어 차용어이다. 그러나 「俄領實記」 등에 보이는 차용어는 당시 연해주 사회를 보여 주는 예들인데 중국어 차용어가 많다. 이는 한인과 중국인의 생활양식이나 직업 등이 비슷하여 도시에서는 한인들과 중국인들의 접촉이 많았음을 말해 주는 것이다.

차용은 흔히 세 가지 방식으로 이루어진다.

첫째, 외국어를 원음 그대로 들여오는 방식으로 차용될 때 자국어의 음운체계에 맞게 조정된다. 이와 약간 성격이 다른 유형으로, 중국어를 차용할 때 한국 한자음으로 읽어 차용하는 방식이 있다.

둘째, 외국어를 자국어로 번역하여 들여오는 번역차용(loan translation)이 있다. '火車'를 '불술긔'라 하는 예가 그 전형이다. 이밖에 차용 대상 외국어와 유사한 의미를 가진 국어 단어로 대치하거나 합성어 또는 어휘화하지 않은 구(句)로서 번역하여 차용하는 예가 있다.[36]

셋째, 외국어와 고유어가 결합한 혼종어 형태로 차용되는 혼합차용이 있다.

1) 원음 차용

러시아어: 따졸(dozor, 근면 성실한 농부), 레비지아(lebediya, 춘추로 연해주

36 중앙아시아의 한인들은 "골이 일을 하오"(머리를 잘 쓰오)라는 말을 많이 쓴다. 이는 러시아어 'golova rabotaet'를 번역차용한 예다.

를 오가는 임금 노동자), 별니채(politsiya, 경찰서), 보바니까(러시아 도박의 하나), 비사리(pisar', 書記), 비지깨(spichka, 성냥), 뽀드랴치크(podryachik, 청부업자), 뽀리까즈시크(prikazchik, 店員), 뽀바리(povar, 요리사), 체모단(chemodan, 트렁크), ….

중국어: 다동(大冬, 한겨울), 다두배채(大頭白菜, 양배추), 다스포(大師傅, 요리사), 마우재(毛子, 러시아인), 얼마우재(二毛子, 러시아인 행세를 하는 한인을 조롱하는 말), 주자리(猪崽兒+-이=돼지 새끼, 하급노동자를 낮추어 이르는 말), 주자얼(做家兒[zuòjiāér], 살림살이), 밴세(匾食, 만두), 보토리/보토얼(跑腿兒, 홀아비), 세찬군(塞船-군, 하역부), 싼쳐군[싼쳐꾼](도박꾼), 야바우(押宝, 야바위), 쥬재(橘子, 귤), 촨(船, 배), 커우대(口袋, 마대자루), 퉁재(桶子, 물통) ….

한국 한자음으로 읽어 차용한 예: 아라사(俄羅斯[Èluósī]), 화륜션(←火輪船[huǒlúnchuán], 기선)

2) 번역/의역 차용

군부차디관(장교), 단술(포도주), 떡(빵), 먹는상이(식탁), 걸앉는상, 앉는상(걸상), 걸앉는긴 상(벤치), 문보이(커튼), 문세소이(동사무소), 뱃등(등대), 부술기~불술기(←火車, 기차), 백해(百-)(←世紀), 세줄글(←電線, 電報), 셔당아긔(학생), 셔당-훈댱(선생), 션승(선생), 세졎(우유), 세졎평재(우유병), 세지름이(butter), 쇠줄간(쇠줄+간, 우체국), 슌금이(경찰관), 슌대(치즈), 약담배(←藥烟), 얼음고(냉장실), 원(달러), 냥(루블), 글째(코페이카), 임셕간이(kuxnya=부엌), 졀당(>결당, 교회), 주어기>줴에기(공), 즁(러시아정교회 神父) …. cf. 셔답-싯는 안깐이(洗濯婦), 임셕하는 안깐이(여자 요리사), 만져 준돈이(예금).

3) 혼합차용

다스포안깐이(여자 요리사), 커우대바지(마대 바지), 딮커우대(가마니), 별니채통사(경찰서 통역사), 빼애지통사(능숙하지 못한 통역사) ….

러시아어 차용어는 대체로 연해주의 한인을 지칭하는 말(따졸, 레지비야), 사회 제도(별니채), 신문물(비지깨, 쳬모단), 도박 관련 어휘(보바니까)이다. 중국어 차용어도 그와 비슷한데 다두배채(양배추), 쥬재(귤), 밴셰(만두)'와 같은 식생활 관련 식물, 음식 명칭이 보이고 도박 관련 어휘(야휘, 야바위 등)가 보인다.

신문명어라 할 수 있는 '부술기~불술기(←火車, 기차)', '쇠줄글/세줄간(←電報/우체국), '백해(百-)(←世紀)' 등은 번역차용어이다. 또한 Ⅱ부에서 종종 지적한 바와 같이 '빵'을 '떡', '교회'를 '졀당', '神父'를 '즁'이라 한 것처럼 비슷한 뜻을 지닌 자국어로 명명하여 차용한 점도 이색적이다.

현재 함경도 방언, 중국 조선족자치주의 조선어 방언, 중앙아시아 고려말에는 아래와 같은 러시아어, 중국어 차용어가 쓰인다.[37] 비교적 사용빈도가 높은 예들이다. 이 가운데 러시아어 차용어는 모두 이 시기에 연해주를 왕래하던 함경도 사람들에 의하여 차용된 것이다.

러시아어: 가란다시(연필), 거르마니~거르마이(주머니), 골로시(고무신), 마션~마선(재봉틀), 메드레(바께쓰), 버미돌(토마토), 비지깨(성냥), 삽개[사깨](모자) …

중국어: 밴셰(匾食, 만두), 커우대(口袋, 마대), 강차이(鋼鍤, 삽), 줄루재(酒漏子, 깔때기), 차아재(汊子, 포크), 퉁재(筒子, 물통) …

37 小倉進平(1927), 미승우(1987), Ross King(1996), 곽충구(1991, 2019a)에 러시아어 차용어가 수록되어 있다. 곽충구(2019c)에는 북부 방언의 漢語 차용어가 수록되어 있다.

2.2.2. 신문과 잡지의 한국어

신문, 잡지의 한국어는 당시 내지의 중앙어와 크게 다를 바 없다. 다만, 광고문에는 러시아어 차용어와 함경도 방언이 많이 보이는데, 이 광고문의 어휘가 연해주 한국어의 實狀이다.

신문, 잡지의 한국어 관련 사항 가운데 주목할 만한 점은 『대한인정교보』 9, 10, 11호에는 한글가로풀어쓰기에 대한 주장이 있고, 『대동공보』는 띄어쓰기를 하고 있다는 점이다. 『대한인정교보』는 초기에는 띄어 쓸 곳에 구두점을 찍었고 1권 9호부터는 띄어쓰기를 하였다. 앞으로 출전은 『힉죠신문』은 (해죠), 『대동공보』는 (대공), 『권업신문』은 (권업), 『대한인졍교보』는 (졍)으로 표시한다.

2.2.2.1. 표기법[38]

대체로 『獨立新聞』 등 개화기 신문에서 볼 수 있는 전통적인 표기법이다. 요약하면 아래와 같다.

① 자음: 된소리는 『권업신문』에서 각자병서로 표기하였지만, 그 밖의 신문과 잡지는 ㅅ계 합병자로 표기하였다. 그리고 『권업신문』에서는 'ㅇ'을 'ㆁ'으로 표기하였다.

② 모음: 'ㆍ'와 'ㆎ'를 쓰고 있다.[39] 'ㆍ'와 'ㅏ'는 同音異表記字이므로

38 이 무렵의 표기법 규정으로는 1912년에 제정된 조선총독부의 「보통학교용 언문철자법」이 있다. 이 전에는 국문연구소의 「國文研究議定案」(1909)에서 맞춤법에 대한 논의가 있었고, 주시경이 독립협회에 두었던 '國文同式會'(1896)와 주시경의 논저에서 맞춤법에 대한 논의가 있었다.

39 「보통학교용 언문철자법」(1912)에서는 폐지하였으나 지속적으로 사용되었다.

이는 記事者들이 두 문자를 관습적으로 쓴 것일 뿐이다. '·'와 'ㅏ'의 혼기가 적잖다.

③ 치음 'ㄷ, ㅼ(ㄸ), ㅌ, ㅈ, ㅾ(ㅉ), ㅊ, ㅅ, ㅆ' 뒤의 'ㅏ, ㅑ, ㅓ, ㅕ, …'의 표기도 의고적이다.

'ㄷ, ㅼ(ㄸ), ㅌ' 뒤에 상승이중모음이 올 때에는 그 표기가 대체로 보수적이다. 한자어는 보수형(비구개음화형)을 표기한 경우가 많지만 순수 고유어는 개신형을 표기한 경우가 많다.[40] 또 '론셜(論說)'에는 보수적 표기가 많지만, 기사문과 광고문에는 상대적으로 개신형이 많다. 이는 주장과 설득을 염두에 두고 正論을 펼쳐야 하는 '론셜(論說)'은, 사실을 객관적으로 전달하는 기사문으로서 [-친밀, -정중, +권위]의 속성을 지니지만 이와 달리 광고문은 [+친밀, +정중, -권위]의 속성을 갖기 때문이다. 그리고 ㄷ구개음화를 겪은 어형들은 대체로 '댜, 뎌, 됴, 듀'가 '쟈, 져, 죠, 쥬'로 표기되었다.

'ㅈ', 'ㅅ' 뒤의 'ㅏ, ㅑ, ㅓ, ㅕ, ㅗ, ㅛ, ㅜ, ㅠ'의 표기도 의고적이나 혼기 예가 많다. 표기법이 당시의 음운체계 및 언어 현실과 괴리되어 있는 상태에서 기사자들이 관습적 표기에 의존한 결과이다.

위에서 언급한 사실을 아래 『권업신문』의 기사를 통해 보기로 한다.

론셜(『권업신문』 1914, 3, 25자, 뎨1빅1호)

가) 이졔셰계의 혼인졔도ᄅᆞᆯ보면 문명ᄒᆞᆫ 나라은 도덕에의지ᄒᆞ며 법졔에

40 이런 이유로 「보통학교용 언문철자법」(1912)에서는 한자어일 때 의고적 표기를 채택하였다.

맛게ᄒᆞ되미ᄀᆡᄒᆞᆫ 나라에는 지금도 야만의풍쇽이 그ᄃᆡ로잇어 아푸리까에셔는 한안ᄒᆡᄅᆞᆯ 형뎨가공동히둠과 뚥키ᄉᆞ름은 쳡을만히침과 일인들이 친족간에 혼인홈은 륜리에도 위반될뿐안이라 ᄉᆡᆼ리샹에 큰방해가됨은 다보고아는ᄇᆡ라이에 우리한국ᄉᆞ름의 혼인은 ᄂᆡ디ᄂᆞ 해외ᄅᆞᆯ 물론ᄒᆞ고 첫ᄌᆡ 악습은 죠혼이니 가령남ᄌᆞ는 열살줌 되면 녀ᄌᆞ는二十세ᄂᆞ되야 셩혼케ᄒᆞ며 또부모가 돈량이ᄂᆞ 받고 억혼ᄒᆞ야 ᄌᆞ녀의게 원망을 기치며 이밧게도 혼인의 ᄎᆞᆷ뜻을 아지못ᄒᆞ고 늙은 부모들은 쇽히 혈손 보기만 원이며 청년남녀는 일시 졍욕에 빠지는 여러가지 폐습은 우리의 항샹개탄히 넉이는ᄇᆡ라. 근ᄅᆡ에 샤회뎡도가 진보되야 ….

나) 쇼왕령은 년젼에 다릿목 거류디가 폐지된 이후로 오릿동안 거류디ᄉᆞ건으로힘을 다ᄒᆞ얏으나 이ᄯᆡᄭᆞ지 디단을 떼지못ᄒᆞ얏더니 요ᄉᆞ이에 그곳모모씨가 힘써 쥬션ᄒᆞᆫ 결과에 당디 졍거쟝 엽헤잇는 디단을 열두ᄒᆡ 쟉뎡으로 관쳥의 인가ᄅᆞᆯ 얻게되야 가옥건축울 쥰비즁이라더라.(저자: 원문대로 표기)

가)의 '론셜(論說)'에서 한자어 '형뎨(兄弟), 뎡도(正道), ᄂᆡ디(內地)'는 보수형이나 고유어 '기치-며(<기티-), 빠지-는(싸디-), 아-지(<아-디)'는 모두 개신형이다.

나)의 '기사문'은 한자어 '졍거쟝(<뎡거댱), 관쳥(<관텽), 건츅(<건튝), 즁(<듕)'이 모두 개신형이다. ㄷ구개음화한 음은 모두 '쟈, 져, 죠, 쥬'로 표기하였다.

④ 어두 위치의 '냐, 녀, 뇨, 뉴, 니'의 표기는 의고적 표기가 많고 혼란스럽다.

⑤ 두음법칙 불인정. 한자어의 어두 위치에서 '라, 랴, 러, 려, 로, 료,

루, 류, 리' 표기.

⑥ 어간말 자음 'ㄷ,ㅌ,ㅅ,ㅈ,ㅌ' 뒤에 자음으로 시작하는 조사가 오면 'ㅅ'으로 표기. 받침 표기도 대체로 전통적인 표기를 따랐다. 『대한인정교보』에서는 어간말 자음 'ㄷ', 'ㅌ'을 거의 'ㅅ'으로 표기. 돗을(←돝-을, 돼지-를), 것어치우고(걷어치우고), 밋쳔(밑천).

⑦ 『대한인정교보』에서는, 종성 위치의 유기음을 '평음+ㅎ'으로 표기(ㅌ, ㅊ은 'ㅅ+ㅎ'으로 표기). 예: 븟힐(붙-일), 깁흔(깊-은), 두 닙흘(잎-을), 논밧흘(밭-을).

전통적인 표기법에 뿌리를 둔 위와 같은 표기의 혼란은 제3기에 들어서서 吳昌煥이 주도한 『高麗文典』(1930)의 표준화한 규범 표기안이 마련되면서 수습된다.

2.2.2.2. 어휘

1) 개화기의 신어

신문에 보이는 어휘는 내지의 개화기 어휘와 다를 바가 없으므로 여기서는 개화기 신어 가운데 몇몇 어휘를 보이고 당시 연해주 한인들의 일상어와 어떻게 다른지를 소략하게 밝히고자 한다.[41]

(1) 국어: 동족을 위하야 인도하려하는쟈도 국어붙어배워야 하갯쇼이다(권업109호).[42]

41 은행, 우편국, 교우(教友), 텰도, 륜션, 뎐신, 뎐화, 도로, 교량 등 개화기 신어가 두루 보인다.

42 『神學月報』(1907)에도 '국어'가 보인다. "과졍은 국어 셩경 한문 영문 산슐 만국 디지 …".

(2) 한국/한국말/한국글/한국인/한인/한반도/한아(韓俄): 한국에셔 나고 한국에셔 자라고 한국에셔 배운이도 한국말과 한국글에 모다 무식하니(권업109호) / 우리 한국인민이 맛당히(대동17호) / 뎌갓치 무식한 ᄉᆡᆼ각에도 오날날 한인의 신문지가(권업109호) / ᄒᆡ삼항 한인거류디 륙백호 대동공보사(대동19호) / 한반도 젼도(권업109호) / 1884년 한아육로통샹조약(韓俄陸路通商條約)이 톄결되고(「강동쉰해」, 1917).

(3) 교회, 교회당, 교당: 덕국 교회당(대동17호), 한인 교회(대동19호), 셔양 각교회에셔 한국 인민의 불상ᄒᆞᆫ 졍상을(대동22호)

(4) 긔차(대동22호), 화륜션, 륜션.

(5) 목필, 유치원, 교과셔~교과서(해죠), 학교, 션생 ⋯.

(1)의 '국어'가 여러 신문에서 드물게 쓰였다. 애국주의 관점에서 '우리나라의 말'의 뜻으로 쓴 것이다. 러시아어나 일본어가 아닌 '한국어'를 가리킨다.[43]

(2)의 '한국'은 '大韓帝國'을 줄여 이르는 말. 연해주의 한인 신문은 '됴션, 죠션' 대신 주로 이 국호를 썼다. 더불어 『독립신문』이나 『대한매일신문』에서 쓰이던 '한인, 한반도, 한국말, 한국글, 한국인민'과 같은 어휘도 쓰였다.

『노한소사전』(1904: 47)은 표제어 'Koreya'의 대역어로 '됴션'과 '대한국''을 제시하였다. 이 시기 한인들은 일상 말투(casual speech)에서는 '됴션'(육진방언 화자) 또는 '조선'(비육진방언 화자)을 쓰고, 격식 말투(formal speech)가 요구되는 신문 잡지의 서사어나 공식적인 자리에서는

43 이 무렵 다음 『대한매일신문』(1904)에 보이는 '국어'는 '한 국가의 언어'라는 뜻이다. "졔나라 국문과 국어(나라방언)로 제 나라 정신을 완젼케 ᄒᆞᄂᆞᆫ 긔초를 삼ᄂᆞᆫ 것이어늘 오직 한국은 제나라 국문을 ᄇᆞ리고 타국의 한문을 슝샹홈으로 ⋯." 이 같은 애국계몽 시기 '국어', '국문'의 개념과 '국어관'에 대해서는 이병근(2003/2022)를 참고할 것.

‘대한국’’을 썼을 것이다.

제3기(러시아 내전 종식 이후)에 해당하는 1923년부터는 ‘한국’, ‘한국말’, ‘한국글’ 대신 ‘고려’, ‘고려말’, ‘고려어’가 쓰여 대조적이다. 애국계몽기의 民族主義가 러시아 혁명 후 社會主義로 전환되면서 생긴 현상이다. 1930년대 중반에는 ‘조선, 조선어’란 말이 쓰이기도 한다.

(3)의 기독교 교회를 한인들은 ‘졀당’, ‘졀’이라 하였는데 신문에서는 중국이나 일본에서 차용한 ‘교회’, ‘교당’, ‘교회당’이라는 말을 썼다.[44]

(4)의 “긔차, 화륜션, 륜션 …”의 ‘긔차’는 일본어, ‘화차(火車)’, ‘화륜션(火輪船), 륜션(輪船)’은 중국어 차용어다. 중국어 ‘火車’는 일본어 ‘긔차(汽車)’로 바뀌었지만 ‘화륜션, 륜션’은 아직 일본어 ‘汽船’에 밀려나지 않았다.

Matveev(1900)에서는 ‘기차’를 ‘불술기’, ‘부술기’라 하였다. 이미 19세기 후반에 중국어 ‘火車’가 번역차용된 것이다. 桂奉瑀는 「俄領實記」에서 이 ‘불술기’를 “우리말로 된 훌륭한 문명어”라 한 바 있다. 순수 고유어로도 얼마든지 신어를 만들 수 있음을 보여 준 것으로 평가한 것이다. 지금도 중앙아시아 한인들은 ‘불술기, 부술기’란 말을 쓴다.

(1~4)의 예들은 내지의 중앙어가 반영된 신문 잡지의 어휘와 실제 언중이 사용하는 어휘는 일정한 차이가 있고 또 언중들의 구두어가 생명력이 강하다는 사실을 말해 준다. 현재의 중앙아시아 고려말은 그 언중들의 구두어를 계승한 것이다.

(5)의 교육 관련 어휘도 내지의 중앙어다. 얼마 전까지만 해도 함경도의 노년층은 ‘연필’을 ‘가란다시(←karandash(러))라 하였다(小倉進平

44 「俄領實記」(1920)에 ‘졀당’이라 한다는 기사가 있다. 현재 중앙아시아 고려인, 중국 조선족(노년층)도 ‘절당’, ‘결당’이라 한다.

(1927), 곽충구(2019a)). 일반 언중들은 러시아어를 차용해서 썼던 것이다. Ⅱ부의 여러 문헌에서 본 바와 같이 '학교'는 '셔대'(셔당+-이), '선생'은 '셔당훈대'(훈당+-이), '학생'은 '셔당아'. '셔당새애기'(=여학생)라 하였는데 신문에서는 모두 '학교, 선생, 학생'이란 말을 썼다.

아래 (6)의 『대한인졍교보』의 예는 원동 지방에서 만들어진 신조어로 보인다.

(6) 발가리: 바삐 다니며 일제의 手足 노릇을 하는 사람. 예: 발가리 셩화에 모다 곤난이 ….
미드리씨: 洗禮 證書. 예: 밋으릿기 셰례를 받은 문젹이라.

'미드리씨'는 '믿-[信]'에서 파생된 말일 터인데 어원은 분명하지 않다.[45]

2) 한자어의 進退

신문 잡지에서 쓰인 한자어를 몇 부류로 나누어 현대와 비교한 다음 그 변화를 간단히 기술하기로 한다. 이는 이 시기 한자어의 실상을 드러내 보기 위함이다.

(7) 우톄~우체(郵遞): 우체(郵遞)>우편. 예: 돈 보내는 쳠군주는 우체나 젼보로.
심방(尋訪): 방문하여 찾아봄.
츌산(出産): 물건을 만들어 냄. 예: 셔쟝에셔 츌산하는(티베트에서 出産하는, 대동3호)

45 '믿-+-을+이+-ㅅ+계(戒)'가 아닌가 추측해 볼 따름이다.

(7)은 현대에 와서 그 의미가 축소되거나 사용이 제한된 한자어다. '우체'는 '우편'으로 대치되면서 '우체 업무/사무'나 '우체-국'에 화석처럼 남아 있다. '심방'은 종교적 의미로만 쓰이며, '츌산'은 주로 '아이를 낳음'이라는 뜻으로 쓰인다.

(8) 챵귀(倀鬼): 못된 일에 나서서 앞잡이 노릇을 하는 사람을 비유적으로 이르는 말. 일제의 앞잡이 노릇을 하는 악질적인 사람. 예: 할빈에 두 챵귀 육혈포를 차고 려관을 돌면서 한인들의 리왕을 탐지하는 쟈(권업).
순수(巡狩): 임금이 나라 안을 살피며 돌아다님.
힝힝(行幸): 임금의 거둥.
경무텽(警務廳): 경찰 업무와 감옥의 일을 보는 관청.

(8)은 사회 변화에 따라 쓰이지 않게 된 한자어다. '챵귀'는 세 신문에서 빈도가 매우 높은 한자어다. 본디 민속에서 쓰이던 어휘이나 일제강점기에 '일인의 앞잡이 노릇을 하는 사람'을 강조하기 위해 은유적으로 쓰였다. 일제의 패망과 함께 이 단어도 사라졌다. '순수', '힝힝'은 대한제국 황제의 지방 순시에 대한 기사에 나온다. 대한제국의 멸망으로 더 이상 쓰이지 않게 되었다.

(9) 가군(家君): 남편을 이르는 말. 예: 사랑ᄒᆞᄂᆞᆫ 가군(권업) / 나의 가군은 나라와 민족을 위ᄒᆞ야 헌신ᄒᆞ얏스니(대동)
쳠군ᄌᆞ(僉君子): '여러분'을 문어적으로 아주 정중하게 이르는 말. 예: 소원잇ᄂᆞᆫ 쳠군ᄌᆞ는 꼭히 와셔 이 긔회를 일치마시고(권업, 힉죠)

(9)는 사용 빈도가 높았으나 (8)처럼 사회 변화에 의해 쓰이지 않는다. 남존여비 사상이 퇴조하고 사회 계층이 점차 평준화하면서 사라졌다.

(10) 방석(放釋): =석방(釋放). 예: 하루밤을 가두엇다가 방셕ᄒᆞ고(권업 106호)

(10)은 뜻과 단어의 구성 요소가 같고 단지 그 배열이 다른 두 단어가 있을 때 그 중 하나가 소실된 예를 보인 것이다. '互相, 相互'와 '放釋, 釋放'에서 각각 후자가 살아남았다.

아래 (11)은 신문에서 가려 뽑은 한자어로서 지금은 모두 쓰이지 않는다.

(11) ㄱ. 고전(雇錢): 품삯. 예: 금졈에 ᄀᆞ히 가면 고젼을 쥬마 ᄒᆞ기에(해죠8호)

군졸-하다(窘拙一): 궁색하다. 예: 아모리직졍이 군졸ᄒᆞ야도 학교에 쓰ᄂᆞᆫ제구ᄂᆞᆫ 완전이 구비ᄒᆞᆯ지라(해죠39호) / 직졍이 군졸ᄒᆞ야 뎡간ᄒᆞᆯ 디경(권업)

긴중-하다(緊重一): 꼭 필요하고 중요하다. 예: 네가지셜비가교육에 뎨일 긴즁ᄒᆞᆫ것이오(해죠39호)

매득(買得): 물건을 사들이다. (서유견문)(대동, 권업의 광고문)

발왕(發往): 떠나서 감. 예: 일간 평안도로 발왕ᄒᆞᆫ다더라(해죠)(북한어)

발행(發行): 출발. 예: 죠국졍신을 빅양식힐 쥬의로 일젼에 목커위등 디로 발힝ᄒᆞ엿다더라(해죠37호)

방매(放賣): 물건을 내놓고 팖. 예: 쇼왕령 지국에셔도 본뎜과 일톄로 방ᄆᆡᄒᆞ오니(권업108호)

이운(移運): 운반. 자리를 옮김. 예: 폭발약을 이운ᄒᆞ더니(해죠).

ᄌᆞ총ᄒᆞ다(自銃一): 스스로 총을 쏘아서 자신을 다치게 하거나 숨지게 하다.

조량(照諒/照亮): 형편이나 사정을 살펴서 밝히 앎.

ㄴ. 디단(地段): 땅을 나누어 가른 한 부분. 예: 아물 디방 닉의 가장 부요ᄒᆞᆫ 디단의 경ᄒᆞ기를 쥬션ᄒᆞ다더라(해죠39호) / 아인이 령ᄉᆞ관을 건축ᄒᆞ기 위ᄒᆞ야 디단을 획뎡ᄒᆞ얏다더라(대동408호).

신틱하다(申飭—): 단단히 타일러 경계하다. 예: 오예(汚穢)를 신틱지 못한(해죠7호).

청요(請邀): 남을 청하여 맞이함. 예: xx씨를 청요ᄒᆞ야 연셜ᄒᆞᆯ터인데(대동).

ㄷ. 륙속(陸續): 끊이지 않고 계속. 예: 륙쇽 왕림ᄒᆞ시와(해죠, 대동, 권업광고문).

야용(冶容): 얼굴을 예쁘게 단장함. 또는 그 얼굴(해죠3호).

태서(泰西): '서양'을 예스럽게 이르는 말. 예: ᄐᆡ셔각국의 학식 잇ᄂᆞᆫ(해죠).

(11ㄱ)은 한국 한자어, (11ㄴ)은 중국어에서도 쓰이는 한자어, (11ㄷ)은 한중일 세 나라에서 쓰이는 한자어다.[46] 이들 한자어는 지금은 쓰이지 않는다. 이들 한자어가 쓰이지 않게 된 원인을 개별적으로 밝히기는 어렵지만 대체로 아래와 같은 이유로 유의경쟁에서 밀려난 것으로 생각된다.

첫째, 한자 한문이 어문생활에서 차지하는 비중이 점점 줄어들면서 문어적으로 쓰이던 한자어가 좀 더 구어적인 유의어 한자어로, 또는 빈도가 높은 고유어로 대치된 경우. 고젼(雇錢)→품삯, 노임(勞賃). 군졸하다(窘拙—)→쪼들리다, 어렵다, 궁핍하다. 발왕하다(發往—)→떠나다, 떠나가다.

둘째, 일제강점기에 차용된 일본 한자어에 밀려난 경우. 청요(請邀)→초청, 초대. 매득→구매(購買). 긴중(緊重)→긴요(緊要).

셋째, 개화기나 일제강점기에 차용된 한자어가 일정 기간 쓰이면서 기존의 고유어 또는 한자어에 밀려난 경우. 륙속(陸續)→자꾸, 계속. 태서(泰西)→서양(西洋).[47] 야용(冶容)→화장(化粧), 단장(丹粧).

---

46 '請邀'는 현대 중국어에서는 쓰이는 않으나 『漢語大詞典』의 용례에 몇 차례 나타난다.

47 '泰西'는 19세기 초 『純祖實錄』에도 보이나 개화기에 널리 쓰였다. 『西遊見聞』에는

넷째, '발행(發行)'의 예처럼 동음충돌 회피와 같은 요인이 작용한 경우.

3) 함경도 방언(동북 및 육진방언)

아래 (12)와 같이 신문 광고란에 함경도 방언 어휘가 많이 보인다. 그 예를 몇 보인다. (밑줄: 저자. 방언형임을 표시.)

(12) 본인에 곡간을 셜립하고 콩, 열콩, 백당콩, 황두, 모밀, 채밀, 귀밀, 콩기름을 매매하오며 소고기, 소곰, 마량을 파오며 입담배를 많이 사오니 각죵 곡식을 매매하실이는 다 이리오시오.(『청구신보』, 1917년)
곡식을 긔계로 말니는이도 고기를 얼궈 두시랴는 이도 갑슨 헐하고 수응은 민쇽하오니(『청구신보』, 1917년)
쇠고기와 도틔고기를 겸ᄒᆞ야 방ᄆᆡᄒᆞ오니(『대동공보』, 1909)

위 광고문의 밑줄 친 부분은 함경도에서 일상적으로 널리 쓰이는 방언이다. 방언과 현대의 표준어를 대응시키면 아래와 같다.

귀밀: 귀리. '귀리'는 '귀+보리[麥]', '귀밀'은 '귀+밀[小麥]'에서 온 말.
도틔고기: 돼지고기. 본디 함경도 방언은 '도투고기'(<돝+-으(속격)+고기).
-랴는(어미): -려는.
마량(馬糧): 말을 먹이는 꼴이나 곡식.
모밀: 메밀.
백당콩: 껍질이 흰 강낭콩. <백(白)+당콩. '당콩'은 평안 · 함경에서 널리 쓰이는 '강낭콩'의 방언. 북한의 문화어다. 아래의 '열콩'은 함북 북부에서

'泰西'가 많이 등장하고 '泰西人', '泰西文'도 보인다. '西洋'은 '泰西'보다 더 오래 전부터 쓰였고 대립어 '東洋'을 가지고 있어 생존에 더 유리한 조건을 갖추었다.

많이 쓰인다.

열콩: 강낭콩. 열콩의 '열'은 '옅은 붉은색'을 뜻하는 함북 방언 '열'일 것으로 생각된다.

소곰: 소금.

얼구다: 얼리다[使氷].

채밀: 밀(<참+밀, 小麥). cf. 황두(黃豆): 누른 콩.

헐하다: 값이 싸다, 쉽다. '헐하다'는 사전에 올라 있기는 하나 잘 쓰이지 않는다. 함경도에서는 '헗다', '헐하다'의 꼴로 널리 쓰인다. 사용 빈도가 높은 형용사다.

연해주 한인이 대부분 함경도 방언 화자이니 함경도 방언을 써야 광고 효과를 높일 수 있다. 이 밖에 신문에서 볼 수 있는 전형적인 함경도 방언 몇을 아래에 보인다.

(13) 우틔: 옷[衣]. 안깐: 아낙네.

우틔지으러 오시오(희죠2호).

안깐네우틔든지사나히우틔든지한복이든지(희죠2호).

(14) 복슐이: 무당, 무속인. ⇒Ⅲ부(1.2.2. 14)를 참고.

복슐이 제 갓칠줄몰나(무속인이 제가 갇힐 줄을 몰라, 권업106호).

(15) 귀명하다: 구명하다(求命一).

집에셔도 귀명ᄒᆞᆫ일이 잇어(권업106호).

(16) 나지다(<나디다): 전에 없던 물건이 처음 세상에 나오다. 잃어버린 물건이 다시 나타나다.

돈벌이나젓소(돈벌이가 새로 생겼소, 권업104호).

(17) 막암, 마감: 마지막.

벌어오고 배워감이 우리의 구실이니 처음붙어막암까지(권업109호).

맛아달은 한문을 읽히고 마감아달이나 아문공부를 식히더라(맏아들은 한문을 읽히고 마지막 아들(막내아들)이나 러시아 어문 공부를 시키더라, 『한인신보』(「강동쉰해」, 1917)).

(18) 역: 가[邊], 가장자리. 바다역: 바닷가. cf. 입역: 입가. 물역: 물가.
지네미: 지느러미.
일제히 모혀 바다역에 꺼어ᄂᆡ엿ᄂᆞᆫᄃᆡ 이 고기의 기리ᄂᆞᆫ 여섯발이ᄂᆞ 되고 지네미가(권업110호).

(19) 삽끼[48]: 모자.
슈갑: 장갑, 보션: 버선.
긔계를사다노코보션목도리, 아ᄒᆡ들삽끼, 슈갑 등 뜨ᄂᆞᆫᄌᆡ죠를가ᄅᆞᆺ쳐줄터이오니(권업110호)

(20) 싸다: 사다[買]
찻다: 찾다[尋]
싸실 쳠위ᄂᆞᆫ 소청을 ᄎᆞ사 ᄆᆡ득ᄒᆞ시면(물건을 사실 분은 小廳을 찾아 매입하시면, 대동19호).

(21) 옣다: 넣다.
우두엿ᄂᆞᆫᄯᆡ를 지나게 말지니(우두 접종 시기를 지나치지 말 것이니, 권업116호).

(22) 통세나다: 통증이 나다.
니뿌리가 통세나셔 울거든(대동11호)

(23) 기타: 자란이(어른[成人]), 아바지(아버지), 오라바니(오라버니) ….

위 함경도 방언 어휘는, 신문의 기사문에서 뽑은 것도 있지만 주로 신문의 '광고문'에서 가려 뽑은 것이다. 굳이 방언권별로 나누어 보면,

48 『노한소사전』(1904: 134)에 "šápkwɛ(샵괘)"로 전사되어 있다. 이 밖에 사전에는 여러 차용어가 나와 있다. 'šárp^{h}ï'(←sharf', 목도리, 머플러), 'šlyápa'(←shryapa, 중절모)'가 그 예다.

육진방언: 나디다, 우틔, 복슐이, 보션, 슈갑, 자란이, 아바지, 오라바니.
동북방언(비육진 함경도 방언): 귀명ᄒᆞ다, 당콩, 나지다(<나디다).
육진 · 동북 방언: 열콩, 귀밀, 모밀, 채밀, 소곰, 얼구다, 헐하다, 막암, 역, 싸다, ᄎᆞᆺ다, 골로시.

따라서 위 방언형은 함북 북부의 육진방언이라 해도 무방하다.

잡지『대한인정교보』에도 드물게 평안도 방언과 함경도 방언이 보인다. 평안도 방언은 주필 이강(평안도 용강), 기술인 정재관(황해도 황주)의 방언으로 보이며 함경도 방언은 간행지 치타(Chita) 거주 한인의 방언일 것이다. 아래 (24)에 몇 예를 보인다.

(24) 아바지 나라 사ᄅᆞᆷ이 되랴는 그들!, 아바지의 독싱자(아버지=하나님)
능히 금지ᄒᆞᆯ쟈 업서 누륵갓치 번치며(누룩같이 번지며/퍼지며)
코를 굴으며(코를 구르다-코를 골다)
술쥬졍군의 가장치는 소리(가장치다-술 주정을 하거나 심통이 나서 가장집물을 마구 들부수거나 내던지다)
벌은 돈을 술이나 약담빈에 업시ᄒᆞᆷ이(약담배-아편)
지금 쌔갑시 눅은데가 만하(눅다-값이 싸다)
쳠존과 동생들은 약조하고 야회를 금하쇼셔(야회-도박의 일종)
돗을 잡아 상공당 국수당에 다투어 절ᄒᆞ며(상공당-신이나 조상에게 치성을 드리는 집)

4) 차용어

아래 러시아어 차용어는 광고에서 많이 볼 수 있다. 대부분 衣類다. 이들은 일찍이 함경도 지방에 뿌리를 내려 지금도 함북이나 중국 조선족 자치주(노년층), 중앙아시아 고려말에서 쓰인다. '마션, 삽깨, 사바귀, 빠리또(흔히 함북 지방에서 '벌또'라 함), 골로시'가 그 대표적인 예다. '마션'은 '벳마션'(탈곡기), '손마션/발마션(손재봉틀/발재봉틀)', '마션기계(이발기)', '말마션'(말을 거침없이 잘 하는 사람)과 같은 합성어를 만들어 내기도 하였다.

시이치(sviter): 스웨터.

삽끼, 쌉기, 삽기(shapka): 모자.

사바귀(sapogi): 가죽신.

꼬스뜜(kostyum): (일습 또는 총칭으로서) 의복.

뚜술까(tuzhurka): 모직의 남성 상의. 허벅지 중간까지 내려온다. 학생복, 해군 장교복.

마션, 마셴(mashina): 기계, 재봉틀.

만또(mantiya): 망토.

나끼드까(nakidka): 소매가 없는 망토(외투).

빠리또(pal'to, 벌또): 오버코트.

골로시, 갈노시(golosha): 덧신.

실랴빠(shlyapa): 중절모자.

cf. 본졈에셔 갈노시 각싀 노메와 실랴빠와 각양 잡화를 렴가로 방매.

2.2.2.3. 고유명사(지명, 국명)

1) 연해주의 한인 거주 지명

신문, 잡지에서 한인 거주지를 말할 때에는 러시아어 지명보다는 주로 중국어에서 유래한 지명이나 우리말로 된 지명을 선호하였다. 한인 거주 지명은 대부분 중국어로 되어 있던 것을 러시아어로 개명하였는데[49] 한

49 러시아 극동 지역의 중국어 지명은 F.V. Solov'ev(1975)의 사전을 참조. 중소분쟁의 여파로

인들은 중국어 지명을 한국 한자음으로 읽어 부르거나 또는 중국 지명의 중국어 발음을 한국 한자음으로 음차하여 부르기도 하였다. 규모가 큰 초기 이주지는 대체로 이러하다. 예컨대 중국 지명 '海蔘威'를 러시아인들이 '블라디보스토크'로 명명하였지만 한인들은 '해삼위', '해삼', '해항' 등으로 불렀다. Ⅰ부에서 본 바와 같이, 최초 이주지의 중국 지명은 '鷄心河[Jīxīnhé]'인데 이를 한인들은 '지신허, 디신허(地新墟, 芝新墟, 地信墟 …)'라 하였다.

한인들은 중국어 지명 대신 새 이름을 지어 부르기도 하였다. 예컨대, 중국의 '黑頂子'(러: 샤벨로브카)로 이주한 한인들은 마을 이름을 나선동(羅鮮洞)이라 지었는데 이는 '新羅'와 '朝鮮'의 끝 자를 조합해서 지은 이름이다. 연해주에는 이러한 한인들의 마을 이름이 많다. 산간의 작은 마을은 정착 한인들이 작명한 고유어로 된 지명이 많다.[50] 예: 남향동, 신영동, 상벌이, 즁벌이, 하벌이, 솔박골(=솔밭골), 남석골, 박석골. 돌배기, 메밀박골이(메밀밭골이) ….

당시 신문 잡지에 자주 나오는 몇몇 지명을 아래에 보인다.

강동(江東)/동강(東江)/변강(邊疆, Kraj)/원동(遠東, Dal'nij Vostok): 연해주 또는 러시아의 극동을 달리 이르는 말. '러시아 영토'란 뜻으로 '아

1972년에 이 지역의 중국어 지명은 모두 러시아어 지명으로 바뀌었다.

50 반병률(2003a, 2009, 2011)은 주요 한인촌의 형성 과정을 다룬 논문이다. Karta Primorskoj Oblasti Yuzhno-ussurijskago kraya(연해주 남우수리 지역 지도, 1908년)에서는 러시아어로 된 한인 거주 지명을 볼 수 있다. N.S. Pak(1995: 26-29)은 70여 항에 이르는 고유 지명을 제시하였다. 곽충구(2007b: 244-247)에서는 한인 거주 지명의 구조에 대해 기술하였다. Kim Lyudmila(2008)은 러시아 극동의 한인 거주 지명에 대한 지명학적 연구이다. 부록 "Spisok toponimov DV"에는 한인 마을의 이름이 망라되어 있으나 키릴문자로 표기되어 있어 한국어로 정확히 옮기기가 어렵다.

령(俄領), 로령(露領)'이란 말도 자주 쓰였다.

강동[kaŋdõ]: 노년층의 함북 방언 화자(중국), 중앙아시아 고려인은 '강동(江東)'이 '두만강의 동쪽 땅'이라는 뜻이라 한다. 계봉우가 『한인신보』에 게재한 「강동쉰해」는 한인 이주 50년사를 간략히 기술한 고정 칼럼이다.[51] 달리 '東江'이라 이르기도 한다. 이보다 넓은 뜻을 지닌 '변강(邊疆)', '원동(遠東)'은 각각 러시아어 'Kraj'(=가[邊], 가장자리), 'Dal'nij Vostok'(=極東)을 번역한 말이다. 중앙아시아 고려인들은 '원동'이란 말을 즐겨 쓴다. '동강말'은 연해주에서 쓰이는 한국어를 말한다.

목허우~목커위~모커우(木許隅): 포시예트(Pos'et). 두만강에서 가까운 연해주 남부의 작은 항구.

사말리~사말니~사만리(四萬里, 沙滿里): 아무르洲의 블라고슬로벤노예(Blagoslovennoye). 이름은 사마라江에서 유래.[52]

소왕령~소앙령(蘇王領)~소황령(蘇皇領): 니콜스크-우수리스크(Nikolsk-Ussurijsk). 현, 우수리스크. 고려인사범학교가 있었던 곳이다.

수청~슈청(水淸), 소성(蘇城): 수찬(Suchan). 외수청, 내수청, 소자하(蘇子河, 水州河), 도비허(都飛河, 都兵河)의 네 구역으로 구분했다. 현, 파르티잔스크(Partizansk).

연추~연츄(煙秋): 얀치헤(Yanchihe). 포시예트 구역의 대표적인 한인 거주지.

육성촌(六城村): 푸칠로프카(Putsilovka). 秋風4社의 하나. Putsillo를 기념하기 위해 지은 이름. 수이푼 지역의 강안을 따라 16~17km에 걸쳐 상소(上所), 중소(中所), 관소(官所), 하소(下所)의 마을이 형성되었다.

지신허~디신허(地新墟): 지신허(Tizinxe). 1963년에 최초로 이주하여 건설한

---

51 『대한인정교보』(1912년, 창간호)에도, "강동에 사는 동포들이여 어서 급히 하나님 앞으로 돌아올지어다!"라고 하여 '강동'이란 말을 썼다.

52 Ross King(2001)에 마을의 이주사, 생활사 등이 기술되어 있다.

마을.

추풍~츄풍(秋風): 수이푼(Suifun). 秋風4社. 육성촌(六城村), 허커우(河口, 코르사코프카), 황커우(黃口, 크로우노브카), 영안평(永安坪)~대전자~다젼지(大甸子)~대지안현(大地安峴)(시넬리코보).

흑룡주(黑龍州): 아무르주(Amurskaya oblast'). 주도는 블라고베셴스크(Blagoveshchensk).

허발포~화발포(花發浦)~휘발포(輝發浦): 하바롭스크(Xabarovsk).

해삼위(海蔘威)~해삼(海蔘)~해항(海港): 블라디보스토크(Vladivostok).

2) 외국명

『대동공보』, 『권업신문』, 『히죠신문』에 나오는 국명과 지명 표기는 정해진 표기 규범이 없어 음역어를 빌려 쓰거나 일어나 영어 발음을 한글로 표기하였기 때문에 퍽 다양하다. 간행지가 러시아이므로 러시아어 국명, 지명이 쓰일 것으로 생각되지만 그렇지 않다. 한자어 국명, 지명은 音譯, 의역, 음역과 의역의 혼합 등 세 가지로 되어 있다.

『朝鮮王朝實錄』에 의하면 개화기 전에 이미 '英吉利, 英咭利'(영국), '佛蘭西, 佛浪國'(프랑스), '羅禪, 鄂羅斯, 魯西亞'(러시아), '獨逸'(독일), '奧地利'(오스트리아) 등이 쓰였다.[53] '獨逸'을 제외하고는 중국의 음역어다. 잘 알려진 바와 같이 개화기 외국의 국명, 지명은 대체로 중국과 일본에서 유래한 음역어다. 異表記 예들이 있기는 하나 중국에서 일본으로 전해진 것들이 대부분이고 혹간 일본에서 독자적으로 만들어진 음역어도 있다. 음역어는 假借에 의한 표기이므로 의당 중국의 字音 또는 일본 한자음으로 읽어야 원음을 살릴 수 있지만 표기 한자를 한국 한자음으로

53 李睟光의 『芝峯類說』(1614년)에는 영국을 '永結利'라 하였다. 조선 시대의 세계지리와 일부 외국명 표기는 오상확(2013)을 참조.

읽는 까닭에 원음을 드러내지는 못한다. 따라서 한국어의 관점에서 보면 音譯이라 하기도 어렵다.

연해주의 한인 신문들이 한국, 중국, 일본 중 어느 나라의 국명, 지명을 선택하여 사용하였는지는 분명히 드러나지 않는다. 아래에 제시한 국명은 세 신문에서 발췌해서 그런지 퍽 다양하다. 이러한 국명은 兪吉濬의 『西遊見聞』(1895)에 다수 수록되어 있다. 그런데 이 『西遊見聞』의 국명은 유길준이 후쿠자와 유키치(福澤諭吉)의 『西洋事情』(1866~1869), 『世界國盡』(1869)를 참고하여 기록하였을 것으로 추측되고 또 일본측 자료들은 그보다 이른 시기에 간행된 중국 魏源의 『海國圖志』(1844) 등의 영향을 받았다. 따라서 세 신문에 나타나는 아래의 국명, 지명이 어떤 경로로 유입되어 쓰이게 되었는지를 밝히기란 쉽지 않다. 일단, 출현 지명이 『西遊見聞』, 『海國圖志』, 『西洋事情』 등에 실려 있는지를 보고 그 경로를 짐작해 보기로 한다.[54]

세 신문에 나타나는 국명 표기는 아래와 같다.[55]

나라 이름	음역어 한글 표기	음역어	한글 표기
미국	미국, 북미ᄒᆞᆸ즁국 아미리가	美國, 米國, 美, 米	
일본	일본	日本	
러시아	아라사, 아라ᄉᆞ	俄羅斯, 俄國	루시아
중국	중국, 즁국, 듕국, 청, 지나	中國, 淸, 支那	
영국	영국	英國, 英	잉글리(←英吉利)
프랑스	불란세	法國, 法	프란츠(←Frantsiya)

54 『海國圖志』, 『西洋事情』, 『世界國盡』(1869)의 자료는 정영숙(1998), 김기원(2018)을 참조.

55 세 신문의 전 지면을 조사하지는 못하였다. 꼼꼼하게 살펴보면 더 많은 국명 표기를 조사할 수 있을 것이다.

독일	덕국, 일이만	德國, 德, 日耳曼	게르만(←ゲルマン)
이탈리아	이ᄐᆡ리	意太利, 意大利	이탈리, 이탈리아, 이달리아(←イタリア)
스위스	셔사국	瑞士	
덴마크		丁抹	
포르투갈	포도아, 포국	葡萄牙, 葡國	
그리스	희랍	希臘	크리스
오스트리아	오디리, 오지리	墺地利[56]	
유대국	유ᄐᆡ국, 유태	猶太國	
스웨덴	셔젼국	瑞典	
아일랜드	ᄋᆡ란	愛蘭	
알바니아			알바니아
불가리아		勃牙利國, 勃牙利	불가리아, 벌가리아
튀르키예	토이기	土耳其	뚤키, 뚥키
페르시아	파샤, 파ᄉᆞ국	波斯	
세르비아		塞國	셀비(아)(영어) 세르비아국(일본어)
보스니아헤르초고비나			보스니게ㄹ쵸고비나(영)
캐나다			카나다(일), ᄏᆡ나다(영)
멕시코		墨西哥	ᄆᆡᆨ스코(영)
니카라과			니가라구와(영, 일)
파나마			파나마, ㅃ라마(일)
페루			ᄲᅦ루, ᄲᅧ루
뉴질랜드	신셔란	新西蘭	
오스트레일리아		濠洲, 호太利亞	압스ᄯᅳ랄니야(영)
필리핀	비률빈	比律賓	
티베트	셔장	西藏	
베트남	안남	安南	

미국은 '미국, 북미ᄒᆞᆸ즁국, 美國, 米國, 아미리가'라 하였다. '북미ᄒᆞᆸ즁

56 『高宗實錄』(1897)에는 『海國圖志』의 표기와 동일한 '奧地利'가 보인다. 중국식 표기다.

국'은 『西遊見聞』에서만 보인다. '美國'은 중국식 표기, '米國'은 일본식 표기이며 '아미리가'는 『西遊見聞』, 『海國圖志』, 『西洋事情』에 실려 있는 '阿美利加, 亞美利加, 亞米利加'를 한글로 표기한 것이다. 요컨대, 개화기에 여기저기서 달리 쓰이던 표기가 연해주의 신문에 그대로 반영된 것이다.

일본은 '일본' 외의 다른 명칭이 없다.

중국은 '중국', '지나(支那)', '청(淸)'이라 하였는데 전통적으로 우리나라에서 부르는 '중국'('즁국', '듕국'으로 표기하기도 함)을 많이 썼는데 국가를 지칭할 때에는 '청(淸)'을 주로 썼다.[57] 그리고 간혹 일본어에서 차용한 '支那'가 보인다. '日本, 中國, 俄羅斯[58]' 등은 개화기 전부터 국내에서 써오던 친숙한 호칭이다.

독일은 '일이만(日耳曼)', '덕국(德國)'이 함께 쓰였고 한글 표기는 '게르만'이다.[59] '日耳曼[Rìěrmàn]', '德國[Déguó]'은 중국에서 들어온 음역어다. '게르만'은 일본어를 차용한 것이다. 『高宗實錄』에도 보이고 또 일제강점기를 거쳐 지금까지 쓰이고 있는 '獨逸'은 눈에 띄지 않는다.

프랑스는 '法國', '불란셔', '프란츠'라 하였다. '法國', '불란셔(佛蘭西)'는 일본어에서 유래한 명칭이다. '프란츠'는 영어 Franch 또는 러시아어

57 일반인들은 '되노미', '오랑키'(푸칠로, 1874: 293) 또는 '대국', '대국사름'(『노한소사전』(1904: 44))이란 말을 썼다.

58 『朝鮮王朝實錄』에 보이는 개화기 이전의 서양 국명은 다음과 같다. 러시아는 '羅禪'(효종, 1654), '鄂羅斯'(숙종, 1682), '魯西亞'(철종, 1860)으로 불리다가 고종 때(1864)에 와서 중국어 '俄羅斯'로 불렸다. 한편 프랑스는 개화기 직전에 '佛蘭西'(헌종, 1847), '佛浪國'(고종, 1866)이라 하였다. 독일은 일본어 '獨逸(ドイツ)'(고종, 1870)이 쓰였다. 이는 '왜관에 나타난 독일 배'에 대한 狀啓에 나오는데 함께 승선한 일본인과의 통역 과정에서 채록된 것으로 보인다.

59 『朝鮮王朝實錄』에서는 '德國'과 '日耳曼'을 다른 뜻으로 썼다. 즉, "德國承日耳曼之統", "始自羅馬, 而其後日耳曼、奧地利, 以羅馬古地, 稱皇帝. 德國繼日耳曼之統, 遂定大號."(『高宗實錄』, 1897)이 그 예로, '德國'은 '독일'을, '日耳曼'은 그 이전의 '게르만족'을 칭하였다.

Frantsiya에서 온 것이 아닌가 한다.

러시아는 '俄羅斯', '루시아'라 하는데 전자는 중국어에서 차용하여 개화기 전에도 썼다. 한중일 3국에서 두루 썼던 국명이다. 후자는 러시아어 'Rossiya'의 음역 표기로 보인다. 'Rossiya'는 보통 '라씨야'로 발음된다.

표기 한자로 보아 '意太利'(이탈리아), '比律賓'(필리핀), '墺地利'(오스트리아)는 일본어와 같고 '新西蘭'(뉴질랜드), '瑞士'(스위스), '西藏'(티베트)는 중국어와 같다.[60] 그리고 波斯(페르시아), 希臘(그리스) 등은 중국과 일본에서 두루 쓰이니 그 영향 관계를 말할 수 없다.

빈도가 높은 '美國(米國), 英國, 德國, 法國, 日本, 中國'은 두 나라를 합쳐 부를 때 또는 한문투의 글에서는 '國'을 빼고 아래와 같이 쓰기도 한다.

> 英德會談(영국과 독일의 회담)
> 俄帝旅瑞典(러시아 황제가 스웨덴을 여행), 英帝丁抹行(영국 황제의 덴마크행)
> 德船沈沒(독일 배 침몰), 法艦改良(프랑스 함대 개량)

그 밖에 한글 표기만 보이는 예로 "알바니아, 셀비/세르비아국, 보스니게ㄹ쵸고비나, 카나다/킈나다, 니가라구와, 파나마"가 있다. 이들 나라는 대체로 지명도가 낮은 나라들이다.

튀르키예는 '土耳其' 외에 '뚤키, 뚥키'라 하였는데 후자는 'turkey'의 철자식 발음을 적은 것으로 보인다. '빠루간(발칸)'은 일본어 'バルカン'을 한글로 표기한 것이다. 이 한글 표기는 대체로 일본어와 영어 발음을 토대로 한 것이다. 예컨대, 셀비(아)는 '영어', '세르비아'는 일본어, '킈

60 『西遊見聞』에는 '伊太利', '華立彬', '墺地利', '樓質蘭', '瑞西', '西藏'으로 기록되어 있다.

나다'는 영어, '카나다'는 '일본어' 발음을 음역한 것이다.

영어: 셀비(아), 키나다, 이탈리, 불가리아~벌가리아, 보스니게ㄹ쵸고비나, 믹스코

일본어: 세르비아, 카나다, 이탈리아, 니가라구와, 파나마, 빠루간 반도

3) 지명, 도시명

발칸 반도				빠루간(←バルカン)
모스크바		莫斯科	모스크바(←モスクワ)	
상트페테르부르크	피득, 셩피득보	彼得堡, 聖彼得堡	뻬뗄불그, 쎄델부르그←(ペテルブルク)	
워싱턴			와승돈(←華盛顿), 와싱톤(일, 영)	『西遊見聞』: 화성돈, 와싱튼
캘리포니아			키ㄹ리쌘니아(영)	
샌프란시스코	상항	桑港	신프란시스코(영)	
뉴욕			늬우욕, 누욕, 뉘우욕(영?)	
런던		倫敦	론돈(←ロンドン)	『西遊見聞』: 른돈
리스본			리스쌴(←リスボン)	
베를린	백림	(伯林)		
파리		巴里		
스톡홀름			쓰똑골임(영?)	
이스탄불			쓰땀불(영?)	

지명 표기는 아래의 세 유형으로 나눌 수 있을 듯하다.

첫째, 중국이나 일본에서 자국의 한자음으로 음역한 지명 또는 그것을 한글로 표기한 것. 예: 莫斯科, 桑港, 彼得堡, 聖彼得堡, 巴里. 이를 한국 한자음으로 읽어 한글로 표기한 것: 피득(彼得), 셩피득보(聖彼得堡), 상항(桑港), 백림(伯林).

둘째, 일본어 발음을 한글로 표기한 것. 예: 모스크바, 론돈, 리스쎈, 뻬뗄불그, 쎄델부르그.

셋째, 영어 발음을 한글로 표기한 것. 예: 키ㄹ리쌔니아, 싄프란시스코.

2.2.2.4. 『대한인졍교보』의 한글가로풀어쓰기

『대한인졍교보』가 우리말에 기울인 관심 중에서 주목할 만한 것은 '가로쓰기'이다. 9호에서 '가로쓰기'의 필요성을 말하고 그 예를 간단히 보였다. 이어 10호, 11호에서 그 쓰기의 예를 상세히 보였다. 11호(21, 24쪽)에 'ㅚ배'(저자 주: 외배[孤舟])라는 필명이 있으므로 이 '가로쓰기'는 춘원 이광수가 집필한 것이 분명하다(최주한, 2014: 532).

한글가로풀어쓰기는 주시경의 「국문연구」(1909), 『말의소리』(1914)에서 언급된 바 있다. 또 조선언문회 강습원 제1회 졸업증서(맞힌 보람, 1913년 3월 2일) 등에서 시험적으로 시행된 바 있다.[61] 『말의소리』(1914, 4월)는 『대한인졍교보』 9호(1914, 3월)보다 늦게 간행되었으니 주시경의 영향을 받았다면 『말의소리』 이전의 주시경의 한글가로풀어쓰기 활동일 것이다. 그런데 『대한인졍교보』 9호에서는 'ㅡ'를 'ᑌ'로, 'ㅕ'를 'ㅓ̈'로 글자꼴을 바꾸었는데 이는 『말의소리』(1914)나 「국문연구」(1909)와는 다른 점이다.[62] 흘림체 역시 다르다.

---

61 주시경의 가로쓰기에 대한 언급은 김민수(1997: vi, 23), 고영근(2008), 송철의(2014: 142)를 참조.

62 이에 대해 고송무(1980b)에서는 가로풀어쓰기가 국외에서 자생적으로 나타난 것이라 하였고, 고영근(1997: 2-3)에서는 주시경의 영향을 받은 것이라 하였다. 송철의(2010: 139)에 의하면, 주시경은 「國文研究」(1909)에서는 '橫書', 『말의소리』(1914)에서는 '가로쓰기'라 하고, "發音의 先後가 順ᄒᆞ고 教曉ᄒᆞ기가 亦便ᄒᆞ며 鑄刊ᄒᆞ기에 支要ᄒᆞ다"고 하였다. 「國文研究」(1909)의 "第十題 綴字法"에는 "… ○綴字 又一法은 初中終聲字ᄅᆞᆯ 左에셔 右로 橫書ᄒᆞᆷ [例] ㅌㅕㄴㅎㅏㅌㅐㅍㅕㅇ"이라 하였다.

아래에 『대한인정교보』의 기사 내용의 대강을 보인다. 9호(1914: 25-26)에는, '우리글' 난에 '▲가로 쓰기라'라는 제목을 달고 아래와 같이 기술하였다(요약).

> 우리글은 민족의 보배로서 세계에서 가장 과학적이고 편리하다. 그러나 서법이 잘못되어 교육과 인쇄상 불편한 점이 많아 새로운 서법을 연구해야 한다. 그래서 첫째 자형이 간단하고 분명하고 아름답고, 둘째 글자 수가 적고 인쇄술에 이점이 있도록 개선해야 한다. 우리글은 자형이 분명하고, 기하학적이고, 간단한데 이를 가로쓰기하면 활자 수가 줄어들고 採字와 植字가 용이하며 깨끗하고 보기 쉽다.

그리고 '암늣'(모음, 6자), '수늣'(자음, 14자), '어이'(자모, 스물넉자),[63] '씨'(품사)로 나누어 각각 글자와 '가로쓰기'의 예를 보였다. 주시경의 술어 '씨'를 제외하고는 사용 술어들이 특이하다. 변별을 높이기 위해 'ㅇ'을 'ㆁ'으로 바꾸고 'ㅡ'를 '∪'로 글자꼴을 바꾸었다. 그리고 'ㅕ'를 'ㅐ'로 적고 상단에 [ˇ] 부호를 얹었다. 글 마지막에는 '암늣'과 '수늣' 20자의 흘림체를 보였다. 이 흘림체 가운데 자음의 글자꼴은 그 생김새가 키릴문자의 필기체와 비슷한 것들도 있다.

10호(1914, 5월)의 25쪽에는 아래와 같은 내용을 가로쓰기로 보였다.

> 1. 아리나리(압록강).
> 2. 백이숙제의 무덤. 상삼문의 시를 가로쓰기로 써 보이고 흘림체로도 보였다.
> 3. 가로쓰기의 흘림체를 간단히 보임.
> 4. 씨 아리(자뎐): 배달은 우리나라의 녯 이름. "배"는 새배(曉), '달'은 빗(저자 주: 빛). cf. 씨 아리(字典)=씨(단어, 품사) 알-[知]+-이.

63 '암늣, 수늣'의 '늣'은 '늦'(원천, 근원), '어이(<어ᅀᅵ)'는 '어버이'일 것으로 생각된다.

고유명사 '아리나리', 명사 '씨 아리(字典)'라는 말이 보인다. '아리나리'는 후대에 '鴨綠江'의 어원을 논의하는 글들에서 종종 언급된 바 있다. '배달'의 어원도 곁들였는데, '배달'의 '배'는 '새벽', '달'은 '빛'이라 하였다.

11호(1914년, 6월)의 21~23, 24쪽에는, "모둠 (1) (綴字法)"이란 제목을 달고 예를 보였다. 이어서 '지사의 감회'라는 글을 가로쓰기로 보였다. 24쪽에는 "ㅜ리-시, ㅛ배"라 하여 3편의 시를 가로쓰기로 보였다.

3. 제3기의 한국어(러시아 혁명기(1917~1922) 이후~강제이주 전)

러시아가 혁명기(1917~1922)를 거쳐 소비에트 사회주의 체제로 전환되면서 연해주 한국어는 많은 변화를 겪게 된다. 아쉽게도 이 시기 한인들의 한국어를 관찰할 수 있는, 제 Ⅱ부에서 본 것과 같은 전사 자료는 없다. 따라서 3장에서는 신문, 교과서, 문법서에 실린 文語와 연해주 한국어의 변화에 영향을 주었을 것으로 판단되는 언어 외적 요인을 살펴보면서 이 시기 연해주 한국어를 기술하고자 한다. 이 시기에는 '한국어'를 주로 '고려말', '고려어'로 칭하였다.

이 시기는 사회주의 혁명으로 체제와 제도가 혁파되고 사회주의 사상이 확산되면서 기존의 질서와 세계관이 바뀌게 된다. 애국계몽운동을 전개하고 항일과 독립을 외치던 직전 시기의 민족주의와 비교하면 대변혁이 아닐 수 없다. 이에 따라 '한인'은 '고려인', '한국어'는 '고려말' 또는 '고려어'로 그 명칭이 바뀌게 된다. 민족의 주체로서의 '나'가 이제는 사회주의 혁명에 나서야 하는 '러시아의 고려인'으로 점차 변모하게 된 것이다. 이에 사회주의 관련 신어가 등장하고 러시아어 차용이 증가한다. 또 레닌주의 민족정책에 따라 추진된 이른바 '현지화(korenizatsiya)'의[1]

1 레닌 혁명 후에 제기된 민족 문제를 해결하기 위해, 소수민족은 자신의 모국어를 배우고 모국어로 가르치고 모국어로써 통치하고 소통할 수 있도록 하는 정책을 실시

일환으로 고려어의 정리 사업과 규범화가 진행되고 여기에 이전 시기에 비해 증가한 신문, 잡지, 교과서 등이 변화하는 한국어를 널리 보급하는 데 기여하게 됨으로써 연해주 한국어의 어휘 체계는 큰 변화를 맞게 된다. 따라서 이 시기의 한국어와 그 변화는 교육, 신문 잡지의 간행, 언어 운동, 고려어 교과서, 고려말 문법서를 통해서 살필 수 있다.

3장에서는 제1기와 제2기의 연해주 한국어를 바탕으로 하고 그것이 이 시기에 와서 어떤 언어 외적 요인에 의하여 영향을 받았는가 하는 점에 초점을 맞추어 논의를 진행하기로 한다. 또 회고적 방법으로, 이 시기에 초등학교를 다니다가 중앙아시아로 이주한 한인의 고려말 및 이주 전 교육 환경에 대한 그들의 증언을 통해 이 시기 연해주 한국어를 간단히 추론해 보고자 한다.

3.1. 시대적 배경

1) 정치적 상황

제1 차 세계 대전 중인 1918년 3월, 러시아 혁명 정부와 독일이 맺은 동맹으로 말미암아 연합군이 러시아에 개입하고 또 이와 맞물려 적군과 백군의 전쟁이 전개되어 러시아는 내전 상황에 빠져든다. 한인들은 이 소용돌이 속에서 이념과 노선을 두고 서로 갈등하면서 항일전쟁과 내전에 참전하게 된다. 내전 상황에서는 소위 原戶人과 餘戶人으로 나뉘어 대

하였다. 이를 'korenizatsiya'(=토착화)라 하는데 이를 논자에 따라 '現地化' 또는 '土着化'라 번역하여 쓴다. 당시 연해주 한인들은 이를 '고려화'라 하였다. 이 '고려화'에 따라 고려어를 배우고 고려말로 가르치고 고려말 신문 잡지를 간행하고 민족 문화 활동을 할 수 있었다. 그러나 1930년대에 들어서서 스탈린의 일국 사회주의 노선이 강화되면서 이 정책 기조는 퇴색된다.

립하는가 하면 1921년에는 독립군 내부의 노선과 갈등으로 자유시 참변이 발생하기도 하였다. 일본의 시베리아 진출로 말미암아 극동공화국(Dal'nevostochnaya Respublika, DVR)(1920~1922)이 들어선 뒤 시베리아에서 입지가 약화된 일본이 철수하고 1922년 10월 블라디보스토크의 백군 세력이 극동공화국에 패한 뒤 극동공화국은 다시 소비에트연방에 편입된다.

2) 사회주의화

내전이 수습되고 연해주가 소비에트연방에 소속되어 사회주의화 단계에 돌입하면서 1923년부터는 사상 교양의 보급을 위한 신문 잡지의 간행, 문맹퇴치 운동, 토지분배, 한인의 집단화, 각급학교의 개편과 신설, 고려말의 정리와 교육(교과서 편찬, 문법서의 편찬과 규범화, 한자폐지 여부, 고려문자의 라틴화) 등 소비에트 사회주의 건설을 위한 여러 과정을 거치게 된다. 그리고 사회주의화가 어느 정도 진행된 1920년대 말에 이르면 한인의 전통문화를 없애거나 사회주의식으로 변형하기 위한 여러 운동이 전개된다. 1928년 말에 시작된 반종교운동은 한인들의 정신세계를 사회주의적으로 개조하기 위한 운동의 일환이었다(반병률, 2008: 116-117). 또한 소비에트 정부는 의식주 전반에 걸쳐 개혁을 단행하고자 하여 한인의 崇祖 사상이나 추석, 단오와 같은 민속 명절을 비판하고 이를 사회주의식으로 바꾸려 하였다. 예컨대 추석을 '공산 청년의 명일', 단오를 '운동의 날'로 삼은 것이 그것이다.[2] 그러나 한인들은 민족의 전통과 관습을 보존 유지해 왔다.[3] 어떻든 사회주의화를 목표로 하는 이러

2 국사편찬위원회(2008), 「극동 한인 사회의 풍속과 민습」, 『러시아·중앙아시아 한인의 역사 (상)』, 재외동포사총서 7. 『선봉』(1928. 6.3)에 실린 "고려인중국인풍습덕명절[단오]를 앞두고" 등에 그러한 내용이 담겨 있다.

3 곽충구(2009)는 우즈베키스탄 고려인들의 언어와 생활문화를 조사한 책자이다. 제보

한 변혁은 사유의 변화를 초래하고 이는 곧 언어 변화로 이어진다.

3) 교육 개혁

러시아 혁명 세력에 의해 혁신적인 교육 개혁 법령이 만들어지고 점진적으로 시행되었다. 교회로부터의 학교 분리, 무상 의무교육, 소수민족의 교육권 및 모국어 교육과 모국어 수업 보장, 자유로운 창조적 자기 교육 등이 그 주요 내용이다.[4] 연해주는 극동공화국 시절인 1920년대부터 점진적으로 개혁이 이루어지기 시작하였다. 그리하여 교육의 이념, 학제, 교육 과정, 시설 등이 전면적으로 혁신된다. 이후 교육의 대중화로 말미암아 학생 수가 크게 증가하면서 교원이 절대적으로 부족하게 되었다. 게다가 교원들은 사회주의 이념과 소비에트 체제를 교육해야 하므로 차르 시대의 교원 일부는 제거되고 일부는 재교육을 받아야만 했다. 이 때문에 교원의 수급을 위한 교원 양성 기관이 필요하게 되었다. 이에 따라 1927년 니콜스크-우수리스크(소왕령) 고려사범전문학교(Nikol'sk-Ussurijskij Korejskij pedagogicheskij texnikum)가 설립되었다.[5] 그리고 1930년에는 포시예트에 고려인사범학교가 설립되었고 1931년에는 블라디보스토크에 원동조선사범대학(Korejskij pedagogicheskij uni-

자들은 연해주는 물론 중앙아시아에서도 민속 명절을 중시하였다. 따라서 소비에트 정부가 한인의 민속을 억제하려했던 정책은 성공하지 못한 것으로 보인다. 고려인 제보자들은 흔히, "추석, 단오, 한식 이 세 명절은 산소에 가는 날이오. 돌아가신 분에게 한식은 아침이고 단오는 점심이고 추석은 저녁이오."라고 말한다. 한편 연해주 시절 단옷날에는 그네를 뛰고 씨름을 하고 숟가락에 달걀을 놓고 달리기를 하였다고 하는 것을 보면 명절과 운동의 날을 겸한 듯하다.

4 배은경(2015a, 2015b), Kim Syn-Xva(김승화)/정태수 편역(1989), 박 보리스 외(2004)를 참조.

5 배은경(2015a)는 이 학교의 전반을 다룬 논문이다.

versitet Kykdong)이 설립되었다. 원동조선사범대학은 한인들에게 고등 교육을 제공하기 위해 한인들 스스로 기금을 모아 설립한 학교이다. 이들 학교에서 배출된 교원들은 고려학교에서 고려말로서 교육을 하게 된다. 이와 함께 고려말 규범 제정이 대두되고 또 각급 학교에서 사용할 교과서 편찬이 요구되어 1930년대에는 그에 관련된 사업들이 추진된다. 1920년대에는 문맹퇴치를 위한 교과서(『붉은아이』)가 이미 만들어진 바 있다. 이렇게 중앙아시아 강제 이주 전까지 혁명적인 교육 혁신이 이루어지고 사회주의 이념과 소비에트 체제 교육이 이루어졌다. 또 신문 잡지가 창간되어 그러한 이념과 체제가 널리 선전 보급되었다. 전통주의(1기) → 애국계몽기의 민족주의(2기) → 사회주의 혁명기(3기)로 연해주 韓人史의 흐름을 요약할 수 있다. 사회 대변혁이라 할 제3기에, 연해주 한국어는 음운, 어휘, 문법 영역에서 큰 변화를 맞게 된 것이다.

3.2. 신문 『先鋒』과 고려말의 보급[6]

내전이 끝나고 사회주의 혁명화가 시작되는 1923년에는 신문 『先鋒』이[7] 창간되어 한인 근로 대중에 대한 계급의식의 고취, 공산주의에 대한 계몽과 선전, 당의 소수민족 정책 홍보, 노동자 농민의 사회주의 혁명

6 1933년에는 포시예트에서 『공격대원, Udarnik』란 한글 지역 신문도 창간되었다. 이 신문은 포시예트시 MTC(자동차 및 트랙터 보급소)의 정치부가 발행하였다.

7 1922년 8월 27일 『붉은 기』로 창간, 1923년 『3월1일』로 개칭, 4호부터 『先鋒』(The Seonbong(Avant-garde))으로 개칭. 소련 연해주 공산당당위원회 기관지. 편집자는 李百草(서울), 이성(함북 종성), 吳成默(함북 명천), 이괄, 김홍집 등이 맡았으며 총무는 『한인신보』의 주필을 지낸 金河球(함북 명천), 번역원은 계봉우(함남 영흥), 김철 등이 맡았다. 함경도 출신이 많다. 『先鋒』에는 함경도 방언 어휘가 종종 보인다. 『先鋒』에 대한 더 자세한 내용은 이균영(1994)의 '해제'를 참고할 것.

건설 참여, 러시아 정치 경제의 토대 구축, 소수민족 해방 운동의 인재 양성, 고려인 '로력군중'(=노동에 직접 참가하는 근로 대중)의 정치 문화 발전과 경영 관리의 향상 후원, 세계 여러 나라의 소비에트 혁명을 소개하는 일 등을 하게 된다.[8] 이 신문은 연해주 한인의 권익 옹호와 민족의 전통을 유지 보존하는 데에도 큰 역할을 하였다. 또 1928년에는 '독자문예' 난을, 1933년 10월 이후에는 '문예 페-지' 난을 두고 시, 소설, 평론 작품을 실어 문학 작품을 발표할 수 있는 장을 마련하기도 하였다.[9] 그러나 소련국민경제발전 5개년 계획(Pyatiletniye plany razvitiya narodnogo Xozyajstva SSSR, 1928-1932)으로 농업 집단화 정책이 추진되면서 『선봉』은 한인 농촌의 사회주의적 개조, 농민의 사회주의 건설 동원에 앞장서게 되고 콜호스 신문으로 그 면모를 일신하게 된다. 그리고 이른바 민족 현지화(korenizatsiya) 정책의 폐지로 민족주의적 성격이 점점 퇴색한다. 어떻든 『선봉』은 1923~1937년까지 연해주 한인의 민족사를 기록으로 남겼다고 할 수 있다.

이 『선봉』을 통해서 전환기와 급변하는 시대의 새로운 어휘들이 널리 소개되었을 것임은 두 말할 필요 없다. 뒤에서 보겠거니와 사회주의 사상 및 혁명과 교양, 사회 제도 등과 관련한 새 어휘들이 이 『선봉』의 기사 또는 문예물을 통해서 널리 보급되었다(3.5를 참고).

『선봉』은 1926년 8월부터 부정기적으로 "「선봉사전」: 어렵은 말 쉽은 풀이"라는 난을 두고 사회주의 이념과 체제 관련 어휘 및 정치, 경제, 사회, 군사 분야의 어휘를 표제어로 내세우고 그 뜻을 풀이하여 독자들에게 제공하고 있다. 사전적 형식을 갖춘 것은 아니고 아래와 같이 '표제

8 박동희, "선봉 신문의 3년간 사업-선봉의 역사와 의의," 『선봉』(1926. 5.9.)을 요약한 것임.

9 고려인 문학 작품에 대해서는 김필영(2004), 김낙현(2020) 등을 참고할 것.

어, 표제어의 한자 표기, 뜻풀이'의 형식을 취하고 있다. 개중에는 제법 길게 풀이한 예도 있다. 대부분 한자어이고 일부 러시아어와 러시아어를 번역한 어휘가 있다.

1) 러시아어 및 러시아어 번역어

깜빠니야. 선전운동(宣傳運動). 예: 선거깜빠니야를 위하야 제명된 규측(『선봉』, 1926, 2,29). cf. 파종깜파니야에 당면한 농민들의 참고거리. (저자: kompaniya).

꼼푸락치야.[10] 비당 단테에 드러가입하는 三인 이상 공산당원의 정책뎍(당 정책을 위한) 조직. (저자: komfraktsiya=공산당 프랙션[11]).

변강 邊疆. 로씨야말로 크라이란 것이니 국경에 갓갑이 있는 행정구역을 이른 것이다. 가령 遠동주 안에 블라지보스똑스끼, 하바롭스끼, 니꼴라엡스끼, 사할렌스끼, 암물스끼, 스트레진스끼, 치친스끼 같은 현(縣)은 그것을 총칭하야 遠동변강(遠東邊疆)이라 한다. (저자: kraj)

자치공화국 自治共和國. 국가 최고 주권은 쎄쎄쎄르에 있고 다못 디방뎍으로 입법행정권을 갖인 공화국. (저자: Avtonomnaya Respublika).

질응 質應. 질문응답. 로씨야 말로 Spravka.

질응소 質應所. 공중의 질문에 응답하는 임무를 맡아보는 처소(Spravochnyj stol).

개과로역소 改過勞役所. 쏘베트국가의 [감옥] 일홈. 허물을 곤치기위하야 로역을 하는 처소. (저자: katorga rabotnyj=경범죄자 노역소).

10 독자에게 보내는 통신(『선봉』(1925. 4.14.)).

11 정당이 대중 단체의 내부에 조직하는 당원 조직.

2) 현대국어에서 쓰이지 않는 한자어 (xx는 판독 불가 표시)

계선 界線　두가지 사물이 서로 맞붙은 긔리고도 서로 갈리는 xxx.

고도형무소 孤島刑務所　섬에 두는 형무소(감옥).

년비 年費　한해 동안 비용.

로자량방 勞資兩方　로동자와 자본가와 두편.

의용단테 義勇團體　민중이 자발뎍으로 이르킨 단테.

일규 一x　반란 폭동.

재옥혁명가 在獄革命家　감옥에있는 혁명가.

좌경병 左傾病　너무 급히 나아가는 병.

호상 互相　피차, 서로.

3) 현대국어에서 쓰이지 않으나 사전에 올라 있는 단어

전패국 戰敗國　싸워 패한 나라.

순경 順境　순탄한 경우.

고원 雇員　고용된 사무원.

복업 復業　직업을 회복.

비매동맹 非買同盟　사지말자는(상품급) 동맹.

관수기 灌水器　물 대는 기계.

독감 獨監　죄인을 혼자 두는 감방.

전위분자 前衛分子　전선에 앞장선 사람들.

앙진 昻進　향상(向上)과 같은 뜻.

위 「선봉사전」의 표기는 아래와 같이 『선봉』의 전반기 표기법과 같다.

① 어두 'ㄹ', 'ㄴ' 표기. 예: 령역(領域), 량뎍(量的), 년비(年費).

② ㄷ구개음화는 대부분 보수형(한자어). 예: 정뎍(政敵), 정테(正體),

초뎜(焦點), 구톄뎍(具體的), 과뎡(過程).

그리고 풀이말에는 아래 예처럼 종종 함경도 방언이 보인다.

결벽 潔癖 왼양하는 것. cf. 왼양-한 가지로 고집스럽게 행동하는 모양.
유업 遺業 끼처둔사업. cf. 끼치다-남기다.
요람디 搖籃地 낳고 자래우고하는곳, 산출디, 발원디. cf. 자래우다-기르다.
이중관 二重觀 두가지로 따게 보는 것. cf. 따다-다르다[異].

이 무렵은 서울 출신인 李百草가 『선봉』의 편집자였으므로 위 어휘 풀이는 당시 『선봉』의 번역원으로 근무했던 함남 영흥 출신의 桂奉瑀가 관여했을 것으로 생각된다.

이 「선봉사전」에 실린 한자어들은 "논설"이나 "레닌주의 강좌-스딸린 동무 강술-, 레닌주의 정수(精粹)에 대하야"와 같은 사회주의 이념을 소개하는 글에서 쓰인 어휘로 보인다.[12] 그 어휘가 뜻풀이의 대상이 된 것으로 짐작된다.

한편 1927년에는 "농촌 독서자의 참고 『정치학 십삼강』 숙어 술어의 해석"이라는 난을 신설하고 「선봉사전」과 동일한 방식으로 어휘의 뜻을 풀이하였다. 아래에 몇 예를 보인다.

고구 考究 상고해 보며 연구함.
툐과 超過 넘어서 지남.

12 "통속정치경제학"이란 난도 있는데 그 글에는 '고뎡자본, 류동자본, 리윤, 가변자본, 자본, 자본가, 잉여가치, 리윤, 불수아(=부르주아)'와 같은 마르크스주의 경제학 용어들이 등장한다.

보좌 寶座 귀한 자리.

뎐하 轉下 구울러나려감.

검뎡 檢定 검열해보고 뎡해놓음.

신복 信服 믿고복종함.

자과 自誇 스스로자랑함.

3.3. 고려말 교과서의 어휘와 문법

사회주의 초기 단계에서는 민족적 특성과 민족어를 통해 혁명화를 꾀하며[13] 소수민족의 고유한 문화를 촉진 및 발전시킨다는 이른바 현지화(korenizatsiya) 정책 및 1925년 스탈린이 제시한 '민족적 형식에 사회주의적 내용'이라는 테제에 따라 언어 문제에 대한 여러 정책적인 과제 즉, '표기법을 비롯한 문법의 규범화, 한자 폐지 여부[14], 고려 문자의 라틴화' 등이 활발하게 논의되기 시작한다. 스탈린의 테제에서 언어는 민족적 형식의 가장 중요한 요체이다. 이 민족적 형식인 언어에 사회주의의 내용을 담아 새로운 사회주의적 민족 문화를 꽃피울 수 있다는 것이다. 이에 민족어의 규범화와 보급 및 민족어 교육의 문제가 대두되었다. 이를 제

13 1924년 7월 15일자 『선봉』에 실린, 소련 헌법 제정 1주년 기념 논설에서, "각 민족들은 ᄌᆞ긔의 ᄉᆡᆼ활이나 긔타 정치, 경제, 문화 ᄉᆞ업에 다 ᄌᆞ긔의 자결ᄒᆞ여 간다. 그는 각 민족이 자긔의 말과 글노 ᄒᆞ기 ᄯᅢ문에 모든 것이 일층 발젼하야 계급전션을 더욱 견고케 ᄒᆞ는 ᄭᅡᄃᆞᆰ"이라고 하였다.

14 반병률(2008: 118-119)에서는, "한자폐지론-한자제한론 논쟁은 『선봉』 신문 지면을 통하여 1929년 2월 계봉우의 한문폐지반대론(한자 제한론)과 이에 대한 이괄의 비판이 교환된 이후 본격적으로 전개되었다. 이후 고려문교과서 저작발간 계획과 관련하여 한문을 폐지할 것인가 제한할 것인가의 과제가 제시되었다. 계봉우와 장도정(고려공산당 상해파) 등이 한자제한론을, 『선봉』의 중심인물인 이백초와 이괄(이르쿠츠크파) 등이 한자폐지론을 주장하였다."고 하였다. 한자 폐지는 1927년부터 시작된 고려문자라틴화 사업 이전에 선결해야 할 과제였다.

도적으로 뒷받침하기 위해 소비에트 정부는 한인들의 각급 학교를 정비 및 개편하고 또 신설하여 고려말 교육을 강화하는 한편[15] 1923년부터 본격적으로 시행된 바 있는 문맹퇴치 운동을 활발히 전개해 나간다. 1923년에 48개소였던 문맹퇴치 학교는 1924년 4월에는 543개소로 확대되었다. 문맹퇴치 학교에서는 1924년부터 교과서 『자란이 독본』을 배부하여 1925년에는 그 숫자가 2만 권에 달했다.[16]

1924년에는 사회주의 사상과 혁명의 당위성을 널리 알리고 폭넓은 교양을 교육하여 미래에 '사회주의 조국'을 이끌어 갈 후속 세대를 양성하기 위해 소수민족의 언어인 고려말로 쓰인 교과서가 간행된다.

1924년에, 계봉우가 참여한 '로력학교 용 고려말 교과서' 『붉은아이』(연해도교육부) 제1권이 간행되고 이어 1927년에 제2권과 제3권이 간행되었다. 이 교과서의 표기와 어휘를 살펴보기 위해 『붉은아이』 제1, 제2, 제3권에서 한두 단원씩을 뽑아 아래에 소개한다.[17]

---

15 관립학교, 사립학교, 교구학교 등을 통폐합하고 학생 수의 증가에 따라 학교를 신설하고 학제를 통일하고 교원 양성을 위해 '니콜스크-우수리스크(소왕령) 고려사범전문학교'와 같은 고등 교육 기관을 설립하였다.

16 연해도 고려 주민의 교육사업, 『선봉』(125, 1926. 4.18.). 임경화(2016: 185)에서 재인용.

17 『붉은아이』 1, 2권은 임경화(2016: 192)의 사진을 판독하여 적은 것이다('?'는 판독이 불확실한 부분). 『붉은아이』 3권은 서울대학교 국어교육연구소 소장본(복사본)에서 옮긴 것이다. 저자가 본, 연해주에서 간행된 한국어 교과서는 아래와 같다.

① (원동로력학교 새독본) 『붉은아이』(데삼권), 도서주식회사, 하바롭쓰크-브라지보쓰또크. 1927. 1-265. '원동교육부과학방법회의인가'라는 문구가 있다, 러시아어로 된 속표지는 아래와 같다.

"*Krasnoe Ditya* Rabochaya kniga dlya chteniya na korejskoe yazyke, Bod Ⅲ, Izd, Akts, O-va <<Knizhnoe Demo>>"

표지 좌측 상단에 "Tsena: 1Rub. 35Kop."(가격: 1루블 35코페이카)라 씌어 있다. 교과서 가격이 만만찮았음을 알 수 있다.

② O Chan-xvan(1933), *Uchebnik Korejskogo Yazyka*, dlya Nachal'noj shkoly, chast'

3.3.1. 『붉은아이』(Krasnoye Ditya)

「일하고야 먹는다」(『붉은아이』, 제1권 제2편, 1924년)

개암이와 같은 적은 버러지도
부즈런이 일하고 제비와 같은 날
짐승도 절로 둥이를 튼다
소도 밭을 갈고 말도 짐을 실
는다.
사람도 일 하여야 먹을수 있는
것이다.
일 안이하는 사람은 먹을 권리
가 없는 것이다.
그런데 지금 사람 가은데는 놀
고 먹는쟈들이 있다.
그 사람들은 로동쟈나 농민을

Pervaya, Pervyj I Btoroj God Obucheniya, Gammatika I Pravopisani, Utverzhdeno Zav. Dal'krajono.(오창환(1933), 『초등학교 조선어교과서(일 권), 문법과 정서법』(일이학년용), Utverzhdeno Zav. Dal'krajono.

③ 오창환(1933), 『초등학교 조선어교과서』(이 권) 문법과 정서법(제삼사학년용), 련합국립출판부—원동국립출판부, 하바롭쓰크. '원동변강인민교육부장 인준'이라는 문구가 있다.

④ 오창환(1934/1935 재판), 『중등학교 조선어문법교과서(문장론)』(제륙—칠학년용, 수정재판), 원동 변강 인민교육부장 인준, 련합국립출판부—원동국립출판부. [저자가 본 복사본에는 한글로 쓰인 표지와 속표지에는 저자 표시가 없고, 2쪽의 속표지에는 한글 속표지 내용을 러시아어로 번역해 놓은 부분이 있는데 그곳에 "O Chan-xvan"(오창환)이라 적혀 있다. O Chan-xvan, *Uchebnik Korejskogo Yazyka*, dlya srednej shkoly, Shestogo I sed'mogo klass Chast' Btoraya Grammatika (sintaksie) 2-e izdanie Utverzhdeno Zav. Dal'krajono.

부려 그둥을 발가 먹는다.

이러한사람들을 불수아라한다.

불수아를 없이하고 누구던지 다
같이 일하고먹어야 옳다는 리치를
처음 칼·맑쓰 가 가르첫다.

그 리치대로 행하여 로동쟈와
농민의 힘으로 불수아를 처서 없
이하고 처음으로 로동쟈와농민의
새세상을 맨들기 시작 한 쟈는
레-닌 동무다. (원문대로. 밑줄: 저자)

위 단원은 사회주의 이념과 그 이념을 실천에 옮긴 레닌에 관한 글이다. 이 단원에 보이는 어휘는 그 특징에 따라 아래의 다섯 그룹으로 나눌 수 있다.

1) 중앙어: 개암이, 버러지, 제비, 날짐승 ….
2) 함경도 방언: 절로(=스스로), 둥이(=둥지, 둥우리), 싊다(=신다), 발가 먹다(=발라[脫殼] 먹다), 없이하다(=없애다), 맨들다.
3) 개화기부터 쓰이기 시작한 어휘: 로동쟈.
4) 러시아어 (차용어): 불수아(burzhua(러)←bourgeois(프랑스어), =부르주아).
5) 어휘 의미의 변화(차용): 동무(←tovarishch).

당시 내지에서 쓰이던 중앙어가 대부분이다. 이 교과서뿐만 아니라 제2기의 신문과 잡지, 이 시기의 『先鋒』도 그와 같다.

2)는 단원의 글 안에 들어 있는 함경도 방언을 보인 것이다. 단원의 제목 '일하고야 먹는다'(=일해야만 먹는다)의 '-고야'도 전형적인 함경도 방언의 어미(흔히 '-구야' 또는 '-구사'로 쓰임)이다. 이는 학습자(한인의

대부분을 차지하는 함경도인)을 고려하여 의도적으로 쓴 것이라기보다는 교과서 편찬자의 방언이 자연스럽게 배어든 것이다.[18] 교과서 제작에 참여한 계봉우의 고향은 함남 영흥이다.

사회주의 관련 어휘인 3)의 '로동쟈'는 20세기 초부터 중앙어에서 빈번히 쓰였다. 일본어에서 들어왔을 것이다. 4), 5)는 사회주의 사상 및 제도와 관련하여 차용된 러시아어와 러시아어 번역차용어다. '동무'는 [늘 친하게 어울리는 사람]의 뜻으로 쓰이다가 [로동계급의 혁명위업을 이룩하기 위하여 혁명대오에서 함께 싸우는 사람](『조선말대사전』)이란 뜻을 더 갖게 되었다. 사회적 요인으로 단어의 뜻이 변화하였는데 이는 의미 차용(semantic borrowing)의 한 예다. 제1기, 제2기의 연해주 한국어에서는 거의 쓰이지 않던 3), 4), 5)의 사회주의 관련 어휘가 제3기에 와서 대량 유입됨으로써 연해주 한국어의 어휘 체계는 큰 변화를 겪게 된다.

표기법에서 특기할 만한 점은 'ㆍ', 'ㅓ'의 폐지이다. 'ㆍ'는 1912년

---

18 교과서 『붉은아이』, 신문 『先鋒』, 규범 문법서 『高麗文典』에 보이는 어휘는 대체로 당시 내지에서 쓰이던 書寫語 중심의 중앙어다. 연해주 한인은 대부분 함경도 출신이지만 함경도 방언 어휘는 드물다. 1924년에 간행된, 문맹퇴치 교과서 『자란이 독본』의 '자란이'(=어른[成人])는 육진방언이다. 위 교과서, 신문, 문법서 등에는 '술긔'(=수레), '뚱기적-뚱기적 움즉인다', '겨릂', '삳[草席]', '퐃[小豆]'과 같은 함경도 방언이 보인다. 『高麗文典』(450쪽)의 아래 기술 내용도 함경도 방언에 관한 것이다.

[무]를 語尾로 한 名詞: 나무, 풀무, 두무 …
[루]를 語尾로 한 名詞: 가루(갈우-粉), 그루[根], 시루[甑], 부루[萵苣], 마루[宗, 階], 자루[柄, 袋], 노루[獐], 머루[山葡萄], 나루[津, 浦] …

그런데 여긔에서 注意할것은 「에」를 語尾한 名詞中의 「술에, 벌에」와 「무, 루」를 語尾로 한 名詞들은 그 語尾를 「기」로 變換하여 쓰이는것이 通例니, 「술기, 벌기, 남기, 둠기, 갈기, 실기, 잘기, 말기 …」 등이 그것이다.
한편 계봉우(1955: 83)의 『우리말이 되어진 법』에서는 '남기, 둠기, 갈기' 등의 '기'를 접미조어(파생접미사)로 볼 수 없다고 하고 '낡', '둙', '갉' …을 말줄기(語幹)로 잡는다고 하였다.

일제에 의해 제정된 「보통학교용언문철자법」에서 이미 폐지하였으나 내지는 물론 연해주에서도 계속 사용하였다. 이 당시 『先鋒』에서도 ‘ㆍ’, ‘ㆎ’를 사용하고 있었다. 그러나 위 교과서 『붉은아이』에서는 ‘ㆍ’가 쓰이지 않았다. 연해주에서 ‘ㆍ’의 폐지를 공식적으로 결정한 것은 1930년 오창환의 『高麗文典』에서이다.

한편 어두 ‘ㄹ’ 표기 그리고 ‘쟈, 져 …’와 같은 치찰음 뒤의 이중모음 표기는 당시의 일반적인 표기 경향과 같다. ‘쟈, 져 …’ 표기는 역시 『高麗文典』(1930)에서 폐지하였다.

한자는 노출시키지 않았다. 한글 전용이다.

아래는 사회주의 이념이 반영되지 않은 『붉은아이』 2권의 교과서 본문 일부를 옮긴 것이다.

로력학교용 새독본

『붉은아이』(제2권)(블라디보스토크, 1927년, 372쪽)

…

나무와 가둑나무의 밭을지나고 그다음참에는 잣나
무와 감은비, 부은비의 밭을 지낫다. 그렇게가는中
에서 여러가지 짐승의울음소리도 들엇다. 또 그다
음참에는 키가잘음잘음한 나무와풀이있다. 그사람
이 말하기를 여긔서붙어는 춥으니 갓옷을입고 또
옮아가자한다. 인제는 나무와풀도없고 발에드디우는
것은 맨얼음과 눈뿐이다. 그때에 처음떠 나던때?를
나려다보니 구름이 山즁둥에 자옥하여서 아모데도
안이보인다. 그리고 山꼭두에 옮아가서 四方을살
펴보니 온天下가 다눈알에에있다. 내뒤에섯던 그

사람이 내에게말하기를 그만침 구경하엿으니 빨?리
나려가자는 소리에 나는몸을 도리키면서 매?여낫다.
나는 冊床앒?에 일어나앉어서 꼼꼼생각하니 참말滋味
있는 꿈을뀌엿다.

어휘를 몇 갈래로 나누어 아래에 보인다.

1) 중앙어: 잣나무, 갓옷 ….
2) 함경도 방언: 밭, 가둑나무(=참나무, 북한어), 감은비(=가문비나무), 부은비(=분비나무), 잘음잘음하다(=자름자름하다, 북한어), 드디우다(=디디어지다), 즁둥(=중동, '중둥'은 북한어), 꼭두(=정수리나 꼭대기, 북한어).

사회주의 사상을 선전하는 글이 아니어서 사회주의 관련 어휘는 보이지 않는다. 어휘 체계의 면에서 볼 때 앞 『붉은아이』(제1권)과는 퍽 대조적이다.

글에는 『붉은아이』(제1권)에서처럼 함경도 방언이 씌었다. 함경도 방언의 '밭'은 표준어와 달리 주로 '식물이 들어차 있거나 자라는 곳'이란 뜻으로 쓰인다. '숲'은 흔히 '나무밭'이라 하며, '논'은 '베밭', '논밭'이라 한다. '가둑나무'(참나무)는 함경도 방언이자 북한의 문화어다. '가둑나무밭'은 '참나무가 많이 들어서 있는 곳'이다. '드디우-'는 '드디-'에 접미사 '-이-우-'가 결합한 피동사로 이 같은 파생어 형성은 함경도 방언의 두드러진 특징이다(곽충구: 2004). 가문비나무를 '감은비', 분비나무를 '부은비'로 적은 것은 어원 의식이 반영된 형태주의 표기인데 이에 의하면 '감은비'는 '감-[黑]+-은 비(皮)'로 분석될 수 있을 듯하다.[19] 이를 뒷받침해 주는 것이 그 뒤에 나오는 '부은비'이다. '부은비'(분비나무)는 껍질이 희다. 함경도 방언에서 '희읍스름하다'

19 조항범 교수가 문화일보(2019, 4, 19)에 연재한 '어원 이야기'에서 그리 분석하였다.

의 뜻을 지닌 '부엏-'(또는 '부싀-')이 있어 '부은비'는 '부엏-[灰]+-은비'로 분석된다.

표기법은 앞 「제1 권」과 같다. '갖옷'(가죽옷), '알에'(아래), '앒'(앞), '-붙어'(-부터)는 어원이나 고어를 고려한 지나친 형태주의 표기다. 桂奉瑀의 마르주의식 어원 해석과 그 표기가 반영된 것이다. '춥은'과 같은 'ㅂ' 불규칙 형용사의 표기는 뒤에 간행되는 오창환의 『高麗文典』과 같다. 「제1 권」과 달리 한글과 한자를 병용하고 있다. 학습자의 수준을 고려하여 한자를 노출시킨 것이 아닌가 한다.[20]

3.3.2. 『조선어교과서』(*Uchebnik Korejskogo Yazyka*, 1933년)[21]

5. 누가, 무엇이(저자 주: 단원명)

---

20 한자 폐지 반대론자였던 계봉우가 교과서 편집에 관여하였음을 알 수 있다.

21 저자가 본 복사본(서울대학교 국어교육연구소)은 겉표지가 "조선어교과서"라는 책이름만 보일 뿐 나머지 서지 사항은 보이지 않는다. 러시아어로 쓰인 속표지 내용은 아래와 같다.
Ochanxvan, *Uchebnik Korejskogo Yazyka*, dlya nachal'noj shkoly, chast' pervaya, pervyj i vtoroj god obucheniya, grammatika i pravopisaniye, utverzhden zav dal'krajono(오창환, 초등학교용 조선어교과서, 1부, 1·2학년, 문법 및 철자법, 원동변강 승인)
하단에 "Sdano v proizvodstvo-1933 g."(생산 납품, 1933sus)이라 하였다.
이 교과서는 오창환의 저술이다. 일학년, 이학년 교과로 나뉘어 있다. 일학년에는 "1. 말과 글, 2. 말마듸와 음절. 3. 받힘이다르나 발음이 비슷한 말마듸들. 4. ㅎ가 중간에 있는 말마듸들의 발음법. 5. 「아, 어」가 중간에 있는 발음법. …"과 같이 문법 내용을 단원의 제목으로 삼고, 각 단원에는 말하기, 읽기, 쓰기 학습을 위한 과제를 여럿 나열하고 교과의 要旨文을 제시하였다. 그리고 교과 사이사이에 사회주의 혁명을 선전하는 글을 삽입하였다. 예컨대, "붉은 군대 만세", "쏘베트 동맹", "오월 명절", "우리의 첫 수령이 누구이냐?(레닌) 우리의 지금 수령이 누구이냐?(스탈린)" 등이 그 예다. 2학년용에는 "1. 말의 장단. 2. 말끝 맺는 법(묻는 말과 대답하는 말). 3. 부르는 말과 시기는 말. 4. 5. 6. 7. 8. 9. 10.(대명사), 11. 간단한 구어. 12. 복잡한 구어."와 같은 교과가 있다. 교과 구성과 체제는 1학년용과 같다. 革命史의 선전 글귀가 많이 삽입되어 있다.

과제 39.

…

과제 42. 아래의 과문을 등서하면서,[22] 「무엇이, 누가」란 말에 대답되는 말마듸들을 직선 (—)으로 표하여라.

새 브리가드

꼴호즈 마당질이 끝 나앗다. 꼴호즈니크들이
새브리가드를 조직하엿다. 목재소루 갈 브리가드이다.
쏘베트 회장이 브리가드들에게 말한다: 우리가 사회
주의를 건설한다. 목재준비가 사회주의 건설에
큰 의의를 가지엇다. 여러 동무들이 목재소에 가서
우다르니크로 일하여야 한다. 꼴호즈의 남은 일은
우리가 잘 하겟다.

군중들이 박장한다.

이 단원은 미지의 인칭과 사물을 각각 나타내는 두 대명사 '누구', '무엇'의 뜻과 용법을 익히도록 학습목표가 설정되어 있다. 위 「과제 42」는 그 대명사의 대답이 될 수 있는 명사들을 찾는 과제이다. 과제문의 제목('브리가드')이 러시아어로 되어 있다. 이로 미루어 보면 러시아어 어휘가 연해주 한인의 일상어 속에 많이 자리 잡았을 것으로 생각된다. 위 글 속의 아래 러시아어는 모두 사회주의 체제와 관련된 어휘다.

브리가드(brigady): 작업반. 콜호스의 성원을 몇 개의 작업 조로 나눈 것.
꼴호즈(kolxoz): 집단농장. =콜호스.

22 '과문'은 '과문(課文, 과제로 제시된 문장)', '등서'는 '등서(謄書, 원본에서 베껴 옮김)'일 것이다.

꼴호즈니크(kolxoznik): 집단농장원.

쏘베트(Soviet): 구소련 시절 노동자 · 농민 등의 대표자가 구성한 평의회.

우다르니크(udarnik): 돌격대원. 앞장서서 열성적으로 일하는 사람을 이르는 말. 한인들은 흔히 '공격대원'이라 불렀다. 포시예트에는 "Udarnik, 공격대원"이라는 신문도 있었다.

3.3.3. 『고려어교과서』(*Uchebnik Korejskogo Yazyka*, 1937년)[23]

1) 16~18과(9-10쪽)

16 과. 아래의 글을 낡으며 벗기어 쓰고서
쩌른 말(말씨)이 모이어 긴 말이 된것을 니야기하여라.
아바지가 신문을 본다.
어머니가 옷을 깁는다.
아바지와 어머니는 아이를 사랑한다.
아바지는 꼴호즈에서 일하고 어머니는 쎌 쏘
베트에서 일한다.

17 과. 아래의 글을 낡은 후에 이미 배혼
것-음절은 무엇으로써 된것이며 쩌른 말(말씨)
들은 무엇으로 써 된 것을 자세히 분간하여 설

23 오창환이 1935년 11월 28일 반혁명 활동 혐의로 체포된 후 교과서 편찬은 『高麗文典』을 두고 오창환과 논전을 벌였던 계봉우 등이 담당한다. 이 교과서의 서지는 아래와 같다.

강채정, 계봉우(1937), 『고려어교과서』(일권, 일이년급용, 레쎄페쎄르 교육인민 위원부 인준), 원동변강국립출판부, 하바롭쓰크. cf. '레쎄페쎄르(RSfSR)'는 'Rossijskaya Sovetskaya Federativnaya Sotsialisticheskaya Respublika(러시아 소비에트 연방 사회주의 공화국)'의 약칭.

명하여라.

우리는 학교에서 공부한다.

저 아이도 삐오네르이고 나도 삐오네르이다.

선생님이 글을 잘 가르치어 준다.

우리는 글을 닑기 매우 자미있다.

삐오네르들은 학교에서 우다르니크로 공부한다.

우다르니크들은 공부도 잘하고 규측도 잘 직힌다.

쩌른 말과 쩌른 말의 사이를 꼭 떼어쓰는 법이다.

18 과. 아래의 글을 닑고서 긴 말들이 무엇으로 된 것을 설명하며 그 말들을 어구로 구분하여라.

삐오네르들이 구락부에 모이엇다.

공산청년원들도 구락부에 많이 모이엇다.

휴식시간에 사람들이 복도에서 돌아다닌다.

연극을 구경하기 매우 자미있다.

우리는 지금 즐겁게 잘 산다.

부르수아시들을 다 박멸하여야 되겟다.

부르수아시들은 우리의 원ㅅ수이다.

쩌른 말을 단어라고 한다. 긴 말에서 그단어들을 제식 닐르어 어구라고 한다.

2) 26과(15쪽)

26 과. 아래의 글을 낡을 때에 직선 끟은
어구들을 평시에 말하던 법대로 낡어라.

교사가 물어 본다:

학과 중에 어느것이 제일 밭브더냐?

일남이는 산술이 밭브아서 걱정이라고 하엿다.

십월동은 문법이 갓브아서 걱정이라고 하엿다.

교사가 또 물어 본다:

학생에게 제일 낮븐 일이 무엇이냐?

일남이는 거즛말하는 것이 낮브아
요라고 하엿다.

춘길이는 흠석하는 것이 낮브아요라고 하엿다,

야! 춘길아! 그런데 너는 어째서 어제 흠석
하엿느냐?

예! 아제 배가 앓브아서요.

학생들이 넘우도 웃브어서 픽픽 웃는다. 배는
무슨 배.

> 글을 낡을 때에 말하는 것과 같이 줄
> 어지는 소리를 그대로 낡는 것이 옳
> 은 독법이다.

위 『고려어교과서』의 음운, 어휘, 문법적 특징을 간단히 보이면 아래와 같다.[24]

24 교과서의 체재, 구성, 내용 등은 언급하지 않는다. 일, 이학년용이므로 어휘는 평이하

1) 문법 술어와 개념

각 課에서, 기초가 되는 술어와 술어의 뜻을 밝히고 그 용례를 보여 문법 규범을 쉬 이해하고 적용할 수 있도록 편찬하였다. 술어는 “말, 글, 자음, 모음, 받힘, 종점(.), 음절, 떼어 쓰기(띄어쓰기), 쩌른 말(=짧은 말)(말씨, =단어), 긴 말(=문장) 속의 어구(=어절)”이다. 음소 단위부터 문장에 이르기까지 발화를 구성하는 문법 단위들의 명칭과 개념을 기술하고 있다.

2) 음운 현상에 대한 표기 규정

움라우트(Umlaut)는 인정하지 않는다. 예: 자미(재미), 벗기다(베끼다), 나리어(내려) ….[25] 용언의 활용에서는 모음조화 준수를 강조하고 있다. 어간 말의 겹자음 ‘ㄻ, ㄺ, ㄼ’은 ‘ㄹ’을 발음하지 않는다고 하였다. 이렇게 ‘유음+변자음’으로 이루어진 자음군 뒤에 휴지나 폐쇄음이 놓일 때 첫 자음인 유음이 탈락하는 현상은 함경도 방언의 자음군단순화 규칙에 의한 것인데 계봉우는 이 규칙을 규범화한 것이다.[26]

3) 함경도 방언 어휘

교과서에는 “짛다[作](18), 숱불(숯불, 18), 돋(돼지, 18), 석마(연자매,

다. 일학년용은 주로 어휘 및 발음과 표기에 주안을 두고 있다. 이학년용은 ‘말씨, 음절, 어구, 쩌른 말, 긴 말’과 같은 술어와 문장 종결법, 상대경어법을 소개하였다. 그리고 중간 중간에 발음과 관련된 음운 현상을 언급하고 있다.

25 『선봉』도 움라우트를 인정하지 않는다. 예: 따리고(때리고), 구울러나려감(굴러 내려감) ….

26 『고려어교과서』 44과(25쪽)에, “「ㄻ, ㄺ, ㄼ」의 받힘들이 「ㄱ, ㄷ, ㅈ」를 맞나는 때에 「ㄹ」 소리를 내이지 못한다.”는 설명이 있다. 이처럼 세 자음이 연결될 때의 발음 규정(자음군단순화)은 『高麗文典』에 없다.

22), 날세가 궂힌다(날씨가 궂는다, 23), 쏟히엇다(사동, 24), 곧(곳[處], 30, 31), 쩌르다(짧다, 30) ….”와 같은 함경도 방언 어휘가 보인다. 앞서의 자음군단순화도 함경도 방언의 음운 특징이다.[27]

26과의 ‘밭브-’(←바쁘-. 바쁘다, 힘들다, 어렵다), ‘갓브-’(←가쁘-. 어렵고 힘들다), ‘웃브-’(←우쁘-. 우습다)도 전형적인 함경도 방언이다.

4) 러시아어 차용어

러시아어 차용어는 교과서뿐만 아니라 신문 잡지에서도 흔히 볼 수 있다. 대부분 사회주의 혁명과 관련된 어휘다.

곤끼(kon'ki): =스케이트. 예: 곤끼를 갖후어라, 설마를 갖후어라. 아이들은 곤끼타기 설마타기 시간이 밭브아 날치고 있다.

꼴호즈(kolxoz): 집단농장. =콜호스.

쎌 쏘베트(sel'skij sovet): 농촌/마을 소비에트.

삐오네르(pioner): 공산당 소년단원.

우다르니크(udarnik): 돌격대원. 공격대원. 앞장서서 열성적으로 일하는 사람을 이르는 말.

부르수아시(burzhua(러)←bourgeois(프랑스어): 부르주아.

목축페르마(牧畜+Ferma): 목축장.

5) 표기

과도하게 어원을 고려한 형태주의 표기를 하고 있다. 계봉우가 편찬한 교과서이므로 그의 어원 의식이 반영된 표기라 할 수 있다. 예: 맞나

27 계봉우의 『조선말이 되어진 법』(1955, 필사본)에는 꽤 많은 양의 함경도 방언이 실려 있다.

야(만나야)(17), 숳것, 읋것(22~23), 읋소(23), 숳소아지(23), 갖우(갓=이제 막, 23), 닿지게(다치다, 건드리다, 23) …. 이 가운데 '갖우', '닿지게'는 함경도 방언 '가즈~가주', '다티-~다치-'를 표기한 것이다. 따라서 '닿지게'는 분석과 표기가 옳지 않다.

26과의 형용사 '밭브더냐, 갓브아서, 낮브-, 읋브아서, 웃브어서'도 지나친 어원 의식이 작용한 표기인데 '밭브-', '갓브-', '낮브-'는 그 형태 분석이 옳다고 하기 어렵다. 그리고 표기가 퍽 의고적인 경우가 있다. 예: 싸홈, 배홈, 일홈 ….

위 예들은 계봉우의 표기법이 반영된 결과이다. 『高麗文典』(1930)이 간행된 뒤 그 해에 오창환과 계봉우가 『선봉』을 통해 논전을 벌인 내용(아래 [각주] 33을 참고)과 계봉우의 『조선말이 되어진 법』(1955, 필사본)에서 그 표기 이론을 엿볼 수 있다.

3.4. 고려말 규범 문법서의 간행

'민족적 형식에 사회주의적 내용'이라는 스탈린의 현지화(korenizatsiya) 정책에 따라 1925년 이후에는 민족적 형식의 요체가 되는 '고려말'에 대한 여러 가지 정책적인 과제 즉, '표기법과 문법의 규범화, 한자 폐지 여부[28], 고려문자라틴화[29]' 등이 활발하게 논의되었다.[30] 사회주의 사상을 널리 전파하고 사회주의적 인간형을 길러 내기 위해서는 각급 학교를 중

28 앞 [각주 14]에서 말한 바와 같이 1929년 2월에는 『선봉』을 통해 한자 폐지 여부에 대한 토론이 있었다. 계봉우 등은 폐지에 반대하였고 이백초 등은 찬성하였다.

29 '한자 폐지 여부', '고려문자라틴화'에 대한 당시의 사회적 분위기와 논쟁은 반병률(2008), 임경화(2016: 195-201)를 참고할 것.

30 이 시기의 어문운동에 대해서는 반병률(2008: 118-119), 임경화(2016)을 참고할 것.

설 확충하고 교과서를 편찬해야 한다. 그러려면 먼저 고려말의 다양한 지역적, 사회적, 역사적 변종들을 통일하여 표준화하고 규범화해야 한다. 그리하여 1929년 5월에는 '高麗言文表記 및 活用上의 통일'을 위해 원동 변강인민교육부 주최로 '고려문전 회의'가 열렸다. 이어 1930년 1월에 제2차 '문전회의'가 하바롭스크에서 열려 열띤 토론 끝에 그 결실로 吳昌煥(고려사범학교 고려어 교원)의[31] 『高麗文典』(1930)이 간행되었다.[32]

『高麗文典』 '緖言'에는 "우리邊疆高麗人敎育, 出版 및文化等 모든 事業에 高麗文典의統一되지못한 그것이 많은 支障을이르키는것은 否認할수 없는 事實이다. … 可히標準을 삼을만한 一定한文典이없는대로서 그리되는 것이다."라 하여 표준화된 표기 규범의 필요성을 말하고 있다. 『高麗文典』의 표기 안은 이보다 3년 뒤에 간행된 「한글맞춤법통일안」보다 더 형태주의 표기 원칙을 내세웠다. 그리고 그 무렵 널리 쓰이던 '·'를 폐지하

31 吳昌煥(1892-1938)의 약력. 1911년 勸業會 의원, 1919년 대한국민의회 서기 및 기관지 『자유보』 주필, 1920년 韓人敎育會에서 활동.
저서: 『高麗文典』(1930), 『고려말과 본』(1932, 오창환, 박유경, 한재윤), 『고려말과 본』(1933, 오창환, 박춘근, 김산), 『초등학교 조선어교과서(일 권), 문법과 정서법』(일이학년용)(1933), 『초등학교 조선어교과서』(이 권) 문법과 정서법(제삼사학년용), 『중등학교 조선어문법교과서(문장론)』(제륙—칠학년용, 수정재판)(1934/1935 재판) 등.
생애의 마지막: "코미 공화국의 기억의 책, 소련의 정치적 테러 희생자 데이터베이스(BD "Zhertvy politicheskogo terrora v SSSR"; Kniga pamyati Respubliki Komi)"에 의하면, 오창환은 1892년 함경남도 단천군에서 태어났다. 1935년 11월 28일 반혁명 활동 혐의(형법 58-4조)로 체포되어 1936년 9월 21일 '극동지역 국경수비대 군사재판소'(voyennym tribunalom pogranichnoj i vnutrennej oxrany Dal'nevostochnogo kraya)에서 5년 선고를 받고 하바롭스크 교도소에서 복역하던 중 1936년 12월 17일 강제노동 수용소(Uxtpechlag)로 이송되었다가 1938년 4월 26일 처형되었다. 독립운동가이자 한국어학자 오창환은 이렇게 하여 46세를 일기로 생을 마감하였다.

32 1차 회의에는 저자 외에 桂奉瑀, 姜彩程, 李光, 朴宗根, 金時鐘 외, 2차 회의에는 桂奉瑀, 姜彩程, 先鋒신문사 및 기타 각 출판 기관의 여러 사람)이 참석하여 토의하고 원고를 수정하였다. 『高麗文典』에 영향을 준 문법서 및 『高麗文典』의 체계와 내용상의 특징은 고영근(1997)을 참고할 것.

고 또 된소리 표기에는 'ㅅ'계 합용병서를 버리고 각자병서를 채택하였다.[33]

『高麗文典』 '第 一 編, 第 一 章, 第 三 節 國字의發音上調和'의 '三. 習慣性 調和'에서는 "習慣性으로 그本音대로 발음ㅎ지 않는일이 있나니 이것을 習慣性調和라한다."라 하고 습관적으로 굳어진 현실 발음을 '讀法'(誤), 본음을 밝혀 적는 것을 '記法'(正)이라 하여 발음과 표기를 이원화하고 둘을 다 용인하는 규정을 두었다. 형태주의 표기를 고수하면서 현실 발음을 존중한 것이다.

① 「ㄴ」를 「ㄹ」로 發音하는語例

안녕, 근년, 회녕, 긔념 …(正). 알령, 글련, 회령, 긔렴 …(誤)

② 「ㄹ」를 「ㅏ, ㅓ, ㅗ, ㅜ, ㅣ」의 初聲에서 「ㄴ」로 發音하는語例

라주, 라발, 로인, 로동자 …(正). 나주, 나발, 노인, 노동자 …(誤)

③ 「ㄴ,ㄹ」를 모든 重母音과「ㅣ」의 初聲에서 「ㅏ」 行의 同類字처럼 發音하는 語例

예 려행, 량심, 리별, 녀자, 녀름, 녜날, 뇨란 …(正).

여행, 양심, 이별, 여자, 여름, 예날, 요란 …(誤).

①은 비어두 위치에서 'ㅑ, ㅕ, ㅛ, ㅠ' 앞의 'ㄴ'이 'ㄹ'로 발음되는

33 계봉우는 『高麗文典』이 간행된 그 해 『선봉』에 열 차례에 걸쳐 「고려문전과 나의 연구」라는 제목으로 『高麗文典』을 비판하는 글을 실었고 오창환은 그에 대한 반론의 글을 역시 『선봉』에 게재하였다. 계봉우가 제기한 문제를 간단히 요약하면 다음과 같다. ①술어 사용(자음, 모음→초성, 중성, 종성), ②문자론(ㆁ을 사용할 것), ③음운 현상 및 관련 표기(-ㄹㄹ->-ㄹㄴ-, 장음 설정, 자음동화), ④불규칙 설정과 그 표기(ㅂ, ㄷ 불규칙). ⑤접미명사, 전치형용사→접두사, 접미사, ⑥마르주의식 어원 해석과 표기(사람→사름), 이 논쟁과 그에 대한 간략한 논평은 고영근(1997: 20-22), 조원형(2013: 105-116)을 참고할 것.

예를 보인 것인데 이 현상은 함북 방언과 중앙아시아의 고려말에서 두드러지게 나타난다. 예: 알령하암두?(안녕하십니까?), 취석으 기렴하구(추석을 쇠고), 세랍(稅納)(『선봉』 1926. 9. 12, 152호).

②, ③은 두음법칙 관련 조항이다. 말할 때는 습관적으로 굳어진 음으로 발음하되, 적을 때는 본음을 적도록 한 것이다. ③ 어두 위치의 'ㄴ' 표기에서, 한자어가 아닌 고유어(녀름, 녜날 …)를 포함시킨 것은 다분히 의고적이다.[34]

그리고 전통적으로 써 오던 '치찰음 뒤의 모음 표기'와 '구개음화 관련 표기'를 아래와 같이 쓰도록 규정하였다. 당시 가장 혼란스러웠던 관습적 표기를 모두 현실 발음을 좇아 고친 것이다.

④ '샤, 쟈, 챠 …'와 같은 '치찰음+상향이중모음' 표기를 폐지. '사, 자, 차 …'로 표기.

⑤ ㄷ, ㅌ구개음화형을 인정. 즉, '댜, 탸 …'를 폐지하고 '자, 차 …'로 표기. ㄱ-, ㅎ-구개음화형은 불인정. 예: 규측(o)/주측(x). 길(o)/질(x). 혀(o)/세(x), 효험(o)/소험(x), 휴지(o)/수지(x).

위 표기 규정은 중앙어를 반영한 것이다. ㄷ구개음화를 인정하고 ㄱ-, ㅎ-구개음화는 인정하지 않은 것이 특히 그러하다. 당시 연해주 한인들은 대부분 함경도 출신인데 그들 가운데 함북 육진 지역 출신인의 방언에는 '댜, 탸 …', '샤, 쟈, 챠 …'와 같은 음절구조가 존재하였다. 그리고 육진을 제외한 함경도 방언은 ㄷ, ㄱ-, ㅎ-구개음화가 대부분 이루어졌고 육진방언은 ㅎ-구개음화만이 이루어졌다. 따라서 위 『高麗文典』의 규정

34 Ⅱ부(1.2 및 3), Ⅲ부(1장)에서 본 바와 같이 당시 연해주의 함북 육진방언 화자들은 '녀름, 녯날 …'과 같이 발음하였다.

④, ⑤는 서울 중심의 방언(중앙어)에 기초한 것이다.

이러한 표기 규범은 이후 간행된 '고려어(조선어) 교과서'에 반영된다. 또 『高麗文典』의 자음과 모음의 명칭, ②~③의 두음법칙 규정 및 ④~⑤의 규정은 해방 후 북한의 맞춤법 규정에 그대로 수용된다. 이와 함께 제2기에 신문 잡지를 통해 본격적으로 이식된 내지의 중앙어가 제3기에도 계속 사용되면서 연해주 한국어의 다양한 지역적, 사회적 변종들은 점차 중앙어의 영향을 받게 된다. 제3기에는 학교 수가 급격히 증가하고 또 교과서가 제작 배포되어 그러한 변화를 촉진하였다.

3.5. 사회주의 혁명과 어휘 체계의 변화

소비에트 사회주의화가 진행되면서 사회주의 사상 및 혁명과 관련된 새 어휘가 연해주 한국어에 대폭 수용된다. 또 신생어가 아니더라도 기존의 어휘가 사회주의 사상에서 파생된 새로운 의미를 지니게 된다. 이렇게 사회주의 관련 신어가 생성되고 또 기존의 어휘가 이데올로기의 영향으로 새로운 의미를 획득하게 되거나 지배언어인 러시아어를 차용함으로써 이 시기의 연해주 한국어는 제1기, 제2기와는 다른 어휘 체계를 형성하게 된다.

아래 1)은 신어 또는 본디 한국어로서 사회주의화 과정에서 새로운 의미를 갖게 된 예를, 2)는 러시아어 차용어를 보인 것이다. 뜻풀이는 『조선말대사전』의 그것과 대체로 일치하므로 그 풀이를 옮겨 제시한다.

1) 고려(高麗): 분단 이전의 한국(조선)을 이르는 말. 러시아 혁명 전(제2기)에는 한국(韓國), 한인(韓人), 대한(大韓), 대한국인(大韓國人) 등이 많이 쓰였으나 1923년 이후에는 주로 '고려'라는 말이 쓰였다. 예: 짓밟힌고려(조생=조명

희, 1928년). 1934년 이후에는 '조선'도 쓰인다.[35]

고려어/고려말: 한인의 언어. 예: 고려어교과서.

고려인: 한인(韓人). 예: 우리邊疆內 高麗人敎育, 出版 및 文化等各方面애서(『高麗文典』).

고려부: 러시아 볼셰비키당의 한인 지부. 예: 이르쿠츠크 공산당 고려부.

고려공산당: 1921년 중국 상하이 및 러시아 이르쿠츠크에서 조직된 독립운동 단체.

고려민즁: 한인 대중. 예: 로령에 잇는 고려민즁의 문맹교화사업(『선봉』, 1927. 3.31).

고려화: 한인의 민족어, 민족 문화 등 민족적 형식에 바탕을 둔 사회주의화. 예: 편즙부, 고려화를 위하여 투쟁을 뎐개하라-형식뿐인 고려화(『선봉』, 1929. 9.28).

구락부(俱樂部): 주로 근로자들을 위한 문화 교양 사업을 하는 데 쓰는 공공건물. 본디 club의 일본어 음역어이나 사회주의 혁명 후 콜호스 내에 설치된 '문화, 교양 사업을 하는 건물'이란 뜻을 갖게 되었다. 예: 삐오네르들이 구락부에 모이엇다. 공산청년원들도 구락부에 많이 모이엇다(『고려어교과서』).

로력ᄌᆞ/로력자: 노력을 바쳐 일하는 사람. =로력자(勞力者). 현, 북한어. 예: 생산업의 발달을 위해 긔술뎍 로력ᄌᆞ가 되랴면, 원동 조선인 로력자들에게(경고문)(『선봉』(1937. 8.18.)). =trudyashchijsya.

로력군즁: 노동에 직접 참가하는 근로 대중. =로력군중(勞力群衆). 현, 북한어. 예: 쎄쎄쎄르의 로력군중은 경제를 향상시키며 ….

---

35 제2기(애국계몽기)의 '(대)한국', '한인'이나 '됴션(조선)' 등이 사라지고 혁명 후 '고려'가 등장한 것은 정치적 의도에서 비롯된 것으로 보인다. '한인의 조국'이 아닌 객관화한 국가명으로서 Korea, Koreya를 번역하여 '고려'라 한 것으로 생각된다.

로력학교: 노력을 바쳐 공부하는 학교.

로력대: 노력을 바쳐 일하는 사람들의 무리. =로력대(勞力隊). 예: 긔자 안까짜 여자로력대(문희천, 1930).

로동자: 노동자(勞動者). 예: 빈농민과 로동자.

계급: 사회에서 차지하는 지위와 역할의 공통성으로 하여 결합된 사람들의 집단. 생산수단에 대한 소유관계에 의하여 규정된다(『조선말대사전』).

공리사: 협동조합에서 공동으로 출자하여 운영하던 구판장(購販場). 예: 연해도어업공리사 상조 저금국의 규측(1930).

군즁: 극소수의 지주, 자본가를 비롯한 계급적적대분자, 반동분자를 내놓은 절대다수의 로동자, 농민을 비롯한 광범한 근로대중(『조선말대사전』). 예: 사회주의 소비에트 공화국 동맹은 모두 피압박군중, 피작위군중의 투쟁에 방벽(防壁)이 된다. 참고: 중국 조선족은 반상회와 같이 소수의 사람이 모여도 '군중'이라 한다.

동무: 로동계급의 혁명위업을 이룩하기 위하여 혁명대오에서 함께 싸우는 사람을 친근하게 이르는 말(『조선말대사전』). 예: 시인 최호림 동무와 그의 작품. 高麗師範學校 高麗語教員 吳昌煥동무의 著作한바인데(『高麗文典』).

두령: 집단의 우두머리. 예: 로시아 공산당중앙위회 七두령으로 조직. 이 예문의 '두령'은 소련 집단 지도 체제의 '지도자들'을 가리킨다.

슈령/수령: 우두머리. 최고 지도자. 트로츠키, 레닌, 스탈린 등을 지칭하는 데 쓰였다.[36] 예: 멘세비키 슈령의 하나(『선봉』, 1924). 우리수령들의 사상과 우리의 책임(『선봉』, 1924).

동지: 이름 아래 쓰여 존경과 흠모의 정을 나타내는 말(『조선말대사전』).

36 이 영향으로 중앙아시아 고려인 중에는 한국의 대통령를 '내지의 수령'이라 부르는 이가 있다.

무산자: 무산자(無産者). 아무런 정치적권리와 생산수단도 가지지 못하고 지주, 자본가놈들에게 착취받고 압박받는 가난한 사람(『조선말대사전』).

방조: 거들어 도와줌. =방조(幇助). 예: 소수민족의 해방운동에 방조할만한 힘을 양성하며(『선봉』). 이 出版 事業에 대하야 모든 缺點을 改訂함에 幇助할 義務가 잇나니(『붉은아이』).

백색: '반혁명'을 상징적으로 이르는 말. 예: 국가의 당원들의 당적청결은 착취-지배계급의 감옥과 모든 악형과 구양사리와 및 야수적백색 화살이 그것이 객관적 대항조건이 되나니(『공격대원』, 1933).

백당: 러시아 혁명 때 왕당파가 조직한 반혁명당.

원쑤: 해를 끼치여 피맺힌 원한이 사무쳐 용서할수 없는자 또는 해를 끼치여 원한이 맺히게 하는 사물현상(『조선말대사전』). ≒원수(怨讎). 예: 폭음은 건강의 원쑤이다(『선봉』, 1932).

지도원: 일정한 분야의 일을 직능에 따라 독자적으로 맡아 조직하고 처리하거나 자기가 맡은 단위나 아래단위사업을 지도하게 되여있는 직위 또는 그 사람(『조선말대사전』). 예: 여자지도원(『선봉』, 1927).

청결: 자본주의적 요소를 제거하여 깨끗이 함. 예: 뽀씨예트구역내당단체들의 청결꼬미씨야는 승인되엇다(『공격대원』, 1933).

투쟁: 자연의 힘을 이겨내고 자연을 개조하기 위한 사람들의 목적의식적이며 능동적인 사회적실천활동(『조선말대사전』). 예: 『깜북이와의 투쟁』(1933), 『찌프쓰(열병)와 그들과의 투쟁』(1930).

해방전선: 억압 상태에서 벗어나고자 하는 투쟁 또는 그 세력. 해방전선(解放戰線). 예: 해방전선(『선봉』, 1925).

적위군(赤衛軍): 1918년 1월 볼셰비키가 노동자들로 편성한 군대.

백위군(白衛軍): 1917년 러시아 혁명 때 적위군에 대항하기 위해 왕당파가 조직한 반혁명군.

위 1)의 예는 '고려', '동무', '계급', '두령, 수령', '원쑤', '청결', '투쟁'

따위가 그렇듯이 대부분 사회주의 사상의 보급이나 혁명화 과정에서 그와 관련된 새로운 의미를 갖게 된 어휘다. '원쑤, 투쟁'은 그 대상이 사물인 경우에도 쓰인다. '로력자', '로력군중' 등은 사회주의 체제와 관련된 신어다. 이들 어휘는 광복 후 대부분 현재의 북한어를 형성하게 된다. 그 밖에 당시 시대 상황을 반영하는 '적위군, 백위군'과 같은 어휘가 있다.

아래 2)는 러시아어로부터 차용한 어휘를 주로 文藝物에서 가려 뽑아 보인 것이다. 대부분 사회주의 사상, 제도, 체제와 관련된 어휘다.

2) 그루빠(gruppa): 어떤 사업을 위해 무어진 집단 또는 그 성원. ≒그룹.
까드르(kadr): (軍, 경제, 학술, 문화 등 활동에서의) 주요 간부, 요원. 예: 「까드르여 너의 짐이 크다!」(조생=조명희, 1935).
꼬민떼른(Komintern; Kommunisticheskij Internatsional). 1919년에 레닌의 주도로 창립되어 국제 공산주의 운동을 지도하던 공산당의 국제 조직.
꼼무나(kommuna): 공산 자치 단체. 예: 「꼬뮌, 파리꼼무나」(조기천, 1930).
꼴호즈(kolxoz): 집단농장. 콜호스. 예: 「꼴호즈의 가을」, 「꼴호즈 십자가」.
꼼비나트(kombinat): 여러 개의 독자적인 공장으로 이루어진 큰 규모의 공장(『조선말대사전』).
당 야체이카(partyachejka): =당세포(黨細胞). 예: 공산당 야체이까들의 직분.
꿀락크(kulak): 토호(土豪). 부농(富農). 예: 꿀락크에 대한 조직뎍방어(『선봉』, 1926).
뜨락또르(traktor): 트랙터. 뜨락또리스트(traktorist). 트랙터운전수. 예: 「뜨락또리스트의 놀애」(한아나똘리, 1934).
볼쉐비크(bol'shevik): 볼세비키. 예: 「볼쉐비크(bol'shevik)의 봄」(조생=조명희, 1930).

불수아(burzhua): 부르주아. 예: 불수아를 없이하고 누구던지 다같이 일하고먹어야 옳다는 리치(『붉은아이』, 1924).

뿌로레따리아트(proletariat): 프롤레타리아트. 예: 「짓밟힌고려」(조생=조명희, 1928).

쁠레눔(plenum): 총회(總會), 전체회의. 예: 전동맹레닌공산청년회 중앙위원회의 셋재쁠레눔의 결정(1932, 하바롭스크), 전동맹 공산당 원동변강위원회, 쁠레눔(1933, 하바롭스크).

삐오네르(pioner): 공산 소년 단원(9~14세).

쏘베트(sovet): =소비에트. 소련에서 노동자, 농민, 병사의 대표자가 구성한 평의회. 인민에 의하여 자발적으로 조직, 운영되는 민중 권력 기관을 뜻한다. 마을 소비에트에서 최고 의결 기관인 연방 소비에트까지 있었으며, 소련의 정치적 기반을 이루는 권력 기관이었다. 예: 원동변강쏘베트, 셀쏘베뜨(sel'skij sovet, =농촌 소비에트). 아바지는 꼴호즈에서 일하고 어머니는 셀쏘베트에서 일한다(『고려어교과서』, 1937, 10쪽).

쎄쎄쎄르(SSSR: Soyuz Sovetskix Sotsialisticheskix Respublik): 소비에트 사회주의연방공화국. 예: 쎄쎄쎄르 안에 잇는 고려민즁은 고려혁명의 가장 큰 책임.

쓰타하노브(Aleksej Grigor'yevich Staxanov, 1906~1977): 본디 돈바스 탄광의 갱부. 사회주의 경쟁에서 최대 성과를 거두기 위해 노력하는 사람을 뜻하기도 한다. 스타하노프 운동자. 예: 「쓰타하노브적 봄」(『선봉』, 1930).

씨비리(sibir'): 시베리아. 예: 씨비리소비공리조합의 장성(『선봉』, 1926).

꼬미씨야(komissiya): 위원회(委員會). 예: 「상점 꼬미씨야와 그 사업」(『선봉』, 1930).

알쩰리(artel'): 협동조합(協同組合). 예: 『어업알쩰리의 모범적 규측』(1931年刊, 조직 규약집), 『농촌경리 알쩰리의 모범 규측』(1935年刊, 조직

규약집).

와렌이(varen'ye): 잼(jam).

우다르니크(udarnik): 공격대원. 돌격대원. 예: 「우다르니크」(김해운, 1934).

이데야(ideya): 관념, 이념, 사상. 예: 군중의 이데야를 건전하게 하며 감정을 음즉이는데 있어서 놀애가 다른것보담도(『선봉』, 1935).

크레물리(Kremul'): 크렘린 성. 소련 정부 또는 소련 공산당. 북한어는 '크레믈리'. 예: 「시랑의 「크레믈리!」」(김준, 1930).

가르노(Gorno): 대장간의 화로. 「나의 가르노(Gorno)」(강주먹, 1930).

크르소크(kruzhok): 서클. 동지적 활동 집단. 예: 문예발흥과 우월한 작품을 내여놓기 위하여-문예크르소크를 조직하자(『선봉』, 1930). 국어통일을 위하야 크루소크를열고 연구(『선봉』, 1926)

프락찌야(fraktsiya): 분파, 그룹, 파벌.

3) 집단농장의 이름

농촌 집단화에 의거 콜호스가 만들어지고 그 이름이 지어졌다. 남부 포시예트 엠떼쓰 관할 구역 내에는 다음과 같은 콜호스의 이름이 보인다.

> 꼼무나, 붉은별, 혁명군쏘벨, 붉은십월, 붉은등대, 단합자, 투쟁, 가댁이, 공격대원, 동쪽놀, 레닌의 선물, 다수파속도

사회주의 혁명, 체제를 상징하거나 그 전위대 또는 결속과 투쟁을 독려하는 명칭이 대부분이다. '가댁이'는 소 두 마리에 메워 밭을 가는 극젱이를 말한다. '동쪽놀'은 '여명(黎明)'을 뜻하는 말로 보이는데 '희망'을 상징적으로 나타낸다.

4) 교과서와 신문 기사 속의 함경도 방언

오창환이 지은 『초등학교 조선어교과서』(1933)에는, "겨틂(겨릅), 날세(날씨), 다슷, 여슷(다섯, 여섯), 두무(두멍), 술기(수레), 말술기(말수레), 아바지(아버지), 우(위), 잔채(잔치), 짛다(짓다), 쪽발귀(썰매), 칩다(춥다) …"와 같은 함경도 방언이 보인다.

그리고 신문 기사에도 역시 함경도 방언이 자주 쓰였다. "나지다(<나디다, 나타나다), 구불다(굽다), 자란이(어른[成人]), 세간사리(살림살이), 눅다(값이 싸다) …"

3.6. 러시아어의 한글 표기

제3기에 들어서면 신문, 잡지, 교과서에 한글로 표기된 러시아어가 눈에 띄게 증가한다. 사회주의 혁명과 소비에트연방의 수립으로 지배언어인 러시아어의 비중이 상대적으로 높아진 때문이다. 이 무렵 연해주에는 러시아어를 한글 자모로 표기하는 규정은 따로 없었던 듯하다. 『高麗文典』이나 저자가 본 고려어(조선어)교과서에는 관련 규정이 보이지 않는다. 그러나 러시아어의 한글 표기에 어떤 경향성이 있는 것으로 보아 개략적인 표기 원칙이 있었고 그것이 암묵적으로 지켜지고 있었던 것은 분명하다. 아래에 신문과 교과서에서 가려 뽑은 예들을 보인다. 표기 전반을 논의하기에는 자료가 제한되어 있고 또 번다해질 수 있으므로 두 언어의 음운대응 및 이러한 표기 경향이 현재의 남북한 외래어 표기법과 어떻게 다른지를 살핀다는 점에 주안을 두고 특징적인 몇 가지 사실만을 기술하기로 한다.

키릴문자	한글	예: 한글전사(러시아어)
б [b]	ㅂ[p]	브리가드(brigady)
в [v]	ㅸ[v]	그로제꼬ᅂ(Grodekov), 블ᄙ다디ᅂ쓰또그(Vladivostok)
	어중: [w] 어두: [w]	시이치(sviter) 와렌이(varen'ye)
	어중,자음 앞: ㅂ	쏘베트(Soviet), 쏩호즈(sovxoz)
	어말: 브	뉴꼬브(Dyukov), 꼬뻬라찌브(kooperativ)
г [g]	ㄱ	갈노시(goloshi), 가르노(Gorno)
д [d]	어두: ㄸ[nd]	뉴꼬브(Dyukov)
	어두: ㄷ	도꾸멘트(dokument)
	어중: ㄷ	우다르니크(udarnik)
	е 앞: ㅈ	그로제꼽스끼(Grodekovskij)
ж [zh]	어중: ㅅ	불수아(burzhua), 뚜술까(tuzhurka), 크르소크(kruzhok)
з [z]	어말: ㅈ	꼴호즈(kolxoz), 쏩호즈(sovxoz)
к [k]	어두: ㄲ	꼬스뜜(kostyum), 꿀락크(kulak)
	어두: ㄱ	곤끼(kon'ki)
	어중: ㄱ	사꼰(zakon)
	어말: 크	꿀락크(kulak), 우다르니크(udarnik)
л [l]	모음간: ㄹㄹ	꿀락크(kulak)
	자음 앞:	꼴호즈(kolxoz)
	ь (') 앞: 리	빠리또(pal'to), 크레물리(Kreml')
м [m]	ㅁ	만또(mantiya), 꼼무나(kommuna)
н [n]	ㄴ	꼬민떼른(Komintern), 삐오네르(pioner)
п [p]	어두: ㅃ	삐오네르(pioner), 쁠레눔(plenum)
	어중: ㅃ	실랴빠(shlyapa), 꼬뻬라찌브(kooperativ)
	어말: 프	
р [r]	어두: ㄹㄹ	아. 롭오브(A. Robob), 블ᄙ다디ᅂ쓰또그(Vladivostok)
	어두: ㅇㄹ	ᅌ루시아(Rossiya)
	어두: ㄹ	로씨야(Rossiya)
	자음 앞: ㄹ, 르	알쩰리(artel'), 우다르니크(udarnik)
	어말: 르	까드르(kadr)
	ь (') 앞: 리	씨비리(sibir')

с [s]	ㅆ	쎄쎄쎄르(SSSR), 씨비리(sibir') 꼬르싸꼽쓰까야(Korsakovskaya), 블ᄙᅡ디ᄋ본쓰또그(Vladivostok)
т [t]	어두: ㄸ	뜨락또르(traktor), 뚜술까(tuzhurka)
	с 뒤: ㄸ	쓰딸린(Stalin)
	어중: ㄸ	빠리또(pal'to), 뿌로레따리아트(proletariat)
	e, i 앞: ㅉ	알쩰리(artel'), 꼬뻬라찌브(kooperativ)
	어말: 트	쏘베트(Soviet), 꼼비나트(kombinat)
ф [f]	어두: ㅍ	프락찌야(fraktsiya), 페르마(ferma)
	어중:	
	어말: ㅍ	샤릐[šárpʰï](sharf")
х [x]	ㅎ[h]	꼴호즈(kolxoz)
ц [ts]	ㅊ[tsʰ]	꼼푸락치야(komfraktsiya), 울리차(ulitsa)
	ㅉ[ʦ']	프락찌야(fraktsiya)
ч [ch]	ㅊ[ʧʰ]	야체이까(yachejka)
ш [sh]	ㅅ[š]	실랴쌔(shlyapa), 샵개~삽개(shapka)
щ [shch]	쉬[swi]	뽀모쉬(pomoshch')

1) 초성의 겹자음

초성에 겹자음을 쓴 예로 'ᄋᄇ', 'ᄕ', 'ᄙ', 'ᄋᄅ'이 있다. 이 겹자음 표기는 주로 제2기의 신문에서 볼 수 있다. 'ᄋᄇ'은 순치음인 'в[v]'를 표기하기 위한 문자이다. 이 겹자음의 'ㅇ'은 訓民正音 및 司譯院 譯學書(『同文類解』, 『倭語類解』 등)에서 볼 수 있는 'ㅸ', 'ᄋᄀ'의 'ㅇ'과 그 기능(개구도의 조정)이 같다. 'ᄋᄅ'도 신문에서 볼 수 있는데 'ᄙ'처럼 혀 떨림이 강한 설전음을 표기한 것이다. 예: ᄋ루군의 귀행병 수효(『韓人新報』), ᄋ루국(러시아), ᄋ루인(러시아인).

'ᄕ'은 조사된 예만을 가지고 말하면 러시아어 'di', 'dyV'의 'd'의 음을 표기한 것이다. 앞서 Ⅱ부에서 한국어의 'ㄴ'을[37] 외국인들이 'ㄷ'으로 전사

37 이에 대한 미세한 관찰과 기술은 Ⅱ부의 *Pervonachaljnyj Uchebnik Russkago Jazyka dlya Korejtsev*(『초급 러시아어 교과서』)(Kazan: 1901), Predisloviye p. 17을 참고할 것.

한 동시조음 예들을 여러 번 본 바 있다. 그런데 'ㄸ'는 'ㄷ'을 적고자 한 것이다. 이 역시 치조음 'ㄷ'를 [ⁿd]로 청취하고 그것을 표기에 반영한 것이다.

'ㄹㄹ'은 혀 떨림[舌顫]이 한국어보다 강한 러시아어의 'p[r]'을 전사한 것이다. 잘 알려진 바와 같이 인구어에서는 스페인어 다음으로 혀 떨림이 강한 설전음이 러시아어의 p[r]이다. 때문에 이 음성을 'ㄹㄹ'로 전사하고자 한 것이다. 그러나 어두의 'p[r]'은 대부분 'ㄹ'로 전사하였다. 그리고 'ь(')' 앞에서는 '리', 어말에서는 '르', 자음 앞에서는 'ㄹ'로 표기하였다.

2) 한국어에 없는 러시아음의 표기

순치음 'в[v]'는 앞서 말한 바와 같이 어두에서는 겹자음 'ㅇㅂ'으로 표기하였으나 드물고 대부분 '오/우[w]'로 표기하였다. 전자는 원음을 적고자 한 노력의 산물이고 후자는 음운 대응의 표기이다.38

'в[v]'의 무성 대립짝 'ф[f]'는 'в[v]'와 달리 어두, 어중, 어말 위치에서 모두 'ㅍ'으로 표기하였다.

후치조권설음인 ж[zh=ʐ]의 경우 어중의 ж는 /ㅅ/으로 표기하였다. 무성음 'ш[sh]'는 모음 앞에서는 '샤, 셔 …'로(육진방언. 비육진방언은 '사, 서 …'로) 자음 앞에서는 '시'로 표기하였다.

치조마찰음 з[z]는 'ㅈ'으로 표기하였다.39

3) 러시아어의 무성파열음 п[p], т[t], к[k]

어두 위치의 п[p], т[t], к[k]는 모두 된소리 'ㅃ, ㄸ, ㄲ'로 표기하였고

38 지금도 '프라우다(правда)', '우라지보스토크(Владивосток)'처럼 'в[=v]'를 [w]로 발음하는 이들이 있다.

39 남한의 「외래어표기법」에서 어말의 'з'는 '콜호스'에서 보듯 '스'로 표기한다.

어말의 п[p], т[t], к[k]는 유기음 'ㅍ, ㅌ, ㅋ'로 표기하였다. 어중의 п[p], т[t], к[k]도 대체로 된소리로 표기하였다. 다만, 연구개음 к[k]는 예외적으로 어두에서 'ㄱ'으로 표기하기도 하였다. 어떻든 어두와 어말을 된소리와 유기음으로 달리 표기한 것이 흥미롭다. 어두 위치에서는 후두긴장성이 강하고 어말 위치에서는 外破가 이루어질 때 유기성이 좀 더 강하게 드러나기 때문이 아닌가 한다. 이는 북한의 외래어 표기법과 흡사하다. 남한은 위 무성파열음은 유기음으로 적게 되어 있다. 중국 조선족 『조선말규범집』(1996: 96~107)에서는 어두, 어말에서 모두 된소리로 적되 'к[k]'는 어말에서 유기음 '크'로 적는다.

т[t]는 뒤에 모음 'i, e, y' 등이 놓이면 'ㅉ'로 표기한다. 예: 알쩰리 (artel'). 이는 구개음화를 표기에 반영한 것이다.

4) 러시아어의 유성파열음 б [b], д [d], г [g]

위 유성파열음 г[g], д[d], б[b]는 각각 'ㄱ, ㄷ, ㅂ'으로 표기하였다.

5) 러시아어의 치조마찰음 с [s]

국어보다 유기성이 더 강한 때문인지 어두, 어말에서 모두 'ㅆ'으로 표기하였다.

6) 러시아어의 파찰음 ч [ch=ʧ], ц [ts=ʦ]

ч[ch=ʧ]는 'ㅊ', ц[ts=ʦ]는 'ㅊ', 'ㅉ'로 표기하였다.

3.7. 1930년대 연해주의 한인 초등학교

(중앙아시아 이주 한인의 증언)

앞 장에서는 러시아 혁명 이후부터 중앙아시아 이주 전까지 연해주 한국어에 영향을 준 언어내외적 요인들과 신문, 잡지, 교과서의 한국어를 간략히 살펴보았다. 그런데 Ⅱ부의 문헌에서 본 바와 같은 한인들의 일상 언어는 접할 수 없었다. 이를 보완하기 위해 회고적인 방법으로 강제 이주 전, 연해주에서 초등학교 교육 과정을 밟던 이들의 증언을 통해 연해주 한국어와 학교의 모습, 이주 전후의 한국어 교육 상황, 교육 환경, 교과목, 교과 내용, 한인 마을 등을 살펴보기로 한다. 비록 비체계적인 구술이지만 그들의 고려말과 구술 내용을 통해 1930년대 연해주 한국어의 면모를 파악할 수 있을 것이다. 구술자들은 모두 1920년대에 출생한 사람들로서 강제 이주 때는 초등학교 재학 중이었다. 그 시기는 언어습득기에 속하므로 아래에 전사하여 제시한, 구술자가 구사한 고려말은 연해주 거주 당시의 한국어 방언과 가깝다고 할 수 있다. 이주 후 1938년에는 한국어 교육이 폐지되고 러시아어 교육을 받았기 때문에 그들이 말하는 어휘나 문법상의 방언 특징은 대체로 이주 전과 큰 차이는 없을 것이다. 기억의 한계로 구술 내용은 소략하고 단편적이다.

아래 구술 자료는 저자가 2008~2010년 사이에 중앙아시아 한인들로부터 이주 직전 단계의 학교 및 학교 교육에 대해 질문한 내용으로 곽충구(2009b, 2011)에서 전재한 것이다.

1) 키르기스스탄의 박올가 할머니(초명: 박옥순)

1926년생. 12세가 되던 1937년에 강제 이주. 조부 때 함북 富寧郡에서 연해주로 이주. 수찬 인근의 남향동에서 살다가 이주하였다. 육진방언권과 이웃하고 있는 함북 부령 지역어를 구사하였다. 제보자가 살던 곳은 연해주 한인 거주지가 다 그러했듯이 한 곳에 여러 가호가 모여 촌락을 형성한 것이 아니고 거리를 두고 몇 집씩 띄엄띄엄 산재해 있었다. 제보자는 대여섯 골짜기마다 15호 정도의 집들이 모여 있었다고 하였다. 1920년대 후반 농촌 집단화에 따라 그 집들을 모아 콜호스를 만들고 그 중앙에 콜호스의 執行部 및 학교와 俱樂部(klub)를 두었다.

학교는 집에서 3km 정도 떨어져 있었으며 미투리를 신고 걸어 다녔다. 책은 보자기에 싸서 메고 다녔다. '조선글'을 4학년까지 배웠다. 학교에서 배운 교과목은 '文典, 산술, 독본, 자연, 지리, 역사, 도화, 러시아어 문법, 체육'이었다. 비교적 교과목이 다양한 편이다. 역사는 주로 조선의 역사를 배운 듯하다. 교사는 같은 마을에서 살았다. 노트가 없어 대신 石板을 사용하였다.

<구술>: = 조사자의 질문. - 제보자의 응답. '~'는 鼻音 표시.

-시장두 원도~ 얘깁꾸마. 핵교는 아 다슷 여슷 골안마다 얄대호씨 잇는게 그게 싹 모다서 한 조합이 댓는데 거기 한판에 집행부 앉아 잇구 그담에 핵교두 거기잇엇습꾸마. 그담에 구락부라::하는 데두—시장 꿀루부(клуб)지—구락부라 하는 것두 싹 거기 잇엇습꾸마. 기래 남향동 거기서 여기 시장 일 낄로메따 일리(или) 말하무 서너 니 댓습꾸마. 걸어댕깁꾸마. 걸어댕기구 기래구 원도~서 내 메커리 신꾸 댕긴 게랑 알깁꾸마. 메커리두 우리 아부지 재빌르 메커리르 틀엇습꿈. 메커리 아압지?{지금도 원동 이야기를

하고 있습니다. 학교는 아, 다섯, 여섯 골짜기마다 열댓 호씩 있는데 그게 싹 모여서 한 조합(콜호스)이 됐는데, 그 한가운데에 집행부가 자리를 잡고 있고 그다음에 학교도 거기에 있었습니다. 그다음에 俱樂部라 하는 데에도 —지금은 러시아어로 '꿀루부(клуб, =클럽)'지—구락부라 하는 것도 싹 거기에 있었습니다. 그래 남향동 거기서 여기 지금 1km 또는 달리 말하면 서너 리(里)가 됐습니다. 걸어 다닙니다. 걸어 다니고 그리고 원동에서 내가 미투리를 신고 다니던 것이 생각이 떠오릅니다. 미투리도, 우리 아버지가 손수 미투리를 틀었습니다. 미투리가 무엇인지 알지요?}

–예. 메커리르 신꾸댕기구. 그담에 그런 거 기래 책으느 예 이런 이런 크다만 이런 네모이 난 수건[40]에다가서르 수건에다가 책으 이 이래 싸서 어께에다가 이래 메구, 이런 이런 뽈트휄(портфель)이랑 없엇습꾸마. 이런 게 없엇습꾸마. 기래 메구 핵교르 서너 니 데는 데르 갓다왓다 기래 기래 댕겟습짐.{예. 미투리를 신고 다니고. 그다음에 그런 거 그래 책은 예 이런, 이런 커다란 이런 네모가 난 보자기에다가 보자기에다가 이렇게 책을 싸서 어깨에다가 이렇게 메고 다녔지 이런 손가방은 없었습니다. 이런 것이 없었습니다. 그렇게 메고 학교를 서너 리(里) 데는 곳을 왔다갔다 그렇게 다녔지요.}

=그러면 한 니느 멫 킬로나 데나요?{그러면 1리(里)는 몇 킬로미터나 되나요?}

–시장 우리 여기 말은, 아 천 메뜨, 천 메뜨르(метр) 하무 한 낄로메뜨르(километр)라구 기래지. 기래 그저 세 천 메뜨르(метр) 델 꺼꾸마. 거저 어간이 그렇기 데엡꾸마.{지금 우리 여기 말은, 아 1천 미터, 천 미터라 하면 1km라고 그러지. 그래 3천 미터 될 것입니다. 그저 (집과 학교) 사이가 그렇게 됩니다.}

=그럼 학교 가다가 머, 핵교 갈 때느 그냥 갔을 테구 돌아올 때는 머?{그

---

40 '보자기'를 '수건'이라 잘못 말한 것이다.

럼 학교 가다가 뭐, 학교 갈 때는 그냥 갔을 테고 돌아올 때는 무엇을?}

–돌아올 적에두 그러구.{돌아올 적에도 그러고.}

=길에서 놀구 그러지 않았습둥?{길에서 놀고 그러지 않았습니까?}

–아이 놀앗어! 아이 놀앗어!{안 놀았어! 안 놀았어!}

=그럼 곧장 왓습둥?{그럼 곧장 집으로 왔습니까?}

–그저 시간이 긑이 나무 또 그런 거 ….{그저 공부 시간이 끝나면 또 그런 거 ….}

=그러면은 핵교서느 무스거 공부르 햇습둥?{그러면 학교에서는 무엇을 공부했습니까?}

–핵교에서 어 저 내 원도~서 조선글으 네 반[41] 일것습꾸마[42]. 기래인데 문저이 그담에 산술이 그담에 그런 독보이라구 그런 자기 그담에 자여이, 자여이 이쇼스바즈나니에(естествознание) 자여이, 지리, 역사, 역, 이게 말 알아듣기지 예? 역사 에따(это) 이스또리야(история), 자여이 에따(это) 게오그라피야(география).{학교에서 어 저 내 원동에서 조선 글을 4학년까지 공부했습니다. 그런데 문전(文典)이 있고, 그다음에 산수, 그다음에 독본(讀本)이라고 그런 저기, 자연, 자연, 지리, 역사, 역 … 이게 이런 말이(=내가 지금 하는 말이) 무슨 뜻인지 알아들을 수 있지, 예? 역사 그러니까 이스또리야(история), 자연, 음, 게오그라피야(география).}

=지리, 게오그라피야(география).{지리, 게오그라피야(география)}

–지리, 게오그라피야(география), 보따니까(ботаника) 다 이쇼스바즈나니에(естествознание) 자연. 마찌마찌까(математика) 산수.{지리, 식물 응 자연. 산수.}

41 '반'(班)은 러시아 어 'класс'를 번역한 말일 것인데 '학급'이 아닌 '학년'이란 뜻이다. 1학년은 '첫째(또는 '채') 반, 2학년은 '둘채 반'이라 한다. 본문에서 네 반은 '4학년'을 말한 것이다.

42 이르다(讀, 謂)는 모음으로 시작하는 어미 앞에서는 '읽'으로 교체되고 자음으로 시작하는 조사 앞에서는 '이르'로 교체된다. '글으 이르다'는 '공부하다'의 뜻.

=문전.{문전(文典)}

-문저이 그람마찌까(грамматика) 루스끼야(русская)지. 문전. 이렇기 잇엇지. 그담에 도화.{문전(文典), 문법인데 러시아어 문법이지. 문전. 이렇게 있었지. 그다음에 도화(圖畵, 미술).}

=많이 배우셨구나! 도화두.{많이 배우셨구나! 미술도 배우고.}

-도화두 시가이 잇엇습꾸마. 날마다 아이 잇구 한 주일에 한 번이나 이룽기 잇엇습꾸마. 그 담에 한 번 체육. 체조두 잇구.{미술도 시간이 있었습니다. 날마다 시간이 있지 않고 한 주일에 한 번이나 이렇게 있었습니다. 그다음에 (일주일에) 한 번 체육. 체조도 있고.}

=무지까(музыка), 무지까(музыка)느?{음악, 음악은?}

-아이, 그런 거 한제 나가서.{아이! 그런 것은 한데에 나가서 하고.}

-무지까(музыка) 아이 하구?{음악은 안 하고?}

-어이구::! 원도~서 그런 거 없었어. 이라구 선새~ 가르쳐주무 우리네 팔이 네려가구, 체조. 체조 서서 이래 다뿌로두 하구 어 (춤추는 흉내) {어이구! 원동서 그런 것은 없었어. 이리하면서 선생이 가르쳐 주면 우리네는 팔이 내려가고, 체조. 체조는 서서 이렇게 ???도 하고.}

=그럼 선생님은 이 저기 마우잴둥? 아니면 고렷사람임둥?{그럼 선생님은 러시아 사람입니까? 아니면 고렷사람입니까?}

-고려, 싹 고렷사름이지. 조선 조합인게 싹 고렷사름이지, 머, 야.{고려, 싹 고렷사람이지. 고려 사람들의 콜호스이니 싹 고렷사람이지, 뭐, 응.}

=그러면은 역사는 우리 조선에 역사임둥? 아니면 ….{그러면 역사는 우리 조선의 역사입니까? 아니면 ….}

-역사는, 역사는 기게, 기게 싹 ….{역사는, 역사는 그게, 그게 싹 ….}

=어디 역사까? 노시아 역살까 고려역사까?{어디 역사일까? 러시아 역사일까 아니면 고려 역사일까?}

-어째서나 다수 조선에 대한 역삿게엡꾸마.{어쨌거나 대부분 조선에 대한 역사일 것입니다.}

이 이 중아아시아 이거 그때느 무스 우리 고려 궁니두 없었습꾸마.{이 중앙아시아 이것에 대해서는 그 때는 뭐 우리 고려 사람들이 아무 생각도 없었습니다.}

=그렇습지.{그렇지요.}

-거저 여기 들어오이 그렇지.{그저 여기 들어오니 그렇지(들어와서 중앙아시아를 알았지).}

=그럼 조선글은?{그럼 조선 글은?}

-내 네 반 일것습꾸마.{내 4학년까지 공부했습니다.}

=조선말만 배우는 건 독본임둥? 조선글만 배우는 과목?{조선말만 배우는 건 독본 시간입니까? 조선 글만 배우는 과목?}

-과목이?[43]{과목?}

=그러니까 조선글은 에:: 어느 시간에 배웠슴둥? 지리나 역사 시간에 아이 배우구 ….{그러니까 조선 글은 에 어느 시간에 배웠습니까? 지리나 역사 시간에 안 배우고 ….}

-그거느 예 저기 ….{그거는 예 저기 ….}

=조선글으.{조선 글을.}

-날마다 그 과저~이 어기 배끼웁꾸마. 할랄[44]에 네 시간씨 주지. 네 시간씨 주는데 이 과저~이 멫 가지 과저~이 어기어기 이룽기 뜨지. 날마다 아이 뜨읍꾸마 예. 알아들엇습지 예? 날마다 아이 뜨지.[45]{날마다 그 과정(=과목)이 서로 바뀝니다. 하루에 네 시간씩 주지. 네 시간씩 주는데 이 과목이 몇 가지 과목이 서로서로 이렇게 바뀌면서 주어지지. 날마다 안 주어집니다, 예. 알아들었지요, 예? 날마다는 안 주어집니다.}

---

43 구술자는 '과목'이란 말을 모르고 있다.

44 '할랄'은 '하루'의 방언.

45 하루에 4시간씩 공부를 하는데 교과목의 순서가 매일 매일 일정하지 않고 또 날마다 같은 교과목이 있는 것이 아니라는 뜻으로 한 말.

=그러면은 선새임덜은 어드메서 살앗슴둥?{그러면 선생님들은 어디서 살았습니까?}

-선상님덜두 우리네 골안골안 그 촌에서 다아 살앗습지 머. 예.{선생님들도 우리네처럼 골짜기 골짜기에 있는 그 촌에서 다 살았지요, 뭐. 예.]

=그분들은 농새르 아이 짛구?{그 분들은 농사를 안 짓고?}

-선상님덜은 교원질하구 예. 엄태보~이라구 잇구, 그담에,{선생님들은 교원 노릇을 하고 예. 엄태봉이라고 있고, 그다음에.}

=선생님 이름 좀 얘기 해 주웁소.{선생님 이름을 좀 얘기해 주십시오.}

-예. 엄태보~이라구, 야아! 못덴 선새: 잇엇습꾸마. 키 자그마난 게. 태보~이 선새이라 하문 우리네 학상덜 아덜 다아 무섭어햇습꾸마.{예. 엄태봉이라고, 야! 못된 선생이 있었습니다. 키가 자그마한 게. 엄태봉 선생이라 하면 우리네 학생들이 다 무서워했습니다.}

-도망갓슴둥?{보면 무서워서 도망갔습니까?}

-규뉼으 세우구 그렇기.{규율(規律)을 세우고 그렇게.}

-뭘 세운다구? 규뉼?{뭘 세운다고? 규율?}

-벌으 벌으 세운 다는 건 무스 나는 벌으 못 세밧습구만[46]. 벌으 세운다문 저 구벡에 개애다가서[47] 저기다 돌아서 세와놓습꾸마. 선스나덜으느, 남자덜 아덜이. 우리넨 그런 벌으 못 세밧습구마. 기래 엄태보~이라구 잇구. 그 담:에 정광국이라구 잇구. 어구! 선새덜은 김광영이라구 잇구. 김광영이는 우리가 이래 아래웃짝 집에 잇엇습꾸마. (혼잣말로) 김광영이 그 직[찍]에 무스거 가르치와줫던지 모르갯다. 선생덜 이름두 어전 다 잊어지입꾸마. 예.{벌을, 벌을 세운다는 건, 뭐 나는 벌을 못 서 봤습니다만, 벌을 세운다 하면 저 구석에 데려다가 저기다 돌려 세워 놓습니다. 사내아이들은, 남자아이들이 그렇게 벌을 섰지요. 우리넨 그런 벌을 못 서 봤습니다. 그래

46 '벌으 세다'의 '세-'는 '셔->세-'의 변화.

47 '개애다'는 '가지다'의 방언. 본문에서는 '데려다가'의 뜻으로 쓰였다.

엄태봉이라고 그런 선생이 있고. 그다음에 정광국이라고 있고. 어이구! 선생들은 김광영이라고 있고. 김광영은 우리와 이렇게 아래위 쪽 집에 있었습니다. (혼잣말로) 김광영은 그때에 무얼 가르쳐 주었던지 모르겠다. 선생들 이름도 이젠 다 잊힙니다. 예.}

=그러면은 그 선새임덜 중에서 제일 높은 사름은 뭠둥? 교장임둥?{그러면 그 선생님들 중에서 제일 높은 사람은 뭡니까? 교장입니까?}

–지렉또르(директор)라 하지.{교장이라 하지.}

=지렉또르(директор).{교장.}

–지렉또르(директор), 기게 고려말르느 어터기 말할까? 지렉또르(директор).{지렉또르(директор). 그게 고려말로는 어떻게 말할까? 지렉또르(директор).}

=교장.{교장.}

–교자˜. 교장덜은 그래서 저기 높운 일으 하는 교삽지 머.{교장. 교장들은 그래서 저기 높은 일을 하는 교사지요, 뭐.}

=다다(да, да). 그러면은:: 수업시간에는 어터기 햇슴둥? 선생님이 잉게 말로 가르치기만 했슴둥? 학상덜과 막 잉게 상논하고 토론하구 햇슴둥?{예, 예. 그러면 수업 시간에는 어떻게 공부를 했습니까? 선생님이 이렇게 말로 가르치기만 했습니까? 학생들과 이렇게 상론(相論)하고 또 토론을 했습니까?}

–아, 시간으 츨 직에느 아 오늘 시간으 춘 거 집에 가서 복습하라구 싸악 그거 주읍꾸마 싹. 기래문 그 이튼날 그거 아 물어보옵꾸마. 다아 한 시에 못 물어보옵꾸마. 오놀으느 내가 물어보구 다른 아 더 서어 가 물어보구. 그 앞날에느 또 다른. 기애 잘 대답하무 글씨[48]르 좋온 거 맡구. 못 대답하문 못쓸 거 맡구 그렇습지 머. 그래 그담에느 기래 물어보구서느 그담에느 오놀 가서 선생 싹 버역하압꾸마, 싹. 싹 내 오놀 나쁘리메르(например) 지리라 하무 기게 게오그라피아(география)지. 그 오늘 그 그 제 그 제목에

48 교사가 평가한 글.

들어가서 선새이 싹 해석하압지 머. 어디메 예. 기래구 그런 거 자연, 자연은 기게 이쇼스바즈나니에(естествознание) 자연은 식물덜이랑 동물덜이랑 잇재임둥? 그것두 이 식물으느 어디메서 어터기 자라구 어터기 일구 어느 때 꽃으 피우구 이런 거 싹 해석하압구마 싹. 기래구 그 이튼날은 아:덜가 또 물어보지. 어 그거 집에 가서 집에 가서 그거 복습할 거 준비 다:햇는가 아이 햇는가. 걔 잘 준비한 건 좋온 구실 맡구 기래. 기래 우리 오래비랑 글으 잘 알것습꾸마. 거저 나느 거저 스레지니이(средний) 이래 지내 모 일뚜댄꾸[49] 잘 이르지두 못하구 그저 그렇기.{아, 수업 시간을 추스를 적에는 아 오늘 시간을 추스른 거 집에 가서 복습하라고 싹 그거 줍니다, 싹. 그러면 그 이튿날 그거 아 물어봅니다. 다 한 시(時)에 다 물어보지 못합니다. 그래서 오늘은 나에게 물어보고 다른 아이 더 서넛에게 가 물어보고. 그 앞날에는 또 다른 아이에게 물어보고. 그래 잘 대답하면 좋은 평가를 받고. 못 대답하면 못쓸 평가를 받고. 그렇지요, 뭐. 그래 그다음에는 그렇게 물어보고서는 그다음에는 오늘 가서 선생이 싹 번역합니다, 싹. 싹 내가 오늘, 예를 들어 지리라 하면 그게 러시아어로 게오그라피야(география)지. 그 오늘 그 제목에 들어가서 선생이 싹 해석하지요, 뭐. 어디에 (무엇이 있고 어떻다고) 예. 그리고 그런 거 자연, 자연은 그게 러시아어로 이쇼스바즈나니에(естествознание), 자연은 식물들과 동물들이 있잖습니까? 그것도 이 식물은 어디에서 어떻게 자라고 어떻게 생겨나고 어느 때 꽃을 피우고 이런 것을 싹 해석합니다, 싹. 그리고 그 이튿날은 아이들에게 또 물어보지. 어, 그거 집에 가서 집에 가서 복습할 거 준비를 다 했는가 안 했는가.

49 '일뚜댄꾸'는 '이르-+-두+-디#아니하-+-구'가 줄어든 말. '디'는 부정을 나타내는 어미 '지'이다. ㄷ구개음화가 완료된 방언이지만 '-잲-'이 아닌 '-댆-'으로 실현되었다. 그것은 '-디#아니하-'가 줄어서 '-댆-'이 된 다음 '-댆->-댆-'의 변화를 겪은 때문이다. 함북 부령 지역어가 접촉방언의 성격을 띠고 있음을 보여 준다. 한편 '-댆+-구'는 [댄쿠]로 실현되어야 하나 [댄꾸]로 실현되었다. 이처럼 유기음화 환경에서 유기음이 아닌 된소리로 실현되기도 한다.

그래 잘 준비한 놈은 좋은 역할을 맡고 그래. 그래 우리 남동생이 공부를 잘 했습니다. 그저 나는 그저 중간 정도, 이렇게 아주 공부를 못하지도 않고 잘 하지도 못하고 그저 그렇게.}

=중간.{중간.}

-중간. 원도서 그저 사학년으 조선 글으 필해서 기래 시장.{중간. 원동에서 그저 4학년까지 조선 글 공부를 끝내서 그래 지금.}

=그럼, 아매! 책은 어터기 생겼습둥?{그럼 할머니! 책은 어떻게 생겼습니까?}

-책은 우리 저 시 우리 저 학상아덜 책 그렇기 생겻습꾸마. 시전 저 독보이랑 그런 조선어 저 독본 세베르니이꺼레이(Северная Корея) 책이 내 집에 많습꾸마.{책은 우리 저 지금 우리 저 학생 아이들 책처럼 그렇게 생겼습니다. 지금 독본이랑 저기 조선어 저 독본(讀本), 북한에서 나온 책이 내 집에 많습니다.}

=쩨뜨라지(тетрадь)는 어티기 생겼습둥?{공책은 어떻게 생겼습니까?}

-야아! 선생임! 그때 원도~서 쩨뜨라지(тетрадь)랑 그렇기 아이 흔햇습꾸마[흐내쓰꾸마]. 아이 흔해서[흐내서] 석파이라구[50] 잇엇습꾸마. 석파이라구 아 아암둥? 그런거?{야아! 선생님! 그 때는 원동에서 공책은 흔하지 않았습니다. 흔하지 않아서 석판(石板)이라고 있었습니다. 석판(石板)이라는 것을 압니까? 그런 걸?}

=들어 …, 말만 들었습꾸마.{들어 …, 말만 들었습니다.}

-석파이라구 이렇기 이렇기 이것마 이것마 좀 이렇기 크읍꾸마. 그런게 새까맣습꾸마. 새카만데 요렇기 간다만 게 예 새타얀 거 이 힌 걸르써 그 새카만 데 쓰면 예 싹 쓰지. 그담에 다른 거 쓰자무 그거 문대무 기게 싹 지입꾸마. 그 석판으 그양 가지, 거방 그양 가지구 댕겟습꾸마. 쩨뜨라지(те

50 석판(石板)은, 석필(石筆)로 글씨도 쓰고 그림도 그릴 수 있도록 석판석을 얇게 깎아 만든 판.

традь)두 잇기사 잇엇갯지. 시장처리 그렇기 흔하게 못 썻습꾸마.{석판이라고 이렇게 이렇게 이것보다 이것보다 좀 이렇게 큽니다. 그런 것이 색깔은 새까맣습니다. 새카만데 요렇게 가느다랗고 단출한 것이 예 새하얀 것이 이 흰 것으로써 그 새까만 석판에 쓰면 예, 싹 쓰지. 그다음에 다른 거 쓰려면 그거 문지르면 그게 싹 집니다. 그 석판을 그냥 가지고, 거의 그냥 가지고 다녔습니다. 공책도 있기야 있었겠지! 지금처럼 그렇게 흔하게 못 썼습니다.}

=예.{예.}

-기래구 초이지. 기래구 거저 거저 간다이 말하자무 우리느 나느 원도~서 산골에서 그 한다제서 나서 산골[상꼴]에 사다가서르 열한 살채 먹어놓이 까더나 중앙아시아에 오이 그저 원도~서느 그렇습지.{그리고 촌(村)이지. 그리고 그저 그저 간단히 말하자면 우리는 나는 원동 산골에서 그 외진 곳에서 나서 산골에 살다가 열한 살째 먹고 나서 중앙아시아에 오니 원동서 살던 일은 그저 그렇지요.}

2) 우즈베키스탄의 김슈라 할머니

1921년 블라디보스토크에서 출생. 조부 때 함경남도 단천군에서 연해주로 이주. 16세에 중앙아시아로 이주. 할머니는 함남 단천 지역어의 특징을 보여 준다. 구술자는 1930년대에 너무 가난해 신을 아끼느라 신을 벗고 다녔고 학교와의 거리가 멀어 학교를 다니지 못한 사람이 많았다고 한다. 집과 학교는 3km 정도 떨어졌는데 걷거나 말 수레를 타고 학교를 다녔다고 한다. 학교에서는 '고려 국문'(한국 어문), 러시아어, 산수 등을 공부했다 한다.

<구술>: =조사자의 말, -제보자의 말

- 핵골, 핵교르 댕기는 게 그래두 원동서두 야~ 고렷사름덜 어떤 데느 지내 아덜 글으 못 이르는 게 잇었소. 핵교두 멀지, 핵교 멀다나~이 어시네 말두 없구 이래네네느 거기르 데레 못 가다나이까더 어떤 사람덜은 핵교르 못 댕게 본 사름덜이 많소, 우리 시절에. 기랴구 우리느 기래두 조꼼 큰 촌에서 살메서리 핵교 가찹운 데 잇다나이까더 세, 세 낄로메따르만한 세 이만한 이런 어가이 거, 거 데지. 게 어떤 집우느 아덜 아츰에랑 일쯔가이 멕에서 겱어 보내지. 긔래구 말이 잇는 집우느 말술게 기래무 말술기 가두, 아이! 우리 집에 나, 나 예스리(если) 마약에 말술기 잇는데 우리 가게 데무 우리 친척이 가깝운 사름덜 앉히지 그 외에 더 모 앉히지. 말술기 차무 자리 없다나이 어디 그래. 그래다나이까더 그래 가구. 이래 기래 말술기 없는 사름덜은 새박에. 아이 글으 일거야 데지. 기래다나이 그렇게. 야아! 정말 원동 있을 적에 아덜 어떤 집에서느 고상했어. 먹을 거 못 먹구 입울 거 못 입구 어떤 집에서느 없어서 신발이 없어서 핵교르 발이랑 시레서 못 댕긴 이런 것두 잇구. 그래다나이 글으 모 일기는 사름덜두[사름덜뚜] 원도~에서 아덜이 많앴어. 음 내 그거 아:때 이께 어뜬 땐 밤에 자부램이 아이 오무 거 가마::이 이래 궁니르 하지. 야아! 시자~으느 누기나 물론아구 다아 잘 사다: 잘 사다: 어티기 잘 산다는 …. (학교를, 학교를 다니는 것이, 그래도 원동서도, 응, 고렷사람들 어떤 데는 아이들이 공부를 못하는 것이 있었소. 학교도 멀지, 학교가 멀어서 부모네 말[馬]도 없고 이러면 거기 학교를 데려가지 못하고 하니 학교를 못 다닌 사람들이 많았소, 우리 시절에. 그래 우리는 조끔 큰 촌에서 살면서 학교가 가까운 데 있다 보니 (학교와 집이) 3킬로미터 정도 이만한 이런 사이(거리)가 거, 거 되지. 게 어떤 집은 아이들에게 아침을 일찍 먹여서 걸리어 보내지. 그리고 말이 있는 집은 말 수레에, 그러면 말 수레가 가도, 아니! 우리 집에 나, 나 만약 만약에 말 수레가 있는데 우리가 가게 되면 우리 친척 가까운 사람들을 앉히고

그 외에 더 못 앉히지. 말 수레가 차면 자리가 없다 보니 어디 그래(태우겠소). 그렇다 보니까 그렇게 학교에 가고. 그래 말 수레가 없는 사람들은 새벽에 (걸어서 학교를 가지). 아이! 공부를 해야 되지. 그래서 그렇게. 야! 정말 원동에 있을 적에 아이들이 어떤 집에서는 고생을 했어. 먹을 것을 못 먹고 입을 것을 못 입고 어떤 집에서는 신발이 없어서 학교를 발이 시려서 못 다닌 이런 사람도 있고. 그래서 공부를 못 시킨 사람들도 원동에 많았어. 음. 내 그거 아이 때 이렇게 어떤 때는 밤에 잠이 안 오면 가만히 생각을 하지. 야! 지금은 누구나 물론하고 다 잘 살다 못해 어떻게 잘 산다는 거 말할 데 없이 잘 산단 말이오. 그거 말할 데 없이 잘 산단 말이오.)

¯ 그 적[쩍]에는 신발[심발]이 없구 입을 게 없어서 핵교르 못 댕긴 사림이 가뜩했단 말이오. 그때 시절에. 예 그릏기 음. 구:래! 글쎄 어떤 거느 글쎄 내 지내 발으 뻿다나이 핵교르 동삼 같은 때 누이 왔지 어디르 가갯 ..., 그러다 못 갔지. 그렇기 살았지.(그때에는 신발이 없고 입을 것이 없어서 학교를 못 다닌 사람이 가득했단 말이오. 그때 시절에. 예, 그렇게 음. 그래! 글쎄 어떤 사람은 글쎄 너무 발을 벗다 보니 학교를, 겨울 같은 때 눈이 와서 어디로 가겠 ..., 그러다 못 갔지. 그렇게 살았지.)

= 그러문 핵교에 가서 어:: 무슨, 무슨 글으 읽었슴둥?(그러면 학교에 가서 어 무슨 무슨 공부를 했습니까?)

¯ 글우 글으 그래두 노시얏글두 이르구 고려 국문두 이르구 고려 국문두 이르구 노시얏글두 이르구, 그래 이르구. 그랴 그저 산수르 그런 거 베우구 이랬짐. 벨 여러 가지 시간으 아이 했어. 아이 그렇기 야~ 그렇기.(글을, 글을 그래도 러시아 글도 공부하고 고려 국문도 공부하고 고려 국문도 공부하고 러시아 글도 공부하고, 그렇게 공부하고. 그래 그저 산수를 그런 것을 배우고 그랬지. 별로 여러 가지 과목을 공부하지는 않았어. 그렇게 안 했어, 응, 그렇게.)

= 그러면은 마찌마찌까(математика), 게오그라피야(география) 이런 거 다아 했슴두?(그러면 수학, 지리 이런 것은 다 공부를 했습니까?)

¯ 아이! 그런 거 없었어. 거저 우리 그 농초~이 자그마아다나이 정말 그저 이림이 나스바니(название) 핵교르 강부르 할라 간다: 할 뿌이지. 여러 가지 그런 시간으 아이 췠지.(아니 그런 거 없었어. 그저 우리 농촌이 자그마하다 보니 정말 그저 이름이, 이름이 학교고, 학교로 공부를 하러 간다고 할 뿐이지. 여러 가지 그런 시간을 안 두었지.)

= 그러면 우리 고려말두 배우구 노시아 말두 배우구.(그러면 우리 고려말도 배우고 러시아 말도 배우고.)

¯ 노시앗말은 노시아으 노시아어르 좀 이르다나이 노시아 그런 게. 그담은 고렛말은 제고렛사람이다나이 서르 아덜찌리 놀아두 고레말으 하다나이 고레 그런 게짐, 음 그렇지.(러시아 말은 러시아의 러시아어를 좀 공부하다 보니 러시아 그런 게. 그 다음 고려말은 제 고렷사람이다 보니 서로 아이들끼리 놀아도 고려말을 하다 보니 고려에 관한 그런 것이지, 뭐, 그렇지.)

3) 키르기스스탄의 박표트르 할아버지

1926년 출생. 12세가 되던 1937년에 강제 이주. 조부와 부친이 함북 길주에서 연해주로 이주하였다. 제보자는 연해주 남부 중국과의 접경 지역인 그로제꼽스끼 라이온(Гродековский район)의 바라노브카(Барановка) 마을에서 출생하였다. 출생지 및 블라디보스토크에서 살다가 초등학교에 다니던 1937년 9월에 중앙아시아로 이주하였다. 우즈베키스탄에 와 정착하여 살다가 키르기스스탄으로 재이주하였다.

제보자는 한국어를 '고려화(高麗話)'라 하였다. 원동 초등학교에서는 고려말, 지리, 수학 등을 가르쳤다. 교사는 모두 한인이었고 반의 학생 수는 20~25명 정도였다. 제보자는 원동 시절 초등학교 과정에서 배운 吳昌煥의 『高麗文典』을 또렷이 기억하고 있었다. 중앙아시아 이주 후에도 1년 동안 고려말을 배웠다. 이주 후 러시아어를 배웠는데 힘들었다 한다.

제보자는 표준어의 종결어미 및 조사를 쓰기도 하였다. 제보자의 고려말은 전형적인 함북 남부 지역어의 특징을 보여 준다. 모음체계는 8모음체계이다. 다른 제보자와 달리 자유 대담(free talking) 시간에는 조사자에게 함북 방언의 '하오체' 종결어미를 썼으나 구술 때에는 표준어의 격식체 합쇼체 어미 '-ㅂ니다/-습니다', '-ㅂ니까/-습니까'를 썼다. 또한 대격조사 '-으'와 '-르'가 이따금 '-을'과 '-를'로 나타난다.

<구술>: =조사자의 말, -제보자의 말

=그러문 아바니께서는 어디서 학교르 다니셨습둥?{그러면 할아버지께서는 어디서 학교를 다니셨습니까?}

-내 핵교르 그 그로제꼽스끼 라이온(Grodekovskij rajon)에서 햇습니다. 그로제꼽(Grodekov) 기게 만주 지게~이 국가 '지게~입니다. 걔 그 그로제꼽스끼 셀로(Grodekovskij selo) 바라노브까(Baranovka)라구 잇습니다. 순 러시아초이지. 거기서 일럿습니다. 기래구 중국 꼬호즈(kolxoz)두 잇구. 거기.{내가 학교를 그 그로제꼬브스키 구(區)에서 다녔습니다. 그로제꼬바 그게 만주와의 지경(地境, =경계), 국가 경계입니다. 그래 그 그로제꼽스키의 바라노브카 마을이라고 있었습니다. 순 러시아 촌이지. 거기서 공부했습니다. 그리고 중국인들의 콜호스도 있고. 거기에.}

=그럼 아바니 핵교 다니실 적에 얘기르 해 주웁소. 무스걸 배왔습둥? 그때 원동에서?{그럼 할아버지 학교 다니실 적의 이야기를 해 주십시오. 무엇을 배웠습니까? 그때 원동에서?}

-고려화르 햇지, 일럿지. 고렷글으 일럿지.{고려화(高麗話, =고려말)를 했지. 공부했지. 고렷글을 공부했지.}

=또.{또.}

-고렷글으 그양 이르다가서리 여기르 실 실게왓지. 여기 와서 이 사마르깐드(Самарканд)라는데 와서 불쎌르 노서아화르 넘어가이 거저 그렇짐. {고렷글을 그냥 공부하다가 여기로 실 실려 왔지. 여기 와서 이 사마르칸트라는 데로 이주해 와서 갑자기 러시아어로 넘어가니 그저 그렇지, 뭐.}

=그러니까 고려글을 에: 일럿는데 마찌마찌까(математика)나 에: 게오그라피야(география) 이런 거 아이했승둥?{그러니까 고렷글을 공부했는데 수학이나 지리 같은 이런 과목은 공부를 안 했습니까?}

-아이! 일럿어. 기게 기게 게오그라피야(география)라는 게 기게 지리지, 지리. 수학 이거 싹 다 일럿지. 기래 이르다가서르 여기를 떡 건네오이까데 여기와서 여기와서두 고려화르 한 해[하내]르 햇습니다. 그담에 노시아르 훌 넘거가이 거저 고려화 일던[일떤](<이르던) 사름이 말두 방정이 몰랏지. 뉘(ну)! 바빳지 무슨.{아니! (수학이나 지리를) 공부했어. 그게, 그게 '게오그라피야'라는 것이 그것이 지리지, 지리. 수학 이것도 싹 다 공부했지. 그래 공부하다가 여기 중앙아시아로 떡 건너오니까 여기 와서 여기 와서도 고려말을 한 해 동안 공부했습니다. 그다음에 러시아어로 넘어가고 보니 그저 고려말을 공부하던 사람이, 러시아 말도 방정히 몰랐지. 아! 알기 힘들었지, 뭐.}

=그럼 원동 핵교에서는 어 선생님은 누구였승둥?{그럼 원동 학교의 선생님은 누구였습니까?}

-오이! 선새임덜 많앳습니다. 거기 선새임덜 많앳습니다.{어이! 선생님들이 많았습니다. 거기 선생님들이 많았습니다.}

=고렷사람임둥? 마우재둥?{고렷사람입니까? 러시아 사람입니까?}

-고렷사름덜. 고렷사름덜 선새임덜이 많앴습니다. 기란데 여기와서 거저 그 사름덜 어전 죽은지 오라지 머.{고렷사람들. 고렷사람들 선생님들이 많았습니다. 그런데 여기 와서 그저 그 사람들 이젠 죽은 지 오래지, 뭐.}

=그러니까 핵교에서 이룹게 에 공부하던거: 얘기 좀 해주웁소. 기억에 남는 거 있으면. 어떻게 공부르 했는지.{그러니까 학교에서 이렇게 에 공부하던 것을 얘기 좀 해 주십시오. 기억에 남는 것이 있으면. 어떻게 공부를 했는지.}

-핵교 공부라는 게 그렇지. 여기서두 그렇구. 여기서두 시전은 치지두 못하지. 거기서느 글 이를 적에 좀 잘못 이루구 장난이나 쓰무 헤차리르

요런거 개애구 다리르 삐왓습니다. 그렇기 일럿습니다. 기래 누(ну)! 난 맞아는 못 봣습니다만 아 그렇게 맞는 사름덜 많앳습니다, 아:덜이.{학교 공부라는 것이 그렇지. 여기서도 그렇고. 여기서도 지금은 종아리를 치지도 못하지. 거기서는 공부할 적에 좀 잘못 공부하고 장난을 치거나 하면 회초리 요런 것을 가지고 다리를 쳤습니다. 그렇게 공부했습니다. 그래 음! 난 맞아 보지 못했습니다만 아 그렇게 맞는 사람들이 많았습니다, 아이들이.}

=그래, 그 지리 시간에는 뭘 공부했습등?{그래 그 지리 시간에는 뭘 공부했습니까?}

-어 어느 무슨 시간에?{어느 무슨 시간에?}

=게오그라피야(география).{지리.}

-게오그라피야(география) 시간에 그 그 적에는 게 소핵고 아입니까? 게 소핵고이다나이 큰글으 못 일것지. 아무 데 무시기 잇다, 아무 데 무시기 잇다. 거저 이러한 지리르 베왓지. 그담에 여기 노서아화르 여기 넘어와서느 아: 십년 제르 이를 적에느 지리 벨란 일르 말으 다아 햇엇지. 내 지리를 그 잘 햇:습니다. 지리르 잘 알아두 지리가 수학으 내 그 쩨꾸니꿈(техникум) 여기 와서 이를 적에두, 대학 전에 그 쩨꾸니꿈(техникум) 잇재임니까? 그 쩨꾸니꿈(техникум)서두 내 수학으 선생임 없이두 내 가르쳐줫습니다. {지리 시간에, 그때에는 그게 '소학교'가 아닙니까? 그게 '소학교'이다 보니 큰 공부는 못 했지. 아무 데에 무엇이 있다, 아무 데에 무엇이 있다. 그저 이러한 지리를 배웠지. 그다음에 여기 러시아어를, 여기 넘어와서는 아 10년제 학교에서 공부할 적에는 지리 시간에 별난 일을, 말을 다 했었지. 내가 지리를 잘 했습니다. 지리를 잘 알아도 지리와 수학을 내 그 전문학교 여기 와서 공부할 적에도, 대학보다 낮은 학제인 그 전문학교 있잖습니까? 그 전문학교에서도 내가 수학을 선생님이 없이도 내가 가르쳐 줬습니다.}

=그럼 한 반에 몇 명이나 됐었습등?{그럼 한 반에 몇 명이나 있었습니까?}

-한 반에?{한 반에?}

-예. 그때, 원도에서.{예. 그 때 원동에서.}

-원도~에서. 한 반에 스물다슷이 잇을 때두 잇구 스물일 때두 잇구 이렇습니다.{원동에서. 한 반에 스물다섯이 있을 때도 있었고 스물일 때도 있었고 이렇습니다.}

-마우재 아덜은 없었슴둥?{러시아 아이들은 없었습니까?}

-없었습니다. 그 적엔 우리 핵곤 마우재 없엇습니다. 싹 고려아다나이 무슨.{없었습니다. 그때엔 우리 학교에는 러시아 사람이 없었습니다. 싹 고려 아이들이다 보니, 뭐.}

지금까지 강제 이주 전 연해주에서 초등학교를 다니던 세 분의 구술 내용을 보았다. 내용을 요약하면 아래와 같다.

① 구술자들이 말하는 고려말은 이주 전 선대 거주지 방언(함경도의 이주 전 원적지의 방언)에 기반을 두고 있다. 이는 이주 한인들은 대체로 동향인들끼리 모여 살았고 중앙어의 영향을 크게 받지 않았기 때문이다.

② 러시아 혁명 후에는 마을마다 학교가 들어섰기 때문에 세 분 모두 학교를 다닐 수 있었다. 그러나 살림이 넉넉지 않거나 거리가 멀어 학교를 못 다니는 아이들도 있었다.

③ 교과목은 '한국 어문'(제보자들은 '고려 국문', '고렷글', '고려화', '조선글'이라 부름)이 기본이고, 그밖에 학교 규모에 따라 교과목이 달랐던 것으로 보이는데 박옥순 할머니는 '문전, 산술, 독본, 자연, 지리, 역사, 도화, 러시아어 문법, 체조'였다. 역사는 주로 한국사를 배운 듯하다. 공책이 없어 대신 석판을 사용하였다.

④ 구술자 중 몇 분은 吳昌煥의 『高麗文典』을 가지고 공부하였다고 증언하였다. 70여 년이 흘렀음에도 불구하고 『高麗文典』을 기억하고

자신의 모국어에 대한 지식과 한글 표기법이 그로부터 배운 것이라고 하는 것을 보면 그 영향이 대단했던 것 같다. 박블라디미르(함북 부령-연해주 수찬 남향동 출신), 박표트르(함북 길주-수이푼 관구 그로제프스키 출신)가 그러한 증언을 하였다.

⑤ 마을에 러시아 사람들이 오면 숨거나 또는 손짓 발짓으로 소통을 하였다 한다. 이는 이주 직전 단계도 농촌에서는 한인공동체가 공고하였고 외부와의 접촉이 적었으며 러시아어를 잘 알지 못하였음을 말해 주는 것이다. 구술자들은 대부분 중앙아시아에 와서 본격적으로 러시아어를 배웠다고 하였다.

⑥ 소련 당국은 고려인 이주가 끝난 1938년도에 공식적으로 한국어 교육을 폐지하였다. 그러나 제보자들은 이주 후에도 짧게는 1년 길게는 1940년까지 학교에서 암암리에 모국어를 공부했다 한다. 이는 이주 한인들의 모국어에 대한 집념이 어떠했는지를 보여 주는 것이다.

4. 맺음말

제1기(1863~1900 전후. 전통 유지기)는 조선의 전통적인 세계관과 생활 문화를 견지하며 러시아의 문화와 종교에 접하던 시기이다. 제1기 연해주 한국어의 음운 특징은 근대국어 초기의 그것과 비슷하다. 어휘는 고어가 잔존해 있기는 하지만 중부방언과 비교하면 퍽 이질적이다(【부록】 참고). 중부와는 다른, 지역의 역사 속에서 형성되었기 때문이다. 문법은 조사와 어미, 활용과 곡용, 파생법을 보았는데 활용과 곡용, 사피동 파생법은 중세국어 이전 시기의 흔적을 많이 지니고 있다. 종결어미와 청자높임법은 중부방언에 비하면 퍽 이질적이다.

제1기는 변종간의 수평화(leveling)가 완만하게 진행되기 시작하고 비육진 방언 화자가 증가하면서 지역 변종간의 위계도 달라지기 시작한다. 『초급 러시아어 교과서』에는 상당수의 과도교정(hyper-correction)형이 등장하는데 이는 변종간의 수평화가 진행 중임을 시사하는 것이다. 이는 우월한 지위의 육진방언을 닮아 가려는 심리적 동기에서 비롯된 것이다. 이 같은 과도교정형의 출현은 다소의 차이가 있기는 하나 Ⅱ부의 대부분의 문헌에서 발견된다.

제1기에 연해주 한국어의 지역적 변종 가운데 지배적인 지위에 있었던 육진방언은 제2기(1900~1917, 애국계몽기)에 들어서서 점차 그 세를 잃게 된다. 두만강 인근의 육진 지역에서 멀리 떨어진 함북 四邑圈(길주, 명천, 학성, 무산)과 함남에서 이주한 사람들이 증가하고 또 20세기에 들어서서 애국계몽운동이 전개되면서 신문 잡지와 한인 민족학교를 통해 당시 내지의 개화기 중앙어와 서구의 사조와 문명이 보급되기 시작하였기 때문이다. 口頭語에서는 육진방언의 우월적 지위가 약화되고 변종간의 수평화(leveling)가 이루어지기 시작하고 書寫語에는 내지의 중앙어가 영향을 미치기 시작한 것이다. 이 시기 신문 잡지의 표기법은 근대 후기 문헌에서 볼 수 있는, 중앙어를 기반으로 한 전통적인 표기법이다.

제2기 한국어의 실제 모습을 알 수 있는 자료는 「俄領實記」가 유일하다. 이 기사에는 다민족 사회에서 한인들이 차용한 러시아어와 중국어 어휘를 볼 수 있다. 이 밖에 도시 거주 한인들의 한국어를 보여 주는 Matveev(1900)의 어휘를 검토하였는바, 이 어휘집에는 카잔 문헌에서 볼 수 없는 어휘들이 많다. '불술기(汽車), 새줄글(우체국), 세젓, 셰지림이(버터), 셰젓평재(우윳병), 단술(포도주)'과 같은 신조어, '도방(Okrug, 都房), 도소(Volost', 都所)'와 같은 당시 사회제도를 보여 주는 어휘, '번개[灣]'와 같은 특이어, '셕납(錫鑞), 숑새(訟事), 관댱(官長), 소지(청원서)' 한것[항걷](上典) 같은 古語, '마우재, 밴셰, 야바우, 쳬모단, 촨, 퉁제, 다두배채'와 같은 차용어가 그것이다. 당시 시대상을 보여 주는 어휘이다.

제3기는 역시 당시 한인들의 구어를 보여 주는 자료가 없어 신문, 잡지, 고려말교과서의 어휘를 분석하였다. 그리고 회고적인 방법으로 1930년대 연해주 한인의 한국어와 당시의 교육 환경 등을 살펴보았다. 즉, 초등학교를 다니다 강제 이주된 중앙아시아 한인 교포들의 증언과 현재의 그들의 말을 통해서 당시 한인들의 실제 언어를 탐색하고자 하였다

제3기는 사회주의 혁명 이후 전개된 현지화(korenizatsiya) 정책으로 문맹퇴치, 각급 학교의 개편과 신설, 교과서 편찬, 표준화 및 규범화, 농촌의 집단화 등 제도적인 개혁과 정비가 이루어지면서 연해주 한국어는 큰 변화를 겪는다. 사회주의 혁명과 소비에트연방의 결성으로 사회주의 관련 신어(러시아어 혹은 그 번역어)가 도입되어 고려말 어휘 체계에 자리

잡고 또 지배언어(dominant language)인 러시아어의 사용이 증가하면서 그 차용어가 한국어의 한 계열을 형성하게 되었다. 또 한국어와 러시아어를 함께 구사하는 이중언어자(bilinguist)가 증가하게 된다. 또한 교육 기회가 확대되면서 중앙어에 기반을 둔 규범적인 고려말이 육진방언을 비롯한 여러 지역 방언에 영향을 준다. 요컨대 연해주 한국어는 중앙어의 영향 및 지역 변종 간의 접촉으로 수평화(leveling)의 길도 지속적으로 걷게 된다.

Ⅱ부, Ⅲ부(1장)에서 본 '제1기의 연해주 한국어(육진방언)'을 쓰는 고려인은 현재 중앙아시아에서는 찾기 어렵다. 그 이유는 한국어 지역 변종 간의 수평화가 진행되고 제2기와 제3기에 지속적으로 중앙어의 영향을 받았으며 또 중앙아시아 이주 초기에 연해주의 여러 지역 출신인들이 집단농장에 모여 살게 되면서 제1기에 지배적이었던 육진방언이 다수의 비육진 함경방언과 중앙어에 압도되었기 때문이다. 10여 년 전 저자는 중앙아시아 3국에서 원적지가 함북 육진 지역인 고려말 화자들을 조사한 바 있다. 그들은 대부분 육진방언의 음운 특징을 상실하였다. 오직 두 사람의 육진방언 화자를 만났는데 한 사람은 가정방언(family dialect) 형태로 모친으로부터 육진방언을 물려받은 분으로 오랜 기간 러시아인들 속에서 살았다. 또 다른 한 분은 젊었을 때 러시아 군에 입대하여 오랜 동안 복무하였기 때문에 육진방언을 보존할 수 있었다. 모두 한인공동체에서 살지 않은 분들이다. 요컨대 한인공동체 내의 다양한 변종으로부터 영향을 받지 않아 1장에서 본 바와 같은 육진방언의 특징을 보유할 수 있었던 것이다.

한편 강원도 출신 두 분을 조사한 바 있는데 이들은 함경도 방언의 변종인 고려말을 구사하였다. 요컨대 그들은 절대 다수의 함경도 방언 화자의 영향으로 성조 언어인 고려말을 구사하게 된 것이다. 현재의 고려말은 이처럼 내지의 지역적 변종들이 상호 영향을 주고 또 중앙어, 러시아어의 영향을 받아 발전해 온 것이다. 완전하지는 않지만 이주 코이네(Immigrant koine)의 성격을 어느 정도는 지니고 있는 것이다.

IV부
결어

Ⅳ부.
결어

근현대사의 주요 역사적 사건 중의 하나는 한인의 국외 이주(diaspora)이다. 1863년에 시작된 러시아 원동(Dal'nij Vostok) 연해주(Primorskij kraj)로의 이주가 그 대표적인 예다. 저자는 그 연해주 이주 한인의 한국어를 3부로 나누어 기술하였다. Ⅰ부와 Ⅱ부는 권 1에, Ⅲ부는 권 2에 수록하였다.

Ⅰ부는 연해주로 이주한 시기와 한인 정착촌의 인문 · 사회 환경을 소략하게 언급하였다. 최초의 이주 정착지 지신허(地新墟)(Tizinxe(러), 鷄心河[Jīxīnhé](중)) 마을이 형성된 후 1968~9년에는 '己巳凶年'으로 함북 북부의 주민이 대거 이주함으로써 지신허 북쪽의 우수리스크 인근에 秋風(Suifun) 四社가 들어서고 이어 동부 수찬(Suchan) 지역에도 한인촌이 들어서기 시작함으로써 지신허와 연추를 중심으로 한 연해주 남부의 '南七社', 북부 秋風의 '北四社', 동부 수찬(水淸)의 세 거점이 형성되고 이를 기반으로 연해주 전역에 한인촌이 들어서서 1937년 강제 이주 전에는 약 440여 개의 한인촌이 존재했다. 위 '社'는 함경도에만 있었던 面과 里의 중간쯤 되는 행정구역 명칭이다. '社'에는 또 '風俗'과 같은 相扶相助, 社會常規 등을 위한 자치조직이 있었다. 이주지에 본국의 사회제도를 그대로 이식한 것이다.

초기 이주촌인 지신허 마을의 형성, 인구, 성씨와 언어, 학교와 교육,

생활 문화, 사회제도 등을 살펴보았다. 이는 연해주 한인의 언어와 그 변화의 내외 환경을 살펴보기 위한 것이었다. 성과 이름의 표기를 보면 육진 지역 출신인들이 다수였다. 학교는 유명무실하다가 1890년대에 가서야 교구 학교(Missionerskiye uchilishcha)의 설립으로 그 면모를 일신하게 되었으나 학생 수는 극히 적었다. 이 전에는 한학 위주의 교육이 이루어졌고 러시아 학교는 기피 대상이었으며 한국어 교육은 없었다. 20세기를 전후한 시기부터 러시아의 문화와 언어에 대한 관심도가 높아졌다. 따라서 20세기 초까지는 러시아어를 아는 이가 드물고 내지 중앙어의 영향도 없었으므로 한인공동체 내에서는 한국어 지역 변종간의 수평화(leveling) 움직임만이 있었다고 할 수 있다. 그 증거 중의 하나가 Ⅱ부의 문헌들에서 볼 수 있는 과도교정이다. 이 과도교정은 이주 집단 내에서 이주지를 선점하고 또 상대적으로 이주민의 수효가 많은 함북 육진 출신인들의 방언이 우월한 지위를 차지하고 있었음을 말해 준다. 국권상실 후에는 점차 개화기 중앙어(書寫語)의 수용이 증가하고 혁명 후에는 사회주의 혁명화, 현지화(고려화, korenizatsiya) 정책, 교육의 대중화로 한국어가 큰 변화를 겪는다. 그리고 러시아어의 영향이 크게 증가한다.

Ⅱ부는 19세기 후기에서 20세기 초(제1기: 전통기)에 간행된 政治, 宣敎, 軍事, 敎育 등의 목적으로 간행된 사전과 대역어휘집, 교과서, 회화서, 문법서, 여행기, 조사 보고서 그리고 제2기(민족주의 애국계몽기)에 간행된 「俄領實記」에 대한 해제와 그들 문헌에 수록된 연해주 한국어의 전사 및 표기, 음운, 어휘, 문법 특징을 기술하였다. 최초의 한국어 對譯辭典인 Putsillo의 『시편 노한사전』의 한국어는 『朝鮮偉國字彙』에 수록된 어휘, Putsillo 자신이 조사한 어휘가 혼재되어 있고 또 대역과 전사의 오류가 종종 발견된다. 사전의 巨視構造라 할 표제어의 선정과 배열이 특이하다.

표제어는 러시아어의 어휘체계보다는 대역 한국어를 염두에 두고 선정한 듯하다. 한국의 역사, 생활 문화 관련 어휘가 표제어로 실려 있고 또 그들 표제어에 대한 해설이 200여에 달하는 脚註에 제시되어 있다. 표제어의 배열에서 특이한 점은 종종 한국어 계열어를 러시아어로 대역하여 한 곳에 모아 제시하였다는 것이다. 이때 표제어는 句의 형식을 취하게 된다. 한편 러시아어의 악센트(udareniye)는 발음, 어형 변화에 영향을 주므로 표제어에 표지를 두어야 하나 그렇게 하지 않았다. 이러한 사전의 구조와 형식을 감안할 때 이 사전은 한인과의 소통, 나아가 통치 목적으로 편찬되었다고 할 수 있다. 때문에 이 사전의 학습 대상 언어(target language)는 한국어란 인상을 준다.

이후 1890년에 스타르체프스키의 노한 대역어휘집이 간행되었다. 이 어휘집에는 Putsillo의 『시편 노한사전』에서 전재한 것 외에 중앙어가 일부 수록되어 있다. Tajshin"의 『노한사전』(1898)은 하바롭스크에서 간행되었다. 이 사전은 Putsillo의 『시편 노한사전』처럼 한인과의 소통을 위해서는 한인의 민족 정체성과 문화를 이해할 필요가 있다는 관점에서 편찬되었다. 표제어의 선정과 배열이 Putsillo(1874)와 흡사하다. 한국어는 편자가 수집한 것 외에 Putsillo의 사전과 Nasekin(1895)에서 전재한 것이 있다. '숟물'(신선한 것), 쟈랴지(신갈나무), 조하다(깨끗하다), 아지다(아침먹다), 물구뷔[灣], 수메군(파수꾼) 등과 같은 어휘와 'Sasennegi(장작), sot"(잎)'과 같은 만주퉁구스어에서 유래한 어휘가 보인다. 또 '밭'이 '밫'으로 재구조화된 예도 보이는데 이는 중부방언이나 남부방언이다. Matveev(1900)의 대역어휘집은 전사가 다소 불투명한 점이 있으나 당시 블라디보스토크 거주 한인의 한국어 어휘와 일상적 구어 구문을 볼 수 있다. 당시 '불술기(기차), 불술기텀(기차역), 새줄간(우체국), 셰졋(우유)'와 같은 신문명어와 러시아어, 중국어 차용어도 보인다.

한편 러시아 東方學 연구의 중심지 카잔(Kazan')에서는 러시아정교선교회에 의해 선교, 교육, 군사 목적으로 여러 유형의 한국어 문헌이 간행되었다. 『한인을 위한 초급 러시아어 교과서』(1901), 『한인을 위한 철자교과서』(1902), 『시편 노한소사전』(1904), 『노한회화』(1904), 『노한회화에 대한 단어와 표현』(1904)이 바로 그들 문헌으로 연해주 한인의 한국어를 정밀하게 전사하였다. 해를 거듭할수록 한국어 음성에 대한 이해가 깊어지고 전사가 정밀해졌다. 이처럼 19세기 한국어를 정밀전사한 문헌은 달리 찾아보기 어렵다. 이는 러시아 영내 소수 이민족의 언어를 조사 연구한 경험과 당시 역사언어학의 영향이다. 카잔대학의 M. Mashanov 교수가 '번역위원회'의 간행위원장으로 되어 있는데 그 위원회가 어떠한 역할을 했는지는 알려진 바가 없으나 프랑스외방선교회에서 펴낸 『한불ᄌᆞ뎐』과 『한어문전』을 통해 한국어에 관한 지식을 쌓고 이를 바탕으로 한국어 음성을 연구하고 전사문자를 마련한 것만은 분명하다. 이들 카잔 문헌에 수록된 한국어는 대체로 함북 북부의 六鎭方言이다.

『한인을 위한 초급 러시아어 교과서』(1901)은 한인 자녀의 러시아어 회화 학습을 위해 편찬되었다. 『한불ᄌᆞ뎐』, 『한어문전』을 참고하고 또 당시 카잔사범학교 학생들의 한국어 음성의 조음 특징을 분석하고 이를 바탕으로 한국어 전사용 문자를 마련하였다. 동시조음, 개인어의 음성 특징까지 세심하게 관찰하고 전사하였다. 이 교과서의 한국어는 육진방언, 중부방언 또는 함남방언이 뒤섞여 있다. ㄷ구개음화에 대한 과도교정형이 다수 출현하는데 이는 소수의 비육진방언 화자가 육진방언을 닮아가려는 심리적인 요인에 말미암은 것이다. 이는 연해주 한인공동체의 이질적인 변종들이 점차 수평화(leveling)하는 과정의 하나이다.

『시편 노한소사전』은 한인 자녀의 러시아어 교육을 위해 편찬되었다. 주석의 많은 부분이 '露韓露辭典' 형식으로 돼 있다. 노한사전이지만 뜻풀이에는 한인의 생활 문화 관련 내용도 종종 보인다. 표제어의 선정과 각종 微視 情報의 제시 방법이 서문에 밝혀져 있다. 사전의 구조와 기술이 Putsillo(1974)에 비하면 사전다운 면모를 갖추었다.

『한인을 위한 철자 교과서』는 톨스토이의 *Novaya Azbuka*(1873-1874년)를 번안한 것으로 러시아어 철자를 익히기에 안성맞춤이다. 口述 형식의 寓話를 키릴 계통의 문자로 정밀전사하였다. 『노한회화』와 함께 당시 연해주 한인의 한국어를 생생하게 보여 주는 구어 텍스트이다. 서문은 最小對立雙을 이용하여 한국어 음성과 고저 악센트의 변별적 기능을 보여 주고자 하였다. 이는 19세기 말 Baudouin de Courtenay를 중심으로 한 러시아 카잔學派의 영향이다.

『노한회화』(1904)는 노일전쟁에 즈음하여 정보 수집을 목적으로 편찬된 회화서로 역시 연해주 한국어를 여실히 보여 준다. 『노한회화에 대한 단어와 표현』은 『노한회화』에 수록된 한국어 어휘의 의미와 한국어 문법을 간략하게 기술한 책자이다. 육진방언에 대한 최초의 문법서라 할 만하다.

Nasekin(1895)는 연해주 남우수리 지역의 한인에 대한 인류학적 종합 조사 보고서다. 이주사, 연해주 한인촌의 행정 구획, 한인촌의 지리 및 경제적 개요, 농업, 어업, 선박, 염전, 교회와 선교, 학교, 의식주, 한국어의 특질, 한인의 통과의례 등이 수록되어 있다. 러시아어로 씌어 있지만 당시 한인의 생활 문화 관련 주요 주제어, 술어가 키릴문자로 전사되어 있다. 전사의 오류가 많은 것이 흠이다.

1920년에는 뒤바보(계봉우)에 의해 『獨立新聞』(상해판)에 「俄領實記」가 연재되었는데 여기에는 서구 문명과 관련된 新語 및 다민족이 거주하는 연해주의 여러 사회적 상황을 알 수 있는 어휘가 수록되어 있다. 『韓人新報』에 연재된 한인 이주사 「강동쉰해」 역시 당시 한인 사회의 이면

사를 알 수 있는 자료이다.

Ⅲ부(권 2)는 연해주 한인의 한국어를 3기로 나누어 기술하였다.

제1기, 제2기, 제3기의 한국어를 구성하는 지역 변종과 이에 영향을 미친 언어 외적 요인들은 아래와 같다.

시기 유별	제1기 (~ 20C 초)		제2기 (20C ~ 혁명 전)		제3기 (혁명 후 ~ 1937)
주류 방언	+육진방언		+비육진 함경방언 -육진방언		+비육진 함경방언 -육진방언
기타 변종	-비육진 함경		기타 방언		기타 방언
교육 대상	漢文	⇒	중앙어 (개화기 한국어)	⇒	중앙어 (+사회주의 新語)
사조와 사상	전통 유지		애국계몽사상 국권회복 민족주의		공산주의 이념 사회주의 건설 사회주의
교육	서당 교육 (선교/교구학교)		민족학교 러시아 학교		교육 대중화

제1기의 한국어는 주로 Ⅱ부의 카잔 문헌 자료를 통해 논의하였다. 음운 면은 아직 ㄷ구개음화 규칙이 존재하지 않고 ‘ʦV’와 ‘ʦyV’의 대립, ‘sV’와 ‘syV’의 대립, ‘nV’와 ‘nyV’의 대립이 유지되고 있어 근대국어 초기와 흡사하다. 중세국어의 ‘ㅿ’, ‘ㅸ’, ‘ㆁ’은 각각 ‘ㅅ’, ‘ㅂ’, ‘ㄱ’에 대응되니 퍽 고어적이다. 문법은 대명사, 조사와 어미, 활용과 곡용, 사피동 파생을 살펴보았는데 종결어미와 청자높임법은 중앙어에 비해 퍽 이질적이다. 활용과 곡용, 사피동 파생접미사와 파생법은 중세국어 이전 시기의 흔적을 지니고 있다. 어휘도 고어의 잔재가 많이 남아 있으나 연해주 한인의 역사와 생활 문화가 반영되어 있으므로 중부방언과 큰 차이를 보인다. 적기는 하나 신문명어나 차용어도 보인다.

제2기는 국권상실을 전후한 시기다. 애국주의와 민족주의가 주된 사조이며 애국계몽운동이 널리 전개되었다. 저명한 독립 운동가들이 연해주에 모여들고 신문 잡지가 여럿 간행되었다. 또 민족학교가 다수 설립되어 개화기의 중앙어가 연해주 한국어에 영향을 주었다. 다수의 비육진방언권 화자가 연해주에 이주해 오면서 그때까지 연해주 한국어의 지역적 변종 가운데 가장 우월한 지위를 가진 육진방언이 점차 그 지위를 잃어가는 시기이다. 이 시기의 한국어를 엿볼 수 있는 자료로 「俄領實記」, Matveev(1900)을 택하여, 신문명어의 등장과 다민족 사회의 언어접촉 양상을 러시아어, 중국어 차용어 등을 통해 기술하였다. 그리고 신문과 잡지의 서사어를 살펴보았다. 이 시기에는 여러 사회 분야마다 通事가 있어 민족 간의 중개 역할을 담당하였다.

제3기는 사회주의 혁명 이후 전개된 현지화(korenizatsiya, 고려화) 정책으로 문맹퇴치, 고려말의 표준화 또는 규범화, 고려어교과서의 편찬, 각급 학교의 개편과 신설, 교육의 확대, 농촌의 집단화 등으로 연해주 한국어가 큰 변화를 겪는 시기였다. 예컨대 제2기(애국계몽기)에는 '대한국, 한국, 한국어, 한인, 국어'라는 말이 쓰였지만 제3기에는 '고려, 고려말, 고려어, 고려인, 고려사람' 등이 쓰이게 된다. 이렇게 2기와 3기는 이념적으로 큰 차이를 보이고 언어정책도 판연히 다르므로 시대 구분이 필요하다.

사회주의 혁명과 소비에트연방의 결성으로 사회주의 사상과 혁명 관련 신어가 생성 및 도입되어 고려말 어휘 체계에 자리 잡고 또 지배언어(dominant language)인 러시아어가 문어에서 점차 구어로 확대되면서 고려말 어휘의 한 계열을 형성하게 된다. 또 고려말과 러시아어를 구사하는 이중언어자(bilinguist)가 증가한다. 그리고 제3기의 한국어는 한국어 지역 변종 간의 접촉과 중앙어의 영향에 의한 수평화(leveling)의 길도 지속적으로 걷게 된다.

이주 한인들은 이주의 결과 내지의 여러 지역 변종이 뒤섞인 한인공동체에서 살게 된다. 공동체 내에서의 원활한 소통 그리고 상호 유대나 결속을 위해서는 이질적인 요소들을 제거하거나 완화시킬 필요가 있다. 이런 이유로 공동체 내의 변종들은 언어적 통일을 꾀하는 수평화의 길을 걷게 된다. 또 문화접변(acculturation)의 양상을 보일 수도 있다. 이 수평화는 immigrant koine로 발전하는 주요 동인이다. 이 koine의 진행 과정은 역사-사회언어학(socio-historical linguistics)적 관찰이 필요하다. 즉, 화자들의 출신 지역, 사회적 신분, 역할이 어떻게 작용하며 어떤 변이 요소들이 경쟁에서 유지되고 또 어떤 변이 요소들이 탈락하는지 살펴볼 필요가 있다. 그리고 어떤 방언 집단이 수적으로 우세하며 또 방언 집단들 사이에서 어느 방언이 상대적으로 우월한 지위(relative prestige of groups)를 갖는지도 살펴볼 필요가 있다. 이런 면에서 볼 때 현재의 중앙아시아 고려말은 koine로 발전하는 초기 단계에서 정체의 늪에 빠져 소멸해 가는 언어라 할 수 있다.

제1기에는 연해주와 지리적으로 가까운 육진 지역(주로 경흥, 경원 등)에서 이주가 많아 그곳 출신인들이 정착지를 선점하였다. 그리고 수적으로 많았으므로 이들이 우월한 지위를 얻었다. 이는 Ⅱ부의 문헌들이 공통적으로 보여 주는 과도교정에서 찾을 수 있다. '쟈, 져, 죠, 쥬, 지'를 '댜, 뎌, 됴, 듀, 디'로 바꾸려는 과도한 노력은 육진방언을 지향하고자 하는 심리적 동기에서 비롯된 것이다. 그러다가 1884년 朝露通商條約이 체결된 후에는 비육진 지역(길주, 명천 등지)에서 상당수의 이주민이 월경을 한다. 따라서 제2기의 애국계몽기에는 비육진 방언 화자가 급증하고 여기에 중앙어의 영향이 가미되어 육진방언의 지위가 약화되었을 것이고 다른 방식으로 수평화가 진행되었을 것이다.

한편 블라디보스토크와 같은 도시가 형성되면서 이주 한인은 러시아인이나 중국인 등과 같은 이민족과 접촉하게 됨으로써 러시아어 또는 중국어를 직접 차용해 쓰게 된다. 그리고 한국어 어휘 체계에 존재하지 않는 신문물, 신사조를 나타내는 어휘를 차용하거나 또는 유사한 의미를 지닌 자국어로 대체하거나 신어를 생성하게 된다. 「俄領實記」는 그 같은 예들을 잘 보여 주지만 아쉽게도 예가 적다. 그리고 러시아어 교육이 전면적으로 실시되면서 지배언어의 지위를 가진 러시아어 차용이 확대되고 또 한국어와 러시아어를 아울러 구사하는 이중언어자(bilinguist)가 증가한다. 앞서 말한 바와 같이 제3기에는 사회주의 혁명으로 연해주 한국어는 어휘 체계를 중심으로 큰 변화를 겪는다.

또 1937년 강제 이주로 한인들은 중앙아시아 이주지에서 집단화에 의거 이질적인 화자들이 모여 살면서 또 새로운 접촉이 이루어지고 변화를 맞게 된다. 1938년 한국어 교육이 사라지고 러시아어 교육이 강화되면서 한국어(고려말)은 정체의 늪에 빠지고 1960년대 들어서서 도시로 이주하는 한인이 증가하면서 고려말은 가정방언(family dialect)의 형태로 잔존하다가 점차 소멸의 길을 걷게 된다.

지금까지 언급한 여러 복합적인 요인들이 작용하여 연해주 한인의 한국어는 모국과는 다른 한국어의 한 변종으로 발전하게 된다. 현재 중앙아시아에서 말해지는 '고려말'이 그 후신이다.

참고 문헌

강신항(2004), 「외래어가 국어에 끼친 공과」, 『새국어생활』 14-2, 국립국어연구원, 23-57.

강채정, 계봉우(1937), 『고려어교과서』(일권, 일이년급용, 레쎄페쎄르 교육인민 위원부 인준) 원동변강국립출판부, 하바롭쓰크.

계봉우(1944/1996), 「꿈속의 꿈」, 『북우 계봉우 자료집』(1), 독립기념관 한국독립운동사연구소, 167-169.

계봉우(1955), 「우리말이 되어진 법」(원고본).

고송무(1980a), 「제정 러시아에서의 한국어 및 한국 연구」, 『한글』 169, 193-212.

고송무(1980b), 「『대한인졍교보』에 실린 한글 풀어쓰기 흘림과 그 판독」, 『한글새소식』 89, 한글학회.

고송무(1984), 『쏘련 중앙아시아의 한인들』, 한국국제문화협회.

고영근(1997), 「1920년대 소련 한인사회의 한국어문 표준화 운동」, 『관악어문연구』 22, 서울대학교 국어국문학과, 1-28.

고영근(2008), 『민족어의 수호와 발전』, 제이앤씨.

고영근 · 구본관(2018), 『개정판 우리말 문법론』, 집문당.

고영근(2018), 『우리말 문법, 그 총체적 모습』, 집문당.

곽충구(1986a), 「노한회화(해제)」, 『한국학보』 44, 일지사, 206-220.

곽충구(1986b), 「노한회화와 함북 경흥방언」, 『진단학보』 62, 79-125.

곽충구(1987), 「노한소사전의 국어학적 가치」, 『관악어문연구』 12, 서울대학교 국어국문학과, 27-63.

곽충구(1988), 「『로한ᄌᆞ뎐』의 한국어와 그 전사에 대하여」, 『이화어문논집』 11, 이

화어문학회, 125-155.
곽충구(1991), 「함경북도 육진방언의 음운론」, 박사학위 논문(서울대)[『함북 육진방언의 음운론』, 국어학총서 21, 태학사, 1994].
곽충구(1992), 「함경도 방언 연구의 전개 과정과 그 전망」, 김영배 편: 『남북한의 방언연구』, 경운출판사.
곽충구(1993), 「함경도 방언의 친족명칭과 그 지리적 분화」, 『진단학보』 76, 진단학회, 209-239.
곽충구(1994), 『함북 육진방언의 음운론』, 태학사.
곽충구(1997), 「중부방언의 특징과 그 성격」, 『한국어문』 4, 한국정신문화연구원, 1-39.
곽충구(1998a), 「육진방언의 어휘」, 심재기 편: 『국어 어휘의 기반과 역사』, 태학사, 617-669.
곽충구(1998b), 「동북 · 서북방언」, 『문법 연구와 자료』(이익섭 선생 회갑기념논총), 태학사, 985-1028.
곽충구(2000a), 「함북 방언의 비자동적 교체 어간과 그 단일화 방향」, 『21세기 국어학의 과제』, 월인, 1123-1166.
곽충구(2000b), 「재외동포의 언어 연구」, 『어문학』 69, 한국어문학회, 1-41.
곽충구(2001a), 「구개음화 규칙의 발생과 그 확산」, 『진단학보』 92, 진단학회, 237-268.
곽충구(2001b), 「조선 후기 문헌의 함북 방언 어휘」, 『국어연구의 이론과 실제』(이광호 교수 화갑기념논총), 태학사, 163-196.
곽충구(2002), 「방언 연구와 정보화」(우산 홍윤표 교수 회갑 기념 논문집), 『한국어와 정보화』, 태학사. 55-88.
곽충구(2003), 「현대국어의 모음체계와 그 변화의 방향」, 『국어학』 43, 국어학회. 59-91.
곽충구(2004a), 「중앙아시아 고려말의 역사와 그 언어적 성격」, 『관악어문연구』 29, 서울대학교 국어국문학과, 127-168.
곽충구(2004b), 「함북 방언의 피·사동사」, 『어문학』 85, 1-34.
곽충구(2005), 「육진방언의 음운변화—20세기 초로부터 1세기 동안의 변화」, 『진단학보』 100, 진단학회, 183-220.

곽충구(2006a), 「초기 노한사전의 편찬 경위 및 체제와 구조」, 『한국사전학』 7, 한국사전학회, 35-64.

곽충구(2006b), 「돌오기(兀剌)와 우라초(烏拉草)의 함북 방언」, 『이병근선생퇴임기념 국어학논총』, 태학사. 1117-1147.

곽충구(2007a), 「동북방언의 어휘」, 『방언학』 5, 한국방언학회, 23-70.

곽충구(2007b), 「중앙아시아 고려말의 자료와 연구」, 『인문논총』 58, 서울대학교 인문학연구원, 231-272.

곽충구 · 박진혁 · 소신애(2008), 『중국 이주 한민족의 언어와 생활』(국립국어원 해외 지역어 구술 자료 총서 1-1), 태학사.

곽충구(2009a), 「중앙아시아 고려말 소멸 과정의 한 양상-50대 고려말 화자의 경우」, 『방언학』 10. 한국방언학회, 57-92.

곽충구(2009b), 『중앙아시아 이주 한민족의 언어와 생활—우즈베키스탄 타슈켄트』(국립국어원 해외 지역어 구술 자료 총서 2-2), 태학사.

곽충구(2010a), 「중앙아시아 고려말의 음운 변이」, 『최명옥 선생 정년 퇴임 기념 국어학논총』, 태학사.

곽충구(2010b), 「李匡明의 '이쥬풍쇽통'과 18세기 咸南 甲山 지역의 언어 문화」, 『방언학』 12, 한국방언학회, 141-201.

곽충구(2011), 『중앙아시아 이주 한민족의 언어와 생활-키르기스스탄 비슈케크』(국립국어원 해외 지역어 구술 자료 총서 2-3), 태학사.

곽충구(2012), 「육진방언의 음성과 음운사」, 『방언학』 16. 한국방언학회, 121-154.

곽충구(2013), 「동북방언 'X자/사/다-'류 형용사의 음운론과 형태론」, 『국어학』 67, 국어학회, 1-31.

곽충구(2014), 「육진방언의 종결어미와 청자높임법-중국 조선조자치주 육진방언을 중심으로」, 『방언학』 20, 한국방언학회, 195-234.

곽충구(2015a), 「육진방언 어휘의 잔재적 성격」, 『진단학보』 125, 진단학회, 183-211.

곽충구(2015b), 「육진방언의 어간말 자음과 그 변화」, 『방언학』 22, 한국방언학회, 137-169.

곽충구(2017a), 「동북방언에 잔존한 만주퉁구스어와 몽골어 차용어」, 『국어학』 84,

국어학회, 3-32.

곽충구(2017b), 「육진방언의 종결어미와 청자높임법(2)-중국 조선조자치주 육진방언을 중심으로」, 『방언학』 26, 한국방언학회, 105-134.

곽충구(2018a), 「한자어(방언) 속의 특이 한자음」, 『국어학』 88, 국어학회, 3-32.

곽충구(2018b), 「동북방언과 국어국문학」, 『개신어문연구』 43, 5-42.

곽충구(2019a), 『두만강 유역의 조선어 방언 사전』, 태학사.

곽충구(2019b), 「북부방언의 한어 차용어」, 『방언학』 29, 한국방언학회, 119-149.

곽충구(2019c), 「북부 방언의 어제와 오늘」, 『방언학』 30, 한국방언학회, 295-340.

구본관(1994), 「경주 방언 피동형에 대한 연구」, 『국어연구』 100, 국어연구회.

권재일(1998), 『한국어 문법사』, 도서출판 박이정[개정판, 2021].

권재일(2001), 「한국어 격틀 구조의 역사적 변화」, 『어학연구』 37-1, 서울대학교 어학연구소, 135-156.

권재일(2010), 『중앙아시아 고려말의 문법』(서울대학교 규장각한국학연구원 한국학연구총서 29), 서울대학교출판문화원.

김경란(1992), 「19세기 후반 서구 언어학 사조의 변화」, 『인문연구』 13-2, 영남대학교 인문과학연구소, 313-339.

김기원(2018), 「개화기 조선의 외국 국명 한자 표기에 반영된 언어학적 특징 고찰」, 『중국문학연구』 71, 113-144.

김낙현 (2020). 「구소련 고려인 시에 대한 고찰-『先鋒』에 수록된 시를 중심으로」, 『어문론집』, 83, 중앙어문학회, 155-187.

김동언 · 로스 킹(2011), 「20세기 초 러시아 동방학원의 한국어 학습서 『조선어독학(朝鮮語獨學)에 대하여」, 『한국어학』, 한국어학회, 51-80.

김두응(1978), 「Medhurst의 『朝鮮偉國字彙』에 대하여」, 『국어교육』 23, 한국국어교육연구회, 141-152.

김병제(1965), 『조선어방언학개요(중)』, 평양: 과학원출판사.

김봉국(2003), 「복수기저형의 유형(Ⅰ): 형성 요인의 관점에서」, 『진단학보』 95, 진단학회, 165-199.

김봉국(2004), 「함북 육진방언의 복합성조」, 『국어교육』 113, 한국국어교육연구학회, 525-543.

김봉국(2004), 「함북 육진방언의 '-어/-아' 교체 양상과 중립모음의 성격」, 『배달말』 35, 배달말학회, 321-341.

김성규(1988), 「비자동적 교체의 공시적 기술」, 『관악어문연구』 13, 서울대학교 국어국문학과, 25-44.

김성규(1996), 「'드틀'과 '듣글'의 공존」, 『이기문교수 정년퇴임기념논총』, 신구문화사.

김성규(1998), 「중세국어의 쌍형어에 대한 연구」, 『전농어문연구』 10, 서울시립대 문리과대학 국어국문학과, 25-44.

김수영(2021), 「한국어 자음 말음 어간의 형태음운론적 변화에 대한 연구」, 서울대학교 박사학위 논문.

김영배(1984), 『평안방언 연구』, 동국대출판부.

김영진(1982), 「加耶語에 대하여」, 『가라문화』 1. 경남대 가라문화연구소, 51-72.

김영진(2002), 『국어사연구』, 이회.

김옐레나(2011), 「1864～1937 년간 연해주 한인의 인구 변동과 경제 활동」, 고려대 석사학위 논문.

김옥영(2013), 「강릉 방언의 이중(二重) 피 · 사동 접사 연구」, 『국어국문학』 164, 국어국문학회, 161-189.

김옥영(2020), 「어휘변화의 문화적 요인 고찰」, 『국어국문학』 191, 국어국문학회, 41-70.

김완진(1971), 「음운현상과 형태론적 제약」, 『학술원논문집』 10, 대한민국학술원, 91-115[『국어음운체계의 연구』, 일조각, 1971].

김완진(1972a), 「다시 β>w를 찾아서,」 『어학연구』 8-2, 서울대학교 어학연구소, 51-62[『음운과 문자』, 신구문화사, 1996].

김완진(1972b), 「형태론적 현안의 음운론적 극복을 위하여,」 『동아문화』 11, 서울대학교 문리과대학 동화문화연구소, 271-299[『음운과 문자』, 신구문화사, 1996].

김완진(1974), 「음운변화와 음소의 분포」, 『진단학보』 38, 진단학회, 105-120[『음운과 문자』, 신구문화사, 1996].

김완진(1977), 『중세국어 성조의 연구』(국어학총서 4), 탑출판사.

김완진(1978), 「모음조화와 모음체계에 대한 반성」, 『어학연구』 14-2, 서울대학교 어학연구소, 127-139.
김주원(1997), 「구개음화와 과도교정」, 『국어학』 29, 국어학회, 33-49.
김주원(2007), 「고려말 어두 비자음의 음성 특징」, The 7th International Conference on Korean Studies Central Asian Association for Korean Studies 발표 논문.
김주필(1985), 구개음화에 대한 통시론적 연구, 『국어연구』 68, 국어연구회.
김주필(1988), 「15세기 피동접미사의 이형태와 그 분화 과정에 대하여,」 『관악어문연구』 13, 서울대학교 국어국문학과, 45-72.
김주필(1994), 「17 · 8세기 국어의 구개음화와 관련 음운현상에 대한 통시론적 연구」, 서울대학교 박사학위논문.
김주필(2013), 「ㄷ구개음화와 원순모음화 현상의 통시적 변화와 특성」, 『진단학보』 118, 진단학회, 95-137.
김춘자(2008), 『함경남도 삼수 지역어의 음운론』, 역락.
김태균(1986), 『함북 방언사전』, 경기대출판국.
김필영(2004), 『소비에트 중앙아시아 고려인 문학사』, 강남대학교 출판부.
김한별(2014), 「국어의 음운 변화 'syV>…>sV'에 대한 재고찰>, 『국어학』 72, 323-365.
김한별(2020), 『19세기 전기 국어의 음운사 연구』(국어학총서 70), 국어학회.
남광우(1960), 『국어학논문집』, 일조각.
니라리사(2002), 「카자흐스탄 고려말의 문법과 어휘에 대한 연구」, 서울대 석사학위논문.
뒤바보(계봉우)(1920), 「俄領實記」, 『독립신문』(상해판).
리극로(1931), 「조선말의 사투리」, 『동광』 29, 9-12.
리극로(1966), 『조선어 조 연구: 북청방언을 중심으로』, 평양: 사회과학원출판사.
미승우(1987), 「함경도 사투리 속의 러시아말들」, 『어문연구』 54, 한국어문교육연구회, 205-215.
박경래(1917), 「중국 지린성 조선족의 언어 정체성 변화와 언어 사용 양상」, 『사회언어학』 26-4, 한국사회언어학회, 57-90.
박기영(1018), 「정약종의 『쥬교요지』에 대한 국어학적 연구」, 『우리말연구』 54, 65-90.

박보리스(1997), 「러시아의 한인, 19세기 중반~1930년대 말」, 『교민논총』 제1집, 경북대학교 한국교민연구소, 135-147.

박진혁(2014), 「함북 경흥지역어의 성조론」, 서강대학교 박사학위 논문.

박환(1993), 「勸業新聞에 대한 일고찰」, 『사학연구』 46, 한국사학회, 145-208.

박환(1995), 『러시아 한인 민족 운동사』, 탐구당.

반병률(2003a), 「러시아 최초의 한인 마을 地新墟」, 『한국근현대사연구』 26, 한국근현대사학회, 210-271.

반병률(2003b), 「러시아지역 한인신문 『선봉』과 1920 · 30년대 한인사회」, 『역사문화연구』 19, 한국외대 역사문화연구소, 63-92.

반병률(2008), 「러시아 한인(고려인) 사회와 정체성의 변화-러시아원동 시기(1863-1937)를 중심으로-」, 『한국사연구』 140, 한국사연구회, 99-124.

반병률(2009), 「러시아 연해주 한인마을 연추의 형성과 초기 모습」, 『동북아역사논총』 25, 동북아역사재단, 39-73.

반병률(2011), 「러시아원동지역 초기 한인마을 형성과 러시아의 정책에 대한 재해석」, 『역사문화연구』 40, 역사문화연구소, 281-340.

배영환(2017), 「음운 변화에 대한 과도교정의 양상 고찰-ㄷ구개음화와 원순모음화를 중심으로-」, 『한국언어문학』 100, 한국언어문학회, 35-64.

배은경(2015a), 「니콜스크-우수리스크 고려사범전문학교에 관한 연구-고려인 신문 『선봉』에 기초하여-」, 『한국민족운동사연구』 84, 한국민족운동사학회, 129-174.

배은경(2015b), 「1920-30년대 연해주 고려인 교원 양성 정책과 원동조선사범대학에 관한 연구」, 『슬라브학보』, 30(3), 슬라브학회, 81-123.

보리스 박, 니콜라이 부가이(2004), 『러시아에서의 140년간』, 시대정신.

소신애(2005), 「공시적 음운변이와 통시적 음운변화의 상관성-함북 육진방언을 중심으로」, 서강대 박사학위 논문[『음운론적 변이와 변화의 상관성』(국어학총서 64), 국어학회, 2009].

소신애(2007a), 「언어 변화 기제로서의 과도 교정-20세기 초 함북 방언을 중심으로」, 『어문연구』 35-1, 한국어문교육연구회, 183-207.

소신애(2007b), 「어기 및 접사 변화와 파생어의 재형성-사 · 피동 파생어를 중심으로」, 『국어학』 50, 국어학회, 3-26.

소신애(2008), 「중세 국어 음절말 유음의 음가와 그 변화-방언 자료와 문헌 자료에 근거하여」, 『국어학』 53, 국어학회, 35-64.

소신애(2012a), 「국어의 ㅿ>ㅈ 변화에 대하여」, 『진단학보』 114, 진단학회, 51-84.

소신애(2012b), 「점진적 음변화로서의 ㅅ>ㅿ-방언 반사형에 대한 해석을 중심으로」, 『국어국문학』 162, 국어국문학회, 45-83.

송민(1974), 「모음 <ᄋᆞ>의 비음운화 시기」, 『성심여대 논문집』 5, 성심여자대학교.

송철의(2004), 「한국 근대 초기의 어문운동과 어문정책」, 『한국문화』 33, 서울대학교 규장각한국학연구원, 1-35.

송철의(2008), 『한국어 형태음운론적 연구』, 태학사.

송철의(2010), 『주시경의 언어이론과 표기법』, 서울대학교출판문화원.

신승권(1994), 「江左與地記 · 俄國與地圖 解題」, 『韓國學資料叢書』 2, 한국정신문화연구원.

신승용(2003), 「/k/>/h/ 변화에 대한 고찰」, 『국어학』 41, 국어학회, 93-122.

신승용(2007), 「사전(lexicon)과 복수기저형 및 활용형」, 『한국어학』 37, 한국어학회, 75-104.

신승용(2014), 「교체의 정의와 교체의 해석 그리고 기저형」, 『한말연구』 41, 한말연구학회. 77-101.

신중진(2001), 「국어움라우트 연구사: 동화주, 피동화주, 개재자음의 본질을 찾아서」, 『울산어문논집』 15, 울산대학교, 159-183.

안병희(1959), 「15세기 국어의 활용어간에 대한 형태론적 연구」, 『국어연구』 7[국어학 연구선서 2, 탑출판사, 1978)].

안병희(1968), 「중세국어의 속격어미 'ㅅ'에 대하여」, 『이숭녕박사송수기념논총』.

안병희(1998), 시(詩)의 올바른 해석을 위하여 '오라비(嫐)'를 예증으로, 『한글사랑』 9(가을호), 54-63.

오상학(2013), 「조선후기 세계 지리지에 대한 시론적 고찰」, 『규장각』 43, 서울대학교 규장각한국학연구원, 1-30.

오창환(1930), 『고려문전 -교원참고용』, 원동변강인민교육부, 하바롭스크.

왕한석(1996), 「언어생활」, 『중국 길림성 한인동포의 생활문화』, 국립민속박물관.
위국봉(2010), 「한국어 /ㅎ/의 통시음운론 -/k/>/h/의 변화 과정과 관련하여-」, 서강대학교대학원 국어국문학과.
위국봉(2017), 『고대 한국어의 음운체계 연구』, 태학사.
윤병석(1993), 「계봉우의 생애와 저술목록」, 『인하사학』, 인하역사학회,
윤상원(2013), 「소련의 민족정책 변화와 1937년 한인 강제이주」, 『사림』 46, 63-92.
윤진영(2019), 「ㄷ구개음화와 과도교정의 연구사 고찰」, 『동아인문학』 46, 동아인문학회, 267-291.
이경숙(2011), 「블라디보스토크 한인학교의 변동, 1905~1922」, 『정신문화연구』 34, 한국학중앙연구원, 7-40.
이경희(2000), 국어 마찰음의 유성음화 현상, 『우암어문논집』 10, 부산외국어대학교 국어국문학과, 107-125.
이균영(1994), 「해제」, 『선봉』, 고려서점.
이기갑(2003), 『국어 방언 문법』, 태학사.
이기갑(2008), 「중앙아시아 고려말의 어휘」, 『이숭녕, 현대국어학의 개척자』, 태학사.
이기갑 · 김주원 · 최동주 · 연규동 · 이헌종(2000), 「중앙아시아 한인들의 한국어 연구」, 『한글』 247, 한글학회, 5-72.
이기문(1962), 「중세국어의 특수어간교체에 대하여」, 『진단학보』 23, 진단학회, 119-153.
이기문(1970), 『개화기의 국문연구』, 일조각.
이기문(1972a), 『개정 국어사개설』, 민중서관.
이기문(1972b), 『국어음운사연구』, 한국문화연구소[탑출판사, 1977].
이기문(1979), 「국어의 인칭대명사」, 『관악어문연구』 3, 서울대학교 국어국문학과[이기문(1990)에 재수록].
이기문(1980), 「19세기 말엽의 국어에 대하여」, 『난정 남광우박사화갑기념논총』, 일조각, 255-266.
이기문(1990), 『국어 어휘사 연구』, 동아출판사.
이기문 외(1991), 「한국어 방언의 기초적 연구」, 『학술원논문집』(인문사회과학 편)

30, 45-143.

이기문(2010), 「19세기 말엽의 국어 어휘 연구」, 『한국어연구』 7, 163-210.

이병근(1970), 「19세기 후기 국어의 모음체계」, 『학술원논문집』 9(인문 · 사회과학편), 대한민국 학술원), 375-390.

이병근(1980), 「동시조음 규칙과 자음 체계: Prestopped Nasals를 중심으로」, 『말소리』 1, 40-55.

이병근(1981), 「유음탈락의 음운론과 형태론」, 『한글』 173 · 174, 한글학회, 223-246.

이병근(1986), 「국어사전 편찬의 역사」, 『국어생활』 7, 국어연구소, 8-35[『한국어 사전의 역사와 방향』, 2000].

이병근(1992), 「근대국어 시기의 어휘정리와 사전적 전개」, 『진단학보』 74, 진단학회, 195-213[『한국어 사전의 역사와 방향』, 태학사, 2000에 재수록].

이병근(2001), 「서양인 편찬의 개화기 한국어 대역사전과 근대화-한국 근대 사회와 문화의 형성과정에 관련하여-」, 『한국문화』 28, 서울대학교 규장각한국학연구원, 1-31.

이병근(2003), 「근대국어학의 형성에 관련된 국어관-대한제국 시기를 중심으로-」, 『한국문화』 32, 서울대학교 규장각한국학연구원[『국어학사-시대와 학문』, 태학사, 2022에 재수록].

이상근 (2000). 「제정러시아의 연해주 경영과 한인 이주」, 『사학연구』 60, 157-181.

이상근(1996), 『한인 노령이주사 연구』, 탐구당.

이숭녕(1954), 「15세기의 모음체계와 이중모음의 Kontraktion적 발달에 대하여」, 『동방학지』 제1집, 331-432[『이숭녕국어학선집』(1), [음운편Ⅰ], 민음사, 1988에 재수록].

이숭녕(1956), 「「ㅿ」음고」, 『서울대 논문집』 3, 51-235[『이숭녕국어학선집』(2), [음운편Ⅱ], 민음사, 1988에 재수록].

이승재(1983), 「재구와 방언분화; 어중 'ㅅㄱ'류 단어를 중심으로」, 『국어학』 12, 국어학회, 213-234.

이왕무(2005). 「『俄國輿地圖』에 나타난 조선의 러시아 영역 인식과 국경 상황」, 『동북아역사논총』 5, 동북아역사재단, 335-365.

이익섭(1981), 『영동영서의 언어분화』, 서울대출판부.

이익섭(1984), 『방언학』, 민음사[개정 증보, 2006].

이익섭(1994), 『사회언어학』(대우학술총서 · 인문사회과학 75), 민음사.

이진호(2002a), 「음운교체 양상의 변화와 공시론적 기술」, 서울대학교 박사학위논문.

이진호(2002b), 「국어 비모음화와 관련된 이론적 문제」, 『국어학』 37, 국어학회, 61-84.

이진호(2006), 「음운규칙의 공시성을 바라보는 시각」, 『국어학』 47, 국어학회, 39-63.

이진호(2008), 『통시적 음운변화의 공시적 기술』, 삼경문화사.

이진호(2017), 『국어 음운론 용어 사전』, 역락.

이토 다카요시(伊藤貴祥)(2015), 「동남방언 성조의 지역적 분화 연구」, 서울대학교 박사학위 논문.

이현복(1982), 「속도의 리듬에 따른 말소리의 변동」, 『어학연구』 18-1, 서울대학교 어학연구소, 115-120.

이희승(1931), 「인대명사 소화」, 『조선어문학회보』 1.

이희승(1955), 『국어학개설』, 민중서관.

임경화(2015), 「'붉은 한글운동'의 기원-소련시대 연해주 고려인 사회의 언어 운동-」, 『한국문화』 73, 서울대학교 규장각한국학연구원, 179-205.

전경옥(1999), 『함경도의 민속』, 고려대학교 출판부.

전학석(1987), 「훈춘지방말의 어음론적 특성」, 『조선어문석사논문집』, 심양: 료녕민족출판사.

전학석(1993), 『함경도방언의 음조에 대한 연구』, 태학사[1998, 흑룡강조선민족출판사].

정광 편(1988), 『(諸本集成) 倭語類解』, 태학사.

정광(1978), 「『朝鮮偉國字彙』의 해제」, 朝鮮偉國字彙 영인 부록, 홍문각.

정승철(2013), 『한국의 방언과 방언학』, 태학사.

정승철(2018), 『방언의 발견』, 창비.

정연찬(1960), 「15세기 국어의 Tone에 대한 연구」, 『국어연구』 8, 국어연구회

정연찬(1976), 『국어 성조에 관한 연구』, 일조각.

정영숙(1998), 「서유견문에 나타난 외국 국명의 한자 표기에 대하여 -일본, 중국과

의 비교를 중심으로-」, 『일본학보』 41, 129-138.

정용호(1988), 『함경남도 방언연구』, 평양: 교육도서출판사.

정인호(2013), 「하강이중모음 '외'의 변화와 방언 분화」, 『방언학』 18, 한국방언학회, pp. 147-170.

조남호(1997), 「근대 국어 어휘」, 『국어의 시대별 변천 연구 2-근대 국어』, 국립국어연구원, 130-131.

조성환(2011), 「도교의 형성과 성인의 탄생-생사관의 변화를 중심으로」, 『생명연구』 22, 서강대 생명문화연구소, 159-188.

조원형(2013), 「언어학자 '게봉우'-민족어 연구와 마르주의사이에서」, 『러시아의 한국학과 북우 계봉우』(동아시아한국학연구총서 16), 인하대학교 한국학연구소, 소명출판, 95-137.

조항범(1993), 『국어의미론』, (주)와이제이물산.

조항범(1996), 『국어 친족 어휘의 통시적 연구』, 태학사.

조항범(2022), 『우리말 어원 사전』, 태학사.

최강현(1976), 『北關路程錄』, 일지사.

최기영(1995), 「『권업신문』·『대한인정교보』·『청구신보』·『한인신보』 해제」, 한림대학교 아시아문화연구소.

최기영(2004), 「1914년 이광수의 러시아 체류와 문필활동」, 『식민지시기 민족지성과 문화운동』, 한울아카데미, 157-158.

최명옥(1980), 『경북 동해안방언 연구』, 영남대출판부.

최명옥(1988), 「국어 UMLAUT의 연구사적 검토」, 『진단학보』 65, 진단학회. 63-80.

최명옥(1989), 「국어 움라우트의 연구사적 고찰」, 『주시경학보』 3, 주시경학회.

최명옥 외(2002), 『함북 북부지역어 연구』, 태학사.

최전승(1983), 「비어두음절모음의 方言的 分化(u~i)와 접미사 -i의 기능」, 『국어학연구』(정병욱선생화갑기념논총 Ⅰ), 신구문화사, 154-175[최전승(1995)에 재수록].

최전승(1987), 「언어변화와 과도교정(hyper-correction)의 기능: 19세기 후기 전라방언 자료를 중심으로」, 『국어학 신연구 Ⅱ(김민수 교수 회갑 기념)』, 탑출판사, 340-359[최전승(1995)에 재수록].

최전승(1989), 「국어 i-umlaut 현상의 기원과 전파의 방향-19세기와 20세기 전기 국어 방언을 중심으로-」, 『한국언어문학』 27, 한국언어문학회, 27-61[최전승(1995)에 재수록].

최전승(1995), 『한국어방언사연구』, 태학사.

최전승(2009), 「19세기 후기 국어방언에서 진행 중인 음성변화와 과도교정(hyper-correction)의 개입에 대한 일 고찰」, 『국어문학』 46, 국어문학회, 323-385[최전승, 『국어사와 국어방언사와의 만남』, 역락, 2009에 재수록].

최주한(2014), 「이광수와 『대한인정교보』 9, 10, 11호에 대하여」, 『대동문화연구』 86, 성균관대학교 대동문화연구소, 517-544.

최학근(1976), 「M. 푸칠로의 「노한사전」에 대하여」, 『관악어문연구』 1, 서울대학교 국어국문학과, 15-154.

최현배(1946), 『우리말본』, 정음사.

킹(R, King)(1991), "A Soviet Korean Grammar from 1930", 『한국말교육』 3.

킹(R, King)(1992), "Experimentation with Korean Writing in Russia and the USSR", *ICKL*, The George Washington University, August 6-8, Washinton D.C.

킹, 러쓰 · 연재훈(1992), 「중앙 아시아 한인들의 언어-고려말」, 『한글』 217, 한글학회, 83-134.

플로트니코바 마리나(Marina, Plotnikova)(2006), 「1863~1910년까지 연해주로의 한인 이주와 그들에 대한 러시아의 정책: 러시아 국립 역사기록보관소 극동지부 소장 문서를 중심으로」, 석사학위논문, 한국학중앙연구원 한국학대학원.

한득봉(1991), 「소련에서의 한국어 교육」, 소련에서의 한국어학과 한국어 교육, 『이중언어학회지』 8, 이중언어학회, 609-613.

한영균(1985), 「국어음운사에 대한 지리언어학적 연구」, 『국어연구』 55.

한지형(2018), 「『고려인을 위한 문자교본(Азбука для корейцев)』(1902) 연구: 20 세기 초 제정 러시아 한·노 이중어 강독서의 한 유형.", 『국제어문』 76, 153-183.

한지형(2016), 「『고려인을 위한 기초 러시아어 교과서: 회화수업을 위한 시험적 교재』(1901)에 관한 소고", 『노어노문학』 28-2, 한국노어노문학회, 73-102.

한지형 · 김인택(2017), 「『고려인을 위한 기초 러시아어 교과서: 회화수업을 위한 시험적 교재』(1901)의 고려말 전사법 연구", 『우리어문연구』 57, 우리어문학회, 539-572.

허웅(1965), 『국어음운학』, 정음사.

홍윤표(1985), 「구개음화에 대한 역사적 연구」, 『진단학보』 60, 진단학회, 143-157.

홍윤표(1991), 「방언사 관계 문헌자료에 대하여」, 『행촌 김영배 선생 회갑기념 논총』, 경운출판사[김영배 편(1992), 『남북한의 방언 연구』에 재수록].

홍윤표(1993), 『국어사 문헌자료 연구』, 태학사.

황대화(1986), 『동해안방언연구-함북, 함남, 강원도의 일부 방언을 중심으로』, 평양: 김일성종합대학출판사.

황철산(1960), 『함경북도 북부 산간 부락 <"재가승" 부락>의 문화와 풍습』, 평양: 과학원출판사.

宣德五·趙習·金淳培(1991), 『朝鮮語方言調査報告』, 延邊人民出版社[1991년 태학사 영인].

菅野裕臣(1971), 「한국관계 노서아어 문헌목록(1854-1969)」, 『아세아연구』 44, 고려대학교 아세아문제연구소, 289-325.

小倉進平(1917), 「京元·咸鏡鐵道沿線方言」, 『朝鮮教育研究會雜誌』 20.

小倉進平(1923). 『國語及び朝鮮語發音概說』, 近澤印刷出版社.

小倉進平(1927). 「咸鏡南北道方言」, 『朝鮮語』 2, 朝鮮教育研究會.

小倉進平(1929), 「平安南北道の方言」, 『京城帝大法文學部研究調査冊子』 1, 京城: 京城帝國大學.

小倉進平(1930), 「咸鏡南道及び黃海道の方言 研究」, 『京城帝大法大學部研究調査冊子』 No 2.

小倉進平(1931), 「六十年前の咸鏡方言」, 『中等朝鮮語講座』[「七十餘年前の咸鏡道方言」(1943년 보충), 『朝鮮語方言の 研究(上 · 資料篇)에 재수록].

小倉進平(1934), 「朝鮮語に於ける外來語(中)」, 『季刊外來語研究』 2,3.

小倉進平(Ogura Simpei)(1940), *The outline of the Korean Dialects*, Memoirs of the Research Department of the Toyo Bunko 12, Tokyo.

小倉進平(1944), 『朝鮮語方言の 研究(上 · 資料篇, 下 · 研究篇))』, 東京: 岩波書店[영

인: 1973, 亞細亞文化社].

伊藤智ゆき(2007), 『朝鮮漢字音研究』, 汲古書院.[이진호 역(2011), 『한국 한자음 연구』, 역락.]

赤松智城 · 秋葉隆 共編(1938), 심우성 역(1991), 『朝鮮巫俗の 硏究』(下), 동문선.

河野六郎(1945), 『朝鮮方言學試攷-'鋏'語攷-』, 東京; 東都書籍[『河野六郎 著作集』 再收錄].

河野六郎(1951), 「諺文古文獻의 聲点에 對하여」, 『朝鮮學報』 1.

河野六郎(1968), 「朝鮮漢字音の研究」, 『河野六郎 著作集』(李珍昊 譯註(2010), 『한국한자음의 연구』, 역락).

Adami, N.R.(1982), "Die in Russland vor 1910 Erschienen Materallien zur Koreanischen Sprache-Lexicalisches", in Hau, *Korea Kultur Magazin,* Heftz, 50-60., Institut für Kor. Kultur:Bonn.

Anuchin, D.G.(1884), *Sbornik" Glavnějshix" Official'nyx" Doku-mentov" Po upravleniyu Vostochnoi Sibir'yu*, Tom" 4: Inorodcheskoye naseleniye Priamurskogo kraya, Vypusk" P-j, Korejtsy i inorodtsy Yuzhno-Yssyrijskago Kraya Primorskoj Oblasti, 1884 g., Irkutsk": Tifografiya Shtaba Vostochi. Sibirskago Voennago Okruga.

Asher, E.R. et al. (eds.) (1994), "Koinés", The *Enclopedia of Language and Linguistis*, Oxford: Pergamon Press.

Azbuka dlya Korejtsev(1902), Izdaniye Pravoslavnago Missionerskago Obshchestva, Kazan': Tipografija V.M. Kljuchnikova.

Cincius, V.I. et. al.(1975-77), *Sravniteljnyj Slovarj Tunguso-Manjchzhurskikh Jazykov*, Leningrad: Izdateljstvo NAUKa Leningradskoe Otdelenie.

Grave, V.V.(1912), *Kitajtsy, korejtsy, yapontsy v priamur'ye*. S.-Petersburg.

Jakobson, R.(1971), The Kazan's School of Polish Linguistics, Selected Writings II, Mouton, The Hague, 394-428.

Kang, G.V.(1994), *Koreitsy Kazaxstana*, Almaty.

Kim Syn-Xva/김승화(1965), *Ocherki po Istorii Sovetskikh Koreitsev*, Alma-Ata[정

태수 편역(1989), 『소련한족사』, 대한교과서주식회사].

Kim, G.(2008), Pereseleniye v Rossiyu i prosveshcheniye korejtsev v dor-evolyutsionnyj period(http://world.lib.ru/k/kim_o_i/ch2rtf.shtml).

Kim-Pen-Ok(1904), *Pazvedchiku v Koree*(Russko-Korejskij Slovarj), S.-Peterburg: Izdanie Voenno-Statisticheskago Otdela Glavnago Shtava.

King, J.R.P(Ross).(1987), "An Introduction to Soviet Korean", *Language Research* 23 · 2, Seoul National Univ., 233-274.

King, J.R.P.(1988), "The Korean Dialect Materials in Matveev's 1900 Reference Book to the City of Vladivostok", *Language Research* 24, Seoul National Univ., 281-329.

King, J.R.P.(1989), "A 1902 Cyrillic-script Rendition of 'Little Red Riding Hood' in North Hamkyeng Dialect", in the proceedings of the Third Annual *WOKL*.

King, J.R.P.(1991a), "Russian Sources on Korean Dialects", Doctorial dissertation in Havard Univ.

King, J.R.P.(1991b), "North Hamkyeng Pitch-Accent according to the Russian Source", Papers delivered at the *AKSE* Conference, March 22-26, 1992 in Dourdan, France.

King, J.R.P.(1991c), 「소련의 한국어학 연구: 과거, 현재 및 미래」, 『새국어교육』 47, 한국국어교육학회, 245-548.

King, J.R.P.(1991d), "Korean Language Studies in the USSR", 『제3회 국제학술대회, 소련에서의 한국어학과 한국어 교육』, 『二重言語學會誌』 8, 二重言語學會, 42-153.

King, J.R.P.(1992), "Archaisms and Innovations in Soviet Korean Dialects," *Language Research* 28 · 2, Seoul National Univ, 201-223.

King, Ross.(1996), "Russian Loanwords in Hamkyeng and Soviet Korean Dialects", 『李基文敎授 停年退任紀念論叢』, 신구문화사, 939-966.

King, Ross(2001a), "Blagoslovennoe: Korean village on the Amur", 1871-1937. *Review of Korean Studies* 4 · 2 (December), Korea: Academy of Korean

Studies, 133-176.

Kirillov, A. V.(1895), Korejtsy sela Blagoslovennago (Istoriko-etnograficheskij ocherk), Priarmurskago Otdela Imperatorskago Russgago Geograficheskago obshchestva, Xabarovsk, pp. 1-4.

Koncevich, L.R.(菅野裕臣 譯註)(1971), 「소련의 한국어학」, 『아세아연구』 14 · 2, 고려대학교 아세아문제연구소, 187-216.

Korejtsy-zhertvy politicheskix repressij v SSSR(2004), 1934-1938 gg., t.5, Moskva.

Kuz'min, K.(1900), *Elementarnoye posobiye k izucheniyu korejskogo yazyka*, s grammaticheskimi pravilami i uprazhneniyami", Xabarovsk.

Lynsha, O. V.(2006), "Zarozhdeniye shkol'nogo obrazovaniya sredi korejskogo naseleniya Yuzhno Ussurijskogo kraya vo vtoroj polovine XIX veka", 『역사문화연구』 24, 3-72.

Martin, S.E.(1954), *Korean Morphophoemics*, Baitimore.

Martin, S.E.(1982), "On Dating Changes in the Phonetic Rules of Earlier Korean," paper presented at the Second Intonational Conference on Korean Linguistics, 10-14 August, U. of Hawaii: Honolulu.

Matveev(1900), "Kratkij Russko-Korejskij Slovarj," *Spravotchanja Kniga g. Vladivostoka, 1900*, Vladivostok.

Mel'nikov A. V.(2009), *Toponimicheskij slovar' Amurskoj oblasti*. Blagoveshchensk: Xabarovsk. kn. izd-vo, 232 c.(www.uglekamensk.info)

Nasekin, N.A.(1895), "Korejtsy Priamurskogo kraya," (Kratkij istoricheskij ocherk pereseleniya korejtsev v Yuzhno-Ussurijskijkraj), *Trudy Priamurskogo otdela IRGO*, Vyp.1(T.11), Xabarovsk, s.1-66[Korejtsy Priamurskogo kraya, Senatskaya tipografiya, S.-Peterburg, Zhurnal Ministerstva narodnogo prosveshcheniya, 1904].

Norman, J.(1978), *The Concise Manchu-English Dictionary,* Univ. of Washington Press.

Noskova Natalia(2012), 「시험적인 노-한 사전(1874)과 시험적인 노-한 소사전(1904)의

비교 분석」, 연세대학교 석사학위 논문.

Opyt" Kratkago Russko-Korejskago Slovarya(1904), Izdaniye Pravoslavnago Missionerskago Obshchestva, Kazan': Tipo-litografija V.M. Kljuchnikova.

Pak, B. D.(1993), Korejtsy v Rossijskoj imperii (Dal'nevostochnyj period). M.: Mezhdunarodnyj tsentr koreyevedeniya MGU imeni M.V. Lomonosova.

Pak, N.S.(1991), "On Korean Dialects in the USSR", 『이중언어학회지』 8, 이중언어학회, 617-620.

Pak, N .S.(1995), "Tendentsii Razvitija Kore Mar", Xabarlary-izvestija, Natsionaljnoj Akademii Nauk Respubliki Kazakhstan, Serija Obschestvennyx Nauk. 21-29.

Pak, N.S.(1996), "Korean Kinship Terminology(Yukchin Dialect of Kore mar)", Izvestija Koreevedenija Kazaxstan, Vypusk 1, Almaty, 87-99.

Pak, N.S.(1997), "Divergent Processes in Language Development(Yukchin Dialects)", 『李基文教授 停年退任紀念論叢』, 신구문화사, 1050-1061.

Pak, N.S.(2001), "Jazyk-Variant Jazyka-koiné-Dialect." The Second Kazakhstan-Korean International Conference, *Korean and Central Asian Region* N 2. Almaty.

Pak, N.S.(2004), "Problema Ischeznovenija Minoritarnyx Jazykov", Avtoreferat Dissertatsija na Soiskanie Uchenoj Stepeni, Doctora Filologicheskix Nauk, Almaty.

Pak, V.(2013). Pervyye korejskiye sem'i Yuzhno-ussurijskogo kraya, Zemlya vol'noj nadezhdy Kniga 3, Vladivostok Izdatel'stvo «Valentin».

Pervonachaljnyj Uchebnik" Russkago Jazyka dlya Korejtsev'(1904), Izdaniye Pravoslavnago Missionerskago Obshchestva, Kazan':Tipografija V.M. Kljuchnikova)

Petrov, A.I.(2008), "Koreans in Russia in the Context of History of Russian Immigration Policy," *International Journal of Korean History* 12, 157-197.

Putsillo, M.(1874), *Opyt" Russko-Korejskago Slovarja*, S. Peterburg.

P'yankov, V.G.(1874), V Polyzu Korejskix shkolj Yuzhno-Ussrjskago Kraja, *Korejskaya Azbuka*, (Litograf Korejtsa, obuchavshagosja V Missionerskoj

Shkolu, Izdal Dejstviteljnyj Permskago gubernskago statisticheskago Komissii Korejskij Missioner, S-Peterburg.

Ramsey, R.S.(1978), *Accent and Morphology in Korean Dialects*, 塔出版社.

Ramstedt, G.J.(1928), "Remarks on Korean Language," *Mémoires de la Société Finno* 58.

Ramstedt, G.J.(1939), *A Korean Grammar*, Helsinki.

Ramstedt, G.J. (ed., by P. Aalto) (1953), *Studies in Korean Etymology*, Helsinki.

Russko-Korejskiye Razgovory(1904), Izdaniye Pravoslavnago Missionerskago Obshchestva, Kazan':Tipografija V.M. Kljuchnikova.

Sbornik" Glavnějshix" Official'nyx" Doku-mentov" Po upravleniyu Vostochnoi Sibir'yu, Tom" 4: Inorodcheskoe naselenie Priamurskogo kraya, Vypusk" P-j, Korejtsy i inorodtsy Yuzhno-Yssyrijskago Kraya Primorskoj Oblasti, 1884 g., Irkutsk": Tifografiya Shtaba Vostochi. Sibirskago Voennago Okruga.

Siegel, J.(1985), "koinés and koinéization", *Language in Society* 14 · 3.

Solov'ev, F.V.(1975), *Slovar' Kitajskix toponimov na Territorii Sovetskogo dal'nego Vostoka*, Akademiya NAUK SSSR Dal'nevostochyj Nauchnyj tsentr.

Slova i Vyrazhenija k" Russko-Korejskim" Razgovoram(1904), Izdaniye Pravoslavnago Missionerskago Obshchestva, Kazan':Tipografija V.M. Kljuchnikova.

Starchevskij, A.V.(1890), Nashi sosědi. spravochnaya knizhka. *Pogranichnyj Perevodchik"*, S. Peterburg".

Tajshin", *Russko-Korejskij Slovarj*, 1898, Habarovsk.

Toivonen, Y.H.(1950), "Gustaf John Ramstedt", *Discours Commémoratif Prononcé* 2. 12. 1950, À L'asemblée Annuelle de La Société Finno-Ougurinne[『G.J. Ramstedt 논문집』, 태학사, 409-427].

Weinreich, U.(1953), *Languages in Contact*: Findings and problems, New York: Linguistic Circle of New York, No. 1.

Xlynovskii, M.(1904), *Russko-Iaponsko-Koreiski Voennyi Perevodchik*, Irkutsk.

Xolodovich, A.A.(1954), "Fonetica Severnya dialektov", *Ocherk Grammatiki Korejskago Jazyka*, Moskva.

찾아보기

ㄱ

ㅂ

ㅅ

ㅇ

ㅈ

ㅊ

ㅋ

ㅌ

ㅍ

ㅎ

부록

연해주 한국어 어휘 목록

연해주 한국어 어휘 목록

부록 1

카잔 문헌(『시편 노한소사전』, 『노한회화』, 『노한회화에 대한 단어와 표현』)

일러두기

1. II부의 문헌 가운데 1904년 Kazan의 러시아정교선교회에서 간행한 『시편 노한소사전』, 『노한회화』, 『노한회화에 대한 단어와 표현』을 대상으로 어휘 목록을 작성하였다. 같은 기관에서 간행한 문헌 중 『한인을 위한 철자 교과서』(1902), 『초급 러시아어 교과서』(1901)의 한국어에는 고저 악센트가 전사되어 있지 않아 별도로 【부록 2】에 제시하였다.
2. 출전은 『시편 노한소사전』은 (사), 『노한회화』는 (회), 『노한회화에 대한 단어와 표현』은 (표)로 표시하였다. 약호 (사), (표) 뒤의 숫자는 해당 어휘 항이 출현하는 원전의 쪽수를, (회) 뒤의 숫자는 각 회화문의 앞에 놓인 문장 번호를 가리킨다.
3. 본디 키릴 계통의 문자로 음성 전사된 것을 한글 자모로 재전사하였다. 때문에 원전의 음성 정보가 낱낱이 반영되지 못하였다. 음성 정보는 II부 각 문헌의 해제를 참고하기 바란다. 비모음은 옛글자 'ㆁ'을 써서 나타내기도 하였다. 각종 부호는 『시편 노한소사전』의 서문을 참고하기 바란다.
4. 원전에서, 명사는 '-이'가 결합되어 있고 동사는 어간에 '-기', 형용사는 '-은 게' 또는 '-ㄴ, -은'이 결합되어 있다.
5. 고저 악센트는 고조가 놓이는 음절의 우측 상단에 [']로 표시하였다. 『시편 노한소사전』의 서문에서 밝힌 바와 같이, 일부 어휘는 활자 사정으로 고저 악센트가 표시되지 못하였다. 이 경우 사전의 서문에서 언급한 대로 고저 악센트가 놓이는 위치를 확인하여 표시하였다. 그렇게 해서도 고저 악센트의 위치를 확인하기 어려운 예는 그대로 두었다. 편자들이 합성어의 악센트는 어기별로 전사해 놓았다.
6. 『시편 노한소사전』의 용례는 그 일부를 각주를 통해 제시하였다.
7. 보충 설명이 필요한 경우 각주를 통해 밝혔다.

119里: 일'백십구'리(회40)

11里: 십일'리(회40)

12쯤: 야 두-어(회42)

13, 14쯤: 야 서-너(회42)

14, 15쯤: 야 너-더(회42)

14里: 십사'리(회40)

15, 16쯤: 야 대-애-여스'(회42)

15-6-7쯤: 야 대-애-예-닐굽'(회42)

15-6-7-8쯤: 야 대-애-예-닐-야듭'(회42)

15-6-7-8-9쯤: 야 대-애-예-닐-아웁'(회42)

168里: 일'백눅'십팔'리(회40)

16里: 십늉' 리(회40)

17里: 십칠' 리(회40)

2000: 냥천(회42)

200里: 냥백' 리(회40)

20里: 이'심 리(회40)

27里: 이'십 칠'리(회40)

2000: 냥'췔리(회40)

3000: 삼천(회42)

3000里: 삼췔리'(회40)

30리: 삼심' 리(회40)

4000: 사'천(회42)

4000里: 사'췔리(회40)

40 남짓: 마으-나무(회42-14쪽)

40里: 사'심리(회40)

50里: 오'심리(회40)

56里: 오'십늉'리(회40)

600/600里: 눅'백(회42)/눅'백리(회40)

6000: 눅'천(회42)

60里: 눅'십리(회40)

64里: 눅'십사'리(회40)

6里: 눅'리(회40)

70 남짓: 니르-나무(회42)

7000里: 칠'-췔-리(회40)

70里: 칠'십리(회40)

75~6 정도: 니른 대애여슷(회42)

8000里: 팔'췔리(회40)

80 남짓: 야드'-나무(회42)

83里: 팔'십삼리(회40)

85-6-7쯤: 야든대애예닐굽'(회42)

9천/9천 里: 구'쳔(회40)/구'췔리(회40)

ㄱ

가(哥): 김-개(표1)

가게(lavka): 쟉은 개개(사51)

가까이: 가채비'(사3), (표5), (회37). 쳘'로 가채비'(사v)

가깝다: 가찹다'(회196, 360)

가난하다: 가난=안'(사66), 가난' 한게'(사7)

가늘다: 가'늘기, 가'는 배[細布](사121), 가'는 나무' 가'지(사116)

가다: 가'오, 가기', 가'다가, 갓'소, 가디' 마'오, 가'따오기(사51, 65, 73, 88)

가대기(農具): 가대'기(사110)

가두다: 가두'는(사44)

가락지: 가락지'(사46, 78, 103)

가래(lopata, 農具): 가래'(사xv, 55)

가래[楸]: 가래'[1](회viii)

가루: 갈기'(사61, 회302, 표22)

가르다[分]: 가르기'(사30), 농구'기(사50)

가리(짚-/낟-): 가리'(사47, 50)

1 본디 고조가 없는 명사이지만 어말고조화에 의거 마지막 음절이 고조로 실현되었다.

가리다[選]: 가래'기(사15)

가리키다: 갈치우'기(표3)

가리키오: 갈치우'(회17)

가마[轎]-를: 가매'르(회103)

가만히: 가마'니(표20), 가마'아니(사124)

가물: 가'물-이(사116)

가쁘다(힘에 겹다): 가뿐'(회13)

가슴: 가슴'-이(사21)

가운데: 가운'데(사111, 회414), 가운'디(사103, 표40)

가위: 가새'(사68)

가을: 가슬-이'(사74)

가장: 가'장(사76)

가장, 맨: 왠(표5)

가장자리: 역, 엑'이(사48)

가재(石蟹): 가'재(회xiv)

가져오다: 개'애오다(회96)

가져오-오: 가제' 오'오(회102)

가죽: 가주기'(사61)

가죽장화: 샤바귀'(—g^{w}í)(사2)

가지(여러 ~): 가지'(사110)

가지다: 가지'구(사10, 43, 68), 가져 가지'마'오(사vii), 가져'(사41, 86)

가지다: 가지'기(표17), 개'애기(표16)

가지런히: 가주라'아니(사99)

간살(아양): 간새, 간'상[-sã] 쓰기(사53, 90)

갈고리/고리(kryuchok): 고래기'(사49)

갈기: 셕, 셕-이' | 모력', 모레'기(사21)[2]

갈까마귀: 가뭉'기(사18)

갈다[耕]: 갈'기(사77)

갈다[磨]: 갈'기(사63)

갈앉다: 가란끼'(가랁-기, 사126)

갈퀴: 살-국뒤'(사20)

감자: 감'졔(표34, 회333), 감'지(회xiii)

감주(甘酒): 감지'(사44), (회xiii)

감추다: 곰취우'기[komts^{hw}ïùgi](사111), 곰칙우'디(회137), 곰칙우'기(표21)

감탕(Tina)/개흙: 갈매(사120)

감히: 감'히 하기'(사74)

갑자기: 불'쎄르, 불'쎄르 떨'기, 불'쎄르 부뜰기'(사8, 10, 116), 불'쎄르(회xviii)

값: 갑'시(사27, 44, 표29)

갓신(가죽신): 가씬'-이(갓신-이)(사2)

갓옷(가죽옷): 가웃'이나(사135, 134)

강(江): 강, 가'이, 가'으르, 가'으느(사99, 51, 1), 가'이(표4)

강남(江南): 강남에'셔(사54)

강도(强盜): 강'-젹(사95)

강쇠(鋼鐵): 강쇄'(사112)

강아지: 개애지'(사136), 개애'지(회xiv)

강파르다: 강'하기(표5), 강하'오?(회35)[3]

강하다: 강'-한(사49)

갖추다: 가추'기, 가추'는(사20, 90, 114), (표16)

갖추어: 갖촤' 노오'라구 시기'오(회95).

같이: 가'티(사88, 표16, 회194)

개[犬]: 개과' 말이'(개와 말이, 사22, 79)

2 '셕'은 '갈기'의 방언이 아니고 '고삐'를 뜻하는 '혁'의 방언이다. "말-셕이, 말셕<말혁, 초26), 셕, 곱디(고삐, 타4)"의 예가 참고된다.

3 곽충구(2019a)는 '강'-하다'임.

개구리: 머그락'지, 머그래'기(사57)

개다(이불을 ~): 개이'기(사106)

개암: 깨앰, 깨앰-이', 깨앰 겁지'(사73), 깨앰'이(회xvi)

거기: 정게'(회61, 64, 표12), 정게셔(회191)

-거나: -아'나(사15, 88). 앉아'나 말으' 타'구나 댕기'기(사96).

거두다[秋收]: 거두'기(사83)

거둥하다(행차): 거'둥-하기(사135)[4]

거르다, 받다[濾過]: 걸기(사130)

거리[街]: 거리'(표30)

거무스레하다: 검스그레'에 한게'(사6)

거미: 거믜'(사77), (회x)

거저: 거져' 주기'(사23), 거제' 주기'(사82)

거짓말: 거'즈뿌래르 하기'(사13, 52)

걱정하다: 걱정하기'(사95)

건너가다: 건'네 가기'(사78) 건'네가다(회26)

건너다: 건'네(표38), 건'네기(사78, 표4)

건네다: 건'네우기(표4), 시러' 건'네우기

건드리다: 다티'기(사122)

건사하다: 건주'르 하기'(사3)

걷다[收]:: 사매'르 거두'기(사124)

걷다[步]: 걷'기(사134)

걸다[鎖]: 거'는, 걸'기(사134, 33)

걸리다(돌에 ~): 걸키'기(사110)

걸리다[被掛]: 걸기'기(사14), 걸겨'(사11)

걸음: 거릐'미(표41, 회x)

걸인: 걸-인'-이(사67)

검다: 검'운, 더 검'소(사43, 132)

검댕, 그으름: 거메기'(사100)

검소하다: 검'슈-한(사102)

검정 칠: 검뎡칠'으 하기'(사132)

겁(怯): 겁'우 내기, 겁'이(사114, 122)

게[蟹]: 게'덜 듕'에(사111)

-게: -께'(사89)

게으름, 나태: 가즈'(←가증)(회xiv), 가징[kadzĩy](<가증+-이)(사56)

겨릅등: 등, 드이'(사55-56)

겨릅등의 겨릅에 바르는 반죽: 등-깨, 등-깡지'(사56)

겨우: 져'구나(회75, 표14), 져어'구나(사64)

겨울: 동'삼-이[5] | 겨얼'-이(사38)

겹재우다: 겹재운'게(사24)

경계: 디경, 디경'-gyẽ'(디경-이)(사20)

경산(지명): 경'산이(표28)

곁: 곁에'셔, 곁을'르, 곁으'르, 곁에'(사76, 82, 83)

계시다: 계'시기kyèsigi, 계'시오(표15)

계집: 계'집, 계'집이, 계'집덜이(사72)

계집아이(devitsa): 새'애기(표26)

계집아이(낮춤): 간나'(사29). cf. 새'아가.

고개: 고개'르 숙이'명(사44)

고기[肉, 魚]: 고기'(표17, 회99), (사68, 98)

고기잡이꾼: 고기' 재비'-꾼-이(사98)

고랑: 고랑', 고랭'-rɛ̃'(고랑+-이)(사21)

고랑: 골때'(회xvii)

고래[鯨]: 고래(사22)

고르다[均]: 고루기'(표40)

고르다[選]: 고루오'(회421)

고만(高慢): 고'만-이(사111)

4 뜻풀이에, "한국 왕에 대하여"라 함.

5 '동삼'은 무성조 어간. 동삼-이'.

고맙다: 아심태니'타(표15), (회89)

고맙소: 아심태니'오(회296)

고삐: 곱지'(사12)

고생: 고'상kòsã(회198), (표26)

고슴도치: 고순-돔', 고순-도티'(사30)

고양이: 고'내(사64, 48). 고'내 개과 마주' 앉앗'소.

고자(鼓子): 고쟤(사46)

고추: 고치'(사ix)

고치다: 고티'기, 고틸'(사56, 66)[6]

고치다[修理]: 고티'다(회155), 고티'기(표23)

고하다(告一): 봉'-하기(사27)[7]

고향(故鄕): 공'애kõ'yɛ(회222, 223, 표27), 고'양(사67, 70)[8]. 길 해앤이 제 고'양 궁니'르 하'오.

곡식: 곡셕', 곡셱'이(사32, 표22), 곡셕-으느(회240)

곡조: 곡됴'(사94)

곧이듣다: 고디'듣기(사17)

골짜기: 고래'(사71)

홈(파인 곳): 홈'이(회11)

곰: 곰'이(사58)

곱[倍]: 고비'(표29, 회240)

곱[脂肪]: 곱'이(사100)

곱다: 곱운; 인-긔' 잘 쓴(사48), 곱'운 색(사3, 48)

곱하다: 곱히'다(사24)[9]

곳[處]: 고댱, 고댕-dyɛ̃(고댱-이)(사18)

곳간/광: 사랑', 사랭-rɛ̃'(사100)

공(ball): 남우' 주에기'(남의 공, 사133)

공(空, lishnij): 공(사54)

공고/포고(delat' ob"yavleniye): 방-긔' 하기'(사71)

공급, 배달하다(dostavlenie): 재원 해 오'너라(회141).

공기: 공'긔(사viii)

공로: 공뉘'[koŋnʷí](사58), 샹개비.

공문(zamyshlayat'): 공문'으 하기'(사35)[10]

공부: 공부', 공-부' 시기'기(사127)

공장(工場): 됴-졈(造店? 사83)

과녁: 과'녁, 과'녜기(사130)

과부: 하불' 에'미 | 과'븨(사8)[11]

과실: 괘'실(회96), 괘'시리(표16)

관(冠): 나랑' 관-이(임금이 머리에 쓰는 관)(사16)

관(棺): 관-이(사21)

관문(官文): 관'문우'루 글'으 하기'(관공서에 제출할 서류 작성[12], 사27)

관병(官兵): 관-병, 관벼이'(사109)

관사(官事): 관새, 관사'-보기'(사107)

---

6 이 병pyɔ̃ 고틸' 약이 없'소(사66).

7 izvestit' vyssheye litso ili uchrezhdeniye (가장 높은 사람이나 기관에 알리다).

8 타-국' 가 살'기 둏'다 하나' 그러나' 본 고'양 생각은 평-생 나'오.

9 곱[倍]에 '-하-'가 결합된 파생어일 듯하다.

10 '공문(公文)을 작성하다'의 뜻일 것으로 생각된다. 러시아어는 '꾀하다, 꾸미어내다, 계획하다'의 뜻.

11 하불르' 난 안깐-이'(홀로 나앉은 아낙네).

12 napisat' bumagu dlya podachi v" gosudarstvennoye uchrezhdeniye

관장(官長): 관ᅳ당, 관ᅳ대(관당-이)(사91)[13]

광주리: 광지'(사47)

광풍(狂風): 광'풍, 광푸ㅇ이(사6)

교회(tserkov'): 결'ᅳ이 | 결당', 결땡'-t'ɛ̃'(결당+ᅳ이)(사130)

구경하다: 구겨ㅇ하기'(사11)

구들: 구둘'ᅳ이(사85)

구렁/구덩이(yama): 구렝'(kurẽ')(표13)

구렁(rov", 참호, 도랑): 구렁, 구렝'-rẽ'(구렁+ᅳ이)(사97)

구렁-으로(Rvami, 참호): 구롱'ㄹㄹkurõ'llɨ(회369)

구르다: 그불기'(사7), 그부러' 댕기'기(사7)

구름: 구'룸ᅳ이(사123)

구리[銅]: 구릴'르 한(사61)

구멍(nora): 구냥', 구냉-nyɛ̃'(구냥ᅳ이) | 궁기'(사68), 구녀(dyra)(사29)

구멍: 나드는 구냥', 구냉-nyɛ̃'(사129)

구부러지다: 구부러'디기(사72)

구부리다: 구부'리기(사63)

구석: 구섹이'(사124)

구슬: 구술'ᅳ이(사6)

구실[자기가 마땅히 해야 할 맡은 바 책임]: 구ᅳ실'ᅳ이(사107), 구ᅳ실'으 하기'(근무하다, 봉직하다, 사107)

구유: 구시' 모레'에셔(사117), 구시'(표13, 회105)

구접스럽다: 구주'럽운게(사21)

구정물: 구주렁물이(사86)[14]

구조(救助): 구즈르 하기', 구즈르 해애 주기'(사86, 36), 구즤'(표40), 구즤' 하라' 오'오?(회419)

구차(苟且): 구챠(회137), 구챠ᅳ하기'(표21)

국[羹]: 쟝물ᅳ이'(사116, 127, 136)

국[羹]: 구기'(표17), 궁물'이(표17)

군병: 군병/군벵(←군병-이)(회398, 400), 군벼이(표39)

군사(軍士): 군ᅳ새덜'이(사91, 회82), 군ᅳ새 | 관ᅳ병, 관벼이'(사109), 군새(표14)

굳다(skunoj, 인색한): 구둔', 구둔' 마암ᅳ이'(사105, 106)

굴다(성가시게 ~): 구'디(회132), 구'디 마'오. 굴'기(표20), 몹'시 굴'기(사61), 죽기' 굴'기(사125)

굴대, 축(軸): 술긔' 뛰(사75)

굴뚝: 굼묵, 굼묵이'(사122), 굼묵' 마개(사16)

굴러다니다: 그부러' 댕기'기(사7)

굴리다: 그부리'기, 내리 그부리'기(아래로 굴리기, 사7)

굵다/뚱뚱하다(tolstyj): 모'딘(사121)

굽다(빵을 ~): 굽'기(사79)

궁궐: 궁걸'ᅳ이(사129)

궁리(깊은 생각): 궁니'르 하'오(사10, 70), 궁니' 인는 사'름ᅳ이(才士, 사125)

궤(sunduk, 櫃): 궤, 궫' 두'울르(사116, 40)

궤짝: 쾌샹(사vii)

귀: 귀(kùy)(회ix), 귀'[kʷí], 구에' 께는(6, 사127/103)

귀고리: 구에'kuè 께는 가락지'(사103)

귀뚜라미: 긔'뚜리(사101)

귀룽나무: 구룸' 나무' 밑으르(사83)

13 군새덜이 관ᅳ대 냬애기르 하'오(사91)

14 곽충구(2019a)에는 '구주렁물'ᅳ이'.

귀리: 구밀이'(표11, 회43)

귀여워하다: 귀애[kùyyɛ] 하명(사1)

그 아이: 가(사72)

그(관형사): 그 일'으(사65), 그 계'집(사72)

그것: 그게'(사65)

그네: 구'리-르 뛰기'(사43)

그래다: 그랜거터르(그런 것처럼, 사6)

그러께: 그러'께(표29) 우리' 샹-년에'랑 그러'께랑 일'으 해'앳소(회238)

그러나: 그러나'(사22)

그렇게: 그러=키(표13), 그러키(사119)

그렇기 때문에: 그러킬래(표14)

그루터기(pen'): 나무' 글기', 글거리'(사78), 쟉'은 나무' 글기', 글거리'(사57)

그릇: 그릇, 그르'시, 그르'스(사8, 83, 88, 132)

그림: 그'림-이(사43)

그림자: 긔름쥐'[kïrimdzʷí](사123)

그물: 그물-이'(사65, 118), 그물 뜨'기(사17)

그을다: 끄슨(사70)

근(斤): 근이'(표31)

근심: 근심'-이(사32)

글: 글'으 쓰'기(사79)

글자: 글째'(사6)[15]

긁다: 그끼'(극-기')(사132)

금(金): 그미'(표36), 금-이', 그믈르 한(사18, 38)

금물(金物)/귀중품: 금'물-이나(사44)

금방, 이내: 금만'(사54)

금식(禁食): 께-식', 께-식'-이 | 금'식, 금'식이(사88)

급히: 그'피(사31, 표41)

-기: -기라(88) 흐르기라 시작' 하기'

기구(器具): 긔'귀[kíɡʷï](사10)

기다: 긔'기(사85), 게'에 들어가기'(사11)

기다리다: 기둘구'기(사82), 기둘궈'(사)

기도(문): 불'또(사59)

기도문을 읽다(chitat' molitva), 외우다: 불'또르 니르기'(사59, 133), 불'또르 왜우'기(사16)

기둥: 기둥, 기두이'(사113)

기러기: 기레기'(사22), 기례기'(표30), 기례기'덜(회254), 기려그(기러기-의, 회344)

기르다: 자'래우기tsàr=ɛugi(사16)

기름: 기르'미(표17)

기름[脂]: 고'비(표30, 회250)

기름구이(떡): 기름굽이'(사4)

기름떡: 기름떡', 기름떡'이(사3)[16]

기름: 기릐'미(회336)

기별: 긔별'-이(사17)

기뻐하기: 기뻐하기'(사70, 95), 기뻐 하'는 게(사9)

기쁨: 기쁜-김'-이(사95)

기선/화륜선: 화-륭-션이'(사65)

-기에: -길래(사41, 사48), 시기'길래(시키기에).

기운: 긔'운-이(사12)

기장: 기장'(회24), 기쟁kidzɛ̃(표29)

기장쌀-을: 기장'쌀'으(회24)

기절: 긔'-졀, 긔'-졜이, 긔져얼으 하기'(사70)

15 곽충구(2019a)에는 무성조.

16 멥쌀가루를 쪄서 메로 친 다음 기름을 바른 흰떡. =골미떡.

기절: 실'력이šiʎʎəgi[17], 실'-혼 하기'[18](사70)

길: 길'이(표2), 길'-이(사27, 94)

길다: 긴, 긴'게(사26, 104)

길이 어긋나다: 길'으 오끼'기(사101). cf. 웨께셔(교64).

길이, 기장, 폭, 넓이: 길씨'(회16, 표3)

깃[羽]: 긴, 기'지(사78)

깊다: 기퍼', 기푼', 기푼데'(사68, 18, 2), (표3)

까마귀: 가마귀'(회xi), 가마귀'[kamagʷí](사13)

-까지: -꺼'지(표15)

깎다(머리~): 까끼'(사120)

깔다: 깐(사62)

깔리다: 깔기우'기(표13), 깔기웠'숩니(회74)

깨[荏, suudza]: 깨(표30)

깨끗하다: 깨깯-한', 깨깯-하기'(사132)[19]

깨다(풀다, 말다툼을 ~): 깨기'(사99)

깨닫다: 깨다끼'(사90)

깨우다: 깨우'기(사6)

꺾다: 거끼'(걲-기)(사55), 꺼끼'(사106)[20]

꺾어지다: 꺾어'디기, 꺾어'딘(사106, 96)

껍질: 깨앰 겁지'(개암 껍질, 사73)

꼬다(새끼를 ~): 꼬'기(사11)

꼬리: 꼬리'(사128)

꼬아지다: 꽈'=디기(사11)

꼬투리: 원듸' 고티'(완두 꼬투리, 사114)

꼼짝: 깜작(회443)

꼼짝하다(shevelit'sya): 깜작'-하기(표41)

꽃: 꽂이'(사130), 꼳-덜'-이, 꼳덜께'셔(꽃들에서)(표VII)

꾀: 꽤(사120)

꿀: 꿀'-이(사58), 꿀'이(회xvi)

꿀벌: 꿀 벌-이(k'ur pəri)(사94)

꿈: 꿈'-이(사109)

꿩: 꿩, 꿔이'(사127), 꿔이'k'wə̃i(회xvi)

꿰다(skvoz'): 께기'(사10, 92), 께는(사103), 께다'(회387, 표38)

꿰뚫어 가다/통과하다: 께 건네(사105), 께 건네가다(회381)

끄다[消火]: 끄'기(사34)

끌다: 끄스구' 댕기'기(사xv, 119)

끌어 넣다: 그서' 녀키'(사14)

끓이다: 끄리'기(사84)

끝: 긑'이‖ 즈음-이(사46)[21]

끼얹다: 물'으 치'-기(사5)

끼우다: 끼우'기(사116)

ㄴ

-ㄴ지: -ㄴ둥: 누'에 일꾼인'두(사117)

-나: 아무' 사'름두나(사73)[22]

나[我]: 내(주격, 속격), 내게'(여격), 나'르(대격), 나'는(표XIV)

나가다: 나가기', 나가'거라(사15, 13)

17 실력(失力)일 듯함.

18 실혼(失魂): 몹시 두려워서 정신을 잃음.

19 널리 쓰이는 함북 방언형은 '깨까자다'.

20 말 모리'꾼이 다리'르 꺾어시나[-어시-+-으나] 죽디' 안=이'캐쏘(사65)

21 즈음-이=predel"(한계, 경계, 극한).

22 아무' 사'름두나 목가게' 셩둥tyũ 돌과' 싸'기(사73), 말으' 태와'나 술게' 앉어'나 가지'구 댕기'기(사43).

나귀: 나귀'-gʷɨ́(사73)

나그네/길손(Putnik"): 길 해-앤이'(<길 행인-이, 사70)

나누다: 농구'기(사50)

나다[出]: 나기'(사74, 표19), 소리' 나'오(사20), 욕'심이 나'오(사84)

나들다: 나 드는 구냥', 구냉-nyɛ̃'(사129)

나라(tsarstvo): 국, 국'이 | 나랑', 나라'이(사130), 나라'-느(←나랑-으느, 사1)

나무: 냉기'(회xiv, 표14), 낭게'(사26), 낭글'르 한(사73)

나무를 파서 만든 그릇: 모례'에셔(사117)

나무속: 나무 속, 나무 속'이(사28)

나뭇가지: 나무' 가'지(사116)

나사못: 타래몯'우 탈아' 놓기'(사35)

나아가다: 나사' 가기'(사83)

나이: 나'-이(주격형)(표25)

낚싯대: 낙시때'(사119)

난(亂, vojna): 나'니(표40), 난'-이(사12)

낟가리: 곡셕가리'(사105)

날[刃]: 날'-으(사70)

날[日]: 날'-이(사xiii, 13, 25), 나'리(표28)

날개: 날'개(사49)

날다[飛]: 날아', 날기', 날아' 왓'소, 날아' 오기'(사53, 54, 90)

날삯: 날삭, 날색이'(사82)

날삯꾼: 날삭군-이'(사82)

날삯일: 날 삭 일-이(사82)

날새[飛鳥]: 날새(사93)

날씨: 날'쎄(사82)

날짐승: 날새즘스ㅇ, 날새즘싀'ㅇ, 날즘승(사93)

남인명(男人名): 남-인'명(사1)

남[他]: 남우'(남-의)(사133), 남 모루'게(사124)

남겨두다: 떨궈 두기'(사74)

남기다: 기티'기(사74)

남새밭: 나무새 밭이'(사71)

남편: 남-펴'니(표26), 남펀'-이(사61)

납: 납'울르 때앰우 하기'(사34)

낫: 낟, 낟'이(사48)

낫다[好]: 나슨(표33)

낭떠러지: 은채 기푼데' 떨어'디문 죽울' 데(사2)

낭패(狼狽): 낭'패(사7)

낮: 나'지(표33), 낮에'(사25)

낯색: 낟색'(사4)

내다[出]: 내애(사15), 내기(꺼내기, 사15), 내앰니(냅니다. 사23)[23], 내'기(표15)

내던지다: 내애 데디'기(사15), 뿌려 던디'기(사101)

내려가다: 나려' 가기'(사108)

내리: 내리'(표3)

내리다(아래로): 내리우'기(사108), 내리와' 보내기(내려 보내기, 사111)

내리다: 내리'기(사107, 표41), 말께'셔 내례'라(회439)

내리막: 내리'-매기'(표3), 내리매기'(회12)

내버리다: 뿌리'기(사43)

내세우다: 내애 셰우'기(사16)

내외(內外-부끄러워함): 내위(nɛwï)(사115)

23 어딘 사'름이여, 그러나' 홰르 빨리' 내앰니(사23).

내일: 내앨', 명-일'-이(사23), 내앨(표32)

냇물: 함물'(사99)

냉방(冷房): 집에' 냉간'-이(사45)

냥(兩): 냥, 냉nyɛ̃(냥-이)(사98), 내(냥-이)(표4)

너[汝]: 네(주격, 속격), 네게'(여격), 너르(대격), 너는(표XIV), 너어 마댕(너의 마당이, 표XVII)

너더: 노'더nòdə(회42)

너르다: 너른-데(사2)

너비: 너븨'(표3, 회15)

너희: 너어덜이, 너어덜께'(너희들에), 너어덜께'셔(너희들로부터)(표XIV), 너어덜께'(너희들에게)(사8)

넉넉하다/자라다: 자'라다(사128), 자'라-우리, 자'라-랴르(회68)

넉넉하다: 벤'변하다(회65)

넉넉히: 벤:'변이(회397)

넌출: 멀귀'mərgʷí 너출' 밑에'(사83)

널 도막: 널 도매(사27)

널 울타리: 널 쟝'제(사32), cf. 배재, 살댱.

널다(<너흘다, gryzt'-물다, 깨물다): 너얼'기(사21, 33)

널판때기: 널-판대'기르(사105)

넓다: 넙운'(사84, 135)

넘기다: 넘구'기(사18). 삼치'기(사18).

넘다: 넘어'(사132)

넘어지다: 넘어'디기(사76)

넝쿨: 너출'(사83)

넣다: 녀키'(넣-기), 녀챠(넣-자)(표XXIV, 41), 녀키'(사32, 89), 년는(사45).)

네(속격): 네(사119)

네(주격): 네(사65)

-네: -읍니: 홰르 내앰니(사23).

넷: 너'이(표9), 네, 너'이(사132)

넷째: 넫'재(표23)

노 젓다: 촤' 가래'질으 하기'(사9)

노(櫓): 촤' 가래(사9)

노래: 노래'(사94)

노래하다: 소리'르 쓰'기(사94, 92)

노령(老齡): 노'문-이(사112)[24]

노름: 놀옴우'(사39)

노여워 마오: 노애-마오(표18)

노인: 노'-인-이(사112)

노젓기: 가래'질으(사20)

녹(~이 슬다): 동-녹', 동-녹'-이(사97)

녹다: 농는때(사76)

놀[霞]: 느부리'(사34)

놀다: 놀'기, 놀'라(놀-러)(사22, 117), 놀'기, 놀앗'다, 노'는, 노'오, 놀'갯소(표XXV)

놀라다: 놀'라기(사93)

놀래다: 놀'래우기(사93)

놀이: 놀옴-이'(사39)

농(籠): 농앞에'(사78), 농 두'에(사32)

농군(農軍): 농군-이' | 일'-꾼-이(사95)

농담: 우'재(사135), 우'재르 쓰는 사'름-이(사136), 우재'(회134, 표20)

높다: 노푸기', 노푼게'(사16)

높이(명사, 부사): 높이'(사21, 16)

놓다: 노키'(표15), 노키', 노앗'소, 놋소', 노캣'습데(표XXIII), 노키', 노와', 노챠(사94, 75, ix)

24 '노문하다'는 '늙다'의 존대어로 쓰인다.

누-가/누구든지: 뉘'기/뉘'기던디(회80, xi, 130)

누구: 누'긔(사49), 누'권두(사50, 69), 누'에(누구의, 사117), 누'긔던디(사3, 49), 누'기던디[25]

누구: 누'에(누구의), 뉘'기(주격), 누'에게(여격, 처격), 누'에게셔(누구로부터), 뉘'기는(누구는)(표XX)

누구든지: 뉘'기던디(표20)

누구에게: 누'에게(회124, 358)

누나: 이'샹느븨'(회 168, 194)

누르다[壓]: 누루'기(사23, 31)

누르다[黃]: 누룬'게(사31)

누이: 느븨', 느븨네'(회180, 194), 느븨'(사104, 표24)

눈 무지: 눈 무디'(사 115)

눈[雪]: 눈'-이(사108)

눈[眼]: 눈'-이, 눈에' 드는(사18, 74, 69), 눈'이 멀엇소(사74)

눈물[眼水]: 눈'물-이(사106)

눕다: 늡기'. 느버' 이끼'(있기)(사52, 84)

-느냐: -은나(회218), 가안냐?(가느냐?)

느른하다: 느룬' 항게'(시들어 늘어지다), 느룬'한 사'름이(사17)[26]

늘(언제나 ~): 댜'앙즈(사24)

늙다: 늘근(사112)

능금: 는'굼-이, 는굼 나무', 는굼 냉기'(사137)

25 누'기던디 복'스레 살'문 싫어하기'(사3).

26 slabo shevelyashchiysya(약하게 움직이다). 느른하다

늦다: 늦어'(사84)

늪(ozero): 느'피(사111)

ㄷ

-다가: 가'다가(사88).

다니다: 댕기'기(표2), 댕기'기, 댕기'는 사'름이(사43, 68, 137)

다람쥐: 다래애미(사129), 셰피'(사7)

다르다: 다른, 다른게'(사28)

다른: 다른(표19)

다리[脚]: 다리', 다리'르(사68)

다리[橋]: 다리'(표2), 물 다리'(사60), 물다리'(회8, 14)

다리다: 다리'기(사82)

-다면: -더면, 없더면(사vii)

다섯 살: 다슷-사리(표27)

다섯: 다스'시(표9, 회184) 다슷, 다슷'이(사94)

다섯째: 다슷재(표27)

다스리다: 다스'리기(사126)

다시: 고톄'(회157), 다'시(사73), 다시'(표32)[27]

다음: 다음'에(사87)

다치다=건드리다: 다티'기(사122)

다툼: 도툼-이'(사111)

닦다(obteret'), 훔치다: 쓰'끼(쓿'-기)(사70, 120)

단(볏단 15단): 조배기'(사47)

단(볏단 30단): 하디'(사47)

단[束]: 다'니(표21), 단'-이(사108)

단정하다: 단졍-한(사102)

27 곽충구(2019a)는 '다시'.

단지: 단디'(사20, 50, 표34, 회329)

단풍나무(시닥나무): 시대나무', 시대냉기' (사44)

닫다[走]: 다끼'(닫-기)(사7), 달아 댕기'기 (사7)

닫다[閉]: 무누' 다끼'(사34), 닥기'(표19)

달[月, 月曆]: 달'-이, 기'난 달에'(사55, 61, 65), 다'리(표28)

달걀: 달갈'이(회58)

달다[甘]: 단 떡, 단 떽'이(사93, 106), 단(표 17)

달려가다: 달아' 가기'(사81, 82, 124)

달려들다: 달아' 들'기(사63)

달려오다: 달아' 오기'(사90)

달력, 曆書: 역'-셰오(사131)

달리다: 달기'기, 낭게' 매애 달겻'소(사26)

달수: 달'-쉬(사61)

닭: 달기'(표11)

담뱃대: 대'(사122)

답답하다: 답답'한 일-이(사19), 답답'한 게', 답답' 하기'(사29, 106), 답답' 해애 하기' (사106)

답답함(toska-근심, 우울, 답답함): 답답, 답 댑이'(사105, 121)

당기다: 당개'기(사25, 123)

당밀과자(糖蜜—, pryanik): 단떡, 단떽'이 (사93)

당신: 당신이', 당신께'(당신에게), 당신께' 셔(당신으로부터), 당신으는, 당신네'(표 XIV), 당신이'(회5, 63), 당신네'에게(사 8), 당신을래.

당하다: 당하기'(사126)

대가리: 대가리'(사19)

대궐: 대-궐 안에'(사vi)

대답: 대'다비(표20)

대머리: 믠 머리'(사81)

대문: 대-무니(표19), 대-문-이'(사13)

대신(大臣): 대'-신(사59)

대신(代身): 대'비-르(사vi), 물건 대'비르(사 12)

대애(다섯쯤): 대애(회42)

대애예닐굽'(다섯 여섯 일곱쯤)(회42)

대장간: 대쟝'-간에'셔(사76)

대장장이: 대재(표18), 대쟝'덜이, 대쟁-dʒɛ̃ (대쟝-이)(사50), 대쟁-게(대장장이-에 게, 사74), 대쟝tɛdʒã/대쟁냐?(대장장이 냐? 회118)

대접(大楪): 대뎝(사4), 대뎝, 대-뎁이'(사 119)

대접(待接): 대'졉우 하기'(사124)

대포: 부랑귀'puraŋ^{w}í(회390, 391, 표38, 사 94)

대한제국: 대 한 국', 대 한 국'-이(사47)

댁(宅)=처(妻): 댁, 댁'이(사31)

댕기: 댕기'(사53)

더디[遲]: 더듸'(표27, 회202)

더럽다: 더'러분게(사21)

더위: 더븨' 먹구'(사viii)

던지다: 더디'기(사101), 데디'기(사5, 75), 던디'기(사101)

덥다: 더분'(사120)

덩이: 덩지', 더이'(사50)

덫: 돋'이(사42)

덮다: 물'을르 덥기'(덮-기)(사34)

덮이다: 덥히우'기(표3)

데려가다: 대려 가기'(사8)

데려다: 대례다(회31)

데려오다: 대려 오기'(사90)

데리다: 대리'기(표5), 대리'구 가기'(사10), 대리'구 내려 가기'(사101)

데우다: 데운'(사70)

도구(道具): 자분대기'(사101)

도끼날: 도'끠 날'으(사70)

도둑놈: 도종-놈'-이(사13)

도둑질: 도독질'으 하기'(사115, 125)

도로: 도루'(표19, 회126)

-도록: -랴르(회387)

도리깨: 도리'깨(사131)

도서: 도셰'(사79)

도시/성안/邑內: 셩듕, 셩듀이'(城中-이)(사19, 97, 123, 126)

독수리: 수리'(사73). cf. 닥수리(교46, 49).

돈: 돈'이(표21), 돈'-이, 돈'이나(사25, 44)

돌[石]: 돌'이(표37, 사39, 42), 돌'르 깐 물역'(사62), 돌'덜이(회423)

돌담(kamennyj zabor"): 셩-내(셩냥-이, 표37), 셩냐'알르(셩냥-을르, 돌담-으로, 회369)

돌라싸다: 돌과' 싸'기(사73)

돌리다: 돌과'(돌구'-아, 사73)

돌아가다: 돌아' 가기' 하기'(사9, 13)

돌아가-지: 두러가디'(회383)

돌아오다: 돌아' 왓'소(사114), 돌아' 오니'(사54)

돕다: 돕아' 주기'(사36)

동(50x30=1500단): 동, 도이'(사47)

동네: 동네'(표36, 회358), 동네' 사'름-이(사110), 동'넬르(iz sosednej mestnosti -이웃에서, 사40)

동무: 동믜'(사28)

동생(남동생, 여동생): 애끼', 동-새(표24), 동새/동생네'(회165, 174), 동생-sɛ̃(사103), 동새애나toŋsɛ̃ɛna(동생이나, 사5), 동생네'르, 동생네게', 동생네게'셔(동생네로부터)(표XI)

동이(물동이): 동에'tõè(사50, 표33)

동이다[紐]: 도이'기tõìgi(사104, 105), 도'이기(사17)

돼지: 도티'(표30), 도투'(돼지-의, 회248)

돼지 새끼: 돼지 새끼'(사87)

되게/몹시: 돼우'(사21)

되다[爲]: 돼기'(사112, 회142, 표11), 몯 됀 안깐-이'(사)

두[二]: 두 돈'이(사35)

두다: 두기'(표20), 두기', 두'는(사74, 25)

두드리다: 두두'리디, 두두'리기(사115, 표12), 두두'린(회58)

두레박: 드렝'-rẽ'(사2)

두루마기: 두루막, 두루마'기(사77)

두루마기: 져막, 져마기'(사77)

두루미(zhuravl'): 한'새(사32)[28]

두르다: 두러(표5), 둘구'기(사9)

두름: 드레미'(사35)

두어: 둬(회42-12쪽)

두엄: 뒴'-이(사63)

---

28 백조(白鳥)(lebed')를 '두루미'라 하고 '두루미(zhuravl')'는 '한새'라 하였다. 착오.

둘[二]: 두우'리(표9, 회130, 200), 두'우리(사24, 89), 이 안깐께' 아 두'우리 잇소'(사89)[29].

둘째: 둘-째께(사14)

둥지: 둥이'tũi(사19), 둥지'(사19)

뒤[後]: 두'이(사40), 두'우루(32), 두'울루(40), 두'에(32), 뒤, 뒈(사33, 84)

뒤곁: 두새 안'-이(사25)

뒤주: 두지'(사58)

뒤창: 뒤창'(사72)

드리다(노끈을 ~): 디'리기(사102)

든든하다: 든든한(사49)

든든히(krepko): 든드니'(표3, 37), 든든이', 든든이' 동이'기(사44, 124)

듣다: 드끼'(듣-기)(사17)

들[野]: 두루'이(사85, 표40), 두루'에(회407)

들다[擧]: 들기', 들구' 가기'(사83, 66)

들다[入]: 들'기(표12)

들다[入]: 잠'우 들'기(사35), 마암에' 서르 들'기(사109)

들리다: 드끼'오, 죠꿈 드끼'기(사17, 107, 126)

들쑤시다: 뚜디'기(사49)

들어가다: 들어 가기'(사11, 86), 들어 가'는(사15)

들어와 다니다: 들어 댕기'기(사35), 들어 왓'다 가기'(사사35)

들여가다: 디'려 가기'(사8)

들여놓다: 디'려 노키'(사8)

들여다보다: 디'리바다 보기'(사10)

들이다[入]: 디'리기(사11, 표19), 디'례, 디'려(회126)

들창: 돼창', 돼챙-tsʰɛ̃'(돼창-이, 사128)

들추다: 둘추'기(사99, 표18)

등(燈)=겨릅등: 등, 드이'(사55)

등[背]: 사뎅'-dẽ'(사등-이, 사110)

디디다: 드듸'기(사115)

따다[割]: 목으' 따'기(사42)

따리[船舵][30]: 배 따리'(사98)

딱정벌래: 닥잿taktʃɛ̃'(닥쟝이)(사32)

딴: 딴(표16)

딸: 따'리(표25), 딸'-이(사27)

딸기: 달'귀-gʷï(사57)

땀[汗]: 땜'이(회xvii)

땅: 따'이(표41), 따'(회441), 따'이t'ãi(사38)

땋다: 머리'르 따키'(땋-기')(사80)

때[垢]: 때(사22)

때[時]: 때 | šuï(?)(사118)

때다[炊]: 때애'기(사121, 표14)

-때문에: -을'래(사40, 95, 91), 애빌'래(아버지를 위해), 당신을'래.

땔나무: 때앨' 나무', 때앨' 냉기'(사28)

땜(납 ~): 납'울르 때앰우(땜-을)(사34)

떠나다: 떠나기', 떠나가'오(사94, 73)

떠넘기다(vzvalit' vinu-죄를 전가하다): 떠메우'기(사10)[31]

떠옮기다: 떠 온기'기(사87, 99)

떡: 떽'이, 떡'을르, 떡에', 떡에'셔(표 VI-VII), 떽'이(회xvi)

29 고조의 위치는 '두우'리'가 맞다(상승조).

30 선박의 키에서, 물속에 잠기는 아랫부분에 있는 넓적한 널조각(<우리말샘>).

31 '떠메다'의 사동사.

떨구다(땅에 ~): 떨구'기(사74)
떨다(몸을 ~): 떨'기(사10)
떨어뜨리다: 떨구'기(사97)
떨어지다: 떨어'디기, 떨어'디문(사76, 88, 2)
떼[筏]: 떼(표4)
또: 또(73)
똑똑하다: 똑똑'-한 사'름-이(사125)
똑똑히(yasno): 똑또기'(표27, 회203)
뛰다(그네 ~): 뛰기'tʼuygì(사99)
뛰다[跳]: 뛰기'(회ix), 뛰기'tʼuygì, 뛔' 들기'(사5), 뛰기'tʼʷïgì(사93)
뛰어 일어 나다[跳起]: 뛔' 닐어 나기'(사14)
뛰어나가다: 뛔' 나가기'(사16)
뛰어내리다: 뛔' 내리'기(사110)
뛰어들다: 뛔' 들기'(사5)
뜨겁다: 다갑운'게(다갑-은 게, 사20)
뜨다(자리를 ~): 뜨'기(표19)
뜨다[浮]: 떠(뜨-어)(사73)
뜨다[織]: 그물 띄'기(사17)
뜨이다(눈에 마주 ~): 띄우'기(사109)
뜯다: 뜨'끼(사97)

ㄹ

러시아: 아국', 아라사국', 아라사' 국'이(사60, 72, 97, 100), 양'국(사97)
러시아의 도시: 아국' 셩듕이'(97, 123, 126)
러시아 술: 마우재수울'이(회315)
러시아 황성(皇城): 양국 황-셍'ʃə̃'(황셩-이)(사60)
러시아어: 마우재말'(회214)
러시아인: 마우재(표17, 회100), 아국' 사'름이(사98), 앵-이'니(洋人-이, 표40)
루블: 냥(兩)(회283)
리(里): 니(사9)
리가(Riga, 현, 라트비아공화국 수도): 아국' 셩듕이'(사97)

ㅁ

마개: 마개', 굼묵' 마개'(사94, 16)
마구(馬具): 말술긔' 자분대기', 소-장, 소쟁-dzɛ̃'(소장-이)(사101)
마굿간: 말간-이'(사76, 129)
-마다: -마'당(회406)
마당: 마당, 마댕madɛ̃(마당-이)(사25, 표XVII)[32]
마당질: 마당질'으 하'는(사97)
마대(麻袋): 커우대'(사62), 커우대'(회143, 148, 276, 표21)
마르다[乾]: 마른, 마르기'(사116, 78)
마소 먹이(사료): 마쉬 먹새(사47)
마소: 마쉬'šʷí(사11, 25, 47, 77, 105), (회44)
마시다: 다 마시'기(사15, 79), (표16)
마을: 녜렴, 녜레미', 졔련, 졔렌'이[33](사106)
마을: 마알'이(표15), 마알'르(회84)
마음: 마암-이', 마암에' 들'기(사29, 67, 105, 109), 구둔' 마암-이'(사106), 마'암-이(사13)

32 이와 관련된 가옥구조 명칭은 Ⅱ부 2.2를 참고할 것.

33 러시아어 'derevnya'를 차용한 말. 중앙아시아 한인 중에는 아직도 이 말을 쓰거나 기억하고 있는 이가 있다. 사전에서는 마을을 '녜렘이'와 '졔레니'로 부르는데 그 하나는 러시아 마을을 나타낸다고 하였다.

마주: 마주'(사14) 고'내 개과 마주' 앉앗'소.
마주치다(nabresti)/만나다: 띄우'기(사14)
마주치다(vstrétit'sya): 마주' 띄우'기(사14, 109)
마중: 마쥐'이(madʒű˜i)(마즁-이)(사14)
마중하다: 마즁'madʒű 하기'(사14)
마지막/끝: 마감(사46, 87), 마감', 마갬이'(회xiii, 159, 324), 마갬이'(표5)
마치다: 마치'기(사115)
마흔: 마으'니(표10, 회xii)
마흔쯤: 마으-나무(회42)
막(幕)/초막: 막, 매'기(사134)
막다: 막기'(사34, 90), 물 막은(사92)
막대기: 막대기'(사77), 막대' 가지'(사77)
막이[防]: 매기'(사17, 회155, 표22), 물 매기'(물막이)
막히-었소: 맥이윘'소(회367), 맥이우'기(표37)
-만(한정): 너에-만(물개-만, 사121)
만나다: 만나기'(표32), 다시' 만나' 보갯'소(회295)
만나다(뜻밖에, 예기치 않게): 띄우'기(사35)
만두: 밴'셰(회99, 표17)
만들다: 맨들기(사29)
만일: 만'-일(사vii), 만'닐(사30)
많-네/-소: 만'숨니, 만'소(회52/51)
많다: 만'=키(표11), 만'타(사4), 만'=애두(많아도, 사68)[34], 만한 사'름, 만한게'(사30, 122), 만태니'움니(많잖네, 회53)
많이: 마'니(사55, 표32)
맏[伯]: 맏, 마디'(사112)
말 수레: 말술긔'(사101)
말[斗]: 말'-이(사61)
말[馬]: 마리'(표11), 말덜'이, 말덜께'(말들에게), 말덜'에(표IX), 말이'(사24, 46, 55, 122), 말으' 타'구나(사83)
말[言]: 말'이, 말'으, 말'르, 말'에(표VIII), 마'리(표27), 말'이, 말'으 니르기(사5, 19, 77, 79, 98)
말고삐: 말곱지'(사81)
말굽: 텰'이(표18), 텰'으 신기'기(사45)
말다[勿]: 마'오, 마라'라, 말'구màrgu(사65, 49)
말뚝: 말댱', 말댱'(martyɛ̃', 말댱'-이)(사113)
말리다[勿]: 말기'기(사126)
말리다[使乾]: 말리우'기(사116)
말몰이꾼: 말 몰이'-꾼이(사51, 68)
말안장: 말안쟝', 말안쟝'—dzɛ̃'(안쟝-이)(사118)
말을 더듬다(zajka): 말'으 멍는(사34)
말채찍: 말채'(사80)
말하다: 말 하기'(사19)
맛: 마'시(사11, 표17)
망아지: 매애지'(사31)
망하다: 망-하기'(사18)
맞다: 만는(사11)
맞히다: 마치'기(사26)
맡기다: 마티'기(사63, 표20), 마티'오(회131)[35]

34 고기'덜이 만'=애두, 물'이 기퍼 몬 잡개'쏘(사6).

35 동일 문헌에서 '마티다'와 '맽기다'가 쓰

맡기다: 매끼'기(표32), 매꼣'소(회291)

매[鷹]: 매(사138)

매끼: 매끼', 매끼'르 하기'(사17, x)

매다[紐]: 매기', 매애(매-어)(사17, 25)

매달리다: 매애 달기'기(사56)

매부: 매븨'(사39)

매우: 매우'(사76)

맥(脈), 힘: 맥, 맥'이 | 힘, 이(사60, 106)

맹세: 맹-셰'(사45)

맺다: 매끼'(맺-기)(사63)

머루 넌출: 멀귀'-gʷí 너출(사11, 83)

머루: 멀귀'(회xi)

머리(동물의): 두쟉', 두쟉'이(사19)

머리: 머리', 골'-이, 대가리'(비칭, 동물)(사19)

먹다: 먹기'(표15)

먹다: 먹기', 먹기'라[머끼'라](사79, 96)

먹이다: 메기'기(표13), (사47, 84), 메계'라(회115)

먼저: 만져'(사89, 회101, 표17)

먼지: 문쥐'mundzʷí'(사94)

멀겋다: 머얼'건 낟 색'이(사4)

멀다[遠]: 멀'기(표5)

멀다[盲]: 멀'기, 멀엇'소(사74)

멀리: 멀리'(사23)

멋쟁이, 허세부리는 사람(frant"): 흰해애 하'는 사'름-이(사128)

메뚜기: 매뚜'기(사113)

메밀: 매밀-이'(사20)

메어 가다: 메'에 가기'(사86)

메어 내치다: 메에'-내-티'기(사21)

메우다(짐을 ~): 메우'기(사122, 34), 발궤'나 메운'(사122), 들어' 메우'기(사10)

메추리: 모초리'(사78)

메치다: 미'때리기(사111)

-며: -명(사44) 고개'르 숙이'명.

며느리: 며늘'-이(사66)

명(名): 심메(10명+-이), 삼심-메(30명+-이)(표23)

명일(明日): 내앨; 며ㅇ-일'-이(사33)

명일(名日): 설'-이 | 명-실'-이(사89)

명주: 명-디(사134)

몇: 며'치(사ix), 몣'-이(회391), 몇'-으(회146), 몣'니오(몇 리오, 회39), 멧'셰(몇 시에)(회384), 몣' 필으(회411)

모기: 모'긔덜과(사117)

모래: 모새'(사78, 표3), 모샐'르(회18, 423)

모래밭: 모새밭이'(사85)

모레: 모'레(표32)

모르다: 모루'게(사124)

모스크바(Moskvà): Arasa' kuk tyéer kʰɨn ʃəŋ tyũì; i pɛgy-ə nyən-dʒəné Yàŋ-guk hwaŋ-ʃẽ(러시아에서 제일 큰 도시; 200여 년 전의 러시아 皇城)(사60)

모시다: 모'시기(표20)

모여들다: 모다' 들기(사108)

모으다(sobirat'): 모두'기(사116, 표19), 모두'다(회138)

모이다(sobirat'sya): 모두'기(사116)

모자: 쟈'은 샵'괘(사134)

모친: 모'친이(표24, 사57, 회166), 모'-친-니미(표24)

였다. 대역 러시아어는 'poluchat''로 같다.

목[項]: 목이', 목으'(사2, 42, 135)

목도리: 샬'픠(<shàrfĭ)(사134)

목동: 목-인'-이(사37)

목소리: 목소리'(사19)

목수: 목'슈mòk-šʷĭ(사70, 113)

목숨: 숨'우 바리'기(사125)

목안: 목-안'-이(사19)

목욕: 모욕' 한 다음에(사87)

목욕간: 모욕'-간으르(사vi)

목욕통(vanna): 모역 하'는 그르'시(사8)

목을 베다: 목으' 따'기(사42)

목책(木柵)/울짱: 살-댱 곁에', 살-댱, 살댕-tyɛ̃(살댱-이)(사vi, 123)

목편, 톱밥: 기적', 기제'기(사136)

몰다: 몰'기(표32)

몰살: 몰'샐으 시기'기(사40)

몸: 몸'이, 몸'에, 몸'우(54, 96, 124)[36] | 신톄(사123)

몹시: 멉'씨(회132), 몹'시 굴'기(사61), 몹'씨(표20)

몹시: 모'딜기(사21, 31), 모'딜기 문우' 닫기'(사35)

못: 몯 하'오(사65), 몯 돼나' 하기(못 된 짓을 하기)(사38), 목가게'(못 가게, 사73)

못[釘]: 몯'이, 몯'으(사18, 89)

묘(墓): 모'오(묘-를)(사132)

무: 무끼'(주격형), 무수'(사99), 무끼'(표34, 회335)

무겁다: 무겁기'(사123)

무디다: 무듼'(사123)

무디게 하다: 무듸웟'소(사70)

무릎: 명갱'ɛ̃(명강-이)(사46)

무리[群]: 무리'(사22, 134), 쉐 무리'(사111)

무병(無病): 무병', 무벼'이(사37), 무병 하'오(사37)

무사하다/안녕하다: 무-서 하'오?(사37)[37]

무서워하다: 무셥'아 하기'(사xv, 4)

무섭다: 무셥'운(사113), 무셥'기(표19)

무슨 일: 무실'(←무스+-일, 회228), 무실' 하'오.

무슨: 무숭'(표16, 회361), 무승 히'비나 깨기', 무승-일-이, 무승-일'에(사x, 99, 36)

무엇 때문에, 왜: 뭇=의'레[무싀레musíre], 무스걸래(사36)

무엇: 무수'게(주격), 무수거게'(여격, 처격), 무수'거(대격), 무수거게'셔(무엇에서)(표XX)

무엇: 무수'-게, 무수-게'던디(표16), 무수'걸르(회367)

무엇: 무스'-것덜이, 무스'게, 무스게나', 무스'겐두(사133)

무자위: 무자우' 안에'(무자위 안, 사vii)

무지, 무더기: 무디'(사47), 눈 무디'(사115)

무탈: 무탈'-이(사37)

묶다: 무꾸'-기(사17)

문(門): 무니'(표19), 문-이', 무누' 닫기'(사24, 34)[38]

36 몸'우 빼는 쉬[ʃü]. 『시편 노한소사전』(124쪽)에 uvyortka(꾀, 술책)의 대역어로 "mòmu p'ɛnɨn ʃüʸ(몸을 빼는 수)"가 나와 있다. "싸우는 동안 잽싸게 자신의 몸을 피하는 방법."

37 무서하다: 주로 인사말로 쓰인다.

문병하다: 문'-병 하기'(사91)

문안하다: 문'-안 하기'(사91)

물: 물'이(사12, 65, 표2), 물'으(사52), 물에' 빠'부리기(사121, 126), 불'으 물'을르 죽이'기(사34), 물 과' 돌'이(사39)

물가[水邊]: 물깨'(표37), 물역'muryək, mury'=ək, 물옉'이mury'=ègi(사3, 62)

물개: 너에', 너에-만(사22, 121)

물건: 물건 대'비르(물건 대신으로, 사vi), 물'건-이(사120)

물결: 물 멀기'(사13)

물고기: 물 고기'(사65)

물다[嚙]: 무오'(사117)[39], 물기'(사36, 50), 물어 노키'(사125)

물다[支拂]: 물'기(표36), 물어' 주명(회359)

물도랑: 물 도랑', 물도랭'[ɛ̃'](물-도랑-이)(사98)

물동이: 동에'(회xvi)

물러가다: 물러 가기'(76)

물방앗간: 물 방 간-이'(사27)

물방울: 물 고티'(사43)

물뱀(uzh"):: 믜'초리(사124)

물살: 물' 살-이(사114)

물어보다: 물어' 보기'(사110)

물통: 툰'재(회xvi), 퉁'재(사8)

물통의 테: 퉁'재-테(사70)

미치다[及]: 미끼'(믳-기)(사126)

미투리: 며커리'르 삼'기sàmgi(사80, 51)

믿다: 미끼'(믿-기)(사63)

밀[蠟]: 밀'-이(사13)

밀[小麥]: 채밀이'(사94)

밀다: 밀'기(사24, 113)

밑: 미티', 미트'르, 미틀'르, 미테', 미-테셔'(사40, 83), 밑이'(회74), 미티'(표13), 물 미티'(표13)

밑(바닥)(dno): 굽'이(사26)

ㅂ

-ㅂ니다: -으꾸마(-읍구마)(사23)

바[繩]: 바'-이, 바'아 쥐'셔(바를 쥐어서), 바'아 디'리기(바를 드리기=꼬기)(사4, 10, 11)

바깥: 바그테'(사16)

바꾸다: 환-하기', 바꾸'기(사78)

바꿈: 바꿈-이'(사61)

바늘: 바늘'-이(사6, 39)

바닥: 바당', 바댕'-dɛ̃'(바당-이)(사85)

바닷물: 바당' 물'이, 바당' 물'르(사60, 81)

바람: 바름-이'(사17)

바람벽: 바릇-벽, 바릇-볘기(사115)

바로: 바르(사93)

바르다[塗]: 바르기', (발라'서)(사57)

바르다[剝]: 바르기', (발가'서)(사109)

바르다[正]: 바르디' 아닌'(사49, 126)

바보 같은 마음: 웬'한 마암-이'(사29)

바보 같은 짓: 웬' 즛이(사29)

바보: 웬'-이(사28)

바자: 배재(사32)

바자울: 바재'(회xiv)

바퀴: 바퀴'pak^{hw}í(사46)

바퀴살: 술긔' 살-이(사110)

---

38 문이' 마사'디는 소리' 나'오.

39 모'긔덜과 장태애미덜이 즘승덜'으 무오'.

바퀴테: 술긔' 테(사135)

박다: 바가' 녀키'(사89, 32)

박달나무: 박달'랑게'(사70)

박이다(배를 정박시키다): 촨'으 배기'기(사20)

박쥐: 빨'-쥐(사89)

박히다: 배긴'(박힌, 사7), 배키'기, 배키'는(사115)

반(半): 바'니(표28), 반'-이 | 졀-반'-이(사85)

반두[漁具]: 목'발이(사54)[40]

반반하다(판판하다): 바안반' 항게', 반반'한(사18, 86)

받다[受]: 바끼'(표4), 사ㅇ바끼'(床을 받-기, 사32)

발가락: 발 가락, 발 가랙이'(사77)

발구: 발귀'pargʷí(사71, 100), 발궤'나 메운'(사122)

발구의 끌채: 파리'채(사71)

발뒤축: 발뒤'dʷí축-이(사94)

발자국/발걸음: 자귀'(사134, 회17), 자귀'르 드틔우'기(발걸음을 옮겨놓기, 사24)

발톱: 즘승tsimsĩ 발톱'-이(짐승의 발톱, 사45)

밝다: 바끼'(밝-기), 발근 빈, 발근 비'치(사102, 3)

밝아지다: 발가'디기(사102)

밟다: 봅'기(볿-기)(사121)

40 사전은, “통발과 같은 기구이지만 그네처럼 생겼다.”고 하였다. ‘반두’를 말한 것으로 생각된다.

밤[夜]: 밤'우 자'기(사69), 배'미(표19, 33)

밤중: 밤'듕(회313)

밥: 밥, 뱁'이 | 진'지(사43)

방(房): 바이'(표16, 사19)

방광: 오좀캐'(사93)

방비: 방비르' 하기'(사36)

방울 모양의 작은 물건: 고티'(사41)

방울: 바우'리pãùri(회xvi, 사6)

방패: 방패(사136)

밭:[41] 바티'(표28)

밭: 받, 바티', 바트' 갈'기(사85)

밭갈이꾼: 박가리'꾼이 또 왓'소(사73)

밭고랑: 쟉은 받 고랑'(사21)

배(korabl'-대형의 해양 배): 배(표26)

배[梨]/배나무: 참'-배/참'-배 냉기'(사21)

배[腹]: 배, 배때'(사5)

배[船]: 촨', 촨'-이, 촨'-으, 배 녀파'리(사4, 20, 55), 촨'이(표4, 회x, 136)

배설(排設): 배셜-으(사48)

배추: 배'채(표34)

백(百): 백, 백'이(사112), 백명(百名): 백메(표12)

백성: 백'-셩, 백'-솅-syẽ(백셩-이), 백'-셩덜이(사64, vii)

백조(白鳥)(lebed'): 두'루미(사52)[42]

뱀의 날카롭고 뾰족한 이: 치, 치대'(사30)

밸다: 춤'우 바끼'(받-기')(사80)

41 경작하는 들. 정의: 나무와 같은 무언가로 덮여 있는 지표면의 일부. 예를 들어, 나무바티-숲.

42 백조(白鳥)(lebed')를 ‘두루미’라 하고 ‘두루미(zhuravl')’는 ‘한새’라 하였다. 착오.

버들: 버들'-이(사9)

버들강아지: 버들개애지(사9)

버들치: 버들개'(사22)

버선짝: 바션짝, 바션째이'(사133)

버섯: 퍼슴', 퍼스'시(사20)

벌다: 버언'게(벌-은 것이, 사26)

벌레: 벌거지'(사132)

벌서: 발쎠'(회xviii)

벌침: 벌'이 치(사30)

벌통: 꿀 벌 통, 꿀 벌 토'이(사125)

범: 범'으 굴'르(사vii)

법(法): 법', 법'-이(사17)

벗기다(馬具를 ~): 뻬끼'기, 뻬껴'(사75, 134)

벗기다: 빽기'기(표18)

벗기다[脫皮]: 베끼'기(사109)

벗다: 버끼', 버슨게(사96, 19), 발'으 빠슨게 (bosoj, 맨발)(사4)

벗어지다: 벗어'디기(사105)

벙어리: 버버'리(사69)

베[布]: 배'(사85)

베개: 벼개'(사83)

베는 일: 븨각'질으 하기'(사31)

베다(곡식, 풀을 ~, zhat'): 븨'기(사31, 표23), 븨'다(회229, 236)

베다(나무 ~, rubit'): 베'에기(사98)

베적삼: 배젹샘이'(사129)

벤치(skamejka): 걸 안는 긴 사이'(사115)

벼룩: 벼르'기(사4)

벼슬: 벼슬'-이, 벼슬'이 싸'기(사132, 35)[43]

변변히: 볘옌'변이(표12)

별 것: 별 게(사26)

별[星]: 별'-이(사37)

별명: 별명'(사97)

별일: 별' 일-이(사133)

병(病): 아름-이'(앓음-이), 병, 벵'이pyẽ'i(사4, 56, 65), 벵'이pyẽ'i(회xvi)

병란(兵亂): 병난'-이(사12)

병사(兵士): 병-대(표39)

병아리: 뱅우리'pyɛ̃urì(회348, 표35)

병장기(兵仗器, oruzhie), 무기: 쟁기'(표19), 쟁기'덜이랑(회124)

볃: 볃, 볘티'(볃-이)(사102)

보내다: 보내'기(사87)

보다: 보기', 보구', 잘 보'는, 보'오(사11, 18, 38, 69, 71), 보기'(표17)

-보다: -보구'(표29). 뎌 사'름보구 쟉'은 (사58), 샹년보구'(작년-보다)(회240)

보드랍다: 보두'라분, 보두'래비(사62)

보배: 보'배(사109)

보이다(사동): 배우'기(사84)

보이다(피동): 배우'(보이-우, 사11), 배우'기 (표39)

복(福): 복, 복'이, 복'으(사26, 3)

복스레: 복'스레(사3)

본(本): 본(사67)

본디(samyj): 본'-판(사100)

볼모, 저당(zalog"): 덴재'(뎐쟝-이)(표20)

볼모를 맡기오: 덴쟈' 마티'오(회131)

봄: 봄'-이(사10)

봄무: 봄 무수', 봄 무끼'(주격형)(사99)

봄철: 봄'쳘이 금-만' 돌아' 오'니(사54)[44]

부끄럼: 부꾸'럼-이(사115)

43 어떠한 직무에의 임명이 합당하다.

부대(pud"=16.38kg): 부대(사93)

부대[袋]: 부대(회269)

부뚜막의 전면: 부수깨 언덤(사52)

부러워하다: 불버' 하기, 불버' 하는(사33), 숨'우 쓰'기, 숨'우 쓰'는(사33)

부르다[請, 초대]: 부루기'(사36)

부르다[號]: 부루기'(표5), 부루는(사1, 5)

부모: 부'모(사95)

부서지다: 마사'디는 소리'(사122)

부수다: 마스기'(사55)

부엌/아궁이(pechka, pech'): 부수깨'(사79)

부연 쥐: 부덕쥐'—tsʷí(사49)

부옇다: 부읜'(사118)

부유/자산(bogatstvo): 부'거(사4)

부자: 부'재(사4)

부조(扶助): 본'뎨(사20, 24, 82), 본'뎨 하기'(사23)

부족하다: 부적 하'오(사67)

부지직: 냉기' 부즈즉 하'오(사122)

부친(roditel'): 부'-친이(표23), 부'-친-이(사75), 부'친이(회161), 부'-친-니미(표23)

부친: 부'-친이, 부'-형, 부'-혱[45](사xiv, 2)

붇다[潤]: 뿌'끼(뿓-기), 뿌러'-디기(사10), 뿌'끼p'ùkki(회xvi)

불 붙이다: 불'으 달'-기, 불'으 달'아 노키'(사33)[46]

불[火]: 불'이, 불'우, 불'으, 불에'(사71, 96, 70, 45, 33), cf. 불'으 쎠기'(불을 켜기, 사33), 불'으 달'기(불을 붙이기, 사33)

불다(바람 ~): 불'기, 부'는(사29, 6)

불다[吹]: 불'기, 불어'(사102, 96)

불쌍하다: 불샹한게', 불'샹해애 하기'(사7, 30)

불티(iskra-불꽃, 불똥, 불씨): 불고티'(사41)

붉다: 불균'(사48)

붓: 부'디(표32, 사78), 북'-과 죻에'ʧõè(회295)

붓다: 부끼'(붓-기)(사75)

붙다: 불'이 붙은 자리'(사84)

붓대(ruchka): 붇 대ㅣ잘기'(사98), 붇대(표XVII)

붙들다: 불'쎄르 부뜰기'(사86, 116)

붙들리다: 부뚤기우'기(표40), 부뜰기'기(사86), 붙들기우'다(회417)

붙이다: 부티'기, 해애 부티'기[47](사89, 90, 105)

비[雨]: 비(사6)

비[箒]: 븨(사17)

비녀: 비내(사135)

비녀못[48]: 술긔' 뎌귀(사131)

비누: 비늘'-이(사61)

비다[空]: 빈(사28, 87, 94)

비단: 비단'-이(사134)

비뚤다: 비뚠(사49)

44 봄'철이 금-만' 돌아' 오'니, 졔'비덜이 강-남에'셔 날아' 왓'소(사54)

45 부형(父兄)인데 'batyushka'(아버님, 부친)의 대역어로 나와 있다. '부혱'는 주격형. '아버지(papa)'는 '아배'.

46 sobstv. ogon' zazhogshi puskat'(불을 켜라).

47 sdelavshi prikrepyat'(첨부하다).

48 바퀴의 축에 끼우는 못.

비렁뱅이: 비렁방, 비렁바이', 비렁그레'(사67)

비싸다: 세'기(표29), 세'엡데(회239), 갑시 센'게(사27)

비좁다: 배'잡운(사123)

비추다(svetit'sya): 비취tsʰʷí기(사102)

빈대: 빈대-만 하기'(사117)[49]

빌다: 빌'기(사, 92)

빗: 비'슬르(빗-을르, 사132)

빗다[梳]: 비끼'(빗-기)(사132)

빗장/걸쇠: 채명', 채뎅'-dyẽ'(채명-이)(사136)

빛: 빈, 빛'이(사3)

빠뜨리다: 빠'부리-기(사121, 126)

빠르다: 빠른게, 빠른(사6, 54)

빨리(skoro): 빨리'(사23, 105, 표21), 쉬[sʷï](표15)

빵(korovaj-커다란 둥근 빵): 떡 드딀'(사47)

빵(xlev): 떡, 떽'이(사128)

빼다(서랍을 ~): 빼'기(사15)

빽빽한 숲: 배자분 나무' 밭이'(사131)

뺨: 뺨(사136), 뺌이(회xii)

뺘우새 조롱: 뺘'아-새(p'yã'a-sɛ) 죠렁, 뺘아-새 죠렝'-rẽ'(사130)[50]

뺘우새(?): 뺘'아-새(p'yã'a-sɛ)(사130)

뻐꾸기: 버'꾹, 버'꾸기(사50)

뼈(생선의 잔뼈, 뱀의 날카로운 이): 치, 치대'(사30)

뼈: 뼤(회xvi)

뼈대: 뼤대'(사48)

뽑다: 뽑'기(회xvi)

뾰로퉁하다: 부루' 나기', 부루' 나냐' 하기'(사74)[51], smet': 부루-난' 해해 하기'(사108)

뾰족하게 하다: 바'기 하기'(사63)

뿌리: 뿌리'(사47)

뿌리다: 뿌리'기, 뿌려' 던디'기(사118, 75, 101)

뿌지직하다: 뿌즈즉 하기'(사35)[52]

뿔/나팔: 뿔'-이(사97), 뿔'이(회xvi)

ㅅ

사과(yabloko): 배(표30)

사내/남편: 사나', 남편'-이 | 님'재(사61)

사내아이: 싀나'(sïn-à)(사57)

사냥: 사녕, 사녜'(사녕-이)(사76)

사냥꾼: 사녕'-군이sanyə̀ŋ-guni(사114, 76), 사녕'군이sanyə̀ŋguni(회ix)

사다[買]: 싸-기', 싸쏘'[53](사50, 89), 싸 먹어라(회90)

사둔: 사둔'-이(사101)

49 byt' velichinoyu s klopa(빈대 정도의 크기).

50 한인들이 '빵아새'라 부르는 새를 잡을 목적으로 만든 조롱(사130).

51 osmélivat'sya(감히 하다)의 대역어. 이는 부르다-vzduvat'sya(부풀다, 팽창하다), 나기-vyxodit'(나타나다)의 뜻이라 함. 따라서 '부루나다'는 비통사적합성동사로 보임. '부루나냐 하기'는 소년 소녀에 대해서 하는 말로, '대담해지다'의 뜻이라 함.

52 갑자기 갈라지거나 째지는 소리.

53 며 책과 같'이 그'림우 내 싸쏘'(사89)

사람이: 사'름/사'륌이(회22), 사'름이(표4)

사람: 사'름이, 사'름이여, 사'름우게, 사'름 보구', 사'름덜이(사41, 23, 66, 58, 56)

사랑방: 부'루 아니' 넣는 새방, 새뱅-bɛ̃(새방-이)[54](난방이 되지 않는 방, 사45)

사랑스럽다(mnoyu lyubimyj, lyubeznyj): 내 생각' 하'는(사56)

사랑하다(radet', lyubit'): 사랑' 하기'(사95)

사설(辭說): 아무' 사'셜두 아니' 하기(사60), 사'셜-이나(회130), 사'셔리(표1)

사슬: 사슬'-이(사131)

사슴: 노'곙-kyẽ(사51), 노'곙 가'으르 갓'소 (사슴이 강으로 갔소, 51)

사시나무: 사스'-나무', 사스'-냉기', 사스나 무' 밭이'(사xiv, 74)

사위: 사위'sawï(사39)

사이: 새(사58)

사자(獅子): 사즤'(사52)

삯: 싸기'(표11), 쌔기'(표20), 싹(회235), 싹 으 내기[55](사63)

산: 산-이'(사19, 137, 51)[56], 산이'(표5)

산골: 산 고래'(사71)

산꼭대기: 산-꼭대'계(사62)

살(바퀴의 ~): 살'-이(사30)

살다: 살'기, 사'디, 살아' 나기', 살'문, 산'게 (사67, 110, 3, 31), 살'기(표25)

살리다: 살구'기(사96, 110)

살짝: 슬 얼구'기(살짝 얼리기)(사34)

살찌다: 모딜어디기, 살 진게'(사85, 32)

삶다: 삼'기(sàmgi)(사8, 표16)

삼[麻]: 삼'-이, 삼'우-(삼-을)(사46, 78, 80)

삼기름[麻油]-을: 역기름'우-(회251)[57]

삼다(삼을 ~): 삼'우 삼'기(sàmgi)(사80)

삼다(신을 ~): 며커리'르 삼'기(sàmgi)(사80)

삼솜: 삼-명(사62)[58]

삼씨[麻子]: 열기'(엵(<엸)-이, 표30)

삼촌(dyadya): 삼-추'니(회170), 삼-촌'-이 (사30)

삼키다: 삼치'기(사18)

삽(가래): 가래'(회viii)

삽(lopata): 광쟝위'kwaŋʧãwï→광챵위', 강 쟝월'르(사117)

삿자리: 멈제'(사45)

상(床): 벤치: 걸 안는 긴 사이'(사115)

상(床, stol", stul"): 상덜이(책상, 탁자)(사16), 상(사113)[59], 사이'(의자)(사115)

상급(賞給): 샹'-개비(사58)

상사나다(喪事—), 죽다: 상새나기'(사115)

상자/궤짝: 쾌샹' 안으르(사vii)

상트페테르부르크(Sankt"-Peterbúrg"): Sankt"-Peterburg" A-gúk hwaŋ-ʃẽ'(사100)

새[新]: 새(사68)

새[鳥]: 새, 새 새끼 소리'(사118, 79)

54 naxoditsya ne pod odnoj kryshej s domom (집과 한 지붕 아래에 놓여 있지 않다).

55 고용하다, 일꾼을 두다.

56 메아리: 산이' 우러 나는 소리'(사137).

57 '역기름'의 '역'은 본디 '엵'(<엸)이다. 따라서 형태음소 표기는 '엵기름'.

58 sam-dyə̃ podùrɛbi hanɨn-gət(사62)

59 stol"은 '책상, 벤치, 의자의 총칭'이라 함.

새[草]: 새(표11), 새, 새르 티'기(새를 베기)(사118, 48)

새낫(새를 베는 낫): 새낟'이(사48)

새밭(띠, 억새 등이 자라는 곳): 새밭이'(사55)

새끼(짐승의 ~): 새끼'(사79, 48, 87)

새끼돼지(porosënok): 돼지(표30), 돼지'(사87)[60]

새벽: 새바기'(표33), 새박에'(회314)

색(色): 색'-이(사3)

샘[泉]: 삼'취 겨테'(샘 곁에), 삼췰'르-tsʰʷɨlli(샘으로, 사123, 76)

생각: 생'각은, 생각' 하기'(사67, 56, 86), 생각기'(생각하기, 표26)

생선국: 물고기' 장물-이'(사127)

생선국: 생-션 국, 생-션 국이'(사127)

생일: 생진으' 쇄는 사'름-이(사41)

생존: 생져니'(표25), 생젼(회176)

서[三]: 서'이셔(사14), 서 말이'(세 말)(사122)

서너: 서너'(회42-12쪽)

서다: 셔기'(표18), 셔기', 셔구' 잇기'(서 있기, 사10, 74, 88, 113)

서당/학교: 셔당', 셔댕'-dɛ̃'(셔당-이, 사135), 셔당' 방 안'-이(사44)

서당 훈장/학교 선생: 셔당' 훈'-당, 훈'-댕'-dyɛ̃'(훈당-이)(사127)

서로: 서르(사109)

서른 남짓: 셔르나무(회42)

서른: 셔른'이(표10, 회xii), 셔른 두우'리(표10)

서리[霜]: 설-이'(사41)

서방: 셔방, 셔뱅-bɛ̃(셔방-이, 사31)

서울: 셔울이'(표28), 셔울이'오(회223)

석판(石板): 석판'-이(사68)

섞다: 서끼'(섞-기), 서끈 걷(사62, 108)

선망하다(羨望―, zavidovat'): 불버' 하기, 숨'우 쓰'기(사33)

선생: 션-생, 션-생-sɛ̃(사127)[61]

설[元旦]: 설'-이 | 명-실'-이(사89)

설움: 셜움-이'(사10)

설탕: 사탕'satʰã'(회259), 사태(사탕-이, 표30)

섧다: 셜'븐(섧-운, 사105)

섬[島]: 셤'-이, 셤듀, 셤듀tyũ-이'(사75)

섬[石]: 셤'-이(사50)

성(姓): 셔'이(표1)

성(城): 셩, 셰이'(사19)

성냥: 비지깨', 셩뉴왜'(사110)

성자(姓字): 셩째(회1)

성화: 셔ㅇ왜'르 시기'기(사61)[62]

섶: 져굴' 셮이'(사84)

세금/호전(戶錢): 호'젼-이(사82)

세납(稅納): 세'-납, 세'내비(사23)

세다(값이 비싸다): 돈'이나 다른 값'이 센 금'물이나(사44)

60 twɛdʒɨ-porosonok, no etim slovom oboznachayut takzhe i svin'yu(돼지-새끼 돼지. 그러나 이 단어는 '돼지'를 뜻하기도 한다).

61 션-새이' 학-도덜' 과 한데' 놀라' 가'오(사127).

62 괴로움을 끼치다, 고생을 끼치다.

세다[算]: 셰:'다(회292), 셰'기(사116, 표32), 셰에'(회291)

세례(洗禮): 걸기'채르 시기'기(사48) 걸기'채르 시기'길래 배셜으 한 잔'치.

세수: 쉐'시šwèši(사85)

세수수건: 쉐'시 슈건-이'šwèši šugənì(사80, 85)

세우다: 셰우'기(사74, 88, 111)

세월: 셰월(사92)

세정하다(洗淨—): 셰져ㅇ하기', 다끼'(닦-기, 사16, 132)

셋: 서'이(표9)

셋째: 세 째, 세 번째(사121), 셴'재(표14)

소 채찍: 쉐 채(š^{w}e ts^{h}ε)(사45)

소: 쉐(š^{w}e)(사26, 표11)

소경: 쉐경, 쉐겡'š^{w}egyẽ'(소경-이)(사107)

소금: 소곰-이'(사109), 소구미'(표30)

소나기: 소낙비'(사21)

소나무: 솔라무', 솔랭기'(사110)

소란(shum''): 분쥐'(pundzwï), 분주'-안(표20)

소리: 소리' 나'오, 소리' 나기', 소리'르 내'기, 소리'르 쓰'기(=노래하기), 새 새끼' 소리'르 하기'(사20, 122, 22, 94, 79)

소매: 사매'르 거두'기(사124)

소문: 소'문-이(사17)

소성하다(蘇醒—)[63]: 소'셩하기', 정신으'추'기(정신을 차리다)(사76)

소식: 쇼식', 쇼식'-이(사17)

소원: 소'오니(표12), 소'오니 드는대르, 소'오느 두기'(사129)

속옷: 속우틔'(사7)

속이다: 얼리'기(사70, 표15, 회86)

손가락: 손가락, 손가랙이'(사77)

손녀: 손-녜'soɲ-ɲè(사12)

손님(gost'): 나그'내르 청'하기(사36), 손님'우 위해(사95)

손수건: 손 슈건-이'(사80)

손위 누나: 이'샹 느븨'(회168, 194)

손자: 손-재'(사12)

솔[刷]: 솔'-이, 우틔' 솔'이(사136)

송아지: 쇄지š^{w}=εʤi(사119), 쇄지š^{w}εʤi(표35)

솥: 가매'(사48, 표17)

쇠[鐵]로 鑄造하다: 쐘'르 디'기(사75)

쇠고삐: 쉐 곱지'(사81)

쇠다(설을 ~): 쇄-는(사41)

쇠못: 쇄모'디, 쇄몯'으 박아 녀키'(사18, 89)

쇠스랑: 쇄슈래'(사20)

솥: 샬šaʎ(사134)

수(의존명사): 쉬'ʃü^{y}(사ix)

수건: 슈건-이'(사80, 85)

수고양이: 수'-코내(사39)

수군(水軍): 슈군덜'이(사10)

수기러기: 수'키레기(사22)

수렁: 스'꽤(표5), 영게' 스'꽤 잇소'?(회32)

수레의 끌채: 술긔' 채(사71)

수레 회전축의 비녀못: 술긔뎌귀(사131)

수레: 술긔'(표2), 술긔', 술게'(수레-에), 술게'나(수레-에나), 술긔' 소리'(사12, 15, 91, 119, 136, 105)[64]

수박: 슈'박, 슈'백이(사1)

63 중병을 치르고 난 뒤에 다시 회복함.

수번(守番): 슈'번(회403)
수소: 수'-쉐(표35, 사6)
수양버들: 쉬양'šuyyàŋ-버들-이(사39)
수염: 슈엠이, 쉐미'šwemi(사126)
수오리: 수'오리르(사41)
수은(水銀): 슈'운-이(사98)
수탉: 수'-탁, 수'탉이나(사94, 41), 수'-탈기(표35)
숙모/이모(tëtya): 아즈'마니(사120), 아즈마니'(회171)
숙모/이모/아주머니(tëtka): 아즈'미(사120)
숙부/아저씨: 아즈바'니(사30, 회170)
숙이다: 고개'르 숙이'명(사44)
순하다: 순'-한(사24)
숟가락: 숟'-이, 숟가락-이'(사55, 131)
술[酒]: 수울-이'(사xiv, 5), 수우'리(표15)
숨[息]: 숨'이(사29, 31), 숨'우 쉬'기(sùygi)(사29)
숨구멍: 수꿍기', 수꾸무'덜이(사120)
숫양: 수'-양, 수'-얭yɛ̃(수양-이), 수'-양-새끼'(사2), 수'-얭sù-yɛ̃(<수양-이)(표31)
숯: 수티'(사124)
숲: 나무' 밭, 나무 밭이'(사98), 나무' 밭이'(사56), 나무' 밭에'셔(사40)
쉬다[호흡]: 숨'우 쉬'기(sùygi)(사29)
쉰: 쉬'니(sùyni)(표8, 10), 쉰 너'이(표10)
쉰 남짓: 쉬-나무((sùy namu) 호 됍니(쉰 남짓 호(戶)가 되오(회42-14쪽)
쉽다: 쉽'기(표12)

64 priyexat': 술게' 앉아' 나, 말으 타'구 나 오기'(사91).

스무남은(스물쯤): 스무 나무'(회42)
스물: 스'무리(표9), 스'물-이(사24)
습지/진펄: 사들'기(사55)
승냥이: 싱냐', 싱냬'(사16, 12)
시(時): 시(사131, 표33)
시계(時計): 시쇄'(사84)
시끄럽게 굴다/소란을 떨다: 분쥐'-dzʷí르 쓰'기(사135)
시끄럽게(요란 맞게): 분주'=키 메에'-내-티기(탕 털썩 메어치다, 사21)
시누이: 싀'-느븨(표26, 회199, 200)
시다[酸]: 싀쿤' 쟝물-이'(야채국, 신 국)(사136)
시들다: 시든'게(사17)
시렁/선반/살강: 덩때'(사35)
시비(是非, 말다툼): 히'비(사110)
시어미: 세'에미(표26, 회198), 싀'-에미, 싀-어마-님'(존대)(사101)
시작: 시작' 하기', 시잭이'르 하기'(사88, 64)
시장(市場): 댱(회265)
시집: 싀'-지비(표26)
시키다: 시기'기(회95, 표16), 시기'기, 시기'길래(사40, 90, 48), 셔ㅇ왜'르 시기'기(사61)
식구: 식'귀(사103)
식다: 시끼'(식-기')(사75)
식당: 음-셕 먹는 간-이'(사111)
신기다: 싱기'다/싱계'라(회117), 신기'기(사45), 싱기'기(표18)
신다: 신구'šingù(사68)[65]

65 악센트 위치가 잘못되었다. '신'구šìngu'가

신문(新聞): 신문' 없'이(사v)

신부(神父): 신-부'(사87)

신체(身體): 신톄'(사123)

싣다: 시'꾸(싣-구), 시러'다 주기'(사12, 101)

실: 실'이(사67)

실과(實果): 실'괘(사80)

심다: 시무기', 심구'기, 씨르' 심구는 때(사99, 118)[66]

심부름꾼: 심바람' 꾼-이'(사51)

십자가: 걸기'채(사49)

싫다: 싫어 하기'(사3)

싸다(가치가 있다, 相當하다): 벼슬'이 싸'기(사35)[67]

싸다(둘러싸다): 싸'기(사73)

싸다[低價]: 눅기'(표29), 눅소'(회240)

싸매다: 싸매기'(사33)

싸움: 싸움'-이(사4, 3, 28)

쌀(krupà=껍질을 벗긴 곡물): 싸'리(사49, 표29)

쌈지: 삼지'(회xiii)

쌍(雙): 쌍, 싸이'(사77)

쌓다: 싸키'(쌓-기, 사44, 표38)

썩다[腐]: 서끼'(석-기'), 서근게(석-은 게, 사18)

썩어지다: 썩어'디기(사40)

쏘다(총을 ~): 노키'(놓-기')(사77)

쏟다: 쏘끼'(사64)

쐐기[楔]: 쇄기'(사44)

쑤시기: 쒸시'기(회ix)

쑤시다(두더지가 ~): 뚜디'기(사49)

쑤시다: 쒸이시'기š'ü^{y}šigi(사46)

쑥[蓬]: 숙'이(사55)

쓰다(~를 쓰다): 분쥐'르 쓰'기(사135), 우'재르 쓰는 사'름-이(사136), 쓰갠다(사63)

쓰다[書]: 글'으 쓰'기(사79, 표1)

쓰다[用]: 쓰'기(표20)

쓰다듬다: 훔치리'기(사82)

쓸다: 쓸'기(사58)

씨: 씨르' 뿌리'기(사118)

씨를 말리다, 절멸하다: 씨'르 없'이 하기'(사40)

씨앗: 씨 | 씨-갇', 씨갓'이. 씨갓'으 심구는 때(사118)

-씩: 씨. 한 개씨(사81)

씹다: 씹기'(사31)

씻다: 씨끼'(씿-기')(사61)

ㅇ

아교(阿膠): 애귀'이[εgyü̇^{y}](사144), 애기'(회viii)

아궁이에 불 때다: 부수깨'르 때'애기(사121)

아깝다: 아까바' 하'는/하기'(사30, 105)

아낙네: 안깐-이', 안깐덜'이, 안깐께'[68](사

맞다.

66 씨르' 뿌리'기, 씨르' 두기'(사118).

67 어떠한 직무에의 임명이 합당하다. 샹개비 싸기(상을 받을 가치가 있다. 상에 상당하다), 청-에' 한 드레미' 두 돈'이 싸'오(청어 한 드럼은 두 돈에 상당한다, 두 돈의 값이 있다)

68 이 안깐께' 아 두'우리 이쏘'(이 아낙네에게

48, 89, 50)
아니: 아니'(사45, 표3)
아니다: 바르디' 아닌'(사49), 두두'리디 아닌' 곡셕(타작을 아니한 곡식, 사32)
아니하다: 아니'키 하기'(사75), 아니'캐소(사68), 안=이'케꺼던(아니하겠거든, 사vii), 아니'키(표3)
아들: 아들'ㅣ자(사118), 아드'리(표25)
아들: 아드'리, 아들께'(아들에게), 아들께'셔(아들에서), 아드레'(표VIII)
아래: 아래'(사66)
아마(亞麻): 시새리'(만주어)(사53)
아무: 아무' 사'름이나(사42, 49, 73), 아무'(표19), 아무-게'(표19)
아버님(otets" pochtitel'no): 아부'-니미(표23), 아부'님(회161)
아버지(papa)/엄마: 아'배(사77, 표24)/아'매(엄마, 57)
아버지(batyushka): 아'바니(사2)
아비: 애비'(사75, 123, 표23, 회161), 애빌'래(아버지를 위해)(사26)
아우: 애끼'(아우-가), 아끄'(아우-를), 아스게'(아우-에게), 아까'!(아우야!), 아스게'셔(아우에게서)(표X), 애끼'(회165)
아우: 동생-sɛ̃ㅣ애끼', 아스(사v, 5, 103), 아끄는(아우-는, 사1)
아우성, 울부짖음: 어부작, 어부재기'(사49, 97), 어부재기'르 티'기(사49), 어부작으' 티'기(사16, 34, 97)
아이[兒]: 아아'덜이, 아아덜께'(아이들에게), 아아'덜에, 아아덜께'셔(아이들로부터)(표IX), 아 두울'이 잇소'(사89).

아이가 둘이 있소. 사89).

아저씨/삼촌: 아재비', 삼촌'(사30)
아주: 아주'(사76)
아주: 영 (얼기), 영 (가져가기)(사34, 27)
아주머니, 고모, 이모: 아즈'미(사120)
아직: 안죽'(표26, 회250)
아침: 아쟈'기(표33), 아젹'(사126, 회304, 305)
아편: 약담배'(사57)
아픔: 아품'-이(사4)
아홉: 아우'비(표9), 아웁'(회42)
아홉째: 아웁'재(표39)
아흔: 아으'니(표10)
안[內]: 안'이, 안에', 안'으르(사vii, 14)
안경: 안'경(사102)
안노인: 안'노인(사112)
안장: 안자' 져라(안장을 얹어라, 회112), 안재'(안장-이, 표18)
앉다: 안끼'(표17, 사118), 안자'나(앉거나, 사15)
앉히다(앉히다, 심다): 안치'기(사87)
알(굳은살): 알'이 배긴'(사7)
알[卵]: 아'리(표11)
알다: 알'기(사126, 표27), 알아' 먹기'(사86), 알아' 마치'기(사26)
알리다: 알구'기(사71)
앓다: 알른(표20), 알른게'(사4), 알킬'래(사41)
암고양이: 암'-코내(사48)
암기러기: 암'-키레기(사22)
암말: 피매'(사45)

암소: 암'-쉐(사6, 표31, 회280)

암양: 암양, 암앵-yɛ̃(암양-이)(사71)

암양: 암'-앵àm-yɛ̃(<암양-이)(표31)

암양들이: 암'-양덜이(회288)

암염소: 암'-염-쉐(사46)

암탉: 암'탁, 암'탈기(사50, 표35, 회347)

암퇘지: 암-돝이', 암-돼지'(사101)

앙금: 강치'(사22)

앞: 앞에', 앞우'루(사78)

앞서: 앞셔'(회185), 앞서다: 앞셔'기(사88)

애를 많이 쓰는 모양(usiliye): 애'바리(회viii)[69]

약(藥): 약'이(사66), 액'이(회xii)

약삭빠르다: 냑빠른게'(사4)

약하다: 약'하기(사106)

얌전하다: 냠'냠한(사58)[70]

양(羊): 양'아yã'a 털실-이(사93), 양새끼'(사138)

양(羊)-이: 앵yɛ̃(회xii), 양덜'이(양들이)(회51), 야이'(표11)

양(의존명사): 몯 돼나' 하기(못 된 짓을 하기)(사38), 분주' 한 야' 하기'(시끄러운 양 하기, 사21)

양목(養木): 양-목'이(표37)[71]

양목밭(養木-)[72]: 양목' 밭, 양목' 밭이'(사100)

양반: 냥'반-이(사2), 냥'반덜이, 냥'반덜께'(양반들에게), 양반덜께'셔(양반들로부터)(표XI)

양배추: 다드배'채(사43), 다드-배채(회334, 표34)

양배추 수프(shchi): 싀쿤' 장물-이'(사136)

양식: 양식-이'(사79), 양식이'(회137, 397, 표21)

양아비: 양애비'(사50)

양어미: 양에'미(사50)

양의 고기: 아아' 고기(yãà kogì)(회247, 270)

양인(洋人, 러시아인): 앵인덜이yɛ̃indəri(회417), 일분 군병에 난에 부뚤기운 앵-인덜이 잇소?

양탄자: 탄'재(회xiv)

양털: 양털이'(사12)

양푼: 냥푼-이'(사119)

얕다: 야튼'(표4)

어간(사이): 어-간에'(사86), 딥단 어간에'(짚단 사이에, 사58)

어깨: 어깨'(사80)

어느: 어느'(사48, 표1)

어느때: 어느'-적에(표29)

어두워지다: 어듭'어디기(사107)

어둡다: 어드'분(어두운, 사120)

어디: 어드'메/어드'메셔(회410, 425, 399/241, 261)

---

69 『조선말대사전』에 '애바르다(=안타깝게 마음을 쓰는 정도가 심하다)'라는 형용사가 올라 있는데 '애바리'는 그 파생명사.

70 tixij i krasivyj v" tozhe vremya(조용하고 동시에 곱다).

71 дерево, за которым" ухаживают"(돌보아야 할 나무). 나무를 기름.

72 Pole, zasazhennoye derev'yami, za kotorymi uxazhivayut(관리 하에 있는 나무가 심어진 들판).

어디로: 어드'르, 어드'메, 어드'메르, 어들'르, 어드'멜르(사50)
어디서: 어드'셔(표28)
어디-오/-에서: 어듸'오/어듸'셔(회222/224)
어떤: 어'떠=ㄴ(사42, 표40, 회414)
어레미: 얼겅-채'(사99)
어른: 어'룬이(회x)
어리다: 어린'(사28), 어린' 새'애기(사29)
어린이: 어린'아(사26)
어머니: 아'매(사57)
어머님: 어'무-니미(표24), 어'무님(회166)
어미: 에'미(사57, 표24, 회166)
어스름: 어슬매기'(어슬막-이, 표33), 어슬마게'(회310)
어제: 어제'(사14)
어질다: 어'딘게(사26), 어'딘(사23, 58), 어'딜기 녜기'기(사116)
어째: 어'때(표19, 회123)
어찌: 어'띠(표1, 회215)
억지로: 억'질르(사63)
언덕(小)(濕地)(kochka): 던데'(사48)
언덕(小)/동산(bugor): 둥둘기'(사6)
언제: 언'제(사45)
얻다: 얻'기(사63), 얻'어내기(사27)
얼굴: 얼굴이'(사54)
얼다: 얼'기(사34, 39, 58)
얼럭덜럭: 얼럭(사78)
얼리다: 슬 얼구'기(살짝 얼리기)(사34), 얼군'-건(사115)
얼마: 엠'매(표3), 엠'매르(얼마-를, 회278), 엠'매씨(얼마씩, 회232, 325)
얼음: 얼읨'이(회x)
엄마(mama): 아'매(표24)
없다: 엄'는, 엄'는게(사4, 95), 업'소, 없'이(66, 65), 업'스랴면(없을 것 같으면, 사viii), 없'으면, 업'더면(사viii), 업'기(없-기, 표2)
엎드리다: 업다리'기(사100)
엎어지다: 어푸러디기(사126)
-에서: 에셔(사119), 구시' 모레'에셔.
여 인명(女人名): 녀-인-명(사1)
여기: 영게'(사13, 123, 회80), 영게'셔(표5)
여기다: 어'딜기 녜기'기(사116)
여남은: 얄-아무'(회42)
여덟 시-에: 야듭'셰(회305)
여덟: 야들'비(표9)
여덟째: 야듭재(표36)
여동생: 녀-동-새(표24), 녀동새(회169), 녀-동-생sɛ̃(사vi, 104)
여든: 야드'니(표10), 야든 야들'비(여든여덟, 표10)
여러: 야라'(사127)
여름: 녀름'-이(사56)
여물다: 여물'기(사88)
여보! 자!: 이'러보(표18, 회123), 이'러보! 쉬 압셔' 가'오. 어'때 셔구' 잇소'?
여비(旅費): 노용지(여행의), 노-용'지 헙, 노-용'지 헙이(사94)
여사(餘事?, prostoj): 여사'(사92)
여섯: 여슫', 여스'시(사135, 표9)
여섯째: 여슫재(표27)
여염(閭閻): 녜렴, 녜례미'(사106)
여요리사: 다스포 안깐이'(사50), 음-셕 가추'는 안깐-이'(사114)

여우: 여스(자음 앞), 예끼'(주격형)(사53)

여우: 예끼'(여우-가), 여끄'(여우-를), 여스게'(여우에게), 여까!(여우야!), 여스게'셔(여우에게서)(표X)

여위다: 여빈', 여븨'기(사130)

여자아이, 처녀: 새'애기(회200), 새액-아'!(사66)

여조카: 녀조캐(표24, 회173)

여종: 녀'-죵, 녀'죠이nyədʒõi(사95)

여편네: 녜'펜-이(사31)

역성 (들다): 녁시르 들기(사36)

연(鳶): 년-이'(사38)

연기: 내굴'-이(사29)

연어(keta): 녀늬←nəynï[sic.](사22) 녀늬'과 버들개.

연자매: 셩-매'(사58), 셩매'(회183)

연자방아꾼: 셩매재'(사114)[73]

연자방앗간: 셩매 간-이'(사27)

연필: 목'-필이(사54, 87)

열: 야'리(표9), 얄'-이(사126), 얄 다슷'이(사94), 얄'-깨(열 개)(표35)

열너더: 얄 노'더(회42)

열다[開]: 문우' 열'기(사75)

열대여섯: 얄 대-애-여스(회42)

열대예닐곱: 얄 대-애-예-닐굽'(회42)

열대예닐아홉: 얄 대-애-예-닐-아웁'(회42)

열대예닐여덟: 얄 대-애-예-닐-야듭'(회42)

열두어: 얄 두어(회42)

열리다[開]: 열긴'(사75)

열매: 여르매'(사80, 회ix)

열서너: 얄 서너(회42)

열쇠: 열'쇄(사45)

열아홉: 열 아우'비(표9)

열여덟 냥이라면: 옐-야듬-냬래문(18루블)(회283)

열여덟: 옐(yer) 야들'비(표9)

열일곱: 얄 닐구'비(표9)

열째: 얄'째(표41)

열하나쯤: 얄한나쭘(회42)

염려: 념'-녜(사32), 념'녜(표19, 회125)

염통/심장: 념튀'tʰʷı̃(사103)

엿기름: 쌍 누룩', 쌍 누룩'이(사28)

영리해지다: 궁니-스럽어디기(사125), 똑똑-해애디기.

영화(榮華): 영홰(사38, 106)

옆: 녀파'리(사4)

옆구리: 녀꾸리'(사4)

예수: 예'슈, 예'슈 그리스도(사42)

예순: 예쉬'니(표10, 회xii)

예순 남짓: 예쉬-나무yeʃüʸ-namu(회42)

옛날 것: 넨'-날-꺼, 넨'-날-께(사112)

옜다!: 엳다'!(회90, 표15)

오늘: 오눌'(표23), 오늘'(사65)

오다: 오기'(표1), 오-기', 오-디', 오'-오, 오나'(오거나)(사23), 왓'다 가기'(사35)

오라비: 오'래비(사5)

오래: 사'름이 오래' 살'기 시퍼 하기'(사3, 23, 26)

---

73 Plotnik (tochneye ustraivayushchij mel'nitsy) strusivshij vernulsya domoy. 겁에 질린 목수(더 정확하게는 연자방아꾼)은 집으로 돌아왔다. 셩-매재 겁'우 낸기'메(낸-ㄴ-김-에) 집우'루 돌아'왓'소(사114).

오래다: 오라'기(표28), 오라'다(회226)
오르다: 올라', 올라' 가기'(사84, 83, 56, 11)
오르막: 올리'-매기'(표3)
오른쪽: 오룬'(표40)
오리: 오'리(사126, 표35)
오솔길: 오솔'-길'이(표38)
오이: 왜(표30, 회x)
온[全]: 오분(사85, 130, 표20)
온[全]: 통(사130)
올리다: 올리'기(사14)
올해: 오레'(표29)
옮겨 심다: 온기'기(사14)
옮겨놓다: 자귀'르 드틔우'기(발자국을 옮겨놓기, 24), 드틔워' 노키'(사24, 102)
옳이: 오'리(표32, 회292)
옷: 온, 오'시, 우틔', 의복'이(사7, 80), 우틔'르 다리'기(사82), 우틔'르 호'기(사135)
옷솔: 우틔' 솔'이(사136)
-와: -과(회94, 102, 176), 큰아배과(할아버지와), 나무과(나무와), 내과(나와).
완두: 원듸'(사20, 회x), 원듸' 고티'(사114)
왕(王): 왕, 와이'(사130)
왕관(王冠): 나랑' 관'-이(사16)
왜가리: 왜가'리(회4)
외양간: 오양', 오앵'-yɛ̃'(오양-이)(사129)
외우다: 불'또르 왜우'기(기도문을 외우기, 사16)
외할미: 왜 할'미(사2)
왼쪽: 왠(표40), 왠짝에'(회416)
요긴하다: 요긴' 한(사69)
요람(搖籃): 옌췌'yentʃʰwè(사39, 57)
요리사: 다스'포(사39)
욕(辱): 욕'질-이(사5)
욕심: 욕'심이 나'오(사84, 113)
용하다: 용'-한(사54)
우단(羽緞): 우'단 우트르(우단 옷으로, 사2)
우둔하다: 우추우'키', 우추'우 한게'(사18)
우레: 소낙, 소내기'. 소내기' 운'다(우레 친다)(사21, 20)
우리: 우리는', 우리르', 우리게', 우리게'셔(우리로부터)(표XIV), 우리'(표15), 우리 일꾼'과(사117)
우물(물): 구렁물'이(표13, 회104), 구렁물'(사76)
우박: 무'릐(사20)
우유: 쉐졋(사82), 우-유에'(사vii)
우인(愚人): 위'한wíhan 사'름-이(사29)
우파(Ufa): 아국' 셩듕이'. 바쉬코르토스탄 공화국 수도(사126)
울다: 울'기(사20, 80), 울어'(사137)
울안: 우래, 우랜-이(우래 안'-이)(사25). cf. 마당, 두새안, 강냥.
움[穴]: 움'-이(사82)
웃다: 우'끼(웃-기)(사35, 108)
웃음: 우숨'-이(사108)
웅덩이: 웅덩, 웅데', 웅뎅'-dẽ'(웅덩-이)(사92, 138)
웅덩이: 웅데'(표37), 웅더(웅덩이-를, 회272, 370)
원수(怨讐) 갚다: 원쉬이르wənšüʸrɨ 하기'(사60)
원숭이: 잔나븨'(사70)
원판(본디, 원래): 원판'(사1)
원하다: 원하기'(사84)

위[上]: 우이'(사9, 표17), 우-우'르(회111), 지붕' 우'울르(사81)

위대(偉大): 위'대wídɛ(사132)

위태: 위태'(사73), 한'심-이(사73)

위하다: 위'해wíhɛ(사95)

윗수염: 웃슈엠-이'(사126)

유[留]하다: 뉴'-하기(사81)

유리: 뉴리'(사112), 위이리'üyri(회xi)

유리병: 뉴리' 병, 뉴리' 벼이'(사112)

유밀(rozh')=裸麥: 유밀-이'(사97)

유방: 졋통, 졋토'이(사15)

유식: 유-식'(사67)[74]

유하다(留—): 뉴아기'(표14)

육식(肉食): 뉵'식으(사96)

으스스하다(zhutko): 으쓸하'오(사32)

은(銀): 은-이'(사103), 은을'르(사103)

음식: 임셕, 임셔기'(사51), 읨-셕, 읨-셰기'(사114, 136), 임셰기'(표28), 임셕에'(회233)

음식물(pishcha): 입시'(사51)[75]

읍(邑): 읍, 읍'이(사19)

읍내: 셩듕이(ʃəŋ tyũi)(표XVII)

응등그리다(이를 사납게 드러내다): (개에 대하여) 니'르 응드리'셰기[76](사74).

응식(應食): 응'식이(회xii)

의원(醫員): 의원'이(회xi), 의원-이'(사56)

이 아이: 아(사72)

이 없는 사람: 니빠댕tyɛ̃(니빠당-이)(사3)

이[齒]: 니, 니'르(사39, 74)

이것: 이'게(사13, 표17)

이끌다: 이끌'구 댕기'기(사12)

이끼: 이끼'(사6)

이다(지붕을 ~): 녜'-는(사120)

이런: 이'런(사137)

이레: 뉘레'(표28, 회227)

이르다/-어라[謂]: 니르다'/닐거'라(회358/205, 니르기'(사104, 표18)

이름/명(名): 이르'미 | 명, 멩'이(사65)

이름: 이릐'미(표24, 회175, 219)

이마: 니매'(사54)

이백(二百): 냥백, 냥백'이(사25)

이상, 나이든(starshij): 이'샹(표24), 이'샹느븨'(누나)(회 168, 194)

이상하다: 이'상한 일-이/별'일-이(사133)

이야기: 내'애기(사96, 104, 91)

이쪽-에: 이짝에'(회265)

이하다(利—): 니'-한 일(사120)

익다[熟]: 닉은', 닉기'(사111, 88)

인사하다: 인사' 하기'(사44)

인형(人形): 헤재비'(사50)

일[事]: 일'-이, 일에', 일'으 하기'(사10, 32, 38, 65, 95), 일'이(표20)

일고여덟: 닐야듭'(회42-12쪽)

일곱: 닐구'비(표9), 닐굽', 닐구'비(사103)

일곱여덟아홉: 닐아읍'(회42-12쪽)

일곱째: 닐굽'째(표34)

74 뎌 사름이 잘라구', 유-식' 해애두, 그러나' 마암이' 톻'디 몯 해애, 행-실'이 부-젹 하'오(nedostatochno).

75 현재는 '먹성'의 뜻으로 쓰인다(곽충구: 2019a)

76 응드리셰기: takzhe korchit'sya; byt' krivym, o dereve(또한 나무에 대하여, 곡선을 그리며 움츠러들다).

ㅈ

잘다: 잔(사58)

잘못: 잘몬(사80)

잠: 잠'우 들'기(사35)

잠잠(침묵/어둠): 다'암담(사57)

잡다: 잡기', 잡갯'소(사54, 68)

잣나무: 잔낭글'르 한(사44)

장(張): 댱, 댕tyẽ(댱-이)(사54)

장(市場): 댱이'tyãi(표30), 댱, 댕tyẽ(댱-이)(사2)

장가: 댱'가-르 가기'(사31), 댱'개(표25, 회185)

장가가다: 셔바'-bã(셔방+-으') 가기'(사31)

장궤(長櫃): 장'-궤(사135)[77]

장난: 장'난으 쓰'기(사134)

장난감: 놀옴갬'-이(사39)

장님: 쟈-님'-이(사107)

장모(丈母): 가스'-에미, 댱-모(사120)

장수(將帥): 댱'식(사47)

장수[商人]: 댱'식(사50), 댱'식 체‖ 댱식 안깐-이'(장사꾼의 처, 사50)

장인(丈人): 가새'-애비, 댱-부(사120)

재간: 재-간'-이, 재쥐(사64)

재갈[馬銜, udila]: 쟈개'(표18), 쟈개'르 빼께'라(회113)

재채기: 자쳄'우 하기'(사133)

재판 | 公事: 재'판-이 | 공-사'-이(사115)

재판하다: 공-사르 하기', 재판 하기'(사115)

쟁이다: 장치'기(사44, 106)

저 아이: 댜(뎌+아)(사72)

저(대명사, 관형사): 뎌(회63), 뎌 사'름 보구' 쟉'은(사58), 뎌 사'름이(사67)

저/제(재귀대명사): 제, 제 안'겡-gyẽ(안경-이)(70, 102), 제마'당(14)

저것이: 뎌게(회361)

저고리 섶: 져굴 셮이'(사84)

저기: 뎡게'(표3, 회4,5,41), 뎡게'르(사123), 뎡게'셔(회44,48, 표11)

저녁: 져낙, 져내기'(사124, 표23), 져나게'(회299)

저렇다: 뎌'런, 뎌'러키(사119)

저물다: 져무'러(표33, 회311)

저울: 저울'-이(사17), 층, 츠'이(사117)

저울 추: 저울 돌'이(사18), 춧돌'-이(사18)

저쪽에: 뎌짝에'(회267)

적삼: 젹삼, 젹샘이'(사98, 129)

적시다: 저치'기(젖히기)(사63)

전(前): 젼에'(사60, 89), 백여 년-젼에'(사60)

전(氈): 젼'-이(사116)[78]

전나무: 저솔-이'(사30)

절[拜]: 절'으 하기'(사59, 107), 절'으 해우'기(사3)[79]

절[寺](xram"): 졀-이 | 졀당', 졀땡(졀당+-이)(사130)

절반: 반'-이 | 졀-반'-이(사85)

젊다: 졂운' 안깐-이'(사59, 60)

점심: 졍심이', 졍심우' 먹기'(사71), 졈심이'

77 옷이나 다른 물건을 보관할 목적으로 만든, 옆이 열리게 되어 있는 궤(사135).

78 짐승의 털로 아무 무늬가 없이 두껍게 짠 천.

79 osenyat' krestnym" znameniyem"(성호를 긋다, 사3).

(표16), 졈심우'(회95)
젓가락: 졀'-이(사x, 11)
젓다(팔을 ~): 저'끼‖ 활'개르 티'기(사57, 62)
정(연장): 뎡'이(회xvi)
정말(pravda): 졍'말-이, 잠'말-이(사89), 졍'말르 듣기'(사17)
정승(政丞): 졍'-승, 졍'-싕sĩ˜(졍승-이)(사59)
정신: 졍-신-이'(사125), 졍신으' 추'기(정신을 차리다, 사76)
정신착란: 썌리'(회xviii)
정주간: 젼쥐(회ix)[80]
젖: 졋, 져'지(사60), 졔'지(ʧēʤi)(표11, 회xiv, 73), 져'즈(사26)
젖다: 저즌(사59)
젖먹이: 젼메기'(졋멕이, 사58)
제비: 졔'비, 졔'비게, 져'바!(제비야!), 졔'비는, 졔비게'셔(표Ⅵ-Ⅶ), 졔'비, 졔'비덜이(사52, 39, 54)
제일: 뎨'엘(사60)
조금: 죠'꿈, 져'꿈, 죠'꿈 드끼'기(들리기)(사13, 17, 57, 66, 86, 107), 져'꿈 이따'(있다)(사87)
조금하다: 죠'꿈하다(사19, 57, 60)
조롱: 새 죠룽', 새 죠륑'wĩ˜(죠룽-이)(사45), 죠렁', 죠렝'-rẽ(죠렁-이)(사130)
조부(祖父): 조'-부(사xiii, 24)
조선: 됴-션-이'(사47)
조심: 조'심(회86), 조'심이(표15)
조심하다/삼가다(octeregat'sya): 삼가'리기(사73), 조'심하기(73)
조용하다(tixij): 아련한(사58)
조이다: 쟝뜩 죄운'(잔뜩 조인)(사122)
조카: 조'캐(표24, 회172)
족제비: 황-가'리, 죡져피'(사129)[81]
족하다: 죡'-하기(사128)
좀(부사): 죰(회320, 표33)
좀: 좀'이(사60)
좁다: 조분'(사124)
종(鐘): 인경, 인곙'(인경-이)(사46)
종[下人]: 죵, 죠'이ʧõi(사95)
종루(鐘樓): 인경 간-이'(사46)
종소리: 인경 소리'(사37)
종이: 죵에'ʧõè(표XVII, 32, 회294), 지, 죵에'ʧõè(사6)
종자: 곡-셕알'-이(사38)
좇다: 조끼'(좇-기), 조추'기, 딸구'기(사18)
좋다: 둏'다/됴'쑵니/됴태니'오(회60, 61, 321)
좋다: 됴'타, 됴'티(사67), 됴티' 안=인' 일'이라(사65), 됴'온(사129), 됴'아 하'는게(사9), 됴'운(표20), 됴'키(표2)
죄(罪): 줴(tswe)(표20)
주검: 주검-이'(사107)
주다: 주기', 주'는, 줄-께'(사3, 24, 66), 비꾼게'(빈 꾼 것이) 물어 줄-께' 없'소(사66)[82], 주'우리(회377)

80 '젼쥐'는 '졍쥐'의 오식.

81 Nazvaniya 2plotoyadnyx zver'kov(2개의 육식동물 명칭).

82 dolzhniku nechem zaplatit'(채무자는 지불할 것이 없다)(사66).

주둥이: 쥬듸'(사60)

주머니: 주머니'(사48)

주무르다: 주무루기'(사62)

주석(朱錫): 듀쇽'tyušòk(사99)

주인: 쥬'-엔-이(사129), 쥬'-엔 인깐-이'(여주인)(사129)

주인: 쥉'이ʧwèni(회91, 표15), 쥉'-님이(표15)

주전자: 챠퉁, 챠토'이(사131)

주조하다(鑄造—): 쐘'르 디'기(사75)

죽(粥): 죽, 죽'이(사88)

죽다: 죽기' 굴'기(사22, 18, 125), 죽디'(사68), 죽울' 떼(데)(사2), 죽운' 후'웨(사87)

죽이다: 죽이'기(사34), 불'으 물'을르 죽이'기(사34)

줄[線]: 줄'이, 줄'우(사53)

줌(한 ~): 줌'-이(사20)

중(中)/가운데: 게덜 듕'에(사111), 듕, 듀이'(사19), 듀이'(표5)

중간: 듕간-이'(사103)

중국: 대-국', 대-국-이'(사44)

중국 사람: 대-국' 사'름이(사44)

중절모: šʎàpa(쉬랴빠)(사135)

중태[荷袋]: 즁태기'(사116)

쥐: 쥐tsʷï(사61, 49)

쥐다: 쥐'기(회ix), 쥐'기tsùygi(사5, 10, 24), 즤'다(사104), 줴'셔(쥐-어서)(사10)

쥐이다: 쥐운'다(tsuyùnda), 쥐우'기(tsuyùgi)(사24), 슌한 말이' 댜'앙즈 잘 쥐운'다.

지금, 현재: 즉'금(사64, 69, 표39), 지'금, 지'금운(사120, 65), 시장'(사64)

지나가다: 기'나 가기'(사92), 기'나가는(회84)

지나다: 기'나기(사58, 회64, 표2), 기'난 달에'(사65)

지나온: 기나' 온(회5)

지난: 기난' 촌'이(지난 촌이, 회38)

지다[敗]: 지디'(사75)

지붕: 지붕', 지부이', 지붕' 우'울르(사49, 81)

지세(地稅): 디'셰(사23)[83]

지우다(어깨에 ~): 들어 메우'기(사10)

지저분하다: 구주'러분게(사28)

지전(紙錢, kreditnyj bilet): 톄재(회357, 표35)

지지르다: 기들궈 놓기'(지질러 놓기)(사10)

지체(遲滯)-를: 디톄'르(회122), 디톄'(표18)

지키다: 디키'기(사112)

지팡이: 디페'(사122)

지혜(智慧): 톈-쥬' 디'-헤(사xvii)

지휘하다: 지휘' 하기'(사126)

진(津, sok"-액, 즙): 진-이(사109)

진물: 흥즈그레'에 한게'(사31, 33)

진주(眞珠): 진쥐'(회ix), 진쥐'이ʧindʒǜʸ(사6)

진지: 밥, 뱁'이 | 진'지(사43)

진창: 즌-창', 즌-챙'tsʰɛ̃'(즌창-이)(사55)

진흙: 괘-흑, 괘-흙-이'(사x), 지'닥, 지'댁-이(사x)

진흙탕: 즌-강재'애기(사22)

질기다: 질긴'(사49)

질다[泥]: 즌(표3, 사55), 즐다/즈대니'오(회20)

83 plata za zemlyu, snyashuyu u kazny(사23). 국가 소유의 토지에 대한 세금.

짐: 짐'이(표2)

짐마차(podvoda): 채(챠+-이)(표22), 챠르'(회153)

짐수레: 짐술긔'(사73, 회404)

짐승: 즘승, 즘싕tsɨmsɨ̃y(즘승-이)(사37), 즘승덜'이, 즘승덜'으(사viii, 117), 즘승tsɨmsɨ̃ 어부작(사97, 99), 즘승tsɨmsɨ̃ 발'이(사51)[84]

짐: 짐'이(회22)

집: 집, 집-이'(사49, 26), 집에', 집우', 집우'루(사45, 31, 114), 짐마'당(표14), 집-덜'-이, 집덜께'셔(집들에서, 집들로부터)(표VII)

집어던지다: 집어 더디'기(사101)

짓[模樣]: 즛'이(사29)

짓다[作]: 지'키(짛'-기)(사114, 118, 표18), 지인'(짛-은, =지은)(회365)

징(말굽 쇠): 텰(회117)

짖다: 즈끼'(즞-기')(사52)

짚: 딮(회302, 표14), 딮'이, 딮'울르(사109)

짜다[織]: 짜'기(사120)

짜다[搾]: 쉐 졎으 짜'기, 짜'는(사31, 83)

쪽(方面): 짜기'(표4), 짝, 짹이'(사113), 짝에'(회415-6)

짧다: 댜르기'(사47)

쪼개기: 쩌개'기(회xvii)

쪼이다(볕을 ~): 쬐우'기(사21)

쪽이': 발굽(회xvii)

쪽지(rospiska, 글쪽지): 쬭지'(표32), 쬭지'-르(회293)

쫓다: 쫀는(쫓-는)(사82)

쫓아내다/뒤를 좇다[從]: 딸구'기, 딸과'(사18, 91, 82)

-쯤: 쭘'(회42), 한나쭘'(회42)

찌르다: 디르기'(사46)

찍다(도끼로 ~): 딕기'(사98)

찐빵(lepyoshka): 만'튀(사53)

찢기다: 즈낀' 자리'(사111)

찧다: 띠키'(띻-기', 표21), 띠끼'(띵-기')(사44), 뗘어'사(띻-어, 회143)

ㅊ

차(茶): 챠(사131, 회258)

차다[滿]: 찬(사85)

차려입다/-입히다: 채려 니분', 채려 니피'기(사64)

차리다(준비): 채리'기(사108)

차완(-碗, chashka): 완재'(사131)

참깨(kunzhut"): 참'-깨(표30)

참바: 참'-바-이(사vii)

참새: 참'-새(사39)

참외: 차'매(사29)

찻숟가락: 챠 술가락이'(사131)

찻잔: 챠 잔-이(사111)

창(槍): 차이'(표19), 창, 챙tsʰɛ̃(창-이)(사47). 창덜'이랑(회124)

창문: 창-문-이'(사72)

창애(덫): 채끼'(사43)

찾다(iskat'): 억'기(얻'-기)(표21)

찾다/줍다(naxodit', naxodka): 어든-건, 어든-게(사64), 얻어 보기'(찾아내다)

84 'tsɨmsɨ̃'은 '즘승'의 속격형. 즘승+-으→즘스으tsɨmsɨ̃:.

(사64)

채: 챌'르 티'기(사112)

책: 책, 책'-이(사45), 책'으 보기'(사133), 책'으 가져' 가디' 마'오(사vii)

책임자/지휘관: 차디'(사64, 표39), 차디-오'(책임자-이오, 회400), 차디'르 하기'(관리/지도를 하다, 사126)

처(妻): 쳬(사31, 회177) 네'폔이. 체, 대기'(댁-이, 표25)

처녀, 여자아이: 새액, 새'애기(사29)

처란: 텨'란이(회387)

-처럼: -텨'르(사11)

처마밑: 강냥, 강내(강냥+-이')(사25)

천 리(千里): 첼리'(회40)

천(千): 쳔-이'(사123), 몣' 쳬이오(회411-2)

천막(palatka): 풍, 푸이'(사134)

천장: 텬반'-이(사88)

천주(님): 텐-쥬', 텐-쥬게'(사xiii, 4), 텐쥬님'이(사13, 20)

천지: 텬디'(사102)

천천히: 나아'랑(표41, 회433), 노올'명(표15, 회87)

천하: 텬-애' | 텬-디'(사102)

철(鐵): 텨'리(표18), 텰'-이(사93)

철로: 쳘'로 가채비'(사v)

철필(쇠붓): 쇄 붇, 쇄 부'디 | 쳘'필-이(사78)

첫째: 천재(표1, 회1)

청벌레: 갈'튀(사132)

청어: 쳥-에'ʧʰə̃-è(사35, 102)

청하다: 나그'내르 쳥'하기(손님을 초대하기, 사36)

초[燭]: 쵸(사102)

초랑: 초랑?(사44) Kiryushka 초랑 해애 하명, 부루는 남안-명; 원판 이름이 Kirill".

초병/수번(守番): 슈'번이[85](표39)

촌(村): 촌'이, 촌'으, 촌'을르, 촌에', 촌에셔', 촌'으는(표VI-VII), 촌'-이(회361), 촌'-이, 촌'으는(사25, 1)

촌부(村婦): 촌안깐-이'(사2)

촌사람: 촌 사'름-이(사61)

촌장(村長)-이오/-을: 노예-우'/노예-르'(회80, 81), 노예'(표14)

촌집: 촌집-이'(사40)

총(銃): 쵸'이(표19), 춍, 쵸'이(사98), 쵸'오 노키'(놓-기)(총을 쏘기)(사114, 117), 쵸'오 노쏘'(사114), 춍'-덜이랑(회124)

총(總): 통(표39), 통 군벼이(모든/온/총 군병)(표39), 통 군병'(회394)

총알(무철알): 무텰-이'(사28)

총알(처란→鐵丸): 텰'안-이(사93)

추(錘): 춧돌'이

추위: 치'븨(사60, 129)

출입하다: 쥳'입-하기'[sic.](사135)

춤: 춤'우 추'기(사81)

춥다: 칩'운(사29), 칩'길래(사23)

층(종류, 여러 ~): 층, 츠이'(사110)

치다(밑줄 ~): 줄'우 티'는 자(사53)

치다(비바람이 ~): 티'기(사29)

치다(뿌리다/끼얹다): 물'으 치'기(사5), 물'으 치'는 그릇'이(사52)

85 절간이나 건물 따위를 지키는 중의 우두머리(『조선말대사전』).

치다(체로 흔들어 ~): 츠'기(사92)

치다: 티'기(사16), 소리'르 티'기(사99)

치다[打]: 챌'르 티'기(사112)

치마: 치매'(사137)

치우다: 칙우'기(사124)

친교(druzhba): 친디'(사28)

친구: 칭귀'(사28, 91)

친할머니: 진 할'미ʧin hàrmi(사2)

침(針, 동식물의): 살-치'(사30)[86]. 벌이 치(벌침).

침[唾液]: 춤'-이, 춤'우 바끼'(받-기'=밷기)(사107)

침대: 고'이깨kòyk'ɛ](사46, 49)

침수하다: 물'을르 덥기'(덮-기')(사34)

ㅋ

칸(間): 방, 바이' | 간-이'(사46)

칼: 칼'-이(사68)

켜다[鋸]: 쎠기'(톱으로 켜기, 사33, xviii)

켜다[點火]: 불'으 쎠기'(불을 켜기, 사33, 회xviii)

코: 코'-이(사69)

코페이카(kopejka): 글째(사6, 표34), =1/10 돈(회233)

콧수건: 코 슈건-이'(사80)

콩밭: 콩밭-이'(사85)

크다: 크'다, 큰, 큰'게(사xv, 4, 60, 9), 크'디안=인'(크잖은, 사65)

키[身長]: 키(사97)

86 살치(=살): 벌의 꽁무니나 쐐기의 몸에 있는 침.

ㅌ

타국(他國): 타국'(사67)[87]

타다[燒]: 탄(사70), 타'기(사20)

타다[受賞]: 타'기(사35)

타다[乘]: 타'기(표37), 타'구나 가기'(사88)

태우다[使燒]: 불에' 태우'기(사70)

태우다[使乘]: 말으' 태와'-나(사43)

터지다[裂]: 터'=디기, 터'디기(사10, 55)

털: 털-이'(사12, 114, 134), 털이' 마'니 인는(사55)

털실: 털 실-이(사93)

토끼: 토'끼(사36)

토주[土酒]: 토'-쥐t^{h}ò-dʒü^{y}(회100, 표17)

톱: 톱'이(사79)

톱질하기: 쎠기'(<ᅘᅧ-)(회xviii)

통나무: 무'튀(mùt^{w}ï)(사5)

통나무집: 무튀' 집, 무튀' 집이'(사40)

통발: 통발-이'(사54)

통치하다/다스리다: 나라'질으 할 적에'(사89)

툴라(Tula): 아국' 셩듕이'(러시아의 도시). 러시아 툴라주의 중심도시(사123).

트다(손이 ~): 트'기(사121)

틀다(나사를 ~): 탈'기(사105), 타래몯'우 탈아' 넣기'(나사못을 틀어 넣기, 사35)

틀다(둥지를 ~): 틀'기(사102)

틈[隙]: 쯤'-이(사136), 쯤'이(회xvii)

티[粒子][88]: 고티'(사41), 불고티'(불티)

87 타-국' 가 살기 둏다 하나' 그러나' 본 고'양 생각은 평-생[sic.] 나'오.

88 그 어떤 무엇의 작은 조각.

ㅍ

파[蔥]: 파'-이(사55)

파다: 파'기(사99, 표38), 파노태넷'소(파놓지 않았소, 회388)

파리: 파'리(사61)

파묻다: 파'묻은-걷(사44)

팔[腕]: 팔-이'(사98)

팔다: 팔'기(사92, 표12)

패다(장작 ~): 패'기(사98)

팽이: 배'앨이, 뱅앨pɛ̃ɛr-이(사13, 137)

페치카: 화독이'

펴다: 펴기'(사112)

편(便): 편'-이, 짝, 짹이'(사113)

편안하다: 편안' 하'오(사37)

편안히: 펴나'니(사37)

평생: 병-생[sic.](사67)

평지: 평디'(사112)

평화: 화적'이(사59)

포도주: 단수울-이'(사11)

포크: 챵'아제(사11)

퐁재[89]: 퐁'재 인는 술긔'(사81)

표(標): 패(사38)

푸드(pud"): 부대(pudɛ)(표31)

풀[草]: 푸'리(표23), 풀'-이(사121)

풀밭: 풀-밭, 풀-밭이'(사55)

풀베는 낫: 새낟, 새낟'이(사48)

풀어지다: 풀'어-디기, 풀'어-디오(사14)

풍각/음악: 풍-객, 풍-객'이(사61)

피[稗]/-과/-을: 피나디'/피낙'과/피나드'(회325, 356), 피나디'(표12)

피[血]: 피(사49)

피나무: 피-나무', 피-냉기'(사53)

피나무 껍질: 피-껴치'(핏-겾-이')(사56)

피마(암말): 피-매'(사45)

피폐되다: 피'패된 자리'(사96)

피하다: 피'-하기, 피'해애 가기'(사124, 76)

필(匹): 피리'(표13)

핏기: 피색'이(사4)

ㅎ

하나: 한나(회232), 한내'(사71, 표4, 9)

하늘: 하늘'(사65)

하다: 하'는, 하디', 하기', 하길'래, 하'오, 해'쓰꾸마, 하명'(사1, 23)

하디(볏단 30단): 하디'(사47)

하루: 할랄'(회232)

하루살이(moshka): 장태애미(사117)

하인: 해'앤이(사106)

하인(여자): 해앤안깐-이'(사107)

하직: 하딕'으 하기'(사92)

학교: 아국' 학교' 곁에'(사72)

학생: 학도(117)[90]

한[一]: 한 드레미'(한 두름, 사35)

한가운데: 한-판-이', 한 가운'디(사103)

한번에: 한-번'에(사96, 111)

한증간(汗蒸-): 한'증 간-이'(사2)

할머니: 큰 아'매(표24), 큰-아'매(회176)

할미: 할'미(사2)

89 눈비를 가리기 위해 수레 위에 둘러친 布帳.

90 션-새이' 학-도덜과 한-데' 놀라' 가'오(사117).

할아버지: 큰 아'바니, 큰 아'배(사29), 큰 아바'니덜이(사29)
할아버지: 큰 아'배(표24), 큰-아'배(회176)
함: 함'-이(사47)
함께: 한-데'(사117)
항구: 항'-구 앞에'(사vi)
항복: 항복'이(표41)
해(年, 日): 해(사19, 109)
해바라기: 해-개불-이(사65)
행복/행운(schast'e): 분'쉬-sʷï(사116)
행복스럽다: 분'쉬-스러분(사116)
행실: 행-실'이(사67)
허가/승락(soglasiye): 허덕, 허데'기(사108), 허데르 하기'(사3)
허공: 허공', 허고'이(사92)
허락하다: 허락하기'(사84)
허수아비: 헤재비'(사50)
헐하다: 헐'키(헗'-기)(사52)
헛간: 허덕, 허데기'(짐마차 수레를 두는 곳, 사100)
헤엄치다: 희-기'(사80)
혀: 셰, 셰때(사138)
현관(玄關): 쳔 (chit. 척) 간-이'(사119)
형: 셔이'(표23), 혀이'(사5), 셩이'ʃɔ̃i/셩네과(형네-와, 회164)
형님(손위 형이나 언니): 셩-니'미(표25), 셩님'(회164, 179), 셩님'이, 셩님께'(형님에게), 셩님'우, 셩님예'!(표X), 형-님'울래(형님을 위해)(사95)
호(戸): 호'이(표8)
호다: 호'기, 우틔'르 호'기(옷을 호기, 사135)
호밀(pozh'): 유미리'(표21)
혼(魂): 혼-이'(사29)
혼사: 혼-세'(사101)
혼솔(홈질로 꿰맨 옷의 솔기): 혼-솔-이'(사135)
혼자: 하분자'(사100)
홀로: 하불르'(사8)
홀어미: 하불' 에'미 | 과'븨(사8)
홈: 홈'이(표2)
홍색/당홍(唐紅): 당-호' 빈 인는(당홍빛(一색)이 있는, 사98)
홍역: 돼기'(사48)
화(火, 성): 홰'르 내기(사23, 103), 홰'르 쓰기(화를 부리기, 사103)
화덕(火-, pechka): 화독, 화독이'(사79)
화상(畫像): 화'-샹, 화'-생šɛ̃(화샹-이)(사43)
환도(環刀): 환듸'(사99, 표41, 회xi)
환생하다(還生一): 환승하기'(사13)[91]
환자: 알른 사'름이(사4)
활개: 활'개르 티'기, 활'개르 젓'기(사57)
황성(皇城): 황셩', 황솅'(황셩'-이)(사60, 100)
황제: 황-제'(사130)
횃불: 홰'뿔-이(사31)
회오리바람: 돌개' 바름-이'(사11)
회충: 디'랭-rɛ̃(사132)
후(後): 후'웨(후-에)(사87), 후'에(표33)
후두: 목통', 목토'이(사19)
후추: 후'치(사ix)
훈장(訓長)/선생: 훈'댱, 훈'댕(-이)(사127)

91 '生'의 字音이 '승'으로 반사되었다.

휘다(사동사): 후'리기(사63)

휘다(자동사): 후'러들기(사19)

휘파람: 홰 바름우' 불'기(사34, 102)

휘파람질: 홰 바름질'으 하기'(사102)

흉년: 흉-년'-이(사19)

흐르다: 흐르기라 시작' 하기(사88)

흔들다: 흰들'기(사122)

흔들리다: 흔글기우'기(사43)

흙: 흘기'(표38)

홍정: 홍제'(홍정-이)(표31), 홍져'(홍정-으) 하갯소(회283)

희다: 흰(사128), 흰'-게(사7)

흰떡: 흰떡'이(사42)

힘: 맥, 맥'이 | 힘'-이(사60), 힘'울르나 (사xi, 63)

힘들다: 바뿌기'(사123)

부록 2

카잔 문헌(『초급 교과서』, 『철자 교과서』)

일러두기

1. 카잔(Kazan')의 러시아정교선교회에서 간행한 문헌 가운데 『한인을 위한 초급 러시아어 교과서』(1901), 『한인을 위한 철자 교과서』(1902)에는 고저 악센트 표지가 없어 부득이 악센트 표지가 있는 다른 카잔 문헌 자료와 분리하여 색인을 두었다. 두 문헌은 각각 (철), (초)로 대신한다.
2. 앞【부록 1】처럼, 본디 키릴 계통의 전사문자로 음성전사한 것을 저자가 한글 자모로 재전사한 것이다. 의미 식별을 용이하게 하기 위해 저자가 일부 분철하기도 하였다.
3. '→'는 『한인을 위한 철자 교과서』의 편자들이 수정한 것임을 나타낸다. 예: 지둘구어셔→기둘구어셔(교40, 62, 71). 『한인을 위한 초급 러시아어 교과서』의 예에 사용된 '→'는 저자가 전사의 오류를 바로잡은 것이다.
4. '〈'는 『한인을 위한 초급 러시아어 교과서』에서 과도교정형임을 나타낸다. 예: 뎌낙이(〈져낙, 초38).
5. 그 밖은【부록 1】의 일러두기를 참고할 것.

1루블: 냥(초40), 한 냬(냥-이, 교3)

1/2루블: 냥-반이(초40)

10루블: 얄-량이(초40)

1000루블: 쳔-냥이(초40)

1코페이카: 한-글재[글쨰](초39)

1/2코페이카: 반글재(초39)

1/4코페이끼: 반에 반 글재(초39)

10코페이카: 얄-글재[글쨰](초39)

15코페이카: 얄-다스-글재, 돈 반이(초39)

20코페이카: 두 돈이(초39)

50코페이카: 쉰-글재, 오십-글재, 닷-돈이 (초40)

1901: 한-쳔 구-백 한내(초37)

10萬: 백쳔이(초37)

ㄱ

가까이: 가채비(교45, 52), (초67)

가난하다: 가나내셔(교40), 가나낭게(초54)

가늘다: 가능게(초46)

가다: 가그라→가거라(교36, 60)

가대기/-에다: 가대기/가대계다(교32), (초26)

가두다: 가다 노쿠(교17), 가다 녀셔(가두어 넣었어, 교58)

가득: 가뿍(교58, 73)

가래(삽): 가래(교2)

가로타다: 가르타다(교19)

가루[粉]-를: 갈그(초56)

가르치다: 글째덜으 갈치우기, 갈치원냐? (교74)

가리다/뽑다[選]: 가래다(교2). 예: 안깐이 씨르 가랫소(아낙네가 씨를 가렸소)(교47). 암쇠르 가래 싸 달라구(암소를 가려서 사 달라고, 교71)

가리키다: 갈치와라(교32)

가시[荊]: 가싀(교2)

가운데: 가운델르 댕계(교73)

가위: 가새(초24)

가을: 가슬이(교2), (초37)

가자미: 가재미(kazɛmi)(초32)

가장: 왠(교65). 왠 큰 술우(가장 큰 숟가락을, 교65), 왠 아죽 기픈 홈 우에 파리 잇어(가장 아주 깊은 홈 위에 발구가 있어, 교69).

가장자리: 역(교9). 죵즤 옉이 떨어뎃소(종지의 가장자리가 떨어졌소).

가죽: 가죅이(kadzuygi), 가죅이르→가죽이르(교7, 11).

가죽옷: 가옷(교67)

가죽장화: 샤바귀(교9)

가지[枝]: 아재기(교67), 가지-르(교59)

가지고 다니-기: 개애구-댕기기(초42)

가지다: 개다(초74). 예: 내 붇우 갠다. 글으 스길래.(내가 붓을 가진다. 글을 쓰기에.) / 어린아 배르 개애따(어린아이가 배를 가졌다).

가지다: 개애다(교서xi, 2)

갈고리: 가꾸리(교26)

갈까마귀: 가문'기(교35)

갈다[磨]: 갈-기(초24)

갈대의 대: 깔때(교2)

갈매기: 가르메기(초31)

감기: 행불이(초48)

감다(눈을 ~): 가무다. 눈우 <u>가무는</u> 때마당

(눈을 감는 때마다, 교64)

감자: 감데(<감졔, 과도교정)(초21)

갑자기: 불세르(교38, 49)

값이 비싸다: 세다(교50), 값이-셍게(초45)

값-이: 값이(초49)

강도(强盜)-들이: 강적-덜이(교58)

강아지: 개애지(교8)

강철: 강쇠(强sö)(초24, 45)

강파르다: 산이 강하구(교68)

갖추다: 임석두 <u>가추구</u>(교58)

같다: 가타다(교10), 가타니(교65), 가태셔(같았어, 교65). 뎌 사름이 죽을꺼 가타우(같으오).

개구리: 머그락지(교20, 41), 멀구락디(<멀구락지, 초43)

개똥벌레, 반딧불이: 개똥벌거디(<개똥벌거지, 초42)

개미: 바깨미(초42), (교5)

개암[榛]: 깨애미k'εεmi(교서xii, 2), (초20)

개암나무: 깨앰나무 가지(교59), 깨앰-낸기(냉기)(초33)

거기(에): 정게(교42, 69)

거두다: 거두다(교58)

거머리: 거매(초43)

거멓다: 거머쿠(교26)

거미: 거믜(교6, 38), 거믜(초42)

거세(去勢)한 돼지: 수룽이(surũi)(초27)

걸다: 정게(건 게)(초46)

걸리다: 걸톄셔 어푸러뎨셔(교73)

걸상: 걸 안는 상이sãi(교65), 상에sãe 앉아라(교74)

걸치-었어: 걸톄셔(걸티-어셔)(교73)

검은 땅: 검운-따이(초44)

검정: 검뎡(교71)

겁(怯): 게비(교42, 60)

게으르다: 가증하다(교31)

게으름뱅이: 가증뒤(<가증둥이)(초13), (교43)

게으름을 떨다: 가증하능게(가증하는 게, 초55)

게으름-을: 가즤르(가증+-이+-르)(교36). 가즤르 쓰디(게으름을 떨지).

겨: 데(<졔, 과도교정)(초29)

겨우, 가까스로: 져구나(교20, 41). 져구나 사냐르 게 나와셔(가까스로 산 채로 기어 나왔어, 교20).

겨울: 동삼(교56, 67), 져어리(교8). 져어레 누니 마니 오오. 져리(<겨으리)(초38)

견디다: 말[馬]이 젼듸디 못하오(교8).

곁: 졑(교31)

계집아이: 간나(교2, 6), (초59). 여자아이를 홀하게 이르는 말(초69). 예: 간나 시새리르 뿌리르 뺀다(계집아이가 亞麻의 뿌리를 뽑는다). 간나덜이 퍼슷덜으 모두면셰 제 거디(겉이?) 어부작딜-한다(계집아이들이 버섯을 모으면서 제 같이(?) 소리를 질러 댄다(초69).

고기잡이꾼: 고기재비끈(교36)

고니, 백조: 고니(초31)

고랑: 골때(교5)

고맙다: 아심탸니타(교27, 53, 68, 81), 아심탄타구(고맙다고)(교21), 아심탸니타구(교27)

고삐: 곱지(교28, 38)

고슴도치/-과/-을래: 고순도티/고순독과/고순도틀래(교36), 고순-도지→고순도치(초30)

고양이: 고냬(교4), 고냬-르(교16, 17), 고냬-느(교50), 고냬-과(교48), 고냬-게셔(교21), 고냬게과(교15)

고와지다: 고바디다(곱아디다)(교44)

고지식하다: 고디식하다(교47)

고집스럽다: 지비스러바(지비스럽-아)(교29)

고치다: 고티-기(교10). 그 사름우 고텟소. 고지기→고치기(초48)

고함/아우성: 어부작-으(교7, 69, 73), 어부재기르(교57, 65). 쇠덜이 어부작으 모딜기 하오(교7). 무셔분 목소릴르 어부재기르 톄셔(교66)

고함질, 울부짖는 짓: 어부작질(교73), 어부작딜(<어부작질)(초69). 예: 알른-사름이 아푸다구 어부작딜-한다(환자가 아프다고 고함을 친다). 어부작딜-하기(멀구락디): 개구리가 마구 소리를 내지르다(초43).

곡식: 곡셱이랑(곡식이랑, 교72)

곡식을 실어들이기: 신각딜-하기(초20)

골목: 골목일르(골목으로, 교71)

골무: 골믜(초24)

곰[熊]: 고마-르 붇둘얻다(교28), (초30)

곱[倍]: 고비(교52). 고비르 주갯소(교52).

곱다[麗]: 곱다(초54)

곳[處]: 곧-으르(교47)

곳간, 광, 창고: 샤랑. 샤래(<샤랑+-이)(교2), 샤라르(샤랑-으르, 교4). 샤라아 시섀리 잇소(곳간에 亞麻가 있소). 사랑(<샤랑)(초25, 78)

공[球]: 주에기(초32)

공론(公論): 공눈이(교5, 20)

공론하다: 공당하다(교20)

공짜: 공재(교47)

관장(官長): 관댜(관댱-이), 관댱게르 가셔(관장에게로 갔어, 교51)

광대뼈: 관디뼤(초3)

괜찮다: 일없다(교8, 43)

교회: 졀당(초80). 예: 느비 졀다르 느져(nɨzyə) 가따(누이가 교회로 늦게 갔다).

구덩이: 원데(초44)

구르다: 구불다(교58)

구리 숟가락: 구리술이(교4)

구리[銅]-로: 구릴르(초24)

구멍 뚫다: 구녀 듧기(←구녕-으 듧-기)(교11)

구부려 서다: 구불 셔다(교57)

구슬: 구술-우(구슬-을, 교59)

구유: 구시(교4), 구시(초25)

구정물: 구주렁물(교69)

구조(救助): 구즤(교7, 57, 71)

구토: 게우닥딜(<게우닥질, 초48)

국: 쟝물이(교8). 쟝물이 맛잇소.

군사(軍士): 군새(교9). 활으 맞아 군새 죽엇소.

굴[窟]: 굴'이kùri(교4)

굴대, 축(軸): 술기-띄(초26)

굴뚝, 연통: 구새(초44)

굴뚝: 굴묵이(초23)

굴레(uzda): 더굴레(초25)

굴리다: 그부리다(교17, 25, 31).

cf. 원듸르 입에다 녀쿠 그부리기만 하명(완두를 입에다 넣고 굴리기만 하면, 교17) / 물이 나무바퀴르 그부레셔(물이 나무바퀴를 굴렸어, 교31)

굵다(둘레가 ~): 모디다(<모딜다). 모딘 냉기 마다아 자라우(교5).

굵다: 굵웅게(굵운 게)(초21, 52)

굵은 통나무: 동-낸기→동-냉기(초33)

굶다: 굴머 주거셔(교50)

궁궐: 궁걸(교29)

귀뚜라미: 귀뚜리(교34), (초42)

귀룽, 귀룽나무의 열매: 구름이(초21)

귀리: 구밀(초58, 60).

cf. 아덜이 구밀 디슴우 맨다(아이들이 귀리 김을 맨다) / 촌-사름덜이 다 구밀으 베에따(마을 사람들이 모두 귀리를 베었다. 초60)

귀머거리: 귀-먹대(kuʸ-məktɛ)(<귀먹-+-댱이) (초53)

귀중해 보이다: 듕스럽운게(교64)

귀중한 듯하다: 듕스레한(교65)

귀하다: 귀야다kuyyada(교74)

그네: 굴기(초32, 77). 예: 아이들이 굴기르 뒨다→뛴다(아이들이 그네를 뛴다, 초77)

그래: 그래(교23)

그래다: 그래오?(그러오? 교69)

그러면: 그러무(교44, 45), 그래무(그리하면, 교51)

그렇다면: 그러래무 내 이 실르 너 인는데르 살라 가갣다(교33).

그루: 대(교67). 낭그 세 대르 베에셔(교67).

그르다: 그릉게(초53)

그리하고: 그래구(교46)

그저: 거저 속에 피 덜어디는거 같애(교10).

그저께: 그저께(kɨzək'e)(초38)

그치다: 그치라구(교75)

근(斤): 근이(초38)

글자: 글째덜으 갈치우기(교74)

금(金): 금이(초45)

금방, 이내 곧: 굼-만(교36, 49, 58, 60, 69)

급히: 그피(교10)

기(旗): 긔(교서xii, 2)

기다[匍匐]: 긔다/게에셔(기어서)(교5, 7). 배애미 긔우(뱀이 기오). 긔-기(초42).

기다리다: 지둘구어셔→기둘구어셔(교40, 62, 71)

기도문(祈禱文): 불도(교57, 75).

cf. 하느님이 그겻덜 불도르 들얻다구(하느님이 그것들의 기도를 들었다고, 교57) / 기래구 한 불도르 니르기라 시잭이르 해(그리고 한 기도문을 이르기를 시작해, 교75).

기둥: 기둥텨르 니러나셔(교68)

기름: 지름이(교8)

기름구이떡, 기름떡: 디름굽이(<기름굽이)(교4), 디림-굽이(초17).

기뻐하다: 기뻐해애셔(교57, 62, 71)

기운(氣運): 긔운(교55)

기절(氣絕): 긔졀(교60)

기침: 디침이(초48)

길[道]: 질의 즈우(길이 지오, 교8).

길다: 지다→기다, 질기는 지다→길기는

기다(교39), 지냐?(교39), 깅게(초52)

길마: 디르매(<지르매<기르마-이)(초26)

길이: 길에(<기릐)(초40)

김[耘]: 디슴(초58), 디슴우 매기(김을 매기, 초21). 예: 우리 오늘 제 통 밭으 디슴우 매애따(우리 오늘 자기의 모든 밭을 김을 맸다).

깊다: 기푸기(깊-게)(교38), 딮우다(초52)

깊이: 딮이(초40)

까마귀: 가마귀(초31)

까치: 가치(초31)

깔개: 깔개(교54)

깨끗한 것이: 개가잔게→깨까잔게(초22)

깨지다: 깨애딘 데셔(교70)

꺾다: 걲느냐?(교60), 걱기(꺾-기, 초24)

꺾어지다: 꺾어디기(초44)

꼬리: 꼬래(교26)

꼼짝: 감짝kamʧak(교59)

꽃: 꽂이(교7). 꽂으 말리우기 재밋숨니. 꼳이(<꽂이, 초33)

꾀꼬리: 꽤꼬리(교62)

꾀스럽다: 꽤망스럽다(교19, 37)

꾸기다: 구기다(교66)

꿀벌: 꿀-뻴이(?)(초42)

끌[鑿]: 끌이(초46), 끌딜-하기(끌질하기, 초46)

끌다: 그스다(교68).

cf. 그거 그서 오나라, 잉게르(그거 끌어 오너라, 여기로, 교28) / 그서 디례 가셔(끌어서 들여갔어, 교38).

끌매: 끌을 칠 때 쓰는 나무로 만든 망치(교2), 끌매(k'irmɛ)(초46)

끝: 그테(끝-에, 교10). 그트 내애셔(끝냈어).

끝이 뾰족한: 귿지-빵게→귿치 빤 게(초50)

ㄴ

나귀: 나귀(초27)

나누다: 농구다, 농과셔(교16, 25), 농과 주기(초41)

나다[出]: 나다(교67), 뉘기 내 자례 늡얻다 난냐?(누가 내 자리에 누었다가 났냐? 교67)

나랏님=임금: 나래(임금이)(교29), 나라-게(교29), 나라님예!(교29), 나라님이(교1)

나무: 낭그(나무-를)(교7), 낭기(나무-가)(교5)

나무껍질: 나무-겁디(초33)

나무로 한 것: 낭글르-한게(초24)

나뭇가지: 나무아채계다(교46), 나무아재기(교69), 나무 가질르(교39)

나비: 나븨(초41)

나위: 나시(교2)

나타나다(잃어버린 것이 ~): 나디다(교51)

낙타: 약대(초26)

난시(亂時): 난시(교47). 난시 때 타국 군새 덜이 한 곧으르(교47). 난셰(난시-에)(교54)

날[日]: 날이(초38)

날개: 나래(교1)

날마다: 날마디(교20, 70)

날삯: 에미는 날싹 일 하라 가셔(교72)

날씨: 일쎄irʃ'e 됴탸녜셔(교67)

날짐승: 날개즘승(교58)

남다: 기튼(교69), 지터셔(교46)

남동쪽: 남-동이(초35)

남새: 나무새(교11)

남새밭-이: 나무새-바치(초21)

남서쪽: 남-셔이(초35)

남정(男丁), 사내: 남명(초60). 예: 남명덜이 새르 판다(남정들이 새[草]를 벤다). 남몌(남명-이)(교7), 남명덜이 마당딜 해셔(교6).

남쪽: 남이(초35)

낫[鎌]: 낟이(초29)

낮다: 낮다(초52)

내다보다: 문을르 <u>내바다보구</u>(교17)

내던지다: 뿌례데디구(교59)

내리다: 내리우다(교54)

내리다: 분부 나롄다(분부가 내렸다), 나례쪠(내렸기에)(교53)

내일: 낼이(초38)

냇물: 함물(교41)

너르다: 너른 거 가타니(교65)

너비: 너비(초40)

넉넉하다: 자라다(교56)

널 토막: 널도매기, 널도매 앉아(교62)

널[板]: 널이(초22)

널다(개가 뼈다귀를 ~): 널:기nə̄rgi(교서xii), 너쟈구(교24)

널다(빨래를 ~): 널기(교서xii)

넓적다리: 신다리(초5)

넣다: 녛다. 입에다 <u>녀쿠</u>(교117)

넷: 너이(초36)

노(櫓)-들을: 찬댱-덜으(교37)

노루: 놀기norgi(교3)

노르다[黃]: 노룬게(초31), 노룬-구리(초45)

노릇: 우둔한 노룻우(교45)

놀다: 놀기nòrgi(교3)

놀이: 노롬이(교2, 14). 양과 싱내 노롬이(羊과 승냥이 놀이).

농막(農幕): 농막(교10)

높다: 높다(초33, 52)

높이: 높이(초40)

놓다: 노아, 노아셔(놓았어)(교16, 25), 노아라(교17, 39), 노오니(교31), 노오마(교39), 놋습니(교11), 농게(교21)

놓이다: 뇌와nöwa꺼던(교21), 뇌와셔(교55, 64), 뇌운 게(교65)

누구: 뉘기nuygi(교4, 19, 21, 44)

누르다[黃]: 누룽게(초21)

누에[蠶]: 느위nɨwï(교38)

누이[妹]: 느븨(교3)

눈[雪]: 눈이 오명 쓸기여(교67)

눈[眼](존대어): 안질(교24). "알령하암두, 큰아매? 어때 큰아매게 즉금 <u>안질덜이</u> 그리 크우?"(안녕하십니까, 할머니? 어째 할머니는 지금 눈들이 그리 크오?)

눈[眼]: 눈우 <u>가무는</u> 때마당(눈을 감는 때마다, 교64)

눈꺼풀: 눈-딱디(초4)

눕다: 늡기, 늡구(교5, 64)

뉘, 세상: 뉘(교9)

는개: 우새(교4)

늘이다: 거믜 제 줄우 느리명(교38)

늙다(staryj): 낡응게(초24)

늙어지다: 늙어디다(교43)

늙은이(비칭): 두생tuʃɛ̃(<두상이)(교43)

ㄷ

다가오다: 당개다. 예: 큰 설이 당개셔(교57).

다람쥐: 셰피(교39), (초30)

다래끼(그릇): 다라치(교16). 다라치를 쟝뜩 채와 가지구.

다섯: 다슷이(초36)

다시[再]: 고톄(<고텨<고티-어)(교10, 56). 부수깨르 고톄 맨들어사 쓰갰다(아궁이를 다시 만들어야 되겠다, 교56).

다치다(건드리다): 다티다(교47, 53), 개덜이 가르 다티댜녜셔(개들이 그 아이를 건드리지 않았어, 교72).

'다치다'의 피동사: 다티우다. 강자위 무스거게 다티워 소리 나(삽이 무엇에 건드려져서 소리가 나, 교57).

다투다: 도투다(교32, 39), 도트다(교45), 도타셔(교16)

다툼: 도툼이(교44)

다툼질: 도트막질(교14), 도투막질(45)

닦다[拭]/-고: 쓷다/쓷구(교2, 35), 졎통 쓰서셔(암소의 젖통을 닦아서, 교72)

단[束]: 단이(초29)

단단하다, 딴딴하다: 땅땅-하다(초45).

단단하다: 단단-항게(초33, 45, 51)

단련하기(鍛鍊—): 쇠-치기(초47)

단지/-에: 단디/단뎨(교22, 35, 71), 단디(초23)

닫다[走]: 닫다(교4), 다르명(닫-으며, 교6). 말이 닷소. 다라, 닫기라 시잭이르 해애셔(교73)

닫히다: 대끼우다(닫기우다), 대끼워셔(교62)

달[月]: 달이(초37)

달걀: 달갈(교25)

달구다(불에 ~): 달구기(초47)

달다[甘]: 당게(단 게)(초51)

달래=다른 까닭이 있어서: 고내 궁니르 해애셔, 저르 가졔 오기느 달래 가졔 온게 아니어(고양이가 생각을 했어. 저를 가져온 것은 달래 가져 온 것이 아니고, 교42).

달려가다: 달아가다(교54, 73)

달려나오다: 달아나오다(교60)

달려들다: 달아들다(교48)

달려오다: 달아오다(교62, 72). 달아와셔(교62)

답답하다: 답답해 하명(교70)

당기다: 당개다(교38), 당갠다(교39)

대단한: 내 무셥운 아움니(내 대단한 아우네, 교75)

대문(大門): 대문이(초25)

대신(代身): 대비르(교60)

대장간: 대쟝-간이(초47)

대장일?: 성냐(<성냥)(교16)

대장장이: 대재(<대쟝이)(초47), (교8)

대접(大楪): 대뎝(교9). 상에 금대뎝과 은대뎝에 값이 마난 임셱이 노이여셔(noyyəʃə)(교9).

대접(待接): 대뎁이, 대뎝우 하쟈구(교24)

대패: 대패(초46)

대포: 부랑귀(초43)

댕기(?): 머리때(교67)

더디다: 더듸다(교39)

더위: 더븨(교6)

던지다: 뎨디구, 뎨뎃소?(교19, 37)

덜거덕거리다: 덜기우다(교41), 상이sāi 덜기워.

덤: 우식(교24)

덥[暑]-은: 덥웅게(초50)

덧문, 덧창: 면문이(초22)

덩이: 불 덩지(불덩이)(교46)

덮다: 덮기[təpki](초22)

데게 하다('데다'의 사동사): 데워셔(데우-어셔)(교25)

데리다: 대리다(교26, 62, 69), 애비과 에미 대리라 보내구(교61)

도구, 연장: 자분다기(초47)

도끼: 도끠(교2, 11), 도끼(초46)

도둑놈: 도동놈-우게(도둑놈에게, 교36)

도로(부사): 도르(교37, 46)

도리깨: 도리깨(초29)

도마뱀: 도매-배앰이(초43)

도적놈/도적질: 도적놈/도적질(교42)

도토리: 밤이(교1)

독수리: 닥수리(교46, 49), 닥수라!(독수리야! 교50), 닥수리-과(독수리와, 교19), 닥수리게 와(교49)

돈[錢]: 돈이(초49)

돌[石]: 돌이(초45)

동네: 동네에셔(교71)

동무: 동믜(교9), 동미(초67). 예: 뎌-사르미 만날 동미르 만나-본다(저 사람이 만날 동무를 만나본다).

동생이: 동새 셩듀루 버얼라 갓소(동생이 도시로 돈을 벌러 갔소, 교6).

동서(同壻): 동셰(교45)

동이(작은 물동이): 옹조리(교17). 옹조례다(-에다)(교18)

동이다: 동지다(교54, 55)

동쪽: 동이(초34)

돼지: 돌이, 독과(돌-과)(교48), 도지→도치(<돌-이)(초27)

되다[升]: 되기(tögi)(초46)

되다[爲]: 돼개꾸나(교31), 돼셔(교52), 될터이니(교52)

되새: 역새(교63)

두껍다, 뚱뚱하다: 두텁웅게(초52)

두다(씨를 뿌리다): 두다(초57). 예: 오늘 남명덜이 채밀 씨르 둔다(오늘 남정네들이 밀 씨를 뿌린다).

두더지: 두두디(초30)

두드리다(때리다): 두두리다(교20)

두드리다(타작하다): 두두리다(교9). 남명덜이 유밀으 두두리우(남정네가 쌀보리를 타작하오).

두레박: 드레(교6, 31, 41), 드레(초23)

두루미: 두루미(초31)

두르다: 목슈건을르 두루구(목도리로 두르고, 교73)

두멍, 물독: 둥기(초23)

두엄무지: 두엄 무디, 두엄 무뎨셔(-에서)(교20, 70)

둘: 둘이(초36)

둘러메다: 둘거메에셔(교54)

둘러앉다: 빙 둘거앉다(교72)

둘레, 테두리: 테우례(교62)

둥글둥글한 것이: 도리도리한게(초21)

둥지: 둥지르 틀구(교20, 49), 둥제 안졔셔(둥지에 앉혔어(넣었어), 교63).

뒤[後]: 두에셔(교16), 두우(두-으)(뒤를), 두울루(두-으르)(뒤로)(교61)

뒤주: 두디(<두지, 초25)

드물지 않다: 드무댜넣다(교11)

듣다[聽]: 듣능게(초53)

들다[擧]: 드쟈구, 들은즉(교57)

들르다: 들러 댕기덩가(교44)

들리다: 듣기다(교34). 드끼기 소리르 틴다(들리게 소리를 친다). 드껴(들려, 교67)

들오리: 맥-오리(초31)

들이다: 디례(들이-어)(교31)

들이밀다: 디리 미디 몯 해셔(교38)

들추다: 둘쳐 보기(교42)

등[背]: 사듸(<사등+-이)(초5), 사데(사등-에) 느버셔(등을 땅바닥에 대고 누었어, 교64)

등에(?): 싸라긔(초41)

등에: 두에(초42)

등자(鐙子): 등재(초26)

딸꾹질: 패기(초48)

땅: 따이(교1), (초44)

땅굴: 디굴(교61). 새애기르 어드분 디구루 대례 디례오구.

때다(불을 ~): 때애다. 때애구, 때애기르(교55), 때애쟈구, 때애는 족족(교56)

떠나다: 청금이 오분해르 둥지 곁에셔 떠 아니 나구(청금이가 온종일 둥지 곁에서 안 떠나고, 교64).

떡/빵: 떡이(떡-이)(교6)

떨다[慄]: 떨명(교61)

떨어뜨리다: 떨구기(교6), 덜구어셔→떨구어셔(교24), 덜궈 마사셔(떨어뜨려 부셨어, 교69)

떨어지다: 떨어디다(교6), 떨어디기(초45)

뚫다: 듧기(듧-기)(교11)

뛰다: 뛰기(t'uygi)(교4)

뛰어다니다: 달아댕기다(교53). 예: 뎌긔 개덜이 다라 댕긴다(저기 개들이 뛰어다닌다).

뜨겁다: 따갑다. 따가바셔 떨구어셔(교24), 따갑웅게(뜨거운 것이, 초50)

뜨다(소가 머리로 ~): 뜨다(교4). 쇠 뜨우.

뜯다: 원듸르 뜯어(완두를 따서, 교17)

띠[帶]: 띄(교2)

ㄹ

러시아인: 마우재(교7)

리(里), 베르스타(Versta), 500싸젠(sazhen"): 니, 오백-사션이(초40)

리볼버 권총: 여베재 뉴껠(<뉵혈(六穴)?) 춍이(초43)

ㅁ

마구간: 말-간이(초25)

마늘: 마늘이(초21)

-마다: -마당(교6)

마당질: 남명덜이 마당딜 해셔(교6).

마대(麻袋): 커우대[口袋](교21)

마대: 커우재→커우대(초29)

마르다[乾]: 말라셔(교73)

마소-를: 마쉬르(maʃʷɨyri)(교11, 60)

마주치다: 길에 짐술기더리 마즈띄워셔

(교34)

마중: 마주우(마중-을, 교60)

마지막: 마감(교7). 마감 심스레(<힘스레) 한 숨우 쉬구, 다리르 뻗어 부리구 죽어셔.

마흔: 마은이(초36)

막대기: 막대길르(교71)

막히다: 맥히우다(교55)

만두: 밴셰(교22, 23, 35)

만들다: 맨들다(교11). 맨듬니(교11), 맨들아셔(교16), 맨들어사(교56), 맨들기(초22)

만약: 마냑(교59)

많다: 마나다/마난(교9, 초49), 마내셔(많았어)(교43), 만타녜셔(교55)

맏아들: 맏아들(교35)

맏이: 맏으는(교59)

말 등에: 말-두에(초41)

말갈기: 모렵덜으 머리땔르 다아셔(갈기를 댕기로 땋았어, 교67)

말뚝: 말대(말댱+-이), 말댜알르(교14), 말대(초25)

말리다[使乾]: 말리우기(교7), (초29)

말썽, 말다툼: 마새(교1, 3)

말의 복대: 말-백대(초26)

말채찍: 말-채(초26)

말혁(-革): 말셕. 말-셱이(초26), 말셔으 쥐구(교34)

맛있다: 맛-인능게(maʃ-inninge)(초51)

망아지: 매-애디(<매애지)(초26)

맞은편(protiv): 바름. 궁걸 바름에 인는 매기(궁궐 맞은편에 있는 막(幕), 교29). 궁걸 바름에 썩은 맥이 셔구 잇으란 말임두(교29).

맞히기: 마치기(mattʃigi)(초44)

맞히다(피동사)/부딪히다: 골에 맏쩨셔(머리에 부딪혔어, 교63).

매[鷹]: 매(교1, 3), 매덜이(교6), 새맬르(새매-을르)(교3)

매달리다: 달기-구, 달계셔(달렸어)(교69)

매부(妹夫): 매비(교3)

매이다[拘束]: 매우다, 매우댜니쿠 살갠다(교34).

맥: 면적의 단위(초58). 예: 내 애매 한 맥으다 디슴우 매애따(내가 아마도 한 맥(=1만평)을 다 김을 맸다).

맵다: 맵웅게(맵-은 게, 초51)

맹인(盲人): 눈멀때(교15), 눈먹대(<눈+먹-+-댱이)(초53)

머루: 멀귀(교9)

머리[頭]: 골(교63)

머리카락: 머리끼(초3), 머리(교45)

먹고 싶다: 멕겝다, 멕겝우믄(먹고 싶으면, 교41)

먹성(?): 입시(교2)

먹이다: 멕이다(교7, 63)

먼저: 만져(교23, 40, 60)

먼지: 문제계 뵈와(먼지에 보여, 교49)

멀다(눈이 ~): 멀어셔, 멀구, 멀기(멀-게)(교52)

멀다[遠]: 머댜닌데셔(멀지 않은 데서, 교67)

멀리: 멀리르(교37, 49)

메뚜기: 매뚜기(초42)

메우다: 메우기(초28), 메워셔(교9, 32, 67). 가대계다 피매르 메워셔(극젱이에다 암말을 메웠어, 교32).

메추리: 모초리(초31)

멧기러기: 맥-기레기(<밋-기려긔)(초31)

멧돼지: 매돝아!, 매돝으(멧돼지를, 멧돼지의), 매돝은, 매독과(매돝+-과)(교49, 50), 매돝으게(멧돼지에게, 교50)

명주: 명디(초24), 멩디(교38)

모가지-에다: 모가졔다(교21)

모기: 모긔(초41)

모두 다: 통(초57). 예: 통 비각딜-하기(모두 다 추수하기).

모두, 싹 다: 통구(초12). cf. 황해도 방언에서는 '온통'의 뜻.

모두, 온통: 통(교32, 60). 통 마실만하다.

모든: 통(초55). 예: 뎌-사름이 제 통 밭으 갈앗소(저 사람이 제 모든 밭을 갈았소) / 통 디슴우 매기(모든 김을 매기).

모래땅: 모새-따이(초44)

모레: 모레(초38)

모으다: 모두다(교32), 모다 노아셔(교35)

모이(먹이): 뇨이(교2)

모이다: 모다셔(모두-아셔, 모였어)(교31, 71)

모자: 감티(<감투+-이, 초75). 예: 아 감티르 개구 다라나따(아이가 모자를 가지고 달아났다).

모자: 샤괘(샵괘, shapka)(교22, 72)

목도리: 목슈건(교73)

목독상(교67): 높이가 아주 낮은 작은 상. 흔히 통나무를 잘라서 만들며 그 위에 엉덩이를 걸치고 앉거나 목침처럼 베기도 한다.

목말: 노롬말덜이(교62)

목수(木手): 목쉬(초10)

목젖: 목져디(<목졎이, 초4)

목청: 목통(교26)

몰다[驅]: 모라(교67, 68)

몸: 몸이(교2)

몹시: 모디기(<모딜기)(초65). 모디기-덥웅게(몹시 더운 것, 초50). 예: 고기-군이 모디기 배-고파-해쏘(고기잡이꾼이 몹시 배고파했소).

몹시: 모디리(교64). 모디리 큰게, 모디리 강한게(山이 몹시 강파른 것, 교68).

몹시: 모딜기(교7, 70). 쇠덜이 어부작으 모딜기 하오(소들이 몹시 소리를 질러대오, 교7) / 모딜기 울기라 시잭이르 해애셔(교70)

못[釘]: 몬(교27)

몽둥이: 몽뒤(초44)

무[菁]: 무끼(초21), (교4)

무겁다: 무겁소(교31), 무겁웅게(초46),

무더기: 무디(교20, 70)

무디다: 무딩게(초46)

무릎: 무렆(교65), 정개(초5)

무리, 떼: 무레미(초10). 예: 말-무레미르 디키는 사름이(말 무리를 지키는 사람, 목동).

무리[群]: 무뎨셔(무디-에셔) 떨어뎨셔(교29)

무섭다: 무셥다(교22, 25), 무셔분게, 무셔바(교26)

무슨: 무숭 노릇우(교45), 무숭 샹겁이 소오니냐?(교50)

무식하다: 무식한(교44)

무엇: 무수거(교24)

무엇-을: 무싈(교5). 당신이 무싀르 함두?

문(門): 문이(초22)

문턱: 문툭(교63), (초22)

물가: 물역(교37)

물고기: 물-고기덜이(초32)

물기(벌레가 ~):: 물-기(초42)

물다(입으로 ~): 무쟈구(물려고, 교67), 물갯셔(교73)

물동이: 동에tõe(교7)

물방아: 물-셩매(<물-셕매)(초25)

물뱀: 미추리(교10, 36)

물살: 무리 사리 세기 나례가셔(물살이 세게 내려갔어)(교31)

물이끼: 갈매(교2)

물통: 튼재(교15), 나무튼재(교73)

미련하다: 웨하다(교19)

미치다[及]: 밎다(교67, 68). 믿디 몯 해애셔(미치지 못 했어, 교67, 68) / 오나라! 우리르 미쳐.(오너라! 우리를 따라, 교68).

밀[小麥]: 채밀(교40), 채밀(초序17, 19). 예: 오늘 남명덜이 차밀→채밀 씨르 둔다(오늘 남정네들이 밀 씨를 뿌린다, 초57).

밑바닥: 밑굽(교35). 단데에 무리 믹구베(밑+굽+에) 익길래셔(단지에 물이 밑바닥에 있기에, 교35).

ㅂ

바(의존명사): 그럴바에는(교52)

바깥: 바가테(교70)

바꾸다: 바꽈(교63)

바느질: 바느질(교37, 58)

바늘: 바늘이(초24)

바람: 바름이 오래 부우(교5). 바름이(초34)

바람벽: 바르빼기(초22)

바람에 곡식을 날려 깨끗이 하는 일: 디각딜-하기(<디각질, 초29)

바보, 우인(愚人): 우엔이(초54), 우엔과, 우엔으게, 우엔이(교27)

바보?: 추물아!(교47)

바보같다: 우에하다(교26)

바자(울): 배재(교7), (초25)

바퀴: 나무바퀴(교31), 술기바퀴(교71)

바퀴벌레: 바퀴(초42)

반 푸드: 반-부대(초38)

반반하다: 반반해 뎨셔(교43, 44)

반에 반 근, 1/4푼트: 반에-반-근이(초39)

발구: 발귀(교68), 파리(교27, 67). 파리르 베끼구(교67), 파례 앉아셔(교68), 팔귀(초26)

발문하다(發文一, 통지하는 글을 보냄): = 발통하다. 발문해애셔(교51). 예: 한 부쟤 댱새게 주머니 이러뎨셔(잃어디-어셔). 댱새 발문해애셔, 주머녜 냥 첸 냬읻다구; 뉘기던디 어더보는 사름이무, 돈으 졀-반으 주쟈구 언뎌 해애셔(교51)

발자국: 발자귀(교49)

밝다: 밝응-게(초45)

밟다: 볿기(<볿-기)(교5)

밤: 밤이(초38)

밤중: 밤-듕이(초38)

방(房): 방이(pãi)(초23)

방바닥: 구둘이(초22)

방울, 말에 다는 작은 방울: 바우리(초32)

방울: 방우리(pãuri)(교7)

방정하지 않아: 방정탸녜(교65)

방천(防川): 방쳔(교35, 64)

밭고랑: 바골대→밭골때(초21)

밭고랑: 박골때(<밭골따+-이)(교5), 박골따 안자셔(교17)

배[船]: 쵠(교16, 36)

배고프다: 배고푸다(교65), 배-고풍게(초49)

배나무: 배-낸기(→냉기)(초33)

배때기: 배때-르(교41)

배부른 것이: 배-부룽게(초49)

배불러도: 배불거두(교40)

백(百): 백이(초36)

백성: 백셩(교57)

뱀: 배애미 긔우(교5), (초43)

뱉다: 밭다. 박기라(받-기라), 반는다(교43)

버드나무: 버들이, 버들-랜기(→랭기)(초33)

버리다(보조용언): 깨 부리기(교25)

버섯: 퍼슷(초33, 59). 예: 아덜이 마니 퍼스떨으 어더따(아이들이 많이 버섯을 찾았다, 초59).

벌[蜂]: 벌이(초41)

벌겋다: 벌거쿠(교26)

벌다(돈을 ~): 버얼다. 동새 셩듀루 버얼라 갓소(동생이 도시로 돈을 벌러 갔소, 교6).

벌레: 벌거디(<벌거지)(초42), 벌거지, 벌기(교38, 26)

벌리다: 버리다. 입우 버리구(교26).

벌써: 발써(교7, 11, 17, 67, 74). 동네 사름덜이 발써 일으 다 햇소.

범: 범. 벰이 말으 무럿소(교6), 벰이(초30)

벗기다: 베끼다(교10, 67). 마르 베끼갯는데(말에 메웠던 것을 벗기겠는데).

베개: 볘개(교65)

베는 일: 븨각딜(<븨각질, 교5, 6), 비각질-하기(초30)

베는 일을 하는 사람: 븨각딜군이(교5). 븨각딜군우 븨각딜으 보내우(교5).

베다(나무를 ~): 베에기(교6), (초46), 베엣소(교7), 베여(베-어)(교9), 베에셔(베었어, 교67). 댜 나무 가지르 베여왓소(저 아이가 나뭇가지를 베어 왔소).

베다[伐]: 베에기

벼개: 볘개(교7)

벼룩: 벼륵이(초42), 베르기(교7). 베릐기덜이(교37)

별: 별-덜이(교6), 벨이(별-이)(교7), 벨이(초34)

별일: 별릴이(교6), 벨리리더라, 벨리리여(교68)

볏[鷄冠]: 볏으는 벌거쿠(교26)

병(病): 벵이(초47), 벵이pyẽi(교7)

병신을 만들기: 벵신을-맨들기(초48)

병아리: 배우리(교17), 배우리(초28)

보석: 갑시 센 돌(교50)

보습: 보셰피(보셥+-이)(초26)

보이다(사동사): 그무루 뵈우쟈구pöudʒagu(그물을 보이려고, 교62).

보이다: 베우-기(초35), 뵈와셔pöwaʃə(교64)

봄: 봄(초37), 뵈우다(교24, 54)

봉송(封送)하-기: 본송-하기→봉송하기(초24)

부끄럽다: 부꾸롭아(초53), 부끄럽다!(교13)

부대밭?: 부대(교5)

부드럽다: 보두랍디(초44), 보두랍운(보드라운)(초44, 46)

부러워하다: 불버하다(교52, 56), 셔당 아제 동미르 불버 하엿소(교9).

부리나케: 어드메르 네, 부색수아리 하분자 달아 가안냐?(어디로 네 부리나케 혼자 달려가느냐? 교73)

부모: 어시(교5). 이 아아 어시덜게는 댱즈 고상여kosãyə(이 아이의 부모들에게는 늘 고생이여, 교9).

부서지다: 마사디다(교66)

부수다: 마스다(교24, 59, 66), 마사부례셔(부수어 버렸어, 교24)

부스럼: 부수레미(초48)

부시: 부싀(교5)

부싯돌: 부시-돌이(초45)

부엉이: 부에(초31)

부엌/아궁이: 부수깨(교56), 부수개→부수깨(초23)

부자(富者): 부재(pudʒɛ)(초54), (교10, 37, 51)

북동쪽: 북-동이(초35)

북서쪽: 북-셔이(초35)

북쪽: 북이(초35)

분복(分福)/운수: 분싀(교9). 수이 돌아오기두 분싀여. 분싀, 분쉬(교31)

분부: 분부 내롄계(분부가 내렸기에)(교54)

분수 좋다: 분싀 둏다(교29)

불[火]: 불이(초23)

불길하다: 불길하구나(교56)

불꽃/불티: 불-고지→불-꼬지/불-고치(초23)

불다[吹]: 불-기(초47), 말이 코오 부우(말이 코를 부오, 교10)

불덩이: 불덩지(교46)

불쌍히: 불생이purʃɛ̃i 녜계셔(교10, 35, 46), 불섀(교73)

불을 끄다: 불-죽이기(초24)

불을 붙이다(장작에 ~): 불-이르기(초24)

붉다: 붉운(붉은, 교73), (초31), (초45)

붓[筆]: 붇이(교5)

붓다[注]: 부서셔(교72)

붕어: 붕에(pũe)(교7), (초32)

붙들다: 붙둘기(초42), 붇둘마(교26), 붇두러셔(교27), 붇드러(교43), 붇두디(교48), 새르 붇두럿소(새를 잡았소, 교62)[1]

붙들리다: 붇들기우댜녜셔(붙들리지 않았어, 교47), 붇들기우댜니는구나!(교47)

붙이다(풀로 ~): 부치기(puttʃigi)(초44)

붙이다: 부톄셔(교20). 예: 닥수리 나라와 수탉으 붙예셔, 발톱에 걸어(독수리가 날아와 수탉을 발톱에 걸어 낚아챘어, 교20).

비[箒]: 븨(<뷔)(교5). 븨 보드랍소.

비다[空]: 븨다(<뷔다)(교55, 66). 빈 사바리르 보구(빈 사발을 보고, 교66). 빈 발귀(교68).

비둘기: 비둘기(초28)

비렁뱅이: 비렁그레(교24)

비비 꼬다(실을 ~): 븨다(<뷔다)(교13)

비슷하게: 비젓이(교58)

1 '잡다'는 주로 '도살(屠殺)'의 의미로 쓰인다.

빈대: 빈대(초42)

빈손: 빈게 오구(빈손으로 오고, 교55)

빌다(부탁하다): 아덜과 잇어 달라구 빌어셔(교71)

빗/빚다: 빗/빗다(교45). 예: 너 도투막질이 머리 엄는 사름더리, 비슬래 싸암우 하는 거 같다, 저게 아무걷두 비슬께 엄는데. (너희 다투는 꼴이 머리 없는 사람들이 빗 때문에 싸움하는 것 같다. 저게 아무것도 빗을 것이 없는데).

빗: 비슬이, 빗이(초24)

빗장: 채명(교23). 채명들어라.

빙: 빙 둘거앉아(빙 둘러앉아, 교72)

빚: 빋이(초49)

빠르다: 빠릉게(초52)

빠졌냐: 빠뎃냐(p'adyeŋŋa)(교56)

빤하다: 빤하다(교7)

빨래: 셰답(<셔답). 예: 셰답우 시끼(싳-기)(빨래를 빨기, 초67).

빨아내-기(거머리가 피를~): 빨아-내기(초43)

빼앗[奪]-기: 앗기(àk'i)(교2)

빼앗다, 열매를 따다: 아사빼다(초59)

뺨: 뺨(교서xii, 5)

뼈: 뼤(교7)

뼘, 1/4 아르신: 뽐이(초40)

뽑다/선출하다: 가래다(교47). 즘승더리 원숭으 차딜르 가래셔(짐승들이 원숭이를 대장으로 뽑았어, 교47).

뾰로통하다: 부루나냐 하구(교74). cf. 부루' 나기', 부루' 나냐' 하기'(사74).

뾰족하다, 날카롭다: 뽀다. 크댜닌 뽄 니덜이(교11), 방게→빤 게(빠다)(초46).

뿔[角]: 뿔더르(뿔-들을, 교70)

ㅅ

사내, 남편: 사나(초70). 예: 어미네덜이 사나덜으 삼하라 가능게 보구셰리 통국-해애따(아내들이 사내(남편)들이 싸움하러 가는 것을 보고서 통곡했다).

사내: 스나(교2)

사냥: 사녀(<사녕+-으)(사냥을)(교26, 28)

사냥꾼들: 사녕군덜(교48)

사다[買]: 싸다(교3), 싸오다(교59), 싸셔(교69)

사다리: 새다리(초25)

사람: 사름이(교2), (초69)

사발: 사바리-르, 사바리-는(사발-을/-은, 교64, 65), 사바례셔(사바리-에셔, 교65)

사설(辭說): 사셜(교41)

사슴: 사슴이(초30)

사위: 사위(sawï)(교9)

사자(獅子-): 사즤, 사즤-과/사즤-르(교26, 43)

사자(獅子-): 주디(<주지), 사즤(초30)

사흘/사흗날: 사을/사은날(교42)

산(山): 산이(초44)

산탄(散彈): 물-쳐리(mur-ʧəri)(초43)

살(膚, 먹[墨], 화살): 살이(sàri)(교서xii)

살댱간sartyaŋgan[2](교42). 가늘고 긴 나무 막대를 촘촘히 박아 지은 방 칸(間). 칸살로 지은 방 칸(間): 예: 곰이르 살댱간

2 동물 따위를 가두어 기르기 위해 장대(긴 나무 막대기)를 촘촘히 박아서 세운 우리.

에, 디레 노아셔(교42).

살리다: 살구다. 저어르 살과 달라구(교37)

살림: 살림이(교40)

삽: 광자위kwaŋʧaʷɨy(교57)[3], 광쟈위(초29)

상(Stol", 床=식탁, 책상, 걸상): 상이[sãi](초23), (교9). 상에 금대뎝과 은대뎝에 갔이 마난 임셱이 노이여셔(noyyəʃə)(교9).

상급(賞給): 샹겁(교51)

상어: 상에sãe(교7)

새 것: 새게(초24)

새[草]를 베기: 새르-파기, 새르-치기(초30)

새[草]의 가리[積]: 새-가리(초29)

새끼고양이: 고내-새끼→고냬-새끼(초27)

새끼 돼지: 돼자-새끼(초27). cf. 돝(어미 돼지).

새달: 새달(교4)

새밭[草田]: 새밭(교16)

새벽: 새백이(<새박-이, 교3)

생각나다: 생가키우거던(생각히우거던)(교59)

생각이 좀 있는 듯하다: 궁니스럽다(교54)

생각이, 꾀가 없는: 궁니-없능게(초54)

생각하다: 생각하는(교46)

생기다(일이 ~): 띄우다. 댱새 다 내애기르 해애셔, 제과 무승 일이 띄운거(장사꾼이 다 이야기를 했어, 자기에게 무슨 일이 생긴 것을, 교60).

생일: 생진(교62)

서다: 셔기ʃəgi(교6), 셰셔(섰어)(교61), 셰셔 웃어(교68), 셛던(섰던)(교49).

서당 아이/학생: 셔당 아(교9). 셔당 아 제 동믜르 불버 하엿소(교72),

서당/학교: 셔당(교9). 셔당 졀으르(교73), 셔대(서당-이)(교6, 72), 셔다르(서당으로, 교72).

서러이, 섧게: 셟이(교70)

서로: 서르(교18, 53, 57)

서른: 서른이(초36)

서리: 서리(교6)

서쪽: 셔이(초34)

서캐: 써개(교서xiii, 6)

석회: 회(xö)(초44)

선물: 톄급(교59, 62)

선선하다: 선선-항게(초50)

설: 큰설이, 설이(교57). 예: 큰 설이 당개셔(설이 다가왔어). 백셩덜이 기뻐 해애셔. 다 새 설으 쇠쟈구. 암-노친네게과 손녜게 설으 쉴게 업서셔(교57)

설날: 설 날 마당사(설날마다야, 교70)

섬기다: 사름덜 솅기라(교34), 솅기기(교47)

성냥: 비디깨(<비지깨, spichka)(교5), (초23)

성중(城中)=도시, 읍내, 성안: 셩듕(교10). 셩듕 긑에 한 가난안 사름이. 셩듀에셔(교54), 셩듀우르 가셔(교71).

성화(成火): 셔왜ʃə̃wɛ 나다(교9, 37)

세다[算]: 셰기(교6)

세수수건: 셰싀슈건ʃwesɨyʃugən(교72)

세우다: 셰우기(교6), 셰워(교65), 셔우기→셰우기(?)(초24)

세정하다(洗淨―): 셰졍하기(교63), 셰졍 ʃedʒə̃ 해애셔(교63)

셋: 서이(초36), (교59, 65). 서이 잇어(교65)

솅기다(주어 섬기다): 솅기기(교47)

3 흔히 '광차위'라 한다. 중국어 차용어.

소[牛]: 쇠[ʃö]. 쇠덜이 어부작으 모딜기 하오(소들이 몹시 소리를 질러대오, 교7).

소나무: 솔-랜기→솔랭기(초33), 솔랑그, 솔랑게, 솔라무 밑으르(교46)

소떼: 쇠-무레미(초27)

소리: 소리(교2), 소리르 쓰우리(노래를 할 것이오, 교62). 훈대 그마니과 소리르 해(훈장이 그만이와 인사를 해, 교73)

소매: 사매(교서xi)

소원(所願): 소온(교52), 소온하다(교52), 소운하다(교20). 무수게 소온인두(무엇이 소원인지, 교52).

속눈썹: 눈꺼부디(<눈꺼부지, 초4)

속이 빈 통나무/굴뚝: 구새(교4)

손: 손이(교2), (초5)

손가락: 손가락이(초5)

손녀: 손녜(교13, 56, 57)

손님: 나가내(교24, 40, 41, 62). 나가내덜으 청하구(교62).

손바닥: 손바닥이(초5)

손이 자유롭게 움직이지 않는: 팔-마릉게(초53)

손자: 손즤(교13)

손잡이(그릇 따위): 쥭지(교24)

손톱: 손톱이(초5)

송곳: 손곧이(<손곶이)(초24)

송아지: 슈-애디(=쇄애디<쇠애지)(초26)

솥: 가매(교2), (초23)

쇠[鐵]: 쇠(sö)(초45, 47)

쇠다(설을 ~): 쇨sör것두 싸구, 설으 쇠쟈구(교57)

쇠사슬: 쇠사슬에셔sösasɨreʃə(교34)

쇠스랑: 쇄시래(ʃwɛʃirɛ)(초29)

수(의존명사): 쉬(ʃü)(교48)

수건: 슈건(교23)

수고양이: 수고내(교20)

수곰: 수곰이(교65)

수레 채: 술기-자→술기-채(초26)

수레: 술긔(교4, 28), 술게에셔(교10), 술기(초26)

수레바퀴: 술기-바퀴(초26)

수말, 상마: 상매(<항마+-이)(초26), (교32)

수소: 수-쇠(초26)

수염소: 수염쇠(교8)

수영[草], 승아: 시굼재→시굼채(초19)

수은(水銀): 시운이(<쉬운이<슈운이?)(초45)

수탉: 수-탈기, 수-탁덜이, 수탈그(교20)

숟가락: 술이(초23), 술이, 술르(교4, 64, 65)

술[酒]: 수우리(교9)

숫양: 수-양이(suyãi)(초27), (교8)

숫염소: 수-염-쇠(초27)

숭어: 슝에(ʃũe)(초32), (교7). 슝에 뛰구.

숯: 수지→수치(초23, 47)

숲: 나무밭(교13, 59), 나무받치(-patʧi) (<나무밭-이, 초32)

쉬: 수이(sui)(교9). 수이 돌아오기두 분싀여(쉬 돌아오기도 운수여).

쉬다[息]: 바쁘게 숨우 수에셔(힘들게 숨을 쉬었어, 교63), 숨우 쉬는suynɨn(교64), 숨우 쉬디(교68).

쉰: 쉰이(Шўни=ʃüni)(초36)

쉽다: 쉽-어(suybə)(교9)

스물: 스물이(초36)

스물하나: 스물-한내(초36)

승냥이: 싱내과(승냥이-와, 교45), 싱내(초30).

시가(媤家): 싀개(싀가+-이)(교45)

시끄럽게: 분주이(교7). 아덜 목소리 분주이 득계(아이들의 목소리가 시끄럽게 들려, 교73)

시다[酸]: 시궁게(시굴-은 것이, 초51)

시렁, 선반: 덩때(교69), (초23)

시름: 시름이(교2)

시방: 시당(교53, 54)

시비(是非): 시비르 해애셔(교51)

시작(始作): 시잭이르(시작-을, 교7)

시집: 싀-집이셔(시집에서, 교45)

시키다: 시기다(교9)

식구: 식귀(ʃik'uy)(초51), 식귀(교55)

식도/기관지: 목통(교7, 70). 목통에셔는 위이리르 어더바내셔(목통에서는 유리를 찾아냈어, 교70).

식초: 춍이(ʧʰõi)(초18)

신물이 올라오는 증세(대역 러시아어=가슴앓이): 냉죱→냉츕이(초48).

신발: 신발(교73)

신칙하다(申飭—, 단단히 살피거나 경계하다): 신틱하다(교50), 매돌으 자줄 신틱해애라. 그 매돌이 못쓸 일으 궁니르 해낸니라(멧돼지를 자주 단단히 경계해라. 그 멧돼지가 몹쓸 일을 궁리해 냈느니라, 교50).

신하(臣下): 시내(교30)

신다: 신'기(sìkki)(교2)

실: 실이(초24)

실꾸리: 구리→꾸리(초24)

실신(?): 실속(ʃirsok)(교61)

실컷: 슬큰(교41)

싫다: 슳소(sɨrsso)(교59, 63)

심다: 시무기(초21), 심거셔(심었어), 시무-누냐?(교27)

싱겁다: 승겁웅게→승겁다(초51)

싸다[低價]: 눅소(교9), 눅웅게(초54).

싸리: 싸리'(s'arì)(교서xi, 1)

싸젠(sazhen"): 사션이(초40). 차용어.

싹 다(모두): 싹 다(교58)

쌀(곡물의 알맹이)[4]: 쌀'이(s'àri)(교서xi, 1)

쌀보리: 유밀이(교8)

쏘다(벌레가 ~): 쏘기(초42)

쏘다(총, 화살을 ~): 춍을 놓기(초44)

쏟다: 속갯소, 솓은즉(교31), 쏘다셔(교62)

쐐기[楔]: 낌이(교서xii, 2), 쇠 끼미(교2)

쓰다듬다: 훈대 가르 머리르 훕치명(교73)

쓸다: 슬다→쓸다(초22)

쓸리다(한쪽으로 비스듬히 기울어지다): 쓰리우다. 털이 쓰리운게(교34)

쓸리다: 눈이 오명 쓸기여(교67)

씨를 두다=씨를 뿌리다: 씨-두기(초21)

씨앗: 씨갓(교43, 62)

씻다: 싳기'(sikkì)(교2)

ㅇ

아그배나무: 가스-낸기(-냉기), 열구-낸기

---

4 동북 및 육진방언의 '쌀'은 '벼에서 껍질을 벗겨 낸 알맹이'란 뜻보다는 벼과에 속하는 곡식의 껍질을 벗겨낸 알맹이를 뜻한다. cf. 닙쌀, 차닙쌀, 좁쌀, 조찹쌀, 보리쌀 ….

(-냉기)[5](초33)

아깝다: 아까바(교24)

아낙네: 안깐이ankani(교2, 6, 70), 안깐께(아낙네에게, 교18), 안깐더라!(교69)

아낙네: 어미네(초70)

아름: 아름(교2)

아마(亞麻): 시새리(교2), (초59). 만주어.

아무래도: 아무래두(교30). 아무래두 나라게 돈이 마나던게르다(아무래도 임금에게 돈이 많았던 게로다, 교29).

아버지: 아바니(초79)[6]. 예: 아바니 그피 나르 우틔르 니핀다(아버지가 급히 나에게 옷을 입힌다).

아비: 애비(교3, 61, 72)

아쉽다: 구셥다(교52). 아무것두 구셔바 아니 해애셔(교52).

아우: 애끼'(εk'i)(교2). 아끼[7](초71). 예: 훈쟤 내 아끼르 멩심우-한다구 쟈라-한다(선생님이 내 아우를 銘心한다고 자랑한다).

아이-들이: 아-덜이(교6)

아저씨: 아즈바니(교62), 아즈바녜!(교69), 아즈반네게(교42)

아주: 아죽(교68). 산 밑에느 아죽 기픈 홈이 잇어(산 밑에는 아주 깊은 홈이 있어, 교69),

5 대역 러시아어는 '들장미'.

6 함북 육진방언권(초중국 조선족 포함)의 일부 지역에서는 '할아버지'의 방언. 함남 대부분의 지역에서 쓰이는 '아바이(초<아바니)'도 할아버지'의 방언이다.

7 '애끼', '아끼'는 본디 '아우'의 주격형.

아주머니: 아즈미(교15)

아직: 안죽(교63, 72)

아침: 아제기(아젹+-이)(교8), 아젹에(교32, 72). 네 아졍마당 절으 해애라! 아뎍이(<아젹-이, 과도교정)(초38)

아편: 약담배(초21)

아픔: 아품이(초48)

아홉: 아웁이(초36)

아흔: 아은이(초36)

안녕하다: 알령하다(교22, 58, 68)

안노인이: 암노인이(교71)

안노친이: 암노친이(교17, 56)

안장: 안자(andza)(초26)

안주인: 안-쥐엔이an-ʧüeni(교24)

안타깝다: 아깝다(교49). 예: 에미게 새끼 아까바뎨셔(어미에게 새끼가 안타까워졌어).

앉다: 안기(anki)(초24)

앉히다: 앉이다(교58), 안제 노아셔(앉혀 놓았어, 교58), 술게 안제(수레에 앉혀, 교61), 둥졔 안지갯소(새를 둥지에 앉히겠소, 교62)

알맞춤: 마추에메셔(맞추-엄-이-어셔)(교65)

앓다: 아파-하기(초48), 알키(앓-기)(초48)

암말: 피매(교32, 68), (초26)

암소: 암쇠(교57, 58), (초26)

암양: 암양이(amyã-i)(교8), (초27)

암염소: 암염쇠(교8)

암퇘지: 암돋이/암독과(암돋-과)(교48, 49)

야생(野生)의 것: 매께(<맥 것+-이)(초30)

약(藥): 약이(초48)

弱하다: 야캉게→약하다(초51)

양반: 냥반(교37, 71)

양배추: 다드배재→바드배채(초21)

어깨: 어께(교54)

어두워지다: 어드바 디기라(교71)

어둡다: 어듭운게(초38)

어디로: 어드르(교5), 어드메르(교13, 68)

어레미: 얼겅채(교45, 46), (초24)

어른: 어룬이(교5)

어린 양: 양-새끼(yã-sɛki)(초27)

어린아이: 어린아(초75). 예: 어린아 어미 치매르 노치-아니따(어린아이가 어미 치마를 놓지 아니했다).

어머니: 아매(교17, 25, 65), 아매사!(어머니!)(교42)

어미: 에미(교6, 14, 42, 62, 74)

어제: 어뎨(<어제, 과도교정)(초38)

어질다: 어딜다(교25, 32), 어딜길래(교40)

어째(서): 어때(교24), 어때셔(교39, 69)

어찌: 어띠(교5, 19)

어찌하다: 어띠다(교57), 어띠디(교46), 어띠문(교50)

어푸러지다: 어푸러뎨셔(교16, 27, 73)

언약(言約): 언뎡(言定). 언뎌(<언뎡-으) 해애셔(교51)

얼굴: 얼구리-르 톄(얼굴을 쳐, 교68)

얼다: 엉게(언 게, 초50)

얼룩 돼지: 알락 돼지(교49)

얼룩 암소: 알락 암쇠(교71)

얼리다/속이다[詐欺]: 얼렛소(교9)

얼리다[使氷]: 얼구다(교56)

얼마: 엄매(교35), 엠매(교6, 39)

얼음: 길두 어름텨르 반반해(교68)

얼음: 어림이əriymi(교5)

얽다(곰보): 얽응게(초53)

없애다: 없이-기(초42), 업새다(교6, 21), 업세다(교29, 49)

엎드리다: 업데셔(업데-어셔, 교59)

여기: 여긔(교65), 인게르(여기로, 교28)

여기다: 녜기다(교8, 73), 녜계셔(교73)

여기서: 잉게셔(교11). 잉게셔사(여기에서야).

여기에: 영게(교8, 14, 73)

여덟: 야듧이(초36)

여든: 야든이(초36)

여름: 녀름이(교6), 여름이(초37)

여물다: 여뭉게(초22)

여보!: 이러보!(교69). 이러보! 졩이, 죽이우리!(여보! 정말, 죽일 것이오!)

여섯: 여슷이(초36), 여슷으 대리구(교69)

여우: 여끼(초30), 예끼(교8, 9, 45), 여끄(교46), 여스-괴(교17, 37, 48). 예끼 싱내르 얼렛소.

여위다: 여븨다, 여븬(교8, 40, 44)

여편네/아내: 에미네(교55, 56). 제과 에미네뿐이여(저와 여편네뿐이여, 교55). 어미네덜이(초70).

연(鳶): 년-으는(교7), 녠이(교15), 년이(초32)

연(鉛): 연이(초45)

연어: 녀네(초32)

연자매: 셩매(<셕매)(초25)

연자매를 만드는 이: 셩매재 돌으 쫏소(교8).

열[十]: 얄(초36)

열넷: 얄-러이(초36)

열다[開]: 여러셔(교73)

열다[實]: 여러셔(교59)

열다섯: 얄다슷(교49)

열리다[開]: 창문이 옐기구(교67), 옐곗는 데yergyenninde(교64).

열매: 여르매(교8, 9, 23), (초20, 59). 간나 덜이 통 여르매덜으 아사빼따(계집아이 들이 모든 열매들을 땄다, 초59).

열셋: 얄-서이(초36)

열하나: 얄-한내(초36)

염소: 염쇠(교8, 17), 염-쇠(초27)

염소새끼: 염-쇠-새끼(초27)

염통: 념틔(념통+-이)(교62)

영리하다: 이새 잇다(교75)

영리한 판단/해석: 해박(교45), 해박으 못 하는 신부.

옆: 녀파리(교27, 72)

예상하다: 예샹타니키(교39)

예순: 예슌이(초36)

오늘: 오늘이(초38)

오다: 오나라(교27, 68)

오라다/오랜: 오라다/오란(교9, 29). 내게르 오란 친귀 왓소.

오라비: 오래비(교3)

오래(집 주위): 오래(교2)

오래다: 오라댜니니라(교29)

오른쪽: 오른짝(교34)

오리나무: 오리-낸기(-냉기)(초33)

오리새끼: 오리-빼우리(오릿배우리)(초28)

오므리다(발을 ~): 가두다. 예: 발덜으 가두구(뻗었던 두 발을 모아 오므리고, 교63).

오이: 왜(교9), 왜(초21)

오쟁이: 오재애기(교7)

온[全]: 오분(교11, 29, 41, 56, 71). 오분 동삼(온 겨울), 오분 촌을르(온 촌으로), 오분 일련으(온 1년을).

온종일: 오분해(교31, 64)

온통, 내내: 통(교60). 통 울기라 시작이르 해애셔(내내 울기 시작했어, 교60).

올빼미: 대매(교1)

옮기다: 드티다(교66), 내 걸 안는 사에 안 다가 그거 자례셔 드톄노안냐?(내 걸상에 앉다가 그거 있던 자리에서 옮겨놓았냐? 교66)

옳다: 옳다(교45), (초53)

옴[疥癬]: 옴이(초48)

옷: 우틔(교24, 58, 72)

옷자락: 우틔기슭으 거더 쥐구(교73)

옹기장(甕器匠): 독대(<독+-댱이)(초)

와지끈: 워자끈(교61)

완두: 원듸(교17)

완자(碗子)/차완(-碗): 완제(교42)

왕(王): 왕이wãi(교61)

왜(무슨 일로): 무싀례 네 밭으 가안냐?(왜 밭을 가느냐? 교32)

왜가리: 왜가리(교9), (초31)

요술: 요슐(교52)

욕심 많은 것: 역심-만앙게(초49)

욕심스럽다: 욕심스럽소(교17)

용(龍): 가투리-배앰이(초43), 뇨이(<뇽이)(교2)

용하다: 용한 이원덜이 와셔(교10).

우둔하다: 우둔한 노룻우(교43, 45)

우레: 소내기-텨르(우레처럼, 교61)

우물(물): 구렝물이→구렁물이(초25)

우습다: 우뿌다(교5, 13, 35)

우유: 쇠젲이, 쇠젖으(교18, 69, 70, 71)

우차(牛車): 운차(utʧʰa)(교서xiii)

울안: 우래(교69)

울짱: 살당(교42). 가늘고 긴 나무 막대, 또는 그런 말뚝을 둘러친 울타리나 목책(chastokol).

움[穴]: 웊에 디례다 노쿠(교72)

웃기떡: 우구시→우구씨(초16), 우구씨(교4)

웅덩이: 웅더르(웅덩-으르, 웅덩이로)(교28)

원래: 원판(교68)

원숭이/-은/-을/-에게: 원승이/원스는/원승으/원승께(교46, 47)

원숭이: 잰나비(초30)

원체: 엉채(교56). 그 사름덜이 엉채 가난해셔, 먹을 걷두 업서셔(교56)

위[上]: 우루(위-로)(교35)

유리: 위이리-르(교63), 위이리더르(교69)

유의하다, 명심하다: 멩심-하다(초55)

유하다(留—): 뉴하는(교64)

유혈목이: 느불메기(교11)

육백: 뉵-백이(초37)

은(銀): 은이(초45)

음식: 임셕(교40, 58, 65), 임셱이(교9).

읍내, 도시, 성안: 션쥬→셩즁(城中)(초68)

읍내-로, 도시-로: 셩듀루(<셩듀-으르)(교6, 40)

웅(감탄사): 옹(ŏ)!(교7)

웅등그리다(이를 사납게 드러내다): 그게 니르 웅드리셔명 말하기르(그게 이를 웅등그리며 말하기를, 교45).

의복: 이북(교54)

의사(意思): 의새(교2)

의원(醫員): 이원이(초48). 이원이 알른 사름게르 왓소(교9).

이 아이: 야아르 사름마당 귀아기kuyagi 네기우(이 아이를 사람마다 귀하게 여기오, 교8).

이[虱]: 이(초42)

이끌다: 암-쇠르 이끄러 오느라구(교71)

이듭(牛馬 2살): 이듦이(교4)

이랴!: 이라!(교68)

이로부터: 일르(교9). 일르 후에는 마르 심이 모자랄 때꺼지 일으 아니 시기리라(이 후에는 말의 힘이 모자랄 때까지 일을 안 시키리라).

이르다[謂]: 닐거셔(닑-어셔)(일렀어)(교29), 내 너르 닐거 주마(내가 너에게 일러 주마)(교40), 니르다녜셔(이르지 않았어, 교70)

이름: 이름이(교72)

이마: 니매(교1)

이백(二百): 냥백(교30), 냥백이(兩百-이)(초36)

이불: 니불이(교3, 4)

이빨: 니(교17). 녜(니+-에)(교10), 닐르(교11).

이빨이 없는 사람: 니빠대(교5), 니빠대(초13)

이사(移徙): 나두 셩듀르 이세르 하갠다(나도 읍내로 이사를 하겠다, 교40).

이삭: 니색이(<이색이, 과도교정)(초29)

이악스럽다: 니악스러바셔, 니낙스러붐이(교40)

이악하게: 니아키(니악히) 아니 하길래(교40)

이야기: 내애기(교3, 10, 44)

이윤, 이득: 날뭉게-낡다(초49)

이제 막: 가즈(교7)

이제: 이저(교17), 이저는(교47, 60), 이저느(교64). 아매! 어띠라우 이저느?(엄마 어찌할까 이제는? 교64)

이제-는: 어저-는(교36)

이질: 똥사개→똥싸개(초48)

이튿날: 이튼날(교70)

인경소리: 인경소리(교14)

인사(人事): 인새(교58, 61)

인색하다(skupoj), 쩨쩨하다: 고집하다(교51), 고딥-항게(초55)

일곱: 닐굽이(초36)

일만(一萬): 얄쳔이(초37)

일본 닭: 일분-닭이(초28)

일부러: 졔니(교53). 예끼, 졔니 듣디 몯 하는거터르 하구 말해(여우가 일부러 듣지 못하는 것처럼 하고 말해).

일어나다: 니러나다(교36, 65)

일흔: 닐은이(초36)

일흔일곱: 닐은닐굽(교48)

읽다: 니르다(교8). 야아 그르 니르우. 니르명(교6), 니를 줄우(교74), 다 그르 니르는데 어느 어때 영게 셔구 인냐?(교73), 니르기르, 닐거, 그르 니르거라(교75)

잃어버리다: 잃어뎨셔(교51), 잃어딩게, 잃어뿌링게(초49)

임금님-과/-에게: 나라-과/-게르(교50)

임자: 님재(교51)

입술: 입녁이(im-nyəgi, <입+역+-이)(초4)

입쌀죽: 닙쌀죽-울르(교28)

입천장: 하느-바디(초4)

입히다: 닙히다(교58, 61), 우틔르 니폐셔(교58)

잇몸: 잇겜이(ik'emi, <잇검이)(초4)

있다: 이슬깨바(있을까봐)(교22), 이섯냐 isəŋŋa(교7). 네 어드메 이섯냐? 안자 이서(앉아 있어, 교67)

잉크병: 먹-벵새리(초14)

잊어버리다: 니저부리구(교23, 41, 60)

잎: 닢이(초33)

ㅈ

-자!(종결어미): -쟈(교8). 오쟈, 우쟈(울-자), 가쟈, 노쟈(놀-자), 긔쟈(기[匍匐]-자), 비쟈(빌-자).

-자(연결어미): -쟈(교68). 내 앉쟈 홰-바름우 불구(교68)

자[尺]: 자이(초40)

자개바람, 경련: 자개-바름이(초48)

자귀질하다: 자귀딜-하기(tsagu^{y}dir-hagi)(초46)

자다[眠]: 자기(초25)

자라: 쟈래(교8)

자라다: 자라다(초33)

자랑한다: 쟈라-한다(초71)

자루[袋]: 쟐기(교8)

자맥질하기: 재맥질-하기(초29)

자빠지-었어: 쟈빠데셔(교8, 14)

자작나무: 자작이(초33)

작다: 쟉-기(교8), 쟉응게(초23)

작은아들: 쟉은아들(교35)

잔뜩: 쟝뜩(교16)

잘다: 잔게(초21)

잠: 잠우 드디(잠을 들지, 교64)

잠자리: 소곰쟤(교25), 소곰대(<소곰쟤, 과도교정형)(초42)

잡다[屠殺]: 잡아사 쓰갠다(교70)

잣나무: 잔-난기→잣낭기(초33)

장(市場)-으로: 댱tyã으르tyãɨrɨ(교71)

장(종이를 세는 단위): 쟝이(<댱-이)(초41)

장가: 댱개 들기 소온이르다(교61).

장가간 것: 셔방-강게(초51)

장난감: 노리개(교15), 노롬갬이(교62), 노룸개덜이(초32)

장난치다: 장난으 쓰다(교29)

장사꾼, 장수: 댱새, 댱새-과(장수와, 교44, 51, 52, 61)

재: 재(초23)

재갈[啣]: 쟈개(초26)

재다[裝彈]: 재-기(교서xii)

재물: 재물(교54), (초49)

재주: 재쥐(교9, 49)

쟤(저 아이): 댜아(교9)

저(관형사): 뎌(교6)

저(재귀대명사): 저어르 살과 달라구(자기들을 살려달라고, 교37).

저것이: 뎌게(교6)

저기에: 뎡게(교19, 23)

저녁: 져낙(교42, 70, 72), 뎌낙이(<져낙, 초38)

저물어지다: 져무러디다(교37, 67)

저승: 뎌승에셔(교42)

저-와(자기-와): 제-과(교55, 61)

저울: 저울이(초49), 뎌울이(<저울, 과도교정)(초38)

저절로: 절르(교62)

저쪽: 뎌짝(교52)

적다: 쟉다(교8). 지름이 쟉소(기름이 적소).

전(前): 젼-에(교10)

전(氈, 짐승의 털로 무늬 없이 두껍게 짠 천): 뎐, 뎬이(전-이)(교54).

절[拜]: 졀(교71)

절당, 교회: 졀당(교72)

절뚝발이: 절룩대(초53)

절반-씩: 졀반시→졀반씨(교51)

젊은: 졀문(교17, 61)

젊은이: 졂운이(교21)

젊지 않은: 졈댜닌(교40)

점(点): 뎀이(교7, 8). 뎀이 쟉소.

점벙(?): 강쟁kaŋʧɛ̃(교16). 예: 앞우 보댜니쿠 그 두우 딸과 댕기다가, 강쟁 물에 어푸러뎨셔(앞을 보지 않고 그 뒤를 쫓아다니다가, 강쟁 물에 엎어졌어).

점심: 졈심이(교8)

점심때: 뎡심-때(초38)

점점: 졈졈(교55)

젓가락: 졀이(초23)

정(연장): 뎡이tyə̃i(교7)

정강이: 셩문이(초5)

정녕코: 뎡녀쿠(교40, 47, 48)

정박하다: 배기다(교37)

정신: 졍신(교8, 56). 네 졍신으 이런다(잃

었다, 교8). 졍신이 빠뎬다(교56)

정주간: 졍지(교64), 졍디-간이(<졍지-간)(초25)

정히(正-): 졩이(ʧẽi)(교8, 69)

젖-을/젖-이: 졎으/졎이(교50/70, 72)

젖통: 졎통(교72)

젖히다: 졔쳰던디(젖히었던지, 교55)

제게: 졔게(교6)

제비: 뎨비(<졔비)(초31)

제화공(製靴工): 신쟤(신+-쟝이)(초10), (교8)

조[粟]: 조이(교4)

조기?: 죠기(교8)

조끄만: 죠꾸만(교24, 65)

조끔: 져꼼(초50), 죠꼼, 죠꿈(교31, 34)

족제비: 황가리(교16)

족족: 죡죡(교56)

좀[벌레]: 좀이(초42), 좀이 니불우 먹어 업샛소(교6).

좁다: 좁다(초52)

종[僕]: 죵이(ʧõi)(교8)

종기(腫氣): 부숭게(초48)

종달새: 노지리(초31)

종두(種痘): 졍뒤→죵뒤, 마느래(초47)

종이: 죵에(초41)

종지[鍾]: 죵즤 더럽소(교8).

좋다: 둏다, 됴운(교13, 65), 됸소(교2, 4), 됴올까구(좋을까 하고, 교73), 죻다(초31), 죠흔-따이(초44).

죄: 죄(ʧö)(초54)

주둥이: 쥬듸(교18)

주막(酒幕): 술막(교44)

주머니: 주머니, 주머녜(주머니-에, 교51)

주인(主人): 쥐엔ʧüeni(교10, 41, 44), 쥬엔(초71). 예: 쥬엔이 만날 욕으 한다(주인이 만날 욕을 한다).

주정(酒酊): 쥬뎡(초50)

죽: 쥭(교28, 64)

죽이-오: 주계셔(교43), 쥐기우(교4). 고냬 쥐르 쥐기우tsuyrɨ tsuygiu(교4).

cf. 가마귀르 쥐계 뎨뎨셔(kamagʷɨyrɨ tsuygye tyedyesyə)(교19) / 간나르 쥐기쟈구 해애셔(kannarɨ tsuygidʒagu hɛɛʃə)(교59).

줍다: 줏기(tsùkki)(교4), 어더본 게(교21)

중(重)스러운 것: 듕스럽운게(교64)

중(重)스레하다: 듕스레한(교65)

중(中)-에: 듀에(듕-에, 교44)

쥐: 쥐(tsuy)(교4), 쥐(ʧuʸ)(초27)

쥐다: 쥐-기(tsuygi)(교4)

쥐며느리: 쥐-며느리(초42)

쥐잡이: 쥐잽이(교43)

즉시: 이 실르(교33, 63). 내 이 실르 물우 주구 둥지르 셰졍 하갯소(교63). 그러래문 내 이 실르 너 인는데르 살라 가갠다(그렇다면 내가 이 즉시(sejchas) 너 있는 데로 살러 가겠다. 교33).

즉시: 즉이(교49)

지(의존명사): 데(교17). 나는 발쎠 먹은 데 오란데 이저꺼지 먹소(나는 벌써 먹은 지가 오랜데 이제까지 먹소).

지금: 시전(교53), 시당(교54), 시단-사(지금이야)(53), 즉금(교9, 24, 42). 즉금 유밀이 눅소.

지나가다: 기나가다(교44, 73)

지나다: 지나→기나(교15)

지내다: 지내셔→기내셔(교62)

지르다(앞서 ~): 즐거 한 대데비(미리 한 대접(待接)이, 교24).

지붕: 디부이(<지붕-이, 초22)

지붕: 집우이 희우(교4)

지키다: 디키다(교37), 디킬(교31, 33), 디켸셔(지켰어, 교58)

지팡이: 디페(교10)

진펄, 습지: 사득-따이(<사듥-따)(초44)

진흙. 붉고 차진 흙: 괘흙(교31)

질그릇: 디그릇(교57)

질다: 즐다(교8). 질이 즈우(교8).

짐승: 즘스(교4), 즘싀(즘승-이)(교16), 즘승덜게(교43)

짐작: 짐쟉(교67)

집: 딥이(초22)

집게, 못뽑이: 집게(ʧipke)(초24, 47)

짓다[作]: 즿다. 져실때는(즿-어시-읅 때는)(지었을 때는)(교30). 됳기(<즿기)(초22).

징(말굽에 박는 쇠못): 철(<텰). 말으-철으-싱기기(말에게 철을 신기기, 초47).

짖다: 개 나와 즛어셔(개가 나와 짖었어, 교73), 즈끼(즛-기)(초28).

짚: 딮이(초29), 딮-울루(교58)

짚가리: 딮가리(교14)

짜다(젖을 ~): 젖으 짜는(교72)

짜다[鹽]: 짭-웅게(짭-은 것이)(초51)

짜다[織]: 짜기(ʦ'àgi)(교서xii)

짧다: 댜르다(교5, 19). 붇대 댜르우. 쟈릉게(초52)

째지다, 베어지다: 볘디다(교9). 볏으는 벌거쿠 눈덜으느 볘디구(교26).

쩔렁거리다: 절랑거리다(교21)

쪽[方向]: 짝이(ʦàgi)(교4)

쫑끗하다: 죵구리다(교54)

쫓기다: 딸기워 가셔(쫓겨 갔어, 교45)

쫓다: 개덜으 딸구-구(교73), 딸굴깨바(교41, 44), 딸구아셔(교46), 딸과 보내문(교73)

쫓다: 딸구다(초76). 개르 딸구기(개를 쫓아내기), 싱냬덜으 딸구기(승냥이를 쫓기).

쫓아오-며: 딸과오-명(교21)

쬐다(햇볕을 ~): 해볕에 느버 쬐읍데(햇볕에 누워 쬡디다, 교26).

찌다[肥]: 살이 지라구(교43), 졔두(쪄-도)(교34), 살으는 몯 졔두 매우댸니쿠 살갠다(살은 못 쪄도 사람들에게 매이지 않고 살겠다, 교34). 살이-딩게(<진 게, 초54).

찌우다: 살으 지우-디(교44)

찍다[砍]: 아재기르 띡어(가지를 찍어, 교67), 띡어 뎨디구(교67)

찔리다: 딜긴다(교36)

ㅊ

차(茶): 찻물(교24)

차다[滿]: 가뿍 차셔(교73)

차다[寒]: 창게(찬 것, 초50)

차라리: 차래르(교35, 63)

차리다: 채리다, 채례셔(교61), 채렌냐

(교72)

차차: 차차(교10)

차통: 챠통(교24).

참나무: 가랖-낸기(-냉기)(초33), 참낭게(교19)

참새: 참-새(초28)

참외: 차매(초21)

찻잔: 챰물잔(챠 물 잔)(교69)

창(槍): 챵이(초43)

창문: 창문(교58)

창애(덫): 챠끼(주격형), 챠끄(대격형), 챠께, 챠끄르(교16, 47). 황가리라는 즘싀 챠께 마자셔(족제비라는 짐승이 창애에 걸렸어).

창자: 배애리(교5)

찾다: 얻어보다(교23, 44), 챰물잔으 쓰쟈구 얻어 보다(찻잔을 쓰려고 찾다, 교70)

채[鞭]: 채(교10)

채셕[8]: 채셱이(교10)

채우다: 채우다. 채와가지구(교16)

책임자: 차디(교10, 47)

챙기다: 챙기다(교10), 챙기명(교59)

처(妻)-에게로: 쳬-게르(교71)

처녀, 여자아이: 새애기(교3, 61, 64)

처란, 탄환: 쳐란이(초43)

-처럼: -터르. 네거터르. 텬아에 네터르 분싀 인는 사름이 인는거 갇댜니타(교10).

천(千): 쳔(초37)

천[織物]. 피륙: 헌겊/헝겊(교54)

천연두, 마마: 마느래(초47)

천장: 텬반(교55)

천하(天下): 텨나에 네터르(천하에 너처럼, 교10), (교31)

철(鐵): 텰이(교10)

철대(鐵臺): 텰대(교)

철사(鐵絲): 쇠-줄(sözuri)(초45)

청(請)하다: 쳥하다(교20)

체[篩]: 채(초56). 예: 챌르 츠기(체로 가루를 치기).

초[燭]: 쵸(초)

초롱-이/-을: 쵸롱이/쵸롱으(교15, 16)

촌(村): 촌이(교10)

총(銃): 춍이(ʧʰöi)(교11), (초43)

총총하다, 빽빽하다: 총총-항게(초51)

추위: 치비(초34)

축축하다: 츤츤하다(교11)

춥다: 칩다(교55), (초34)

층대: 층대(교37)

치[寸, Vershok): 치(초40)

치다(가루를 ~): 츠다. 챌르 츠기(초56). 예: 안간이 갈그 챌르 처쏘(아낙네가 가루를 체로 쳤소).

치다(액체를 뿌리다): 치다(교11)

치다[養]: 쳬셔(←치-어셔)(교49)

치다[打]: 티-기(교10, 23). 톗다(쳤다). 치기(←지기)(초21)

치르다(일을 ~): 츠다(교29). 큰일으 츠기 오라댜니니라(큰일을 치르기 오래지 않으니라=오래잖아 큰일을 치르리라. 교29).

치마: 치매(초75)

8 집채 주위를 마당보다 좀 높게 돌을 쌓아 둘러 친 곳. 석축과 흙으로 다져진 평평한 바닥을 이르기도 한다. 그 가장 자리에 쌓은 돌을 채석돌이라 한다(곽충구: 2019a).

치사(致辭): 하느님우 티세르 해애셔(하느님에게 치사를 했어, 교57).
치세(治世): 티셰(교57)
치원(置怨): 치원(교31)
친구: 친귀(교9), 친고야!, 친고-사!(친구야!)(교53)
침[唾液]: 춤(교43)
침대: 느버 자는 상이sãi(교65)
칭찬: 칭촨(교20, 27)
칼: 칼이(초24)
켜다(불을 ~): 켸셔(켰어), 켸라(교69)
켜다(톱으로 ~, 불을 ~): 쎠기(교서xiii, 6)

ㅋ

코: 코-오 들구(코를 들고, 41), 코-오는(코는, 교26). 말이 코오 부우(교10).
코끼리: 코끼리(교10), (초30)
코페이카(1/100루블): 글재(초39), 한 글째(교24)
콜레라: 궤퇴(괴통+-이)(초48)
콧구멍: 코-꿍기(<콧-궁ㄱ+-이)(초4)
콩: 콩이[kʰõi](초21)
콩새: 콩새, 콩새-사!(콩새야!)(교53)

ㅌ

태우다[燒却]: 태우쟈구(교46)
턱뼈: 끄싀(교2, 초4)
털: 터리(교55). 터리르(털-을)(교54)
털을 뜯-기: 털이-뜯기(초29)
톱: 톱이(초46),
톱질하다: 톱딜-하기(<톱질하기, 초46)
통나무: 무틔(초22)
통수(統首)[9]: 통수(교11)
툇마루: 퇴마례(툇마루에, 교73)
툭툭거리다: 툭툭거리다(교62)
트다[隙]: 트기(초22)
틀다: 둥지르 틀구(교49)
틈: 쯤이(교4, 40). 졈댜닌 쥐 쯤에셔 제 나가 내르 방pã안으르 대례 디례 와셔(교40)

ㅍ

파[蔥]: 파이(초21)
파도: 멀기 니러나셔(교36)
파리: 파리(초41)
파묻다: 파무둔 돈으(교57), 파무더셔(교70)
판판하다: 반반하오(교5, 68). 박골때 반반하오. 길이 반반하구(교68). 반반-항게(초46)
팔꿈치: 팔꼽이(초5)
팽이: 배리, 불-배리(초32), 배리(교62)
퍼드덕거리다: 버닥닥거리다. 그물 밑에 새 버닥닥거례셔(교62).
펴다: 페-기(초22)
표: 표(교10)
푸드(pud)=40푼트: 부대(초38)
푸르다: 푸룽게(초21)
풀무: 풍기(초47)
풍각: 풍각(교61)
피나무: 피-낸기→피냉기(초33)
필(匹): 말덜으 세 필으 메워(교67)
필(畢): 필(교10), 그 사름이 그피 일으 필

9 조선 시대에 둔, 민가 조직인 통의 우두머리.

으 하우리.

ㅎ

하나/-이: 한나/한내(교54, 64/3), 한내(초36)

하느님: 하느님우 벌어셔(교57), 하느님울래(교24)

하늘: 하늘이 (교5)

하인(下人): 해앤, 핸(교50, 51)

하직하다: 하딕하-자(교34)

학질: 학딜이(<학질. 초47)

한 곳으로 모으기: 모들기(몯[集]-+-을-)(초20)

한세상: 뉘(초37), 한뉘(교9). 내 한뉘르 일으 아니해앳소.

할머니: 큰아매(교13, 22)

할미: 할믜(교3)

할아버지: 큰아배(교30)

할아버지: 하내비(교30). 내 한-애비랑 애비랑 이 막에셔 사다 주거셔(교30)

할퀴다: 발톱딜-하기(초28)

할퀴다: 헤비다(교15)

핥다: 핡다, 하르명(교26), 할키(핡-기)(초18)

함(函): 함이(교3)

함지(木器): 함디(<함지)(초25), 함졔셔(교70)

항상, 늘: 댱즈(교9, 22, 39). 이 아아 어시덜게는 댱즈 고상여kosāyə.

해돋이: 해도뎨(해돋이-에, 교35)

해득하다: 해득해앳소(교75)

해바라기: 해자부리(초21)

허락(許諾): 허락(교50)

허리: 띄꺼리(초5)

허수아비: 헤재비(교58). 딮울르 헤재비르 맨드라셔(교58). 헤재(자?)바!(허수아비야!, 교58)

헐다(집을 ~): 헌다, 허우, 헐객구나!(교56)

헐렁하다, 헐겁다: 허넝-항게(초52)

헐하다: 헐하리라(교68)

헛간: 허덕, 허덕간-에(교17, 20)

헛갈리다: 웨끼다.[10] 웨께셔(교64).

헤엄치기: 희기(hiygi)(교서xii)

헤엄치다: 히다(<희다)(초67). 예: 물에셔 히기(물에서 헤엄치기).

헤치-ㄴ다면: 헤티녜네느(교10)

형(兄): 셩(교74)

호다[縫]: 호기두 호구(교13)

호미: 홈믜(hommiy)(교3)

호박: 호배기(초21)

혹: 혹이(초53)

혼사(婚事): 혼새(교62)

혼자: 하분자(교7, 18, 69, 71)

홀아비: 하불-애비(초51)

홀어미: 하불에미(교69, 71)

홈(파인 곳): 홈이(교3)

화: 홰(교9, 44, 48), (초72). 홰르 내기 됴타님니. 홰르 쓰구 말해(화를 내고 말해, 교44) / 내르 홰르 내디 마라라(나에게 화를 내지 마라).

화살: 살뎌르(교69), 활-살이(초43)

화순(和順)히: 화순이(교53)

화약(火藥): 약이(초43)

---

10 차례를 틀리게 섞바꾸거나 헛갈리다.

환도(環刀): 환뒤(초43), 환듸(교9)

환하다: 화내뎨셔(환해졌어, 교61)

황달병: 황달-벵이(초48)

황새(?): 한새(교17)

황어(黃魚): 화에(hwãe)(교9), 화에(초32)

회초리: 홰채(교51)

회칠하다: 회칠하기(초45)

후두, 목구멍: 쥬래(초4)

훈장(訓長), 선생: 훈대(<훈당-이, 교73), 훈댜 무셔바 해(훈장을 무서워 해, 교73), 훈재(초71). 훈재 내 아끼르 멩심우-한다구 쟈랴-한다(선생이 내 아우를 銘心을 한다고 자랑한다).

휘파람: 횃바름-우 불구(교69)

흉년: 숭년이(초49)

흐르다: 흘러내리는 걷(교72)

흐리다(경관을 해치다): 흐리우다. 그 막으 업세쟈구 마암우 두어셔, 양목밭으 흐리우디 말랴르(교29).

흔들다: 흔들다. 흔드다 쟈빠뎨셔(교8).

흘리다: 흘례셔hiʎʎeʃə(교41)

흙: 흙이(초44)

희다[白]: 희기(hɨygi)(교: 서xii), 힌게(초34)

희떠운 짓: 희내(흰+양+-이)(교20)

힘: 심이(교2)

힘들다: 바뿌다(교5, 33, 49), 바뿌게 숨우 수에셔(힘들게 숨을 쉬었어, 교63).

힘스레(힘이 있게)[11]: 심스레(교7). 심스레 한 숨우 쉬구.

힘이 센 것이: 심이(ʃimi)-센게(초30, 52)

힘자라다: 심자란대르(교15)

11 '힘스럽다'는 북한어.